W9-CTU-567

Abriendo paso

Temas y lecturas

       Digital Edition

José M. Díaz

María F. Nadel

PEARSON

Boston, Massachusetts • Chandler, Arizona • Glenview, Illinois • Upper Saddle River, New Jersey

Acknowledgments appear on pages 464 and 470, which constitute an extension of this copyright page.

PEARSON

ISBN-13: 978-0-13-323800-6
ISBN-10:   0-13-323800-8
13 18

Contenido

Introduction

Abriendo paso is designed specifically for high school students in upper-level Spanish classes, including courses that prepare students for the Advanced Placement Spanish Language and Culture Examination®. *Abriendo paso* offers two Student Editions, *Temas y lecturas* and *Gramática,* and each is available as a print textbook or an online eText. The *Temas y lecturas* print Student Edition is available as a hardcover textbook, and *Gramática* offers the choice between a hardcover or softcover textbook. Each print Student Edition includes a license to the accompanying *Abriendo paso* Digital Courseware.

Abriendo paso: Temas y lecturas consists of six *Unidades* organized around the themes in the Advanced Placement Spanish Language and Culture Curriculum Framework. Each *Unidad* contains *Capítulos* that focus on each recommended context associated with the theme. Each *Capítulo* provides authentic reading selections and media sources as well as a wide range of pre- and post-reading activities that develop reading comprehension, vocabulary, cultural comparisons, and the three modes of communication. The *Temas y lecturas* Digital Courseware includes an interactive eText with embedded media files, assignable activities, assessments, and tools to manage and personalize classes and instruction.

Abriendo paso: Gramática is an independent grammar book in which grammar is treated as a tool for communication. *Abriendo paso: Temas y lecturas* contains references to *Gramática* at three different places throughout the chapter with correlation to specific points in the Lesson Plans in the Teacher's Resource Book. The grammar explanations and activities range from basic review to communicative usage. The *Gramática* Digital Courseware includes an interactive eText, practice, and tools to manage classes, instruction, content, and assessment. With the *Gramática* Digital Edition, teachers can customize grammar instruction for the entire class, groups of students, or individual students.

Abriendo paso: Temas y lecturas Thematic Organization

Abriendo paso: Temas y lecturas is organized around the six thematic units and accompanying Essential Questions found in the Advanced Placement Spanish Language and Culture Curriculum Framework. The six units together contain 37 chapters, each focusing on a specific recommended context. The units progress from personal themes and topics through global contexts and issues, but because they are independent of each other, units can be done in any order, depending on students' level of interest and previous exposure to these contexts. The thematic organization also helps students increase their awareness of different Spanish-speaking cultures as they read authentic selections (both informational and literary), listen to authentic audio selections, and watch authentic video segments. Throughout, activities guide students to engage with these authentic materials by using the different modes of communication—interpersonal, interpretive, and presentational. The six themes are:

Unidad 1: Las identidades personales y públicas

Unidad 2: La vida contemporánea

Unidad 3: Las familias y las comunidades

Unidad 4: La belleza y la estética

Unidad 5: La ciencia y la tecnología

Unidad 6: Los desafíos mundiales

In the *Un paso más* section at the end of each *Unidad,* students revisit the thematic Essential Questions. As part of a final unit presentation, students also consider other perspectives related to the unit theme, explore one that interests them, and prepare to share their thoughts on that perspective with the rest of the class.

Unit and Chapter Organization

Unit opener: The unit openers provide Essential Questions for students to consider as they discuss the unit theme. Students return to these questions in the *Un paso más* section at the end of each unit. The opener's thought-provoking photograph encourages students to start thinking about the unit theme.

Chapter opener: Each chapter title reflects a recommended context from the Curriculum Framework and the opening page references the chapter's reading selection.

Preguntas del capítulo: As with the unit opener, students reflect upon and discuss questions at the beginning of each chapter. These questions guide students to examine the chapter context and keep it in mind as they progress through the chapter activities. Students return to these questions at the end of the *Abriendo paso* section of each chapter in order to evaluate what they have learned and to further deepen their understanding on the Essential Questions in each unit.

En portada: Students react to images and cartoons related to the chapter context, answer questions to activate their background knowledge about it, and discuss it in preparation for the reading selection. This section can also be used by the teachers to introduce key vocabulary students will encounter in the readings.

Antes de leer: The *Antes de leer* section's pre-reading exercises prepare students to read and discuss the chapter's authentic text. It sets the stage for the reading, invites the students in, and gives them a purpose for reading. The first part of the section presents a reading strategy that is followed by one or more activities that allow students to apply that strategy to the chapter reading. For students who need more practice with reading, these strategies help them develop their reading skills so that they are more successful when they read. The other pre-reading exercises introduce students to ideas in the readings and activate or extend their knowledge about those topics. The *Al leer* section, found at the beginning of each selection, gives students a list of points to keep in mind while reading, enabling them to read with a purpose.

Acerca del (de la) autor(a): A brief biographical sketch of the author accompanies each literary reading and gives insight into the author's life and work.

Nota cultural: *Nota cultural* boxes appear in some *Antes de leer* sections to provide cultural information that aids comprehension of the reading or related content. These notes also contain questions to engage students in critical thinking and in analysis of cultural practices, perspectives, and comparisons.

Lectura: The text's readings are authentic sources from around the Spanish-speaking world—either informational or literary. Words and expressions that may be beyond students' scope, and whose meanings they may not guess from context clues, are glossed. Vocabulary that can be interpreted through context is not glossed, but is marked with a question mark, encouraging students guess meaning from context. Lines of text are numbered for easy reference. Because teachers may use the text's chapters in any order, some key vocabulary items are glossed and practiced in multiple chapters. This was done intentionally to accommodate different progressions through the text.

Después de leer: This section offers four kinds of post-reading practice.

- *Comprensión*: Students check comprehension of the reading by completing a comprehension activity.
- *Para ampliar el vocabulario:* This set of four activities helps students familiarize themselves with key vocabulary from the reading. They focus on word families, context, synonyms, and antonyms. Line references within these activities guide students to examine the context in which each word is used within the reading.
- *Reflexión*: This activity engages students with the reading's content on a personal level and guides them to apply its information and perspectives to their own experiences and opinions.
- *Conexiones interdisciplinarias / Comparaciones culturales / Perspectivas culturales:* The section ends with an activity from one of these three categories. Its purpose is to extend the reading's theme into another curricular area, to facilitate cultural comparisons between the country described and the student's own, or to hone in on cultural content provided within the reading and to explore it further.

Abriendo paso: In the *Abriendo paso* section at the end of each chapter, students discuss and reflect upon the chapter theme while expanding the topic in different directions from those covered in the reading selection. It always includes the following activity types.

- *Texto auditivo*: These activities are structured to practice the interpretive communication tasks with audio texts that are included on the Advanced Placement Spanish Language and Culture Examination®. Each includes an authentic audio or video selection that is followed by a comprehension activity.
- *Presentación oral*: These activities center on presentational speaking tasks. They often combine a variety of communicative modes, such as asking students to research a topic (interpretive), share their findings with a group (presentational), and then discuss that topic within their group (interpersonal). Many of these activities end with the group sharing its findings with the rest of the class.
- *Presentación escrita*: These activities involve presentation writing tasks and, like the *Presentación oral* activities, usually include several communicative modes—interpersonal, interpretive, and presentational. They, too, often involve research followed by reflection and/or analysis on the part of the student.
- *Composición*: These are longer, more formal essays that help prepare students for the persuasive essay writing tasks included in the Advanced Placement Spanish Language and Culture Examination®. Students write at least 200 words on a topic related to the chapter context and are given a list of useful words and expressions for inclusion within the essay.

The *Abriendo paso* section may also include these activities: *Comparación cultural, Investigación en Internet, Debate,* and tasks where students examine a graph, map, advertisement, or short article.

Un paso más: This section appears at the end of every unit. Students revisit the unit's Essential Questions and are asked to reflect upon them again. Students consider other perspectives related to the unit theme, explore one that interests them, and prepare to share their thoughts on that perspective with the rest of the class through a final project. The format of each project allows for flexibility based on students' interests. A rubric providing step-by-step guidance on how to structure the presentation is available online.

Preparación para el examen

The book also contains a section with thematic practice exercises that help prepare students for the testing formats found in the Advanced Placement Spanish Language and Culture Examination®. There are four practice items for each of the six units, falling into these categories.

- *Comunicación interpretativa: Texto auditivo.* Students listen to an audio selection or view a video and then answer multiple choice items about it.
- *Escritura interpersonal: Respuesta a un mensaje electrónico.* Students read a formal email message and then write a response to it, reacting to its content.
- *Conversación interpersonal.* Students participate in a conversation by listening to a scripted audio segment that provides pauses for them to record their responses to the speaker's questions and comments, using the RealTalk! tool on the Digital Courseware.
- *Presentación oral: Comparación cultural.* Students prepare an oral presentation in which they make a cultural comparison based on a theme related to the unit's context.

Bibliografía de literatura adicional: This list of additional literary readings gives students the option to investigate and read more short stories, poems, essays, and novelistic excerpts relating to the unit themes.

Apéndices: The Appendices support further development of language proficiency as well as the tasks covered in the Advanced Placement Spanish Language and Culture Examination®.

Glosario Español-Inglés: Words glossed with a question mark within the readings, vocabulary practiced in the *Para ampliar el vocabulario* sections, and key words from each chapter are all included in this section.

Student Access to the *Abriendo paso* Digital Courseware

The *Abriendo paso* Digital Courseware is located on Pearson's personalized learning management system SuccessNet® Plus (**www.successnetplus.com**). At the beginning of the course, teachers enroll students in the class and provide them with a Username and Password. (Students should notify the teacher if they already have a SuccessNet® Plus login.) Teachers can enroll students from the School Roster and they can use the existing login to access the *Abriendo paso* Digital Courseware.

To get started, there are several important steps.
1. Students should confirm their enrollment with their teacher, as well as their Username and Password. To log in, they should go to **www.successnetplus.com** and enter their login credentials.
2. If students use the Digital Courseware on a non-school computer, they should check the System Requirements to confirm that they are using compatible browsers and have the needed software.
3. Teachers and students can visit MyPearsonTraining.com for additional tips. Students should click on the SuccessNet® Plus link and look for information on the Student tab. They will find extensive support for accessing the Digital Courseware and the eText from a computer or mobile device.
4. Pearson offers a wide range of technology support at **successnetplus.com**.

Abriendo paso Digital Edition Program Components

Abriendo paso: Temas y lecturas Digital Edition

Temas y lecturas is a collection of authentic readings that includes both literature and informational texts. All the texts are organized around the themes and contexts in the Advanced Placement Spanish Language and Culture Curriculum Framework. The Student Edition is available in several formats:
- Print Student Edition (hardcover) with 7-year license to Digital Courseware
- Student Edition eText with 7-year license to Digital Courseware

- Student Edition eText with 1-year license to Digital Courseware
- Standalone Student Edition eText with 7-year license (no Digital Courseware)
- Standalone Student Edition eText with 1-year license (no Digital Courseware)

Abriendo paso: Temas y lecturas Digital Courseware

The Digital Courseware is available in 1- or 7-year licenses and includes a wide range of digital resources and tools:

- eText (online Student edition) compatible on mobile devices with embedded media files
- Assignable auto-graded multiple choice and fill-in-the-blank grammar, vocabulary, and comprehension activities
- Assignable teacher-graded open-ended writing activities
- Assignable teacher-graded speaking tasks using RealTalk!
- Class discussion "blog" through Add Content tool
- Downloadable media files

For teachers only:

- Teacher's Guide
- Management tools for enrollment, grading, customizing or adding content, preferences, and more

Abriendo paso: Temas y lecturas Teacher's Guide

- Lesson Plans: Complete lesson plans cover each *Capítulo* in depth
- Scripts: Audio scripts of *Texto auditivo* activities in the *Abriendo paso* sections in each chapter and in the *Comunicación interpretativa: Texto auditivo* and the *Conversación interpersonal* activities in *Preparación para el examen* section
- Answer Keys: Answers to activities in the Student Edition
- Available in print or as a downloadable PDF within the *Abriendo paso: Temas y lecturas* Digital Course
- Correlation to *AP* Spanish: Preparing for the Language and Culture Examination*

Abriendo paso: Temas y lecturas Assessment Program

- Blackline master tests for each *Capítulo*
- Answer Keys for each test
- Rubrics and scoring guidelines
- Available in print or as a downloadable PDF within the *Abriendo paso: Temas y lecturas* Digital Courseware

Abriendo paso: Temas y lecturas Audio and Video DVD

- MP3 audio files and MP4 video files for the *Texto auditivo* listening comprehension activity in each chapter's *Abriendo paso* section
- MP3 audio files for the Interpersonal Speaking activity in *Preparación para el examen* section
- The audio and video files are available on DVD or within the *Abriendo paso: Temas y lecturas* Digital Courseware.

Abriendo paso: Gramática Digital Edition

Gramática is a complete grammar review with the Student Edition available in several formats:
- Print Student Edition (hardcover) with 7-year license to Digital Courseware
- Print Student Edition (softcover) with 1-year license to Digital Courseware
- Student Edition eText with 7-year license to Digital Courseware
- Student Edition eText with 1-year license to Digital Courseware
- Standalone Student Edition eText with 7-year license (no Digital Courseware)
- Standalone Student Edition eText with 1-year license (no Digital Courseware)

Abriendo paso: Gramática Digital Courseware

The Digital Courseware is available in 1- or 7-year licenses and includes a wide range of digital resources and tools:
- eText (online Student Edition) compatible on mobile devices
- Grammar Tutorial videos
- Assignable auto-graded multiple choice and fill-in-the-blank grammar activities
- Assignable teacher-graded open-ended writing activities
- Assignable teacher-graded speaking tasks using RealTalk!
- Class discussion "blog" through Add Content tool

For teachers only:
- Teacher's Resource Book
- Management tools for enrollment, grading, customizing or adding content, preferences, and more

Abriendo paso: Gramática Teacher's Resource Book

- Student Edition Answer Key with complete answers to *Gramática* exercises.
- Test Masters and accompanying Answer Keys to assess the *Unidades*, *Reglas gramaticales*, and *Pasos*.
- Scoring Guide to accompany the Test Masters.
- Available in print or as a downloadable PDF within the *Abriendo paso: Gramática* Digital Courseware.

Acknowledgments

Writing the acknowledgments usually comes easily as the team that produces the book is always very supportive and helpful. In this instance, the dedication of the Pearson team has been so outstanding that it is very difficult to do justice to their efforts to produce the best possible books.

For this edition, Cathy Wilson continues to be the driving force—the indispensable, levelheaded, knowledgeable person. Cathy brings to the table not only her marketing expertise but also her experience as a teacher and her knowledge of methodology and the latest developments in language acquisition. We are indeed very grateful for her wise advice.

This book could not have been published without the unselfish dedication of Gisela M. Aragón-Velthaus and Kris Swanson. Gisela's expertise and dedication to the project not only kept us "on our toes," but has also made it possible to solve all the little glitches that come on a daily basis when producing a book of quality. Kris's careful attention to detail together with her invaluable suggestions have been key to molding the book at different stages. She has served not only as an editor, but as a trusted friend. We cannot thank them enough for the extra hours, ideas, and support they have given us.

The rest of the Pearson team has been attentive, flexible, supportive, and always willing to go the extra mile to help with the production of the books. Regina McCarthy and Harold Swearingen deserve our gratitude for their hard work.

Having experienced teachers review the manuscript and offer their ideas and suggestions allowed us, as authors, to reflect on the manuscript as we made revisions and improvements. We are in debt to Robert L. Oliver, Frances W. Pettigrew, Raúl Rodríguez, and María Elena Villalba. María Vázquez Mauricio and Cristina Vázquez Mauricio were enormously helpful in researching and finding many of the sources and material that appear in the book.

As time passes, the Pearson "family" should always be proud of helping to shape quality books that for many years will have a major impact on the teaching of upper-level Spanish. It is our hope that you, the teacher, find the same joy we found writing the books in your daily interactions with your students.

Our gratitude goes out to all these dedicated and giving professionals with whom it has been a very rewarding experience to author these books.

Needless to say, our families and friends have been supportive and patient. Special thanks to Mark and Elie for their encouragement and for being there for us.

J.M.D.

M.F.N.

Academic Reviewers

Robert L. Oliver

Retired, York County School Division, Yorktown, Virginia

Adjunct Instructor, School of Education, The College of William and Mary

Frances W. Pettigrew

Curriculum Specialist

Raúl S. Rodríguez

College Board Consultant and World Languages Chair Emeritus, Xaverian High School, Brooklyn, New York

María Elena Villalba

Teacher and Foreign Language Chairperson, Miami Palmetto Senior High School

About the Authors

José M. Díaz is a Spanish teacher at Hunter College High School in New York City. He has served as Chair of the AP Spanish Language and Literature Development Committee and as Table Leader, Question Leader for the scoring of the examination. He has led workshops throughout the United States and Europe and continues to act as a consultant for the College Board. He has also written guides and articles for several College Board publications. He is the co-author of *AP Spanish: Preparing for the Language Examination*, *Listening Comprehension Skills for Intermediate Students* and *¡En marcha!*, among others. He has a B.A. in Spanish Literature from Hunter College and an M.A. from Teacher's College, Columbia University.

María F. Nadel has more than thirty years of teaching experience in independent and public schools, most recently Hunter College High School in New York City. She is the co-author of several Spanish textbooks and study guides, including *¡En marcha!*, *Let's Review Spanish*, and *Spanish for Educators*. She has a B.A. in Spanish Literature, an M.A. in Spanish Literature, and an M.A. in Bilingual Education from Hunter College, CUNY.

Las identidades personales y públicas

Unidad 1

Preguntas fundamentales para la discusión

Al final de esta unidad podrás contestar las siguientes preguntas:

- ¿Cómo se expresan los distintos aspectos de la identidad en diversas situaciones?

- ¿Cómo influyen la lengua y la cultura en la identidad de una persona?

- ¿Cómo se desarrolla la identidad de una persona a lo largo del tiempo?

CAPÍTULO 1

La enajenación y la asimilación

LECTURA: Naranjas

Ángela McEwan-Alvarado

En portada

Preguntas del capítulo

Las siguientes preguntas te servirán de guía y te ayudarán a comprender el tema más a fondo. Tenlas presentes a lo largo del capítulo.

- ¿Cuáles son algunas cosas que pueden causar sentimientos de enajenación (*alienation*) en las personas?

- ¿Qué impacto tienen las condiciones sociales (por ejemplo, la familia, la educación, el trabajo) en la asimilación?

- ¿Qué pueden hacer los individuos, las comunidades y los gobiernos para facilitar la asimilación cultural?

Describe detalladamente las fotos. Incluye la información de las preguntas a continuación en tu descripción.

1. ¿Cuál es la composición de la población de los lugares que aparecen en las fotos? Incluye todos los detalles que puedas acerca de estas comunidades.

2. ¿Cuáles son algunos beneficios y algunos retos de la vida diaria que podrían resultar de la composición de la población en estos lugares?

3. Piensa en el lugar donde tú vives. ¿En qué es semejante o diferente a este lugar? ¿Te gustaría vivir en este lugar?

Naranjas

Antes de leer

Acerca de la autora

Ángela McEwan-Alvarado nació en Los Ángeles y ha vivido en varios lugares de los EE.UU., como también en México y en Centroamérica. Tiene una maestría de la universidad de California en Irvine. Trabaja como traductora y editora de materiales educativos.

Estrategia: *Identificar el punto de vista para conocer la perspectiva del narrador*

El narrador es un personaje que tiene la misión de contar la historia. Algunos tipos de narrador son: el narrador que sabe lo que piensan y hacen los personajes en todo momento, el narrador que observa lo que ocurre y el narrador que observa y además es protagonista. Es importante identificar y analizar el punto de vista del narrador, porque afecta no solo la cantidad de información que nos puede dar, sino también la credibilidad de lo que nos cuenta.

- **¡Ponla en práctica!** Lee el siguiente pasaje del cuento y contesta las preguntas a continuación.

  Mis papás llegaron de México a California siguiendo su propio sueño de El Dorado. Pero lo único dorado que encontramos eran las naranjas colgadas (*hanging*) entre abanicos (*fans*) de hojas (*leaves*) temblorosas en hectáreas y hectáreas (*large expanses*) de árboles verdes y perfumados. Ganábamos apenas lo suficiente para ajustar (*make due, manage*), y cuando yo nací el dinero era más escaso aún, pero lograron (*managed to*) seguir comiendo y yo pude ir a la escuela. Iba descalzo (*barefoot*), con una camisa remendada y un pantalón recortado de uno viejo de mi papá. El sol había acentuado el color de mi piel y los otros muchachos se reían de mí. Quería dejar de asistir, pero mi mamá me decía—Estudia, hijo, para que consigas un buen empleo y no tengas que trabajar tan duro como tus papás—. Por eso, iba todos los días a luchar contra el sueño y el aburrimiento mientras la maestra seguía su zumbido (*buzzing*) monótono.

1. ¿Quién cuenta la historia? ¿Qué características generales nos da de su vida?
2. ¿Qué tipo de narrador hay en este cuento? ¿Cómo lo sabes? ¿Qué pistas (*clues*) gramaticales hay? ¿Hay alguna otra pista?
3. ¿Qué mensaje quiere comunicar el narrador (y la autora)?

For grammar support:

 Abriendo paso: Gramática

A. **¿Cómo se aprende a ser parte de un grupo cultural?** El diccionario de la Real Academia Española define *cultura popular* como el "conjunto (*collection*) de las manifestaciones en que se expresa la vida tradicional de un pueblo". Es decir, las "cositas" (por ejemplo, la estructura de la familia) que dificultan la asimilación y, a veces, causan enajenación. Hay que aprender estas "cositas" para hacerse parte de un grupo cultural.

1. Piensa en algunas cosas que haces a diario automáticamente y que considerarías "manifestaciones culturales".

2. Haz una lista de por lo menos cinco de estas cosas. ¿Cuál crees que te podría causar más dificultad si tuvieras que adaptarte a una cultura en la que eso no se acostumbra? Explica por qué piensas así.

3. Vas a compartir tus ideas con tus compañeros, así es que no dejes de preparar una lista de palabras y expresiones para la discusión.

B. **Una entrevista.** Reflexiona acerca de las experiencias que tienen en común los inmigrantes. Para aprender algo más de su experiencia como inmigrantes, haz una lista de por lo menos cinco preguntas para hacérselas a una persona de tu comunidad que emigró de un país hispano a los Estados Unidos. No olvides que esa transición incluye fuertes emociones.

Comparte las preguntas con un(a) compañero(a). Él (Ella) te va a hacer algunas sugerencias para mejorar el trabajo. Tómalas en consideración y prepara la versión final de las preguntas para entrevistar al (a la) inmigrante. Luego comparte la información con el resto de la clase.

Introducción

En su cuento "Naranjas", la autora nos presenta la manera en que una familia hispana logra mejorar su vida en los Estados Unidos.

Al leer

Mientras lees, ten en cuenta los siguientes puntos:

- la diferencia entre la vida del protagonista al principio y al final del cuento
- los sentimientos que expresa el protagonista hacia su familia y hacia el ambiente en que vive al principio y al final
- el principal factor que contribuyó al cambio que tiene lugar en la vida del protagonista

Naranjas

de Ángela McEwan-Alvarado

Desde que me acuerdo, las cajas de naranjas eran parte de mi vida. Mi papá trabajaba cortando naranjas y mi mamá tenía un empleo en la empacadora° donde esos globos dorados rodaban° sobre bandas° para ser colocados en cajas de madera. En casa, esas mismas cajas burdas° nos servían de cómoda°,
5 bancos y hasta lavamanos° sosteniendo una palangana° y un cántaro de esmalte descascarado°. Una caja con cortina se usaba para guardar las ollas°.

Cada caja tenía su etiqueta° con dibujos distintos. Esas etiquetas eran casi los únicos adornos° que había en la habitación pequeña que nos servía de sala, dormitorio y cocina. Me gustaba trazar con el dedo los diseños coloridos—
10 tantos diseños—me acuerdo que varios eran de flores—azahares°, por supuesto—y amapolas° y orquídeas, pero también había un gato negro y una carabela°. El único inconveniente eran las astillas°. De vez en cuando se me metía una en la mano. Pero como dicen, "A caballo regalado, no se le miran los dientes".

Mis papás llegaron de México a California siguiendo su propio sueño de El
15 Dorado. Pero lo único dorado que encontramos eran las naranjas colgadas entre abanicos de hojas temblorosas en hectáreas y hectáreas de árboles verdes y perfumados. Ganábamos apenas lo suficiente para ajustar, y cuando yo nací el dinero era más escaso aún, pero lograron seguir comiendo y yo pude ir a la escuela. Iba descalzo, con una camisa remendada y un pantalón recortado
20 de uno viejo de mi papá. El sol había acentuado el color de mi piel y los otros

packing factory
rolled / conveyor belts
rough / chest of drawers
sink / washbowl
worn enamel pitcher / pots

label
?

orange blossoms
poppies
caravel; small, fast 15th–17th century ship / splinters

muchachos se reían de mí. Quería dejar de asistir, pero mi mamá me decía—
Estudia, hijo, para que consigas un buen empleo y no tengas que trabajar tan
duro como tus papás—. Por eso, iba todos los días a luchar contra el sueño y el
aburrimiento mientras la maestra seguía su zumbido monótono.

En los veranos acompañaba a mi papá a trabajar en los naranjales. Eso me 25
parecía más interesante que ir a la escuela. Ganaba quince centavos por cada
caja que llenaba. Iba con una enorme bolsa de lona° colgada de una banda
ancha para tener las manos libres, y subía por una escalerilla angosta° y tan
alta que podía imaginarme pájaro. Todos usábamos sombreros de paja de
ala ancha° para protegernos del sol, y llevábamos un pañuelo para limpiar 30
el sudor° que salía como rocío salado en la frente. Al cortar las naranjas se
llenaba el aire del olor punzante° del zumo° porque había que cortarlas justo a
la fruta sin dejar tallo°. Una vez nos tomaron una foto al lado de las naranjas
recogidas. Eso fue un gran evento para mí. Me puse al lado de mi papá,
inflándome° los pulmones y echando los hombros para atrás, con la esperanza 35
de aparecer tan recio° como él, y le di una sonrisa tiesa° a la cámara. Al regresar
del trabajo, mi papá solía° sentarme sobre sus hombros, y así caminaba a la
casa riéndose y cantando.

Mi mamá era delicada. Llegaba a casa de la empacadora, cansada y pálida a
preparar las tortillas y recalentar los frijoles; y todas las noches, recogiéndose 40
en un abrigo de fe, rezaba° el rosario ante un cuadro de la Virgen de Zapopán.

Yo tenía ocho años cuando nació mi hermana Ermenegilda. Pero ella sólo vivió
año y medio. Dicen que se enfermó por una leche mala que le dieron cuando le
quitaron el pecho°. Yo no sé, pero me acuerdo que estuvo enferma un día nada
más, y al día siguiente se murió. 45

Nuestras vidas hubieran seguido de la misma forma de siempre, pero vino
un golpe° inesperado. El dueño de la compañía vendió parte de los terrenos°
para un reparto de casas°, y por eso pensaba despedir a varios empleados.
Todas las familias que habíamos vivido de las naranjas sufríamos, pero no
había remedio. Mi mamá rezaba más y se puso más pálida, y mi papá dejó de 50
cantar. Caminaba cabizbajo° y no me subía a los hombros.

—Ay, si fuera carpintero podría conseguir trabajo en la construcción de esas
casas—decía. Al fin se decidió ir a Los Ángeles donde tenía un primo, para
ver si conseguía trabajo. Mi mamá sabía coser° y tal vez ella podría trabajar
en una fábrica. Como no había dinero para comprarle un pasaje en el tren, mi 55
papá decidió meterse a escondidas° en el tren de la madrugada°. Una vez en
Los Ángeles, seguramente conseguiría un empleo bien pagado. Entonces nos
mandaría el pasaje para trasladarnos°.

canvas
narrow

wide brim
?
? / juice
stem

?
? / stiff
used to

she prayed

?

blow / ?
?

?

to sew

? / daybreak

?

La mañana que se fue hubo mucha neblina°. Nos dijo que no fuéramos a
60 despedirle al tren para no atraer la atención. Metió un pedazo° de pan en la
camisa y se puso un gorro. Después de besarnos a mi mamá y a mí, se fue
caminando rápidamente y desapareció en la neblina.

Mi mamá y yo nos quedamos sentados juntos en la oscuridad, temblando° del
frío y de los nervios, y tensos por el esfuerzo° de escuchar el primer silbido°
65 del tren. Cuando al fin oímos que el tren salía, mi mamá dijo: —Bueno, ya se
fue. Que vaya con Dios.

No pudimos volver a dormir. Por primera vez me alisté° temprano para ir a la
escuela.

Como a las diez de la mañana me llamaron para que fuera a mi casa. Estaba
70 agradecido por la oportunidad de salir de la clase, pero tenía una sensación
rara en el estómago y me bañaba un sudor helado° mientras corría. Cuando
llegué jadeante° estaban varias vecinas en la casa y mi mamá lloraba sin cesar°.

—Se mató, se mató—gritaba entre sollozos°. Me arrimé° a ella mientras el
cuarto y las caras de la gente daban vueltas alrededor de mí. Ella me agarró°
75 como un náufrago a una madera, pero siguió llorando.

Allí estaba el cuerpo quebrado° de mi papá. Tenía la cara morada y coágulos de
sangre° en el pelo. No podía creer que ese hombre tan fuerte y alegre estuviera
muerto. Por cuenta, había tratado de cruzar de un vagón° a otro por los techos
y, a causa de la neblina no pudo ver bien el paraje. O tal vez por la humedad se
80 deslizó°. La cosa es que se cayó poco después de haberse subido. Un vecino que
iba al trabajo lo encontró al lado de la vía°, ya muerto.

| mist |
| piece |
| ? |
| effort / whistle |
| ? |
| ? |
| breathless / ? |
| sobs / I got close |
| grabbed me |
| ? |
| blood clots |
| ? |
| he slipped |
| track |

? / ?

I blew

?

raised
? / retired

rocking chair

yesteryear
stretching out to me

Los que habían trabajado con él en los naranjales hicieron una colecta y con los pocos centavos que podían dar reunieron lo suficiente para pagarnos el pasaje en el tren. Después del entierro° mi mamá empacó en dos bultos° los escasos bienes que teníamos y fuimos a Los Ángeles. Fue un cambio decisivo en nuestras vidas, más aún, porque íbamos solos, sin mi papá. Mientras el tren ganaba velocidad, soplé° un adiós final a los naranjales. 85

El primo de mi papá nos ayudó y mi mamá consiguió trabajo cosiendo en una fábrica de overoles°. Yo empecé a vender periódicos después de la escuela. Hubiera dejado de ir del todo a la escuela para poder trabajar más horas, pero mi mamá insistió en que terminara la secundaria. 90

Eso pasó hace muchos años. Los naranjales de mi niñez han desaparecido. En el lugar donde alzaban° sus ramas perfumadas hay casas, calles, tiendas y el constante vaivén° de la ciudad. Mi mamá se jubiló° con una pensión pequeña, y yo trabajo en una oficina del estado. Ya tengo familia y gano lo suficiente para mantenerla. Tenemos muebles en vez de cajas, y mi mamá tiene una mecedora° donde sentarse a descansar. Ya ni existen aquellas cajas de madera, y las etiquetas que las adornaban se coleccionan ahora como una novedad. 95

Pero cuando veo las pirámides de naranjas en el mercado, hay veces que veo esas cajas de antaño° y detrás de ellas está mi papá, sudando y sonriendo, estirándome° los brazos para subirme a sus hombros. 100

"Mis papás llegaron de México a California siguiendo su propio sueño de El Dorado."

Después de leer

Comprensión

C. **Al punto.** Contesta las siguientes preguntas.

1. En el primer párrafo, ¿qué elementos indican que la familia es muy pobre?

2. En el segundo párrafo, ¿qué ejemplo da el narrador para ilustrar el dicho (*saying*): "A caballo regalado, no se le miran los dientes"?

3. En la escuela, ¿cómo trataban al narrador los otros chicos? Explica.

4. ¿Cómo explica su mamá su insistencia en que él siga asistiendo a la escuela?

5. Describe brevemente la experiencia del narrador durante los veranos.

6. ¿Qué sabemos sobre la mamá del narrador? Menciona algunos detalles.

7. ¿Por qué decide el papá de la familia irse a Los Ángeles? ¿Cómo decidió viajar? ¿Por qué?

8. ¿Por qué tiene que regresar el narrador a casa antes de que se terminen las clases?

9. Menciona tres elementos que contribuyen a la tragedia del cuento.

10. Finalmente, ¿cómo pudieron el narrador y su mamá ir a Los Ángeles?

11. Al final del cuento, ¿cómo ha cambiado la vida del narrador? Describe su vida.

12. ¿Qué recuerda él cuando ve unas naranjas?

Para ampliar el vocabulario

D. **De la misma familia.** Escribe una palabra de la misma familia, es decir, palabras que tengan la misma raíz que la palabra dada. Si es un sustantivo, escribe el artículo definido correspondiente.

las naranjas   [1]   temblorosas   [16]

el dormitorio   [9]   el aburrimiento   [24]

coloridos   [9]   la niñez   [92]

los dientes   [13]

E. **En contexto.** ¿Cómo le explicarías las siguientes palabras a una persona que no sabe lo que quieren decir? Usa tus propias palabras, sinónimos o una situación para tu explicación.

la cómoda   [4]   la cocina   [9]

la cortina   [6]   descalzo   [19]

las ollas   [6]   los muebles   [96]

los dibujos   [7]

F. **Sinónimos.** Busca el sinónimo de las palabras que aparecen en la columna A en la columna B. Hay más palabras de las que necesitas.

A

_____ **1.** el inconveniente [12]

_____ **2.** apenas [17]

_____ **3.** ajustar [17]

_____ **4.** escondidas [56]

_____ **5.** tensos [64]

_____ **6.** fuerte [77]

_____ **7.** suficiente [95]

B

a. notificar

b. nerviosos

c. el incidente

d. el obstáculo

e. recio

f. bastante

g. el procedimiento

h. escasamente

i. acomodar

j. ocultas

G. **Antónimos.** Busca el antónimo de las palabras que aparecen en la columna A en la columna B. Hay más palabras de las que necesitas.

A

_____ **1.** se reían (reírse) [21]

_____ **2.** monótono [24]

_____ **3.** llenaba (llenar) [27]

_____ **4.** ancha [28]

_____ **5.** me acuerdo (acordarse) [44]

_____ **6.** inesperado [47]

_____ **7.** tensos [64]

_____ **8.** escasos [85]

B

a. preocuparse

b. llorar

c. divertirse

d. clara

e. olvidarse

f. estrecha

g. abundantes

h. previsto

i. vaciar

j. entretenido

k. relajados

Reflexión

H. **La educación: esperanza y realidad.** La mamá del cuento tiene fe en que la educación va a permitirle a su hijo tener una vida mejor que la de ella, y, efectivamente, su esperanza se convierte en realidad. En tu opinión, ¿todavía se puede convertir esa esperanza en realidad en los Estados Unidos? ¿Qué se podría hacer para que más grupos pudieran ascender socialmente? ¿Qué factores sociales (es decir, en cuanto a vivienda, educación, empleo, etc.) dificultan ese ascenso? Vas a compartir tus ideas con tus compañeros. Antes de reunirte con ellos, anota algunas ideas y algunos ejemplos que las apoyen.

Perspectivas culturales

I. **La leyenda de "El Dorado".** En el cuento se hace referencia a la leyenda de "El Dorado". Busca información en Internet acerca de la leyenda y escribe un párrafo en el que la describas. Además, incluye la razón por la que tú crees que la autora la usa para compararla con el viaje de la familia en el cuento.

Abriendo paso

Contextos para la comunicación

For grammar support:

Abriendo paso: Gramática

A Texto auditivo: Música para integrar inmigrantes

Vas a ver un video. Primero, tienes un minuto para leer la introducción y las preguntas. Luego vas a escuchar la grabación dos veces. Mientras escuchas, puedes tomar apuntes. Después de escuchar por primera vez, tienes un minuto para contestar las preguntas. Después de escuchar por segunda vez, vas a tener dos minutos para terminarlas.

Introducción

En este video, Karim Hauser, periodista de la BBC, informa sobre un grupo musical llamado Madera de Cayuco. El reportaje apareció en BBC Mundo. La grabación dura unos tres minutos.

1. ¿Cuales son tres características que dificultan la integración de los inmigrantes?

2. ¿Cuánto tiempo tardó Paul Sagong en llegar a España? ¿Cómo llegó?

3. ¿Qué le sucedió a los trabajos que había conseguido Paul?

4. ¿Qué posición ocupa Paul en Madera de Cayuco?

5. ¿Cuál es el propósito de la Fundación Raíz?

6. ¿Por qué es importante el barrio de Lavapiés?

7. ¿Cuáles son dos cosas que dificultan que Madera de Cayuco tenga un impacto verdadero?

8. Según Rocío Gómez, ¿cómo deberían ser los cambios en los cursos de historia? Explica.

9. En cuanto al número de inmigrantes, ¿cómo ha cambiado recientemente la situación en España?

10. ¿Qué han decidido muchos inmigrantes?

B Presentación oral: Consejo para un(a) estudiante de intercambio

Imagina que tienes un(a) compañero(a) que va a pasar el próximo semestre como estudiante de intercambio en un país hispanoamericano. Vas a trabajar con un grupo para preparar una lista de recomendaciones que puedan facilitar la transición (acerca de la comida, las actividades familiares, las costumbres religiosas, el clima, los barrios de la nueva ciudad o pueblo, la escuela, las diversiones, los amigos, etc.).

1. Primero, reflexiona sobre algunos desafíos que se presentan durante el período de transición a una nueva cultura: los sentimientos que podrían surgir al principio y algunas maneras de aliviarlos.

2. Prepara una lista de por lo menos cinco recomendaciones que podrían facilitar los primeros días.

3. Comparte tus ideas con tus compañeros y escojan las mejores para compartirlas con la clase.

C Presentación oral: Después de graduarme

Pronto vas a graduarte de la escuela secundaria y tendrás que pasar por un proceso de adaptación a tu nueva vida. ¿Piensas seguir estudiando, incorporarte a la vida laboral o combinar los dos? ¿Tendrás que mudarte? ¿Qué diferencias habrá en tu vida diaria? ¿Qué echarás de menos? ¿Qué dificultades crees que tendrás? ¿Qué cualidades vas a necesitar para enfrentarlas? ¿Qué quieres lograr en esta segunda (pero no última) etapa de tu vida? Tú y un(a) compañero(a) van a usar estas preguntas para entrevistarse. Para prepararte, piensa cómo las contestarás tú. Si lo deseas, toma algunas notas, pero recuerda que no podrás leerlas durante la entrevista.

D Debate: ¿Asimilación completa?

Vas a defender tu opinión acerca de lo que es esencial para asimilarse con éxito al país al que se emigra. Primero, anota unas frases o expresiones acerca de estos temas. Usa las preguntas como guía.

1. **La cultura del país de origen:** ¿Crees que es necesario que un inmigrante abandone las tradiciones de su país de origen? ¿Es posible abandonarlas todas? ¿Hay algunas costumbres que se deberían conservar o descartar (*discard*)? ¿Cuáles?

2. **La cultura del país al que se emigra:** ¿Qué importancia tiene aprender la lengua del nuevo país? ¿Es posible asimilarse sin aprenderla? ¿Puede el no aprender la lengua contribuir a la enajenación? ¿Hay otros factores culturales que se deben tener en cuenta? Añade ejemplos que apoyen tus ideas.

No escribas frases completas ni aprendas lo que has escrito de memoria. Lo importante es que sepas las palabras que necesitas para defender tu posición.

E Composición: El sueño americano

Muchas familias inmigrantes hacen sus sueños realidad en los EE.UU. Vas a escribir un ensayo de por lo menos 200 palabras sobre este tema.

1. Investiga en Internet la experiencia de una de las personas exitosas (*successful*) de raíz hispana que aparecen a continuación o de cualquier otro(a) inmigrante hispano(a) que te interese.

Julián Castro	Celia Cruz
José Hernández	Hilda Solís
Alfredo Quiñones Hinojosa	John Orozco
Jorge Ramos	Junot Díaz
Sonia Sotomayor	Yolanda Voss

2. Escribe un ensayo en el que incluyas: su país de origen; cuándo, adónde y por qué inmigró (o inmigraron sus padres); el campo (*field*) en que ha triunfado y el papel de la educación en su éxito.

3. Incluye también cualquier información del ejercicio D que te parezca pertinente.

4. Trata de incorporar por lo menos tres de las siguientes expresiones en tu ensayo.

aun cuando	*even when*
desde que	*since*
en cuanto	*as soon as*
a pesar de que	*in spite of*
al contrario	*on the contrary*

5. Al terminar, repasa tu ensayo para mejorar el contenido y la gramática.

Preguntas del capítulo

Ahora que has discutido la lectura y tienes mejor conocimiento del tema, tu profesor(a) va a reanudar la discusión de las preguntas del capítulo. Repasa brevemente los apuntes y ejercicios que ya completaste.

- ¿Cuáles son algunas cosas que pueden causar sentimientos de enajenación en las personas?

- ¿Qué impacto tienen las condiciones sociales (por ejemplo, la familia, la educación, el trabajo) en la asimilación?

- ¿Qué pueden hacer los individuos, las comunidades y los gobiernos para facilitar la asimilación cultural?

Los héroes y los personajes históricos

LECTURA: Tres héroes (fragmento)

José Martí

En portada

Las siguientes preguntas te servirán de guía y te ayudarán a comprender el tema más a fondo. Tenlas presentes a lo largo del capítulo.

- ¿Qué cualidades tienen en común los héroes?

- ¿Cuál es la relación entre los héroes y los personajes históricos? ¿Son todos los personajes históricos héroes o viceversa?

- ¿Qué papel tienen los héroes y los personajes históricos en la identidad nacional?

Describe detalladamente la foto. Incluye la información de las preguntas a continuación en tu descripción.

1. ¿Qué emociones sientes al mirar esta foto?

2. ¿Cuál crees que es el objetivo del hombre? ¿Crees que con solo mirar esta imagen puedes concluir que logró su objetivo?

3. ¿Sabes cómo terminó este encuentro? Si no sabes, ¿cómo te gustaría que hubiera terminado?

4. Obviamente la persona delante del tanque está desafiando a las autoridades. ¿Crees que la foto se conoce en el país en que se tomó? ¿Por qué piensas así?

5. Según el título de este capítulo y las preguntas del capítulo, ¿por qué crees que esta foto merece estar en este capítulo?

Tres héroes (fragmento)

Antes de leer

Acerca del autor

José Martí
(1853–1895)

Fue escritor y patriota revolucionario cubano. Nació en Cuba, hijo de padres españoles. A los 17 años fue a la cárcel por pertenecer a grupos independentistas. Fue perdonado y deportado a España donde empezó a sentir afecto por ese país, pero siguió en contra de su política colonial. Regresó a Cuba, pero poco después fue deportado de nuevo y se estableció en Nueva York. Allí se dedicó por completo a la libertad de Cuba y a su obra literaria. Fue cronista, crítico, dramaturgo y poeta. Se le considera uno de los más grandes poetas de Hispanoamérica. Murió el 19 de mayo de 1895 en Dos Ríos, Cuba, luchando por su independencia.

> **Estrategia:** *El uso de información acerca de la época y el ambiente en que vive el escritor*
>
> Conocer algo sobre el tiempo en que vivió un escritor nos ayuda a entender no solo lo que dice, sino por qué lo dice. Esta información presenta un contexto histórico para interpretar sus palabras.
>
> - **¡Ponla en práctica!** Lee la biografía de José Martí. ¿Qué tipo de persona crees que Martí va a considerar un héroe? Basado en lo que sabes de Martí, escribe una lista de por lo menos tres características que Martí admiraría en un héroe. Luego podrás confirmar tus ideas.

A. El honor. Lee este fragmento y contesta las preguntas.

> Libertad es el derecho que todo hombre tiene a ser honrado (*honest, honorable*), y a pensar y a hablar sin hipocresía. En América no se podía ser honrado, ni pensar ni hablar. Un hombre que oculta (*hides*) lo que piensa, o no se atreve (*dare*) a decir lo que piensa, no es un hombre honrado. Un hombre que obedece a un mal gobierno, sin trabajar para que el gobierno sea bueno, no es un hombre honrado. Un hombre que se conforma (*is content*) con obedecer a leyes injustas, y permite que pisen (*trample on*) el país en que nació, los hombres que se lo maltratan, no es un hombre honrado.

Escribe dos cosas que, según Martí, un hombre tiene que hacer para considerarse honrado. ¿Por qué piensas que repite la frase "no es un hombre honrado"? Comparte tus ideas con tus compañeros.

B. Héroes y heroínas. Según Martí, hay hombres que "padecen (*suffer*) como en agonía cuando ven que los hombres viven sin decoro a su alrededor". Pero el padecer agonía no es suficiente para convertirse en héroe. ¿Conoces a alguien en tu comunidad que haya "padecido agonía" al ver los males a su alrededor o a personas que hayan actuado sin decoro y hayan hecho algo para remediarlo? Prepárate para compartir un breve resumen de las acciones de esa persona con un grupo pequeño de tus compañeros. ¿Crees que esa persona también sería, en la opinión de Martí, un héroe o una heroína? ¿Por qué?

For grammar support:

 Abriendo paso: Gramática

Introducción

Vas a leer lo que piensa Martí acerca de tres personajes históricos y las características que, en su opinión, los convierten en héroes, así como los derechos y las obligaciones que conlleva (*entails*) la libertad que estos héroes lograron. Los pasajes aparecen en *La Edad de Oro*, una revista mensual para niños que publicó Martí mientras vivía en Nueva York*.

Al leer

Mientras lees, ten en cuenta los siguientes puntos:

- la relación entre la libertad y la honradez
- lo que los tres héroes tienen en común
- lo que Martí quiere enseñarles a los niños

Tres héroes (fragmento)

de José Martí

Cuentan que un viajero llegó un día a Caracas al anochecer, y sin sacudirse el polvo° del camino, no preguntó dónde se comía ni se dormía, sino cómo se iba a donde estaba la estatua de Bolívar. Y cuentan que el viajero, solo con los árboles altos y olorosos° de la plaza, lloraba frente a la estatua, que parecía

5 que se movía, como un padre cuando se le acerca un hijo. El viajero hizo bien, porque todos los americanos deben querer a Bolívar como a un padre. A Bolívar, y a todos los que pelearon° como él por que la América fuese del hombre americano. A todos: al héroe famoso, y al último soldado, que es un héroe desconocido. Hasta hermosos° de cuerpo se vuelven los hombres que

10 pelean por ver libre° a su patria.

Libertad es el derecho que todo hombre tiene a ser honrado, y a pensar y a hablar sin hipocresía. En América no se podía ser honrado, ni pensar ni hablar. Un hombre que oculta lo que piensa, o no se atreve a decir lo que piensa, no es un hombre honrado. Un hombre que obedece a un mal gobierno, sin trabajar

15 para que el gobierno sea bueno, no es un hombre honrado. Un hombre que se conforma con obedecer a leyes injustas, y permite que pisen el país en que nació, los hombres que se lo maltratan, no es un hombre honrado.

shaking off the dust

fragrant

fought

handsome

?

---

*En este texto, Martí se refiere a la América Latina del siglo XIX, cuando unos cuantos de los países de América ya se habían independizado pero otros, como Cuba, todavía no habían logrado independizarse de España.

El niño, desde que puede pensar, debe pensar en todo lo que ve, debe padecer por todos los que no pueden vivir con honradez, debe trabajar porque puedan ser honrados todos los hombres, y debe ser un hombre honrado. El niño que no piensa en lo que sucede a su alrededor°, y se contenta con vivir, sin saber si vive honradamente, es como un hombre que vive del trabajo de un bribón°, y está en camino de ser bribón.

Hay hombres que son peores que las bestias, porque las bestias necesitan ser libres para vivir dichosas°: el elefante no quiere tener hijos cuando vive preso°: la llama del Perú se echa° en la tierra y se muere, cuando el indio le habla con rudeza°, o le pone más carga de la que puede soportar. El hombre debe ser, por lo menos, tan decoroso° como el elefante y como la llama. En América se vivía antes de la libertad como la llama que tiene mucha carga encima°. Era necesario quitarse la carga, o morir.

Hay hombres que viven contentos aunque vivan sin decoro. Hay otros que padecen como en agonía cuando ven que los hombres viven sin decoro a su alrededor. En el mundo ha de haber° cierta cantidad de decoro, como ha de haber cierta cantidad de luz. Cuando hay muchos hombres sin decoro, hay siempre otros que tienen en sí° el decoro de muchos hombres. Esos son los que se rebelan con fuerza terrible contra los que les roban a los pueblos su libertad, que es robarles a los hombres su decoro. En esos hombres van miles de hombres, va un pueblo entero, va la dignidad humana. Esos hombres son sagrados°. Estos tres hombres son sagrados: Bolívar, de Venezuela; San Martín, del Río de la Plata; Hidalgo, de México. Se les deben perdonar sus errores, porque el bien que hicieron fue más que sus faltas°. Los hombres no pueden ser más perfectos que el sol. El sol quema° con la misma luz con que calienta. El sol tiene manchas°. Los desagradecidos° no hablan más que de las manchas. Los agradecidos hablan de la luz.

Bolívar era pequeño de cuerpo. Los ojos le relampagueaban°, y las palabras se le salían° de los labios. Parecía como si estuviera esperando siempre la hora de montar° a caballo. Era su país, su país oprimido° que le pesaba° en el corazón, y no le dejaba° vivir en paz. La América entera estaba como despertando. Un hombre solo no vale nunca más que un pueblo entero; pero hay hombres que no se cansan, cuando su pueblo se cansa, y que se deciden a la guerra antes que los pueblos, porque no tienen que consultar a nadie más que a sí mismos, y los pueblos tienen muchos hombres, y no pueden consultarse tan pronto. Ese fue el mérito de Bolívar, que no se cansó de pelear por la libertad de Venezuela, cuando parecía que Venezuela se cansaba. Lo habían derrotado° los españoles:

around him/her
ruffian

happy / ?
lies down
?
honorable
?

there must be

within themselves

?

?
?
stains / ungrateful

flashed
poured out
mount / ? / weighed
didn't allow

had defeated him

55 lo habían echado° del país. El se fue a una isla, a ver su tierra de cerca, a pensar
en su tierra. Un negro* generoso lo ayudó cuando ya no lo quería ayudar nadie.
Volvió un día a pelear, con trescientos héroes, con los trescientos libertadores.
Libertó a Venezuela. Libertó a la Nueva Granada. Libertó al Ecuador. Libertó
al Perú. Fundó una nación nueva, la nación de Bolivia. Ganó batallas sublimes
60 con soldados descalsos** y medio desnudos°. Todo se estremecía° y se llenaba
de luz a su alrededor. Los generales peleaban a su lado° con valor sobrenatural.
Era un ejército de jóvenes. Jamás se peleó tanto, ni se peleó mejor, en el mundo
por la libertad. Bolívar no defendió con tanto fuego el derecho de los hombres
a gobernarse por sí mismos, como el derecho de América a ser libre. Los
65 envidiosos exageraron sus defectos. Bolívar murió de pesar del corazón, más
que de mal del cuerpo, en la casa de un español en Santa Marta. Murió pobre, y
dejó una familia de pueblos.

[…] Desde niño fue el cura° Hidalgo de la raza buena, de los que quieren
saber. Los que no quieren saber son de la raza mala. Hidalgo sabía francés,
70 que entonces era cosa de mérito, porque lo sabían pocos. Leyó los libros de los
filósofos del siglo XVIII, que explicaron el derecho del hombre a ser honrado,
y a pensar y a hablar sin hipocresía. Vio a los negros esclavos, y se llenó de
horror. Vio maltratar a los indios […] y se sentó entre ellos como un hermano
viejo. […] Decían que iba a la ciudad de Querétaro una que otra vez, a hablar
75 con unos cuantos valientes y con el marido de una buena señora. Un traidor le
dijo a un comandante español que los amigos de Querétaro trataban de hacer
a México libre. El cura montó a caballo, con todo su pueblo, que lo quería
como a su corazón; se le fueron juntando los caporales° y los sirvientes° de las
haciendas, que eran la caballería°; los indios iban a pie, con palos y flechas°, o
80 con hondas° y lanzas. Se le unió un regimiento y tomó un convoy de pólvora°
que iba para los españoles. Entró triunfante en Celaya, con músicas y vivas.
Al otro día juntó el Ayuntamiento, lo hicieron general, y empezó un pueblo
a nacer. […] Ganó y perdió batallas. Un día se le juntaban siete mil indios
con flechas, y al otro día lo dejaban solo. La mala gente quería ir con él para
85 robar en los pueblos y para vengarse de los españoles. El les avisaba a los jefes
españoles que si los vencía en la batalla que iba a darles los recibiría en su casa
como amigos. ¡Eso es ser grande! […]

_____

*Es importante saber que Martí no usa la palabra *negro* de manera peyorativa (*derogatory*). Uno
de los dos jefes de las tropas revolucionarias cubanas fue Antonio Maceo, un mulato a quien
Martí contactó para que iniciara la última guerra de independencia de Cuba. En su ensayo "Mi
raza", él dice: "En los campos de batalla murieron por Cuba, han subido juntas por los aires, las
almas de los blancos y de los negros".
**La palabra *descalsos* refleja la ortografía del español antiguo. En la actualidad, la ortografía
correcta de esta palabra es *descalzos*, que significa *barefoot*.

they had thrown him out

barefoot / ? / shuddered
side

priest

foremen / ?
cavalry / sticks and arrows
slingshots / gunpowder

duty

saber

self-assured

drum / they ended up / flag

San Martín fue el libertador del sur, el padre de la República Argentina, el padre de Chile. Sus padres eran españoles, y a él lo mandaron a España para que fuese militar del rey. […] En cuanto supo que América peleaba para hacerse libre, vino a América: ¿qué le importaba perder su carrera, si iba a cumplir con su deber°? Llegó a Buenos Aires; no dijo discursos: levantó un escuadrón de caballería: en San Lorenzo fue su primera batalla: sable° en mano se fue San Martín detrás de los españoles, que venían muy seguros°, tocando el tambor°, y se quedaron° sin tambor, sin cañones y sin bandera°. En los otros pueblos de América los españoles iban venciendo: a Bolívar lo había echado Morillo el cruel de Venezuela: Hidalgo estaba muerto: O'Higgins salió huyendo de Chile; pero donde estaba San Martín siguió siendo libre la América. Hay hombres así, que no pueden ver esclavitud. San Martín no podía; y se fue a libertar a Chile y al Perú. […] Liberta a Chile. Se embarca con su tropa, y va a libertar el Perú. Pero en el Perú estaba Bolívar, y San Martín le cede la gloria. Se fue a Europa triste, y murió en brazos de su hija Mercedes. […]

90

95

100

El corazón se llena de ternura al pensar en esos gigantescos fundadores. Esos son héroes; los que pelean para hacer a los pueblos libres, o los que padecen en pobreza y desgracia por defender una gran verdad. Los que pelean por la ambición, por hacer esclavos a otros pueblos, por tener más mando, por quitarle a otro pueblo sus tierras, no son héroes, sino criminales.

105

Después de leer

For grammar support:

Abriendo paso: Gramática

Comprensión

C. Al punto. Contesta las siguientes preguntas.

1. En tus propias palabras, explica por qué Martí piensa que la decisión de ir directamente a la estatua de Bolívar fue la decisión correcta.

2. Según Martí, ¿cuál es la relación entre la libertad y la honradez? En tu respuesta, incluye un ejemplo que da Martí.

3. Menciona tres características que según Martí debe tener un hombre honrado.

4. Según Martí, si el niño no actúa cuando ve una injusticia, ¿qué tipo de adulto será?

5. ¿Qué quiere decir Martí cuando dice que, antes de la libertad, el hombre vivía como una llama?

6. ¿Por qué califica Martí a Bolívar, a San Martín y a Hidalgo como "sagrados"?

7. ¿Piensa Martí que los hombres "sagrados" son perfectos? Explica.

8. En cuanto a la actitud hacia los españoles, ¿qué distingue a Hidalgo de la "mala gente"?

9. ¿A qué héroe parece admirar Martí sobre todos los demás? Menciona una cosa que indica esta preferencia.

10. En tus propias palabras, escribe tres frases que resuman lo que tienen en común esos tres héroes.

Para ampliar el vocabulario

D. **De la misma familia.** Escribe una palabra de la misma familia, es decir, palabras que tengan la misma raíz que la palabra dada. Si es un sustantivo, escribe el artículo definido correspondiente.

el viajero   [1]   honrado   [11]

el anochecer   [1]   los agradecidos   [44]

olorosos   [4]   las batallas   [59]

E. **En contexto.** ¿Cómo le explicarías las siguientes palabras a una persona que no sabe lo que quieren decir? Usa tus propias palabras, sinónimos o una situación para tu explicación.

lloraba (llorar)   [4]   preso   [25]

desconocido   [9]   desnudos   [60]

el derecho   [11]   el marido   [75]

maltratan (maltratar)   [17]   el deber   [92]

F. **Sinónimos.** Busca el sinónimo de las palabras que aparecen en la columna A en la columna B. Hay más palabras de las que necesitas.

A   B

_____ 1. pelearon (pelear) [7]   **a.** honrado

_____ 2. hermosos [9]   **b.** luchar

_____ 3. oculta (ocultar) [13]   **c.** el vigor

_____ 4. dichosas [25]   **d.** distintas

_____ 5. la fuerza [36]   **e.** bellos

_____ 6. entero [38]   **f.** la corteza

_____ 7. perdonar [40]   **g.** esconder

                                     h. felices

                                     i. absolver

                                     j. completo

G. **Antónimos.** Busca el antónimo de las palabras que aparecen en la columna A en la columna B. Hay más palabras de las que necesitas.

A

_____ **1.** el anochecer [1]

_____ **2.** se le acerca (acercarse) [5]

_____ **3.** honrado [11]

_____ **4.** encima [29]

_____ **5.** quitarse [30]

_____ **6.** morir [30]

_____ **7.** se rebelan (rebelarse) [36]

_____ **8.** los valientes [75]

B

a. nacer

b. el amanecer

c. los cobardes

d. alejarse

e. atractivo

f. ponerse

g. subordinarse

h. deshonesto

i. los fuertes

j. debajo

k. el diario

Reflexión

H. **¿Solo para niños?** Muchos piensan que Martí no escribió *La Edad de Oro* pensando que sus lectores iban a ser únicamente niños. Después de leer este pasaje, ¿piensas que lo que escribió puede instruir a los adultos también? ¿Qué opinas tú? ¿Por qué piensas así? Escribe un párrafo en el que expreses tu opinión. Apoya tus ideas con ejemplos del texto que acabas de leer.

Comparaciones culturales

I. **Un héroe de la independencia de los Estados Unidos.** En el ensayo "Tres héroes" Martí utiliza su admiración por tres grandes libertadores de América para crear empatía con el lector y llevar su mensaje de la importancia de la lucha por la independencia de su propia patria de manera efectiva.

1. ¿Qué sabes sobre los héroes de la guerra de la Independencia de los Estados Unidos? Menciona a tres héroes de esta lucha. Escoge a uno(a) de ellos y busca información en Internet acerca de él (o ella). ¿Qué hizo?

2. ¿Tiene este héroe algunas características en común con los libertadores que menciona Martí? ¿Hay algunas diferencias importantes?

3. En su ensayo, Martí destaca a Bolívar. ¿Qué te hizo escoger a tu héroe para que tú lo destacaras entre los demás? ¿Por qué lo admiras? ¿Crees que Martí lo hubiera admirado? ¿Por qué?

4. Prepara tus apuntes para que puedas compartir tu investigación con el resto de la clase.

Contextos para la comunicación

For grammar support:
Abriendo paso: Gramática

A Texto auditivo: Héroes verdaderos

Vas a escuchar una grabación. Primero, tienes un minuto para leer la introducción y las preguntas. Luego vas a escuchar la grabación dos veces. Mientras escuchas, puedes tomar apuntes. Después de escuchar por primera vez, tienes un minuto para contestar las preguntas. Después de escuchar por segunda vez, vas a tener dos minutos para terminarlas.

Introducción

Esta grabación proviene del programa *Mejor con Gaby Vargas* del portal Noticias MVS. En el audio la locutora habla sobre la profesión y el carácter de Edgar Serrano, quien trabaja de buzo (*underwater diver*) en una plataforma petrolera. La grabación dura unos cuatro minutos.

1. ¿Qué idea equivocada nos viene a la mente cuando pensamos en héroes?

2. Según la locutora, ¿dónde se encuentran los héroes?

3. ¿Cómo es el trabajo que hace Edgar Serrano?

4. ¿Dónde trabaja?

5. ¿Con qué peligros se enfrenta mientras trabaja?

6. ¿Qué se puede apreciar cuando se mira a don Edgar?

7. Menciona al menos dos cosas a las que él ha dedicado su vida laboral.

8. La locutora da dos definiciones de la palabra *héroes*. Según ella, ¿que tipo de personas son?

B Presentación oral: Lo que deben saber los niños

En el ensayo completo, Martí quiere instruir a sus lectores porque él piensa que "los niños son la esperanza del mundo …" En otra obra, Martí escribe: "Todo lo que quieran saber [los niños] les vamos a decir, y de modo que lo entiendan bien, con palabras claras". ¿Estás de acuerdo con lo que dice Martí acerca de los niños? Explica. ¿Crees que él logra hacer lo que quiere en este fragmento? ¿Qué te hace pensar así? Apunta algunas ideas acerca de las preguntas anteriores e incluye ejemplos del ensayo que apoyen tus ideas. Vas a compartir tus ideas con un grupo pequeño de tus compañeros.

C Presentación oral: Lo que sacrifican los héroes

En "Tres héroes", José Martí menciona algunos sacrificios, inclusive morir, que hicieron estos héroes por defender sus ideas. Martí mismo tuvo que vivir lejos de su familia y de su querida patria y finalmente murió por defender sus ideas. A través de los años, ha habido muchas personas (algunas famosas, otras no) que sufrieron resultados negativos por defender sus ideas.

1. Piensa en una persona que conoces (personalmente, por la televisión, los periódicos o Internet) y prepárate para hablarle a la clase acerca de esa persona.

2. Prepara un esquema general que incluya lo siguiente: su nombre, de dónde es, los ideales que defiende, lo que hizo o está haciendo y lo que ha sacrificado.

3. Luego, incluye algunos detalles importantes para completar cada sección. Recuerda que no debes leer, sino hablar espontáneamente.

D Investigación en Internet: Otro héroe de la independencia hispanoamericana

Además de Bolívar, San Martín e Hidalgo, hubo otros héroes en las luchas por la independencia en Hispanoamérica. Entre ellos se encuentran Antonio José de Sucre y Bernardo O'Higgins. Busca en Internet un poco más de información acerca de uno de ellos (o acerca de cualquier otro libertador hispano que te interese) y escribe un párrafo en el que incluyas su nombre, de qué país era, cuándo vivió, en qué conflicto(s) participó, lo que quería lograr, lo que logró y el año en que su país logró la independencia de España.

E Debate: Hay personas a quienes se les debe perdonar sus errores

En el texto que acabas de leer, Martí dice lo siguiente acerca de Bolívar, San Martín e Hidalgo.

Se les deben perdonar sus errores, porque el bien que hicieron fue más que sus faltas. Los hombres no pueden ser más perfectos que el sol. El sol quema con la misma luz con que calienta. El sol tiene manchas. Los desagradecidos no hablan más que de las manchas. Los agradecidos hablan de la luz.

Vas a prepararte para participar en un debate a favor o en contra del acto de perdonar. Tu profesor(a) va a dividir la clase en dos grupos.

1. Piensa en algunas personas famosas que han cometido grandes errores (mujeres u hombres). ¿Se les han perdonado sus errores o no?

2. Reflexiona sobre estas preguntas (o cualquier otra pregunta que te venga a la mente).
   - **A favor de perdonar:** ¿A qué tipo de persona se le debe perdonar sus errores? ¿Por qué merecen que se les perdonen? ¿Qué ventajas para la comunidad o el país puede tener el perdonárselos?

   - **En contra de perdonar:** ¿Hay errores imperdonables para todos? ¿Cuáles son? ¿Por qué no se debe perdonar esos errores? ¿Puede tener consecuencias inesperadas para la comunidad o el país?

3. Prepara algunos apuntes que te ayuden a defender tu posición mientras participas en el debate.

F Presentación oral: Tres cursos

Jorge Santayana, filósofo hispano-estadounidense, dijo: "Aquellos que no recuerdan el pasado, están condenados a repetirlo".

1. Reflexiona sobre lo que quiere decir la cita. ¿Estás de acuerdo con lo que dice?

2. Analiza la relación que hay entre el ensayo "Tres héroes" y la cita de Santayana.

3. Anota algunas ideas acerca de lo que crees que Martí y Santayana hubieran querido que los alumnos de tu escuela aprendieran.

4. Trabaja con un grupo pequeño de tus compañeros para preparar una lista de por lo menos tres cursos que en su opinión a Martí y a Santayana les gustaría ver en el currículo de estudios sociales de tu escuela para que los estudiantes aprendieran esas lecciones. También deben incluir una breve descripción de los cursos. Van a compartir su descripción de los cursos con la clase.

G Composición: ¿Héroes o criminales?

Desde el siglo pasado ha habido muchos dictadores que por ambición han subyugado a su pueblo. A menudo, la lucha empieza bajo la apariencia de "liberar" al pueblo. En su artículo Martí dice: "Los que pelean por la ambición, por hacer esclavos a otros pueblos, por tener más mando, por quitarle a otro pueblo sus tierras, no son héroes, sino criminales".

1. Prepara algunos apuntes en los que des tu opinión acerca de lo que expresa Martí en la cita.

2. Escoge un gobierno de Latinoamérica que ilustre el tema e investígalo en Internet o en cualquier otro medio de comunicación. Toma algunos apuntes que incluyan el nombre del país y del dictador, las fechas de la dictadura, cómo llegó al poder, quien lo apoyó y las razones por las cuales lo apoyaron y algunos abusos que cometió.

3. Finalmente, escribe un ensayo de por lo menos 200 palabras en el que incluyas tus ideas y la información que encontraste.

4. Trata de incorporar por lo menos tres de las siguientes expresiones en tu composición.

a mi parecer	*in my opinion*
por ese motivo	*for that reason*
con respecto a	*regarding*
como resultado	*as a result*
para concluir	*to conclude*

5. Antes de entregar el ensayo, revisa con cuidado el contenido y asegúrate de que has corregido cualquier error gramatical.

Preguntas del capítulo

Ahora que has discutido la lectura y tienes mejor conocimiento del tema, tu profesor(a) va a reanudar la discusión de las preguntas del capítulo. Repasa brevemente los apuntes y ejercicios que ya completaste.

- ¿Qué cualidades tienen en común los héroes?

- ¿Cuál es la relación entre los héroes y los personajes históricos? ¿Son todos los personajes históricos héroes o viceversa?

- ¿Qué papel tienen los héroes y los personajes históricos en la identidad nacional?

CAPÍTULO 3

La identidad nacional y la identidad étnica

LECTURA: Historias de España—Pere Pi Cabanes

Las siguientes preguntas te servirán de guía y te ayudarán a comprender el tema más a fondo. Tenlas presentes a lo largo del capítulo.

- ¿Cómo contribuye la historia de un país a establecer la identidad nacional?

- ¿Qué factores influyen en los cambios de la identidad nacional a través del tiempo?

- ¿Cómo se expresa la identidad nacional y étnica en momentos de crisis?

En portada

Describe detalladamente las fotos. Incluye la información de las preguntas a continuación en tu descripción.

1. Cuando miras estas fotos, ¿qué observas? Escribe algunas palabras que describan lo que sientes y da todos los detalles que puedas.

2. ¿Cómo te sentirías si esta fuera la ciudad o pueblo donde vives?

3. Aunque sin duda sería difícil perdonar a los que cometieron semejante atrocidad, ¿crees que es necesario hacerlo? ¿Por qué?

Historias de España—Pere Pi Cabanes

Antes de leer

> **Estrategia:** *El uso del prefacio para determinar algunas cosas que se van a tratar en el texto*
>
> Además del título, un prefacio o una cita que aparece al principio de una lectura puede darte una idea general de su contenido. Presta atención a lo que dice esta cita introductoria para determinar de qué se tratará el texto.
>
> - **¡Ponla en práctica!** La escritora escoge la cita a continuación como prefacio de su escrito: "En el monte (*hill*), los guerrilleros pensamos hasta el final que íbamos ganando la guerra". Piensa en lo que ella quiere comunicar y escribe una frase que lo resuma. Luego escribe tres frases más sobre lo que tú crees que va a tratar el texto. Vas a compartir tus ideas con un grupo pequeño de tus compañeros.

A. Los recuerdos. Hablando de un sobreviviente de la guerra, la autora dice: "A sus 92 años, Pere recuerda como si fuese ayer las guardias, las escuchas (*spying*), las esperas…". ¿Por crees que los recuerdos del anciano son tan vívidos? ¿Qué factores afectan los recuerdos? ¿Cómo influyen estos en la identidad de la persona? Piensa en algo que haya pasado hace unos cuantos años y que tú recuerdes perfectamente. Descríbelo y explica por qué lo recuerdas con tanto detalle. ¿Qué importancia tuvo en tu vida? Vas a compartir tus ideas con tus compañeros.

B. La Quinta del Biberón. En el relato que vas a leer se menciona la Quinta del Biberón (*Draft of the Baby Bottle*). Busca información en Internet acerca de esta entidad y escribe un párrafo en el que describas lo que era, cuándo y por qué existió y por qué crees que recibió ese nombre. Además incluye tu opinión acerca de esa entidad y la razón por la cual crees que se menciona en el relato. Vas a compartir la información y tus ideas con un grupo pequeño de tus compañeros.

Nota cultural

La guerra civil española duró desde 1936 hasta1939. En el conflicto había dos bandos: los republicanos (también llamados socialistas), defensores del gobierno republicano del rey Alfonso XIII, y los nacionalistas que se rebelaron en contra del rey. Durante los años de la guerra, casi un millón de personas murió, muchas ciudades fueron destruidas y los dos bandos (republicanos y nacionalistas) cometieron muchas injusticias. En 1939, los nacionalistas, bajo el mando de Francisco Franco, derrocaron al gobierno republicano del rey. Franco fue dictador de España hasta su muerte en 1975. Antes de morir, Franco nombró a Juan Carlos, nieto de Alfonso XIII, rey de España. Hoy día, el gobierno de España es una monarquía parlamentaria en la que coexiste la monarquía con un gobierno democrático. *¿Sería posible una monarquía en los Estados Unidos? ¿Por qué?*

For grammar support:

 Abriendo paso: Gramática

Introducción

En este relato se expresan los recuerdos de guerra de Pere Pi Cabanes, un sobreviviente de la guerra civil española. Es uno de dieciocho relatos de sobrevivientes escritos setenta y cinco años después del golpe de estado que desencadenó esa guerra en 1936. Apareció en un especial del periódico *El Mundo* bajo el título "Historias de España".

Al leer

Mientras lees, ten en cuenta los siguientes puntos:

- la relación entre la identidad nacional y la reacción de Cabanes al estallar la guerra
- los actos en que él participó durante la guerra
- las ideas de Cabanes sobre la guerra después de la retirada
- la relación entre la juventud y el idealismo

Historias de España—Pere Pi Cabanes

por Raquel Quillez

"En el monte, los guerrilleros pensamos hasta el final que íbamos ganando la guerra."

kid
?
had gotten involved

took to the hills
? / uprising
news
errand runner

disillusioned
events

Pere Pi Cabanes (Barcelona, 1920) era un chaval° preocupado por el fútbol que poco sabía de política cuando estalló° la guerra. Su familia, dedicada al campo, no se metía en esos temas y él tampoco se había significado°. Pero el 18 de julio de 1936 llegó para cambiar su historia. Quiso convertirse en héroe. Y se echó al monte°. "Esa noche teníamos una cena del equipo para celebrar que habíamos ganado un torneo°, pero empezaron a llegar noticias del levantamiento° y lo suspendimos todo. Cada familia se quedó en casa a la espera de novedades°." Cabanes tenía 16 años, vivía en Granollers y trabajaba como botones° de un banco. La guerra le sorprendió en zona roja y no dudó un segundo en sumarse a la causa.

"Queríamos cambiar el mundo y nos convencimos a nosotros mismos de que los malos eran los nacionales. El que de joven no es revolucionario, es que no tiene corazón, pero el que de mayor lo sigue siendo, no tiene cabeza", bromea ahora. Y es que Pere Pi Cabanes es uno de los miles de desencantados° con cómo transcurrieron los acontecimientos° en su bando. "Algunos amigos nos metimos en las JSU—Juventudes Socialistas Unificadas—y los mayores se fueron voluntarios con los carabineros, así que cuando se formó el Ejército

5

10

15

20 Regular Popular, los más pequeños también nos presentamos voluntarios." En
abril de 1937 Pere se sumó a las tropas. Había cumplido 17 años. "La Quinta
del Biberón", los llamaron.

Pere y sus compañeros fueron directos a un campo de instrucción premilitar y
después, a la Escuela de Especialidades, eufemismo de guerrilleros, un cuerpo
25 que el ejército republicano quería mantener oculto, sin que el enemigo supiese
de su existencia. "Todos los instructores eran rusos y allí aprendíamos a hacer
el bárbaro°", se ríe, mientras recuerda cómo le enseñaban a volar un puente   *act brutally*
o hacer saltar por los aires los vagones de un tren. "Es facilísimo [más risas],
cualquiera puede hacerlo." Al fin, en mayo del 37 le enviaron a la 236 brigada
30 de la 75 división del XIV Cuerpo de Ejército de Servicios Especiales—de nuevo
el eufemismo—. Y comenzó su etapa de guerrillero, que emprendió con la
convicción de que podían ganar la guerra.

Pere nunca olvidará aquellos meses empotrado° en el monte. "La vida era   *embedded*
dura, teníamos que atravesar trincheras°, hacer volar puentes, infiltrarnos   *trenches*
35 en las tropas nacionales y atacarles desde dentro—lo hacían vestidos con
los uniformes fascistas que robaban a sus prisioneros—. Además, las armas
escaseaban° en el Ejército Republicano [formado por voluntarios]. Solo   *were scarce*
teníamos explosivos y 'naranjeros' [ametrallador° que imitaba al Snaider   *machine gun*
checoslovaco]." A sus 92 años, Pere recuerda como si fuese ayer las guardias, las
40 escuchas, las esperas… En su brigada, que cubría de Lérida a Francia, había un
centenar de hombres. "Pasábamos el día haciendo instrucción o cumpliendo
las misiones que tuviésemos. Y por la noche, dormíamos en un pajar° en el   *barn*
monte, en algún pueblo…" Solo vio a sus padres una vez en los tres años que
duró° la guerra. Era el invierno de 1938, unos meses especialmente duros en   *?*
45 los que todo escaseaba, pero su madre consiguió una cazadora° de lana y se la   *hunting jacket*
subió° al monte. Cosas de madres.   *took it up for him*

Los meses avanzaban de mala manera para los republicanos, pero los
guerrilleros vivían ajenos° a la realidad. "Solo nos llegaba la prensa del partido, *out of touch*
sobre todo *Mundo Obrero*, y nos contaban la guerra como querían. Hasta
50 el último momento, pensamos que estábamos ganando." Hasta que, el 1 de
febrero de 1939, llegó la orden de retirada° y huida° a Francia. Pero incluso   *retreat / escape*
entonces, Pere seguía creyendo que la victoria era posible: "Pensaba que en
Francia nos recogerían y nos llevarían en barco a Alicante para echar desde allí
a los fascistas. ¡Qué iluso° era!".   *naive*
55 Emprendieron la huida a pie y al llegar a la frontera, cavaron° un agujero° y   *? / hole*
dejaron allí sus armas, pensando que podrían recogerlas si volvían. "Estuvimos
caminando hasta que nos topamos con° unos gendarmes que nos llevaron al   *we came across*
campo de concentración de Saint Cyprien." Estaban solos. Su jefe, el coronel

in civilian clothes	Pelegrino, salió vestido de paisano°, con pasaporte diplomático y el dinero de
? / fate	sus soldados rumbo° a Moscú. Poco que ver con la suerte° que corrieron sus 60
	guerrilleros. "El campo de Saint Cyprien estaba en una playa enorme. Allí solo
	había arena. Nos daban para comer un pan para 25 personas y agua del mar.
	Estuvimos unos 20 días hasta que nos dieron a escoger entre las brigadas de
	trabajo de Franco o irnos como voluntarios de la Legión Francesa a Indochina."
	Él optó por lo primero. 65
	Entonces empezaron los trabajos forzados. "Fuimos unas 3.000 personas hasta
barefoot	un campo militar que vigilaban soldados senegaleses descalzos°. Estábamos
	todo el día cavando." Cabanes estuvo allí más de un año y consiguió salir
	gracias a una disposición que dejaba en libertad a los condenados en edad
military service	de ser llamados a filas. Era su caso y le mandaron a hacer la mili° en África* 70
being hostile	por desafecto°. De allí pasó a Zaragoza, donde cumplió servicio hasta 1945.
	Demasiados años pagando la ilusión adolescente de ser un héroe de guerra.
	Pere no ha vuelto a militar. "Cuando me encontré en el 39 en aquel campo
	de concentración pasando hambre y calamidades y no vi allí a ningún jefe
	político ni militar dije: 'Se acabó'. Hasta el 39 yo vivía de ilusiones, después me 75
I was immunized	vacuné°."

Después de leer

Comprensión

For grammar support:

   Abriendo paso: Gramática

C. Al punto. Contesta las siguientes preguntas.

1. ¿Cómo cambió Pere Pi Cabanes cuando estalló la guerra?

2. ¿A quiénes representa la palabra *desencantados* que aparece en la línea 16?

3. ¿Qué hizo Cabanes a los diecisiete años?

4. ¿Qué tipo de entrenamiento recibió? Da todos los detalles que puedas.

5. ¿Qué hacían para poder infiltrarse en las tropas nacionales?

6. ¿A qué se refiere la autora cuando dice "Cosas de madres" en la línea 46?

7. ¿Qué opinión tiene él del *Mundo Obrero*? Explica.

8. ¿Cómo era la vida en el campo de Saint Cyprien? Da todos los detalles que puedas.

9. ¿Por qué dice la autora que Cabanes estuvo "pagando la ilusión" de ser un héroe de guerra?

10. ¿Qué llevó a Cabanes a decir "Se acabó"?

---

*Los marroquíes y otros africanos lucharon de parte de los nacionales en la guerra.

Para ampliar el vocabulario

D. De la misma familia. Escribe una palabra de la misma familia, es decir, palabras que tengan la misma raíz que la palabra dada. Si es un sustantivo, escribe el artículo definido correspondiente.

la guerra   [2]

preocupado   [3]

el levantamiento   [8]

las novedades   [9]

la existencia   [26]

contaban (contar)   [49]

la huida   [51]

E. En contexto. ¿Cómo le explicarías las siguientes palabras a una persona que no sabe lo que quieren decir? Usa tus propias palabras, sinónimos o una situación para tu explicación.

la guerra   [2]

el corazón   [15]

los acontecimientos   [17]

el eufemismo   [24]

los vagones   [28]

el centenar   [41]

la arena   [62]

descalzos   [67]

F. Sinónimos. Busca el sinónimo de las palabras que aparecen en la columna A en la columna B. Hay más palabras de las que necesitas.

A

_____ **1.** se metía (meterse) [5]

_____ **2.** convertirse [6]

_____ **3.** suspendimos (suspender) [9]

_____ **4.** se quedó (quedarse) [9]

_____ **5.** las novedades [9]

_____ **6.** sumarse [11]

_____ **7.** transcurrieron (transcurrir) [17]

B

a. volar

b. unirse

c. introducirse

d. pasar

e. permanecer

f. los puentes

g. las noticias

h. cancelar

i. las filas

j. transformarse

G. **Antónimos.** Busca el antónimo de las palabras que aparecen en la columna A en la columna B. Hay más palabras de las que necesitas.

A

_____ **1.** habíamos ganado (ganar) [7]

_____ **2.** desencantados [16]

_____ **3.** oculto [25]

_____ **4.** recuerda (recordar) [27]

_____ **5.** emprendió (emprender) [31]

_____ **6.** la victoria [52]

_____ **7.** forzados [66]

B

a. bromear

b. la derrota

c. voluntarios

d. duros

e. perder

f. ilusionados

g. público

h. la trinchera

i. olvidar

j. terminar

Reflexión

H. **El idealismo de la juventud.** La autora del artículo cita a Cabanes varias veces. Escoge una de las siguientes citas y escribe una composición de por lo menos tres párrafos en los que expliques lo que significa para ti la cita. Incluye también la razón por la cual crees que la autora decidió incluirla.

"El que de joven no es revolucionario, es que no tiene corazón, pero el que de mayor lo sigue siendo, no tiene cabeza."

"Cuando me encontré en el 39 en aquel campo de concentración pasando hambre y calamidades y no vi allí a ningún jefe político ni militar dije: 'Se acabó'. Hasta el 39 yo vivía de ilusiones, después me vacuné."

Conexiones interdisciplinarias

I. **¿Qué tipo de gobierno existe en España hoy día?** Después de la guerra civil española, Francisco Franco gobernó España hasta su muerte en 1975. Vas a escribir un breve informe sobre la política en España desde 1975 hasta hoy día. Busca información en la biblioteca de la escuela o en Internet. Aquí tienes unas ideas que debes incluir en el informe:

- el tipo de gobierno que existe hoy
- el nombre de los líderes del gobierno actual
- el papel de la familia real
- los partidos políticos durante esos años
- la opinión de algunos españoles sobre la situación política en España

Contextos para la comunicación

A Texto auditivo: Homenaje a los veteranos de guerra de las fuerzas de seguridad

Vas a ver un video. Primero, tienes un minuto para leer la introducción y las preguntas. Luego vas a escuchar la grabación dos veces. Mientras escuchas, puedes tomar apuntes. Después de escuchar por primera vez, tienes un minuto para contestar las preguntas. Después de escuchar por segunda vez, vas a tener dos minutos para terminarlas.

Introducción

El video trata de un homenaje a veteranos de la guerra de las Malvinas. Esta guerra tuvo lugar en 1982 entre Argentina y Gran Bretaña. La grabación dura unos dos minutos y medio.

1. ¿Por qué no es posible entregarles personalmente el diploma a algunos soldados que combatieron?

2. Da un ejemplo de "la desmalvinización" por la que tienen que pasar los veteranos, según Nilda Garré.

3. Según ella, ¿qué tipo de guerra fue la guerra de las Malvinas?

4. ¿A qué país piensa Garré que pertenecen las Malvinas?

5. ¿Cómo describe ella a los que ahora están instalados en las Malvinas?

6. Según ella, ¿quiénes apoyan la posición de la Argentina en cuanto a las Malvinas?

B Composición: Una guerra del siglo XXI

Recientemente, el ejército de los Estados Unidos ha luchado en dos guerras (Irak y Afganistán). ¿Qué papel han tenido la identidad nacional y la identidad étnica de los países involucrados (*involved*) en esas guerras?

1. Vas a escribir un ensayo de por lo menos 200 palabras acerca de una de esas guerras. Si no estás bien informado(a), busca información en Internet y otros medios de comunicación. Tu informe debe incluir:

   - dónde, desde cuándo y quiénes luchan
   - las causas del conflicto
   - las pérdidas humanas (muertos, discapacitados)
   - algunos actos atroces
   - los resultados positivos y negativos de la lucha
   - el papel de la identidad nacional y la identidad étnica en los temas anteriores

2. Trata de incorporar por lo menos tres de las siguientes expresiones en tu composición.

por más que	*no matter how, however much*
hasta que	*until*
desde que	*since*
a pesar de que	*in spite of*
conviene señalar	*it is suitable to point out*

3. Antes de entregar el ensayo, revisa con cuidado el contenido y asegúrate de que has corregido cualquier error gramatical.

C Presentación oral: La identidad nacional

La defensa de la identidad nacional tuvo un papel muy importante en la guerra civil española. Ambos bandos, el republicano y el nacional, se creían defensores de esa identidad. Hablando de sí mismo y de sus compañeros, Cabanes dice: "Queríamos cambiar el mundo y nos convencimos a nosotros mismos de que los malos eran los nacionales".

Mira el siguiente cartel de propaganda de esa época. Este representa la visión que el bando republicano (en el cual luchó Cabanes) tenía de los nacionales, poniendo énfasis en los elementos extranjeros que se encuentran en un grupo que se llama "nacional". Usa lo que aparece en el cartel y lo que aprendiste en la lectura para determinar lo que los republicanos consideraban representativo de la identidad de los nacionales. Luego escribe tres párrafos cortos en los que describas a tres de los tipos de personas que aparecen en el cartel.

D Comparación cultural: Palabras e imágenes de identidad nacional

Frecuentemente, la identidad nacional de una persona se relaciona con lazos (*ties*) a la lengua, la naturaleza y la historia de su tierra. Así es en la canción "Serenata para la tierra de uno (*one's land*)", escrita por María Elena Walsh, autora, compositora y cantante argentina. Busca en Internet esta canción cantada por Mercedes Sosa, cantante conocida como "La voz de América". Escucha la canción. Luego, haz el ejercicio a continuación.

¿Qué imágenes estadounidenses escogerías tú para expresar lo que representan estas palabras de la poesía para ti: las antiguas rebeldías, la edad de tu dolor, la esperanza interminable? Prepárate para compartir las imágenes y por qué estas imágenes de tu país son importantes para ti con un grupo de tus compañeros. No olvides incluir tus sentimientos.

E Comparación cultural: Las guerras civiles

Se dice que una guerra civil es "la mayor tragedia" que puede ocurrirle a un país. ¿Estás de acuerdo? En este artículo leíste algo acerca de la difícil experiencia de un sobreviviente de la guerra civil española. Los Estados Unidos también sufrieron una desastrosa guerra civil. ¿Qué sabes de esa guerra civil? ¿Cuándo tuvo lugar? ¿Cuáles fueron las causas? ¿Qué actos atroces ocurrieron? ¿Tuvo la identidad nacional y étnica algo que ver con esa guerra? ¿Qué tiene en común con la guerra civil española? Usa lo que sabes para escribir un ensayo de por lo menos tres párrafos en el cual expreses tu opinión. Antes de escribir, piensa en algunas palabras o expresiones que vas a necesitar y haz una lista. Debes:

- expresar tu opinión claramente
- dar ejemplos concretos que apoyen tu opinión
- terminar con una reafirmación de la idea principal

F Presentación oral: El horror de Guernica en un cuadro

El 26 de abril de 1937, la Legión Cóndor alemana y la Aviación Legionaria italiana, que combatían a favor de los nacionalistas, bombardearon a la población civil de Guernica, España. Muchos murieron y la ciudad quedó destruida. Esta destrucción inspiró el cuadro *Guernica* de Pablo Picasso, que se exhibió originalmente en la Feria Mundial de París (1937).

1. Recuerda que el cuadro mide 7,82 metros (25' 5 y 3/4") de ancho por 3,50 metros (11' 5 y 1/2") de alto. Sin duda, su gran tamaño (*size*) es un elemento importante en el efecto que produce en la persona que lo mira.

2. Mira el cuadro y contesta las preguntas a la derecha. Compara tus impresiones con un grupo pequeño de tus compañeros y luego compartan sus mejores ideas con la clase.

- ¿Cuál es tu impresión general del cuadro? Escribe las cinco primeras palabras que te vienen a la mente al mirarlo.
- ¿Por qué crees que Picasso solo usa los colores blanco, negro y gris en su cuadro?
- ¿Qué acciones se ven en el cuadro? Haz una lista de verbos en el infinitivo.
- ¿Qué elementos del cuadro indican que representa una escena de guerra?
- ¿Qué sentimientos o emociones representan las siguientes figuras del cuadro: el guerrero caído, el caballo, la mujer con la lámpara, la mujer que lleva en los brazos a un niño muerto, la paloma (*dove*), el toro (*bull*)?
- ¿Por qué crees que Picasso no puso los aviones alemanes en su cuadro? ¿Piensas que sería mejor incluirlos? ¿Qué efecto tiene la omisión?

Guernica, c.1937, Pablo Picasso. © ARS NY.

Preguntas del capítulo

Ahora que has discutido la lectura y tienes mejor conocimiento del tema, tu profesor(a) va a reanudar la discusión de las preguntas del capítulo. Repasa brevemente los apuntes y ejercicios que ya completaste.

- ¿Cómo contribuye la historia de un país a establecer la identidad nacional?
- ¿Qué factores influyen en los cambios de la identidad nacional a través del tiempo?
- ¿Cómo se expresa la identidad nacional y étnica en momentos de crisis?

Las creencias personales

LECTURA: La Educación General Básica (EGB) (fragmentos)

En portada

Las siguientes preguntas te servirán de guía y te ayudarán a comprender el tema más a fondo. Tenlas presentes a lo largo del capítulo.

- ¿Qué papel tienen la familia, la escuela y otros agentes sociales en el desarrollo de las creencias personales?

- ¿Qué función e importancia tiene el lenguaje en el desarrollo de la identidad personal y las creencias personales?

- ¿Cómo se benefician las comunidades de los aportes de una población ética e instruida (*educated*)?

Describe detalladamente la foto. Incluye la información de las preguntas a continuación en tu descripción.

1. ¿Qué están haciendo las personas en la imagen? Da todos los detalles que puedas.

2. ¿Cómo se sienten? ¿Cómo lo sabes? ¿Por qué es importante cómo se sienten?

3. ¿De qué manera influirá lo que hacen en las ideas, los valores, las creencias y las actitudes del niño? Menciona por lo menos tres cosas.

4. ¿De qué manera contribuirá lo que hacen a la educación del niño? ¿Por qué?

La Educación General Básica (EGB) (fragmentos)

Antes de leer

> **Estrategia:** *El uso de grupos de cognados*
>
> En español hay muchos cognados del inglés. Úsalos, no solo para adivinar el significado de las palabras, sino también para poder hablar con más detalles del tema de un texto.
>
> - **¡Ponla en práctica!** En el texto que vas a leer, que trata de la formación de ciudadanos, hay muchísimos cognados que te van a ayudar a comprender lo que el autor quiere comunicar. Dales un vistazo a los dos primeros párrafos en la página 37 y haz una lista de todos los cognados que te parezcan útiles para hablar del tipo de ciudadano que se quiere formar. No te preocupes por entenderlo todo. Luego vas a leer la lectura con más cuidado.

A. Frases clave. En el artículo que vas a leer el autor dice: "El sistema educativo posibilitará la formación integral (*comprehensive*) y permanente del hombre y la mujer, con vocación nacional, proyección regional y continental y visión universal".

Las tres frases subrayadas son clave (*key*) para comprender lo que el autor piensa que el sistema educativo hará posible para las personas que reciban este tipo de educación. Vuelve a leerlas y toma algunos apuntes sobre lo que entendiste.

1. En tus propias palabras, trata de explicar lo que quiere decir el autor en cada una de estas frases.

2. Incluye tus ideas sobre la importancia o la falta de importancia de los aspectos que menciona el autor y explica por qué te parecen importantes o no.

3. Finalmente, explica si, en tu opinión, un sistema educativo puede hacerlas posible. Vas a compartir tus ideas con un grupo pequeño de tus compañeros.

> ### Nota cultural
>
> En Latinoamérica y España cada universidad tiene su propio examen de ingreso (*admission test*); cada estudiante tiene que tomar este examen en la facultad (*school*) de la universidad que elige. Por ejemplo, la Universidad de Murcia en España exige un examen que incluye cultura general y lenguaje, y otra fase específica sobre la carrera (*degree*) elegida. Las universidades que preparan a los estudiantes para trabajar en el exterior, también tienen como requisito un examen de inglés, como la Universidad Nacional del Ecuador. *Compara estos tipos de exámenes mencionados con los exámenes que los estudiantes tienen que tomar para ingresar en las universidades en los Estados Unidos.*

> **For grammar support:**
> *Abriendo paso: Gramática*

B. ¿Entiendes? Imagina que un(a) compañero(a) tuyo(a) no entiende bien los siguientes párrafos y te pide que se los expliques en español. Lee cada párrafo y, en tus propias palabras, trata de expresar todas las ideas del autor con palabras e ideas más simples. Hay algunas frases clave que están subrayadas y que te pueden ayudar.

> También existe una estrecha relación entre el dominio de la palabra y el ejercicio de la participación. Si bien todas las personas hablan una lengua por estar inmersas en una sociedad hablante, <u>no todas tienen el mismo grado de dominio de vocablos, estructuras y estrategias para comunicarse eficazmente en distintas situaciones y con distintos interlocutores</u> (*speakers*), mediante (*through*) la adecuada selección entre las múltiples posibilidades que el sistema ofrece.
>
> Estas diferencias en cuanto al dominio lingüístico, en cuanto a la competencia comunicativa y en cuanto al uso estratégico del lenguaje, frecuentemente se relacionan con necesidades de una mayor democratización social y cultural. La figura del <u>analfabeto</u> (*illiterate person*) en una sociedad letrada y la del ser humano que no es dueño de su propia palabra constituyen un extremo de <u>marginación</u> (*exclusion*) <u>social</u>.

Introducción

La Educación General Básica (EGB) se refiere al ciclo de estudios primarios obligatorios en Latinoamérica. Estos pasajes son parte de un documento escrito sobre la EGB en Argentina. El primero trata de la obligación de la sociedad en la formación de sus ciudadanos. El segundo trata de la importancia del lenguaje en esa educación.

Al leer

Mientras lees, ten el cuenta los siguientes puntos:

- el papel de los agentes sociales (la familia, la escuela, etc.) en la educación
- los valores personales y el tipo de ciudadano que se espera que resulten de esta educación
- las funciones y la importancia del lenguaje en una comunidad
- los beneficios de una comunidad letrada para el individuo y la sociedad

La Educación General Básica (EGB)

por Dr. Fernando Carlos Ibáñez

Primera parte: Formación ética y ciudadana

La sociedad demanda a la escuela que forme personas íntegras° y buenos ciudadanos, que eduque para la vida plena° de cada uno y de todos, y que lo haga conforme a su dignidad de persona y a las necesidades del mundo de hoy.

upright
full

Recogiendo° estos aspectos de la demanda personal y social de educación, la Ley
5 Federal de Educación dice en el artículo sexto:

Taking into consideration

"El sistema educativo posibilitará la formación integral y
permanente del hombre y la mujer, con vocación nacional,
proyección regional y continental y visión universal, que se realicen°
como personas en las dimensiones cultural, social, estética, ética
10 y religiosa, acorde con sus capacidades, guiados por los valores de
vida, libertad, bien, verdad, paz, solidaridad, tolerancia, igualdad
y justicia. Capaces de elaborar, por decisión existencial, su propio
proyecto de vida. Ciudadanos responsables, protagonistas críticos,
creadores y transformadores de la sociedad, a través del amor,
15 el conocimiento y el trabajo. Defensores de las instituciones
democráticas y del medio ambiente".

they fulfill themselves

close

has a bearing

efforts

growing / core
guidelines

? / development
volume

performance / fulfilling

is offered

?

criss-crossed

En esta formación integral es particularmente importante el reconocimiento de
la responsabilidad de la familia, como agente natural y primario de la educación
(art. 4 de la Ley Federal de Educación), y la necesidad de una estrecha°
vinculación entre la escuela y la familia (cfr. arts. 42 y 44 de la Ley Federal). 20

La escuela no es el único agente que incide° en la formación personal y social,
ética y ciudadana de los individuos y los grupos. Los signos de los tiempos
indican la necesidad de complementar múltiples esfuerzos° educativos.

Por una parte, las dificultades que se dan en la vida familiar en la sociedad
contemporánea, la creciente° redefinición de roles en su seno°, la diversificación 25
de los espacios de socialización, la circulación de diversos valores y pautas° de
socialización, generan nuevas demandas a la escuela en lo relacionado con la
formación integral de las personas.

Por otra parte, el pluralismo cultural, las desigualdades° en el desarrollo°, la
masividad° de las comunicaciones, la revolución científico-tecnológica, las 30
transformaciones del medio natural, configuran una sociedad compleja,
cambiante, conflictiva, donde la formación de las competencias, para un
desempeño° valioso, eficiente, creativo, realizador° de la persona y de los grupos,
es responsabilidad de todos, pero requiere la dedicación social y profesional de
algunos. 35

Es claro, sin embargo, que las competencias necesarias para esa formación
necesitan también del trabajo de la escuela, que la debe garantizar para todos
y que solo podrá hacerlo desde un proyecto educativo sistemático, continuo y
de alta calidad.

En efecto, el desarrollo integral de las personas y de las sociedades depende, 40
cada vez más, de la igualdad de oportunidades educativas; igualdad que debe
garantizar, a su vez, la calidad de la educación que se brinda°. […]

Cuando la Ley Federal de Educación establece que el sistema educativo ha de
posibilitar la formación integral del hombre y la mujer, tiene como referentes la
necesidad de una educación para la vida democrática, la conservación ambiental, 45
la salud, el amor, el trabajo, el respeto y la defensa de los derechos humanos°. […]

Se trata de saber ser persona como ser individual y social, saber respetar y
valorar a los otros, el orden constitucional y la vida democrática, saber defender
los derechos humanos y preservar el medio natural, saber analizar los aspectos
morales de la realidad y vivirlos, para insertarse responsablemente en un mundo 50
complejo y atravesado° por transformaciones y crisis profundas. […]

Segunda parte: La lengua (Introducción)

El lenguaje es esencial en la conformación° de una comunidad. La cultura lingüística contribuye a estructurar la sociedad, acompaña su historia y forma parte de su identidad.

configuration

55 El lenguaje constituye un medio privilegiado de comunicación, ya que posibilita los intercambios y la interacción social y, a través de ellos, regula la conducta propia° y ajena°.

own / of others

A través de su dimensión representativa, el lenguaje permite al ser humano configurar mentalmente el mundo que lo rodea°, los contenidos y las categorías,
60 las relaciones y la estructuración de los mensajes orales y escritos. En tal sentido, el lenguaje posibilita° la planificación de acciones, la organización de ideas, el análisis de los propios procesos de pensamiento, el registro, la fijación° y la memoria de los mismos.

surrounds

makes possible
affixing

Por medio del lenguaje, las personas se apropian de las imágenes del mundo
65 compartidas°, de los saberes° socialmente convalidados e históricamente acumulados.

shared / knowledge

Hay una estrecha relación entre lenguaje y pensamiento, por lo tanto, podemos decir que enseñar a comprender y producir discursos sociales es enseñar a pensar y a actuar en la sociedad.

70 También existe una estrecha relación entre el dominio de la palabra y el ejercicio de la participación. Si bien todas las personas hablan una lengua por estar inmersas en una sociedad hablante, no todas tienen el mismo grado de dominio de vocablos, estructuras y estrategias para comunicarse eficazmente en distintas situaciones y con distintos interlocutores, mediante la adecuada selección entre
75 las múltiples posibilidades que el sistema ofrece.

Estas diferencias en cuanto al dominio lingüístico, en cuanto a la competencia comunicativa y en cuanto al uso estratégico del lenguaje, frecuentemente se relacionan con necesidades de una mayor democratización social y cultural. La figura del analfabeto en una sociedad letrada y la del ser humano que no es
80 dueño de su propia palabra constituyen un extremo de marginación social.

Le corresponde a la escuela brindar igualdad de posibilidades para que el ciudadano y la ciudadana logren° el dominio lingüístico y comunicativo que les permita acceder° a información, expresar y defender los propios puntos de vista°, construir visiones del mundo compartidas o alternativas y participar en
85 los procesos de circulación y producción de conocimiento. Esto constituye un derecho humano inalienable.

attain
to gain access
?

Es desde esta perspectiva que la Ley Federal de Educación señala como uno de los objetivos prioritarios de la EGB (Educación General Básica) "lograr la adquisición y el dominio instrumental de los saberes considerados socialmente significativos", entre los cuales se destaca especialmente "la comunicación verbal y escrita". […]   90

El lenguaje también permite la expresión de los afectos, los deseos, los sueños, y permite reflexionar sobre la propia identidad. A través del uso poético del lenguaje se crean mundos alternativos, se generan imágenes de gran valor estético, se accede a mecanismos que posibilitan una mayor riqueza en el uso de

is improved

la lengua y se potencia° la capacidad de expresión. […]   95

computer science

El desarrollo y la expansión de la informática° a distintos órdenes de la vida exigen de las personas un dominio de la lengua escrita para que no queden marginadas del acceso a la información y del mundo laboral y, requieren, a su

reading

vez, velocidad lectora° y, especialmente, criterios de selección.

Enseñar el lenguaje es enseñar el uso personal y social, la manipulación, creación   100 y recreación lingüística por parte de los usuarios y las usuarias de un sistema, cuyos fundamentos y principios estos necesitan conocer sólidamente. En tal sentido, se podría hablar de una educación lingüística en un sentido amplio, en cuanto al desarrollo de la competencia comunicativa, lo cual, a su vez, incluye la enseñanza de la lengua.   105

Después de leer

Comprensión

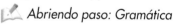

For grammar support:

Abriendo paso: Gramática

C. **Al punto.** Contesta las siguientes preguntas.

1. ¿Cuáles son los valores que, según la ley federal, deben resultar de la educación ética y ciudadana?

2. ¿Cuál de los agentes sociales que contribuyen a la formación individual es primordial? ¿Y segundo?

3. ¿Cuáles son dos retos que dificultan la misión de la educación?

4. Según el artículo, ¿cómo se beneficiará la sociedad de una educación ética y ciudadana? Explica por qué.

5. ¿Cuáles son dos cosas que, según el artículo, los seres humanos podemos hacer porque tenemos un lenguaje? Explica la manera en que, según el autor, esto contribuye al bien de la comunidad.

6. Según el artículo, ¿qué relación hay entre la lengua y la marginación social?

7. El autor menciona "un derecho humano inalienable" (pág. 39, línea 86). ¿Cuál es ese derecho?

8. El autor habla de varios beneficios que el dominio lingüístico le da al individuo. ¿Cuáles son dos de ellos?

9. Según el autor, ¿cuáles son algunos beneficios para una comunidad de tener una comunidad letrada?

10. ¿Cuál es la importancia del dominio de la lengua escrita con respecto a la informática?

Para ampliar el vocabulario

D. De la misma familia. Escribe una palabra de la misma familia, es decir, palabras que tengan la misma raíz que la palabra dada. Si es un sustantivo, escribe el artículo definido correspondiente.

creciente   [25]

cambiante   [32]

la igualdad   [41]

enseñar   [68]

la lengua   [71]

letrada   [79]

comunicativo   [82]

E. En contexto. ¿Cómo le explicarías las siguientes palabras a una persona que no sabe lo que quieren decir? Usa tus propias palabras, sinónimos o una situación para tu explicación.

privilegiado   [55]

los interlocutores   [74]

el analfabeto   [79]

la marginación   [80]

los sueños   [91]

la informática   [96]

los usuarios   [101]

F. Sinónimos. Busca el sinónimo de las palabras que aparecen en la columna A en la columna B. Hay más palabras de las que necesitas.

A

_____ 1. plena [2]

_____ 2. las necesidades [3]

_____ 3. las transformaciones [31]

_____ 4. establece (establecer) [43]

_____ 5. esencial [52]

_____ 6. enseñar [68]

_____ 7. lograr [88]

_____ 8. los criterios [99]

B

a. laboral

b. instruir

c. compartida

d. completa

e. los pensamientos

f. constituir

g. los requisitos

h. fundamental

i. las normas

j. alcanzar

k. los cambios

G. **Antónimos.** Busca el antónimo de las palabras que aparecen en la columna A en la columna B. Hay más palabras de las que necesitas.

A

_____ **1.** la igualdad [41]

_____ **2.** privilegiado [55]

_____ **3.** ajena [57]

_____ **4.** el analfabeto [79]

_____ **5.** la marginación [80]

_____ **6.** amplio [103]

B

a. la bondad

b. desafortunado

c. la liberación

d. atravesada

e. estrecho

f. propia

g. la aceptación

h. el letrado

i. la injusticia

Reflexión

H. **Las cualidades de una persona íntegra.** Cuando piensas en la palabra íntegra, ¿qué te viene a la mente? Después de leer este texto, ¿cómo definirías tú a una persona íntegra? Haz una lista de las cualidades que, en tu opinión, una persona íntegra debe poseer. Explica las semejanzas o diferencias entre tu opinión y la del autor del texto. No olvides que vas a compartir tus ideas con tus compañeros, así que debes hacer algunos apuntes que te ayuden a defender tu opinión.

Comparaciones culturales

I. **La educación en mi comunidad.** Ahora que has leído algo sobre los objetivos de la educación en la Argentina, busca información en Internet o en otro medio sobre la educación en los Estados Unidos. Prepárate para compartir la siguiente información con tus compañeros:

- la existencia o no de una ley federal de educación y, si existe, un resumen breve de lo que dice
- los objetivos de la educación
- los agentes (por ejemplo, la familia) que trabajan con la escuela
- los desafíos a los que se enfrenta el sistema
- las semejanzas y diferencias en cuanto a los puntos anteriores entre la educación en los Estados Unidos y en la Argentina

No te olvides de apuntar algunas palabras y expresiones que te ayuden a expresar tus ideas.

Abriendo paso

Contextos para la comunicación

For grammar support:

Abriendo paso: Gramática

A Texto auditivo: Jóvenes que se van

Vas a escuchar una grabación. Primero, tienes un minuto para leer la introducción y las preguntas. Luego vas a escuchar la grabación dos veces. Mientras escuchas, puedes tomar apuntes. Después de escuchar por primera vez, tienes un minuto para contestar las preguntas. Después de escuchar por segunda vez, vas a tener dos minutos para terminarlas.

Introducción

En esta grabación se habla de las opciones que tienen los trabajadores españoles que deciden abandonar el país en busca de un futuro mejor. Fue transmitida en España en un programa de Radio 5. La grabación dura unos cuatro minutos.

1. ¿Cuáles son dos razones por las que los jóvenes abandonan España?

2. ¿Cómo se comparan los sueldos de los universitarios en España con los de los otros países europeos?

3. ¿Cuál es el país al que va la mayor parte de los españoles que buscan empleo?

4. ¿Por qué van a Gran Bretaña los españoles?

5. ¿Qué ha pasado en el Reino Unido en cuanto a conseguir trabajo?

6. Según los alemanes, ¿por qué deben los españoles tener en cuenta a Alemania?

7. ¿Cuáles son tres de los empleos más demandados en Alemania?

B Comparación cultural: Algunos cambios

Imagina que formas parte del gobierno estudiantil de la escuela. Después de haber leído algo sobre la educación en Argentina, es probable que tengas algunas recomendaciones para el (la) director(a) y el profesorado de tu escuela. ¿Enfatiza el documento ciertos aspectos que quizás no hayan tomado en cuenta en tu escuela y que, en tu opinión, resultarían en mejores cuidadanos si tu escuela los implementara? Haz una lista de cuatro o cinco cambios que recomendarías en el currículo de tu escuela. Vas a compartir tus ideas con tus compañeros y a dar tu opinión sobre las ideas que ellos tienen.

C Presentación oral: ¿Empobrece el correo electrónico el idioma y la cultura?

Algunas personas piensan que, por querer comunicarnos con rapidez y con brevedad, nuestra escritura en los correos electrónicos parece ser de otro planeta. Primero piensa en algunos de los mensajes que tú y tus amigos escriben normalmente. Imagina que una persona ve algunos de estos mensajes dentro de cincuenta años. ¿Podrá la persona comprender lo que dicen? ¿Qué pensará esa persona de nuestra cultura y de nuestro lenguaje? ¿Crees que aprenderá más o menos de nuestra cultura si lee un artículo de periódico? ¿Por qué? Haz una lista de las ideas que quieres expresar. Es preferible que no escribas un guion, sino palabras y frases que te ayuden a expresarte sin tener que leer. Luego vas a compartir tus ideas con tus compañeros.

D Presentación escrita: "Se necesita una aldea para criar a un niño."

Este proverbio africano se ha hecho muy popular en los Estados Unidos porque proviene de un libro que escribió Hillary Clinton. Lee de nuevo el siguiente párrafo del texto que acabas de leer.

> La escuela no es el único agente que incide en la formación personal y social, ética y ciudadana de los individuos y los grupos. Los signos de los tiempos indican la necesidad de complementar múltiples esfuerzos educativos.

Escribe un párrafo en el que expliques cómo el proverbio ilustra lo que dice el párrafo. ¿Cuáles son algunos miembros de "la aldea" que complementan el trabajo de los educadores?

Ⓔ Composición: El lenguaje nacional en una comunidad global

Cada día el mundo se hace más pequeño. Los avances en la comunicación y el transporte hacen que las tierras más lejanas sean accesibles en segundos o a lo sumo en pocas horas. Vas a escribir un ensayo de por lo menos 200 palabras sobre el tema de este ejercicio.

1. Apunta las palabras y expresiones que te vengan a la mente acerca del tema. (No te olvides de usar lo que leíste en los pasajes.) Ten en mente las siguientes preguntas: ¿Qué papel tiene el lenguaje en esta comunidad global? ¿De qué manera importa?

2. Busca en Internet algunos detalles que puedas usar para ampliar tus conocimientos acerca del tema. Algunas cosas que afectan al lenguaje nacional y que podrías incluir son:

   • la tendencia a diluir las lenguas en comunidades multilingües
   • el aumento en el bilingüismo
   • el distanciamiento de la lengua de origen cuando se emigra

3. Organiza tus ideas de manera lógica: introducción, desarrollo del tema, resumen.

4. Escribe tu ensayo. Debes incluir no solo la información que encontraste, sino también tus ideas sobre el tema.

5. Trata de incorporar por lo menos tres de las siguientes expresiones en tu composición.

ni siquiera	*not even*
puesto que	*since, inasmuch as, seeing that*
en primer lugar	*in the first place*
dentro de poco	*shortly, in a short while*
hasta la fecha	*until now*

6. Recuerda que tendrás que revisar varias veces no solo el contenido sino también la gramática de tu trabajo.

Ⓕ Debate: La universidad, ¿la única opción?

Algunos creen que en los Estados Unidos el sistema de educación secundaria está diseñado para los alumnos que piensan continuar sus estudios en la universidad, sin tener en cuenta que muchos de los graduados no siguen estudiando y desean o necesitan incorporarse a la vida laboral.

1. Vas a compartir tus ideas acerca del tema con un grupo pequeño de tus compañeros. Antes de hablar con ellos, reflexiona sobre estas preguntas.

   • ¿Crees que sería bueno tener un sistema que tuviera en cuenta a los que no desean o no pueden seguir estudiando? ¿Cómo se distinguiría? ¿Quién lo decidiría y cuándo?
   • ¿Qué efecto tendría este tipo de sistema en la escuela, en la comunidad y en el país?
   • ¿Crees que hay alguna manera mejor de resolver el problema? ¿Cuál es?

2. Después de comentar el tema en tu grupo, todos escogerán las mejores ideas para compartirlas con la clase y tratar de convencer a tus compañeros de que su punto de vista es el acertado.

G Tabla: Las lenguas de Internet

La siguiente tabla tiene información acerca de las lenguas más usadas en Internet. Mírala con cuidado y contesta las preguntas.

1. ¿Qué lengua tiene el mayor porcentaje de población de hablantes que utiliza Internet? ¿Cuál ocupa el segundo lugar?

2. ¿Qué lengua tiene el menor porcentaje de población de usuarios de Internet?

3. ¿Cuál es la lengua más hablada? ¿La menos hablada?

4. ¿Cuál es la lengua que tiene más usuarios en Internet? ¿Cuál tiene menos?

5. ¿Hay alguna relación entre la cantidad de hablantes de la lengua y la cantidad de usuarios de Internet? ¿Por qué será? Da por lo menos una razón.

6. ¿Te sorprende la información de alguna de las respuestas? ¿Por qué te sorprende o no?

Las diez lenguas más utilizadas en Internet	Usuarios de Internet (mayo 2011)	Penetración en Internet por idioma	Crecimiento de Internet (2000–2011)	% del total de usuarios de Internet	Hablantes de esa lengua (estimado 2011)
Inglés	565.004.126	43,4 %	301,4 %	26,8 %	1.302.275.670
Chino	509.965.013	37,2 %	1.478,7 %	24,2 %	1.372.226.042
Español	164.968.742	39,0 %	807,4 %	7,8 %	423.085.806
Japonés	99.182.000	78,4 %	110,7 %	4,7 %	126.475.664
Portugués	82.586.600	32,5 %	990,1 %	3,9 %	253.947.594
Alemán	75.422.674	79,5 %	174,1 %	3,6 %	94.842.656
Árabe	65.365.400	18,8 %	2.501,2 %	3,3 %	347.002.991
Francés	59.779.525	17,2 %	398,2 %	3,0 %	347.932.305
Ruso	59.700.000	42,8 %	1.825,8 %	3,0 %	139.390.205
Coreano	39.440.000	55,2 %	107,1 %	2,0 %	71.393.343

Preguntas del capítulo

Ahora que has discutido la lectura y tienes mejor conocimiento del tema, tu profesor(a) va a reanudar la discusión de las preguntas del capítulo. Repasa brevemente los apuntes y ejercicios que ya completaste.

- ¿Qué papel tienen la familia, la escuela y otros agentes sociales en el desarrollo de las creencias personales?

- ¿Qué función e importancia tiene el lenguaje en el desarrollo de la identidad personal y las creencias personales?

- ¿Cómo se benefician las comunidades de los aportes de una población ética e instruida?

CAPÍTULO 5
Los intereses personales

LECTURA: Independizarse no es solo asunto de libertad; también de madurez

En portada

Describe detalladamente la tira cómica. Incluye la información de las preguntas a continuación en tu descripción.

1. ¿Crees que el muchacho hará lo que dice? ¿Piensas que está listo para hacerlo? ¿Por qué?

2. ¿Parecen preocupados los padres? ¿Por qué?

3. En esta situación, ¿cuáles son los intereses personales de los padres? ¿Y del hijo?

Preguntas del capítulo

Las siguientes preguntas te servirán de guía y te ayudarán a comprender el tema más a fondo. Tenlas presentes a lo largo del capítulo.

- ¿Cómo influyen los intereses personales en la identidad de las personas?

- ¿Qué conflictos se presentan entre los intereses personales y los intereses ajenos (of others)?

- ¿Qué papel tiene la madurez en diversas situaciones?

Independizarse no es solo asunto de libertad; también de madurez

Antes de leer

> **Estrategia:** *El uso de los conocimientos sobre el tema*
>
> Para comprender mejor lo que lees, debes reactivar los conocimientos que tienes sobre el tema. Estos conocimientos te ayudarán a comprender la lectura. Antes de leer un texto, piensa en lo que ya sabes del tema y estarás mejor preparado(a) para leerlo.
>
> - **¡Ponla en práctica!** Como alumno(a) de secundaria, tú ya sabes mucho acerca de cómo los seres humanos siempre andan en busca de la independencia. Haz una lista de ideas y escribe todas las palabras y/o expresiones que te vengan a la mente sobre el tema de la libertad y de la independencia personal. Comparte tus ideas con un grupo pequeño de tus compañeros. Luego van a compartir las mejores ideas con toda la clase.

A. **Privilegios y responsabilidades.** En el artículo que vas a leer, se cita al tío Ben del Hombre Araña (*Spiderman*): "Un gran poder conlleva (*brings with it*) una gran responsabilidad". Usa tus apuntes del ejercicio anterior para reflexionar acerca de lo que significa para ti la independencia personal. Luego escribe dos párrafos acerca de lo que crees que quiere decir esta cita en ese contexto y las responsabilidades que este poder de independencia implica.

B. **La independencia.** El independizarse implica hacerlo, no solo económicamente, sino también emocionalmente de los que forman nuestro núcleo más cercano (padres, parientes, compañeros, etc.). Usa las siguientes preguntas como guía para discutir el tema.
   - ¿Qué significa para ti la independencia emocional?
   - ¿Crees que es más difícil independizarse económica o emocionalmente? ¿Por qué? ¿Se necesita la independencia emocional para madurar? Explica por qué piensas así.
   - Con respecto a la independencia de la familia, ¿cuál es la edad (o el momento) ideal para mudarse de la casa de los padres?
   - ¿Cuáles son algunas de las razones por las que los jóvenes no se independizan de sus padres?

Vas a compartir tus ideas con tus compañeros en pequeños grupos. Toma apuntes que te ayuden con la discusión.

> **For grammar support:**
> *Abriendo paso: Gramática*

Introducción

En el siguiente artículo, se habla del interés de los jóvenes por independizarse y de las dificultades que se les presentan cuando se mudan solos. El artículo apareció en el periódico colombiano *El Tiempo*.

Al leer

Mientras lees, ten en cuenta los siguientes puntos:

- cómo ha cambiando el número de personas que viven solas hoy día
- lo que esperan encontrar los jóvenes al mudarse solos
- los problemas económicos y emocionales que enfrentan los jóvenes
- los cambios transformativos que ocurren en las personas que están listas para independizarse
- los problemas emocionales que enfrentan los que no están listos para independizarse

Independizarse no es solo asunto de libertad; también de madurez

por Julián Isaza

La independencia es el sueño de chicos, que decidieron que ya es hora de recorrer° su propio camino.

En el mundo el número de quienes viven solos pasó de 153 millones en 1996 a 277 millones en el 2011.

5 "¡Libertaaad!", gritó desgarradoramente° el escocés William Wallace, representado en *Corazón valiente*. "¡Libertaaad!" fue la demanda que se escuchó por parte de millares° de hombres y mujeres en América en el siglo XIX, igual que en India y otros países de Asia y África durante el siglo pasado. Y esa misma palabra la han soltado°—quizá con una vehemencia similar pero con consecuencias mucho más privadas—millares de jóvenes en medio de un diminuto apartamento sin muebles. La independencia es el sueño de próceres°, pueblos y chicos, que decidieron que ya es hora de recorrer su propio camino. Pero la emancipación, así sea un asunto de familia y no de patria, tiene su precio.

15 Cada vez son más los que viven solos: en Estados Unidos la cifra° se ha doblado en las últimas tres décadas y hoy son 31 millones de solitarios, mientras que en España casi el 25 por ciento de los hogares es unipersonal, en Japón el 31 por ciento, en Francia el 14 por ciento, en Suecia el 40 y, más cerca, en Chile el 11,4. Según Euromonitor Internacional, una firma que hace estudios y análisis de mercado, en el mundo el número de quienes viven solos pasó de 153 millones en 1996 a 277 millones en el 2011. Y, por supuesto, Colombia no escapa de esta tendencia, pues aquí ya el 10 por ciento de los hogares está habitado por una sola persona, según la Encuesta Nacional de Demografía y Salud (2010).

Y muchos de los que habitan sin compañía son, por supuesto, jóvenes. Hoy, en Metrocuadrado.com hay 535 apartaestudios ofertados para arrendamiento°. Según el portal, las zonas más apetecidas° son Chapinero (la predilecta), Centro, Galerías y Country. La mayoría de inmuebles° que buscan los jóvenes se encuentran cerca a las principales universidades del país y, según Viviana Rincón Mendieta, representante de RV Inmobiliaria, la población joven que busca apartaestudios y otros tipos de vivienda para arrendar va en aumento. "Los jóvenes se han convertido en arrendatarios en potencia; todo lo hacen por Internet: desde búsquedas, hasta pagos", afirma Rincón.

Y sea porque estudian en otra ciudad distinta a la de origen o porque simplemente han decidido hacer "toldo aparte"°, quienes se estrenan° como autónomos, como recién emancipados—total o parcialmente (en el caso de los que aún dependen económicamente de sus padres)—, asumen una nueva vida, que si bien° tiene ventajas, también impone retos.

Libertad en 30 metros cuadrados°

Farra°, descontrol, ausencia de horarios, novios y novias que se pueden quedar hasta el día siguiente. Esas son algunas de las promesas que brillan como El Dorado para quienes sueñan y se preparan para seguir su vida lejos

heart-rendingly	
?	
have let out	
national heroes	
?	
rental	
?	
?	
to live separately / debut	
although	
square	
Partying	

de sus padres. Promesas tentadoras para quienes creen que esta puede ser la oportunidad de hacer todo aquello que en su casa no les es permitido— el poder de la elección—, pero que poco a poco van descubriendo aquello que le decía el tío Ben a Peter Parker: "Un gran poder conlleva una gran responsabilidad". 45

"Al comienzo mucha rumba, era superloco. Uno salía de fiesta y la seguía en la casa de uno", cuenta Carlos Pavón (23), estudiante de psicología y quien desde hace cuatro años vive solo. Y Santiago Sandoval (18), caleño° y estudiante de derecho° que vive en Bogotá, también dispara: "Cuando llegué, el primer mes lo que hice fue salir a rumbear y a tomar, pero es normal porque es la libertad 50 que uno apenas° está sintiendo".

Pero la rumba y la libertad desbordada° parecen ser apenas un efecto inicial de la independencia para algunos, pues a medida que los gastos exigen mesura°, la responsabilidad (al menos para quienes se encaminan a una independencia exitosa) debe llegar. "Antes en farra se iba mucho dinero y a veces me quedaba 55 corto, pero ya no, ya controlo los gastos. Si salgo es cada 15 días o cada mes, ya no es como antes. Uno coge seriedad", acepta Carlos y, por su lado, Santiago añade: "Cuando ya uno se va acostumbrando es distinto, porque cae en la cuenta° de que es necesario estudiar y bajarle al trago° y más bien hacer todas esas cosas que le han inculcado° en la casa". 60

Al principio es común que los jóvenes tengan "una etapa de ajuste°", los primeros 3 o 6 meses, pero luego terminan organizándose y ajustándose mejor," señala Graciela Galán, psicóloga clínica especializada en jóvenes.

Christian Muñoz, médico psiquiatra de niños y adolescentes, explica que "la emancipación involucra° un proceso de autonomía y de consolidación de una 65 identidad en la persona joven. Hay un cambio de rol". Por eso, si bien se gana libertad, también se ganan deberes. Unas por otras. Y eso significa encaminarse hacia la madurez. "Quien desea emanciparse debe tener las herramientas° emocionales y cognitivas para poder valerse por sí mismo° y mantener un estatus. Y las herramientas emocionales son autoeficacia, confianza, 70 autoestima, seguridad, asertividad", asegura el psiquiatra, y luego agrega: "Hay muchos jóvenes que se independizan como un hecho de rebeldía, sin tener esas herramientas, y obviamente tienen que regresar a casa con el rabo° entre las piernas".

Por supuesto, el asunto es distinto entre quienes lo hacen porque les toca (en 75 el caso de los estudiantes que deben cambiar de lugar por su universidad) y quienes lo deciden (los que se van de casa y no dependen de sus padres). Los primeros, si bien son independientes, no son autónomos, pues necesitan el apoyo° económico de su familia; mientras que los segundos se valen por ellos

Glosses (left margin):

- *from Cali, Colombia*
- *law*
- *barely*
- *out of control*
- *restraint*
- *one realizes / stop drinking*
- *have instilled*
- *adjustment phase*
- *involves*
- *tools*
- *fend for him/herself*
- *tail*
- *support*

80 mismos. Sin embargo, en ambos casos, para que esa emancipación sea exitosa
es necesario que desde el hogar los hayan formado para ella. "Es una premisa
básica en una pauta° de crianza° generar autonomía desde el comienzo de la   *guideline / upbringing*
formación de los hijos, porque cuando se le enseña a un hijo desde pequeño a
ser autónomo e independiente se le garantiza un éxito social y que el proceso
85 de emancipación se dé de manera espontánea", dice Muñoz. La psicóloga
Graciela Galán lo resume así: "Cuando ha habido una buena educación en
autonomía, en responsabilidad, asumiendo sus propios errores y obligaciones,
los jóvenes no tienen ningún conflicto".

Carlos Antonio Ortiz (25), ha vivido solo en ambos escenarios—es decir,
90 primero como estudiante de pregrado° y dependiente de los recursos° que le   *undergraduate / ?*
enviaban sus padres desde Villavicencio, y luego como profesor y estudiante de
doctorado que gana su propio dinero—y asegura desde su experiencia que a la
hora de vivir solo "uno gana carácter, aprende a dimensionar° los riesgos° y a   *to evaluate / risks*
asumir las consecuencias". En otras palabras, a entender que llevar las riendas°   *reins*
95 de la propia existencia significa asumir una vida adulta con todas sus letras°.   *with everything it entails*

Y eso involucra la cotidianidad completa°: el pago de los servicios, el orden   *every daily activity*
de la casa, las tareas domésticas, la alimentación y la posibilidad de elegir
libremente siendo responsable de esas elecciones. "Uno, cuando vive con
los papás no alcanza a dimensionar cuánto cuesta comer, cuánto cuestan los
100 servicios o qué pasa si uno dura° bañándose tres horas", explica la diseñadora   *takes*
gráfica Angélica Nieto (30), con la autoridad que le dan siete años de
emancipación total, quien define la independencia como "cambiar la vida y
hacerla a la medida que uno quiere. Ser responsable".

Lo difícil

Más allá de lo doméstico, la vida independiente también demanda preparación
105 emocional, pues la soledad para algunos es una compañera difícil que
puede afectarlos anímicamente°. Un dato interesante: según un estudio del   *emotionally*
Instituto Finlandés de Salud Ocupacional en Helsinki, las personas en edad
laboral que viven en solitario tienen 80 por ciento más de probabilidades de
sufrir de depresión, y aunque no ahonda° en la relación de causa y efecto,   *it doesn't go into detail*
110 los investigadores creen que vivir sin compañía puede suponer para algunas
personas sentimientos de aislamiento° social y falta de soporte emocional.   *?*

Pero no hay que alarmarse. La independencia no significa necesariamente
depresión, pues esta última "depende de vulnerabilidades de tipo emocional
que tenga la persona. Por ejemplo—explica el psiquiatra Muñoz—, una
115 persona que en su etapa de desarrollo demostró ser tímida, introvertida y

llega a una ciudad nueva, tiene que valerse y tomar decisiones, y si no tiene la posibilidad de establecer un contacto con otras personas y fortalecer una red social, pues tiene mayor riesgo de sufrir depresión o ansiedad. Ahí la emancipación puede convertirse en un factor de riesgo". De otro modo, sufrir o no de depresión cuando se decide hacer una vida solo depende de quién sea la 120 persona y de sus características emocionales.

fail to recognize / ?

No se puede desconocer° que en la distancia se extraña° a la familia y pueden existir momentos de debilidad, pero, como también aclara el psiquiatra, "una cosa es tristeza y otra depresión." Carlos Ortiz recuerda: "Cuando llegué me encontré con una ciudad diferente, que era fría en todos los sentidos, la 125 gente no era tan fácil de tratar. El estudio en la universidad era muy pesado y no tenía a nadie, entonces el obstáculo fue la soledad, también conocer la ciudad y orientarme". Pero Carlos con el tiempo comenzó a adaptarse y a sentirse cómodo en su nuevo lugar y ahora asegura que no quisiera perder su independencia, aunque reconoce que a veces "extraña la cotidianidad de la 130 familia".

spoiled

En la misma línea, Angélica apunta: "Al principio es difícil, porque en la casa uno es muy consentido° y lo tiene todo", y luego aclara que aún así "no me deprimió estar sola, porque yo realmente lo quería. Por eso no volvería a vivir con mis padres. Los quiero mucho, pero creo que necesito mi independencia". 135

encourage

?

Y que lo diga el psiquiatra: "La dinámica de vivir solo tiene una cantidad de factores positivos que lo alientan° a seguir en ese estado, como tomar decisiones sin necesidad de someterlas a un escrutinio y sentirse dueño de su vida". Y de eso se trata finalmente: de ser dueño de su vida, con todo lo dulce y amargo° que ello implica. Y aunque no es sencillo, tampoco es imposible. ¿Está 140 listo?

Después de leer

Comprensión

For grammar support:

Abriendo paso: Gramática

C. Al punto. Contesta las siguientes preguntas.

1. Entre 1996 y 2011, ¿qué cambio hubo en el número de personas que viven solas?

2. Según el artículo, ¿qué tienen en común los jóvenes, los héroes nacionales y los pueblos?

3. ¿Cómo se diferencia la manera en que los jóvenes consiguen y pagan por un apartamento de la manera en que lo hacen los mayores?

4. En tus propias palabras, describe el "cambio de rol" que menciona Christian Muñoz.

5. ¿Cuál es la diferencia entre ser autónomo y ser independiente?

6. ¿Qué papel tiene el hogar en una independencia exitosa?

7. ¿Qué les da credibilidad a las afirmaciones de Carlos Antonio Ortiz?

8. ¿Qué factores contribuyen a que una persona sufra depresión cuando vive sola? Menciona dos.

Para ampliar el vocabulario

D. De la misma familia. Escribe una palabra de la misma familia, es decir, palabras que tengan la misma raíz que la palabra dada. Si es un sustantivo, escribe el artículo definido correspondiente.

el sueño   [1]   las búsquedas   [32]   la alimentación   [97]

los solitarios   [16]   la madurez   [68]   los sentimientos   [111]

habitan (habitar)   [24]

E. En contexto. ¿Cómo le explicarías las siguientes palabras a una persona que no sabe lo que quieren decir? Usa tus propias palabras, sinónimos o una situación para tu explicación.

el siglo   [7]   las ventajas   [37]   los deberes   [67]

los muebles   [11]   los gastos   [53]   el éxito   [84]

la patria   [13]

F. Sinónimos. Busca el sinónimo de las palabras que aparecen en la columna A en la columna B. Hay más palabras de las que necesitas.

A	B	
_____ 1. propio [2]	**a.** particular	**i.** dado
_____ 2. el asunto [13]	**b.** la pregunta	**j.** demandar
_____ 3. el arrendamiento [25]	**c.** la cuestión	**k.** escoger
_____ 4. se encuentran (encontrarse) [28]	**d.** los quehaceres	
_____ 5. los retos [37]	**e.** el alquiler	
_____ 6. exigen (exigir) [53]	**f.** estar	
_____ 7. las tareas [97]	**g.** seguir	
_____ 8. elegir [97]	**h.** los desafíos	

G. **Antónimos.** Busca el antónimo de las palabras que aparecen en la columna A en la columna B. Hay más palabras de las que necesitas.

A

_____ **1.** las consecuencias [10]

_____ **2.** privadas [10]

_____ **3.** principales [28]

_____ **4.** distinta [33]

_____ **5.** autónomos [35]

_____ **6.** inicial [52]

_____ **7.** asumir [94]

B

a. dependientes   **h.** las causas

b. delegar   **i.** cotidianas

c. públicas   **j.** igual

d. compartir   **k.** la abundancia

e. final

f. secundarias

g. las cantidades

Reflexión

H. **Pautas para la independencia exitosa.** En el artículo que acabas de leer se cita a Graciela Galán: "Cuando ha habido una buena educación en autonomía, en responsabilidad, asumiendo sus propios errores y obligaciones, los jóvenes no tienen ningún conflicto". ¿Estás de acuerdo con lo que dice esta psicóloga? ¿Cuáles son algunas cosas que pueden hacer los padres para dar esa importante lección? Usa tu propia experiencia para ilustrar cómo tus padres te enseñaron estas lecciones. Vas a compartir tus ideas con tus compañeros.

Comparaciones culturales

I. **Independencia personal: Un caso.** En el artículo se discuten las dificultades en independizarse que tienen los jóvenes colombianos. ¿Crees que hay semejanzas con los jóvenes en los Estados Unidos? Puedes usar ejemplos de personas que conozcas como tus hermanos(as), parientes o amigos que hayan pasado por circunstancias similares. Escribe un párrafo en el que describas el intento de independizarse de esa persona. Si tuvo éxito, ¿cómo lo logró? Si volvió a casa de sus padres, ¿crees que en algún momento logrará independizarse? ¿Por qué piensas así? ¿En qué es similar o diferente a las experiencias de los colombianos de la lectura?

Abriendo paso

Contextos para la comunicación

A Texto auditivo: Entrevista con una empresaria

Vas a escuchar una grabación. Primero, tienes un minuto para leer la introducción y las preguntas. Luego vas a escuchar la grabación dos veces. Mientras escuchas, puedes tomar apuntes. Después de escuchar por primera vez, tienes un minuto para contestar las preguntas. Después de escuchar por segunda vez, vas a tener dos minutos para terminarlas.

Introducción 🔊)))

En esta grabación se entrevista a Ivette Barreto, presidenta de la Asociación de Mujeres Empresarias Iberoamericanas "Pachamama". Se presentó en un programa de Radio 5 en España. La grabación dura unos tres minutos.

1. ¿Para qué vino a España Ivette Barreto?

2. ¿Cuánto tiempo pensaba estar en España? ¿Por qué decidió quedarse?

3. ¿Cómo es el pueblo donde ella creció? ¿Qué hacía ella allí?

4. Menciona dos cosas que ella aprendió de sus padres.

5. Mientras trabajaba, ¿qué otra cosa hacía? ¿Por qué lo hacía?

6. Antes de ir a España, ¿qué tipos de viajes había hecho? ¿Por qué lo hacía?

7. ¿Le fue fácil adaptarse a la vida en España? ¿Qué la ayudó a adaptarse a su nueva vida?

B Presentación escrita: ¿Se independizará?

¿Cuál de las siguientes personas crees que tendrá más éxito y cuál tendrá menos éxito al tratar de independizarse? Escribe un párrafo en el que expliques tu respuesta a la pregunta, basándote en los intereses personales de cada persona.

José siempre quiere pasarlo bien y busca cualquier ocasión para divertirse.

Pedro evita cualquier peligro. Vive en un lugar seguro con dos compañeros.

Josefina toma sus propias decisiones. Le gusta ser libre y no depender de los demás.

Tomás vive con sus padres. Trabaja para pagar sus gastos.

Tamara quiere tener una vida emocionante. Le gustan la aventura y el riesgo.

Elena se comporta siempre como es debido. Evita cometer errores para que no la critiquen.

C Presentación escrita: Mi blog

Imagina que hace seis meses que vives solo(a). Escribe una entrada en tu blog en la que compartas tus experiencias y hagas sugerencias acerca de uno de los siguientes temas con alguien que acaba de mudarse solo(a).

- cómo sobrevivir en el supermercado
- cómo no arruinarse económicamente
- cómo no morirse de hambre
- cómo no sentirse solo(a)
- cómo evitar demasiadas tonterías en el tiempo libre

Vas a compartir tu blog con un grupo pequeño de tus compañeros. Luego van a compartir los mejores con la clase.

D Presentación escrita: Metas y desafíos

Imagina que acabas de graduarte de la escuela secundaria. ¿Cuáles son algunas metas que tienes para el futuro? En tu opinión, ¿cuáles son tres grandes retos a los que te enfrentarás? ¿Cuál de ellos crees que dificultará la transición? ¿Cuáles son algunas cosas que podrías hacer para sobrellevar los retos y salir adelante? ¿Hay individuos que te ayudan en tiempos difíciles, incluyendo a tu familia, maestros, consejeros, ayudantes y buenos amigos? Escribe una composición corta en la que contestes a las preguntas anteriores.

E Presentación oral: El grupo o yo— ¿conflictos?

Muchas personas prefieren trabajar en grupos mientras otras prefieren trabajar solas. Prepara algunos apuntes acerca de las siguientes preguntas que te ayuden a compartir tus ideas con la clase.

- En general, ¿prefieres trabajar en grupo o solo(a)? ¿Por qué? ¿Crees que hay ciertas situaciones en las que es mejor o peor trabajar en grupo? ¿En cuáles?
- En cuanto a lograr un objetivo, ¿cuáles son algunas ventajas y desventajas de trabajar en grupo?
- ¿Qué factores se deben considerar al repartir el trabajo entre los miembros del grupo?
- ¿Qué posibles conflictos pueden surgir entre los intereses personales y los del grupo?

F Presentación oral: "La única manera de hacer un gran trabajo es amar lo que se hace."

Así dijo Steve Jobs (cofundador y presidente ejecutivo de Apple) en su famoso discurso ante los egresados de la universidad de Stanford en el 2005. ¿Crees que aquellos que aman lo que hacen tienen más probabilidad de tener éxito? ¿Por qué? Explica por qué estás o no de acuerdo con la cita. Luego, reflexiona y toma algunas notas acerca de las siguientes preguntas: ¿Cómo se puede aplicar esta afirmación a la vida familiar, a la escolar y a la laboral? Usa por lo menos dos ejemplos de personas que conoces que han tenido éxito porque aman lo que hacen. Vas a compartir tus ideas con tus compañeros.

G Composición: Un gran hombre o una gran mujer

Los grandes líderes sociales, políticos o religiosos han tenido que poner a un lado sus intereses personales y dedicarse a los intereses de los demás. Vas a escribir un ensayo de por lo menos 200 palabras sobre uno(a) de ellos.

1. Escoge a una persona famosa que, en tu opinión, ha dedicado o dedicó su vida a mejorar la vida de los demás. Puedes escoger a cualquier persona famosa que te interese. Algunas posibilidades son:

   Martin Luther King, Jr.   La Madre Teresa de
   Lech Walesa   Calcuta
   Karol Wojtyla,   Mahatma Gandhi
     Juan Pablo II   Rigoberta Menchú

   A propósito, no todas las personas que dejan de lado sus intereses personales son famosas en su comunidad y, mucho menos, mundialmente. Si lo deseas, puedes usar a una persona de tu familia o de tu comunidad (sea o no sea famosa).

2. Escribe un ensayo en el que incluyas:
   - una breve biografía (dónde nació y algo de su infancia y juventud antes de empezar su trabajo a favor de otros)
   - detalles acerca de su lucha por mejorar la vida de los demás
   - el reconocimiento que ha recibido
   - por qué escogiste a esta persona y lo que representa para ti

3. Trata de incorporar por lo menos tres de las siguientes expresiones en tu composición.

ni siquiera	*not even*
aunque	*although*
de lo contrario	*otherwise*
no . . . sino (que)	*not . . . but rather*
también viene al caso	*it is also relevant*

4. Recuerda que tendrás que revisar varias veces no solo el contenido sino también la gramática de tu trabajo.

Preguntas del capítulo

Ahora que has discutido la lectura y tienes mejor conocimiento del tema, tu profesor(a) va a reanudar la discusión de las preguntas del capítulo. Repasa brevemente los apuntes y ejercicios que ya completaste.

- ¿Cómo influyen los intereses personales en la identidad de las personas?

- ¿Qué conflictos se presentan entre los intereses personales y los intereses ajenos?

- ¿Qué papel tiene la madurez en diversas situaciones?

CAPÍTULO 6

La autoestima

LECTURA: Jóvenes parados "hijos pródigos" de vuelta a casa

En portada

Lo que más importa es cómo te ves a ti mismo.

Describe detalladamente la imagen. Incluye la información de las preguntas a continuación en tu descripción.

1. ¿Qué ocurre en la foto?

2. ¿Tiene el gato una imagen favorable de sí mismo? ¿Cómo lo sabes?

3. ¿Crees que los demás ven la misma imagen cuando miran al gato? Explica por qué piensas así.

4. ¿Te parece que es bueno o malo tener ese tipo de autoestima? ¿Por qué? Da algunos ejemplos que apoyen tu opinión.

Preguntas del capítulo

Las siguientes preguntas te servirán de guía y te ayudarán a comprender el tema más a fondo. Tenlas presentes a lo largo del capítulo.

- ¿Cómo se desarrolla la autoestima de una persona?

- ¿Cómo contribuyen el hogar, la escuela y el trabajo a la autoestima?

- ¿Qué efecto tienen las condiciones sociales (por ejemplo, el desempleo, la pobreza) en las relaciones sociales y la autoestima?

Lectura

Jóvenes parados "hijos pródigos" de vuelta a casa

Antes de leer

> **Estrategia:** *El uso del título para predecir el tema*
>
> No es poco común que el autor de un artículo le ponga un título que resume lo que va a relatar. En muchos casos, el título sirve como un resumen breve del contenido del artículo. No te olvides de leer el título con cuidado y reflexionar sobre su posible contenido.
>
> - **¡Ponla en práctica!** El artículo que vas a leer se llama "Jóvenes parados 'hijos pródigos' de vuelta a casa". ¿De qué va a hablar la autora? ¿A quiénes piensas que va a dirigirse el texto? ¿Qué información va a incluir en su artículo? ¿Por qué piensas así? Comparte tus ideas con tus compañeros.

A. **Nuestra autoestima.** La forma en la que nos valoramos a nosotros mismos y las respuestas que los demás dan a nuestras acciones influyen en nuestra manera de comportarnos en la sociedad. En tu opinión, cuando una persona se encuentra en situación de desempleo, además del daño o perjuicio (*setback*) económico que esto ocasiona, ¿cómo puede esta pérdida afectar a la valoración que haga de sí misma? ¿Cómo reacciona una persona con autoestima alta a la pérdida de su trabajo? ¿Qué teme una persona con baja autoestima en la misma situación? Toma notas acerca de las preguntas anteriores e incluye algunos ejemplos que apoyen tus ideas. Vas a compartir tus ideas con un grupo pequeño de tus compañeros. Luego compartirán las mejores ideas con la clase.

B. **La reacción de los padres.** Cuando los hijos regresan a casa, esto afecta a toda la familia, especialmente si los hijos llevan tiempo viviendo solos. ¿Cómo crees que se sentirán los padres? ¿Qué aspectos de la vida diaria tendrán que negociar? La autora del artículo que vas a leer dice que los padres tendrán que "impedir que sus hijos se acomoden y se conformen con la situación actual". ¿Crees que es posible que eso ocurra? ¿Por qué? ¿Qué otros problemas podrían generarse? Prepara algunos apuntes que te ayuden a compartir tus ideas con un grupo pequeño de tus compañeros.

> **For grammar support:**
> *Abriendo paso: Gramática*

Introducción

En el siguiente artículo se habla de los efectos del presente paro (*unemployment*) en España, pero lo que dice se puede aplicar a cualquier país. Originalmente apareció en la edición digital de *La Razón*, un portal de noticias.

Al leer

Mientras lees, ten en cuenta los siguientes puntos:

- las normas que hay que negociar en la nueva situación familiar
- las recomendaciones que hace la autora para emplear el tiempo libre útilmente
- la conclusión a la que llega la autora

Jóvenes parados "hijos pródigos" de vuelta a casa

por Almudena Docavo

as an apprentice

Los jóvenes vuelven a casa, pero no por Navidad. Su trabajo no es estable, los han despedido, o nadie les hace un contrato que no sea de prácticas°. Esto les obliga a quedarse en casa de sus padres, esperando a que la situación mejore. Pero no han de resignarse. No dejar de buscar y seguir formándose son las mejores opciones.

5

challenge

Hay jóvenes que sueñan con independizarse, pero no ganan lo suficiente. Los hay, también, que consiguieron cumplir ese reto°, pero se han visto obligados a

volver a casa de sus padres al perder su empleo. Han de estar agradecidos° por
tener dónde refugiarse en una época de crisis en la que casi uno de cada dos
10 menores de 25 años que busca trabajo no lo encuentra. Sin embargo, es normal
que esta situación los desanime.

Más de la mitad de los españoles de entre 18 y 34 años convive con sus padres,
según un estudio de la oficina de estadísticas de la Unión Europea, el Eurostat.
Las principales razones son el paro y la temporalidad laboral°. ¿Qué han
15 de hacer los padres ante estas dificultades? Además del apoyo° económico
para cubrir las necesidades básicas, los progenitores° tienen que dar apoyo
emocional y, a la vez, "impedir que sus hijos se acomoden y se conformen
con la situación actual", según explica la pedagoga y psicóloga María Rosa
Buxarrais.

Negociar las normas

20 Una cuestión importante es hacer partícipes° a los "hijos pródigos" de las tareas
domésticas. Si han vuelto al hogar, "tienen que asumir las mismas tareas que
comparte° el resto de la familia, mientras siguen buscando trabajo", asegura
Buxarrais. De esta forma se consigue, no solo un apoyo en el hogar, sino que
estos jóvenes se sientan más útiles, lo que apaciguará° su frustración. Además,
25 es necesario recordarles "lo importante que es su independencia, tanto
económica como emocional", sobre todo si se percibe que el joven se empieza a
acomodar a "vivir con sus papás".

El hecho° de tener que convivir con los progenitores se convierte en un problema
mayor cuando el hijo ya se había independizado, pero ha tenido que volver a casa
30 al perder su empleo. En ese caso, el afectado ya se ha acostumbrado a no tener
que dar explicaciones ni adoptar el horario° familiar, por lo que la relación con
sus padres se puede complicar. Entonces, "los padres han de ser más tolerantes
aunque, en cierta medida, hay que exigirles adaptarse a las normas de la casa".
A pesar de° ser ya "mayorcitos", los jóvenes no pueden pretender gozar de una
35 plena° independencia en su hogar familiar. "Hay que establecer ciertos límites,
como avisar° si no van a comer o a dormir en casa", advierte la pedagoga.

A la vez, los padres han de ser conscientes de que sus hijos "ya no son niños,
sino que son iguales, aunque la relación no deja de ser paterno-filial", y de
que no pueden adoptar una actitud controladora. La clave está en "negociar
40 y pactar" las normas de convivencia°, pues la situación se puede convertir en
incómoda cuando se dan circunstancias que no se habían previsto°.

	?
	transient work
	support
	?
	?
	?
	will appease
	?
	?
	In spite of
	?
	?
	?
	had not been foreseen

to make the most of

?

ideal

resumé

Formación continuada

Por otro lado, hay que saber aprovechar° todas las oportunidades y no
perder el tiempo. El hecho de no tener trabajo obliga a los afectados a seguir
formándose°, no solo como persona, sino también como profesional. Es una
ocasión idónea° para aprender idiomas que, en el actual panorama de mercado   45
de trabajo internacional, se han convertido en el complemento perfecto para
cualquier currículum vitae°. Por ello, una inmejorable alternativa es animar a
los jóvenes desempleados a salir al extranjero. Esto no solo puede servir para
conocer otras lenguas, también "es útil en su desarrollo como personas, y les
hará sentirse más motivados, además de mostrarles otra forma de ver la vida",   50
asegura Buxarrais.

Otra manera de aprovechar el tiempo, además de estudiar idiomas, es optar por
continuar la formación profesional, por ejemplo, con un máster. En relación
con esta cuestión, hay que tener en cuenta la situación económica de la familia,
pues no todos los hogares pueden permitirse financiar este tipo de estudios.   55
En cualquier caso, se puede barajar° la opción de que estos gastos sean
devueltos° por el estudiante cuando su condición laboral mejore.

consider

?

Es el caso de María García, una española licenciada en Químicas que perdió
su empleo hace apenas un mes, por lo que se ha visto obligada a volver a casa
con sus padres y hermanos. El año que viene empezará a estudiar un máster   60
en Periodismo Científico en la UNED [Universidad Nacional de Educación a
Distancia], que sus padres le financiarán. Mientras, sigue echando° currículum
y haciendo entrevistas. Como la mayoría de los españoles en esta situación,
María espera poder terminar de pagar ella sus estudios, devolver el dinero del
máster a sus progenitores y recuperar su independencia.   65

she keeps on sending

La mitad de los jóvenes no consigue empleo

¿Volver a casa por gusto o por obligación? Lo cierto es que, a pesar del mito de
que los españoles viven con sus padres por comodidad, en el actual panorama
económico son muchos los jóvenes que no consiguen un contrato que les
garantice que podrán mantener su independencia.

Después de leer

Comprensión

C. **Al punto.** Contesta las siguientes preguntas.

1. Según el artículo, ¿qué emociones sienten los jóvenes que regresan a casa cuando pierden el empleo? ¿Por qué se sienten así?

2. Aunque la autora piensa que los padres deben ayudar a sus hijos, ¿qué problema puede surgir si el apoyo es demasiado?

3. ¿Qué valor tiene el insistir en que los hijos que regresan compartan los quehaceres de la casa?

4. En cuanto a los hijos, ¿qué circunstancia dificulta aún más el regreso a casa?

5. En esa circunstancia, ¿qué les recomienda la autora a los padres para que la convivencia sea más satisfactoria?

6. Según la autora, ¿qué ventajas laborales tiene la persona que aprende idiomas?

7. ¿Qué problema presenta el continuar la formación profesional? ¿Cómo se puede resolver el problema?

8. Finalmente, ¿a qué le atribuye la autora el regreso de tantos jóvenes al hogar de sus padres?

Para ampliar el vocabulario

D. **De la misma familia.** Escribe una palabra de la misma familia, es decir, palabras que tengan la misma raíz que la palabra dada. Si es un sustantivo, escribe el artículo definido.

sueñan (soñar)   [6]

obligados   [7]

el empleo   [8]

refugiarse   [9]

las dificultades   [15]

emocional   [17]

negociar   [subtítulo 1]

E. **En contexto.** ¿Cómo le explicarías las siguientes palabras a una persona que no sabe lo que quieren decir? Usa tus propias palabras, sinónimos o una situación para tu explicación.

formándose (formarse)   [5]

el apoyo   [15]

las necesidades   [16]

las tareas   [20]

útiles   [24]

el horario   [31]

el currículum vitae   [47]

For grammar support:

Abriendo paso: Gramática

F. **Sinónimos.** Busca el sinónimo de las palabras que aparecen en la columna A en la columna B. Hay más palabras de las que necesitas.

A

_____ **1.** el reto [7]

_____ **2.** la cuestión [20]

_____ **3.** establecer [35]

_____ **4.** avisar [36]

_____ **5.** aprovechar [42]

_____ **6.** mantener [69]

B

a. la opinión

b. el desafío

c. el asunto

d. conservar

e. instituir

f. la meta

g. utilizar

h. notificar

G. **Antónimos.** Busca el antónimo de las palabras que aparecen en la columna A en la columna B. Hay más palabras de las que necesitas.

A

_____ **1.** perder [8]

_____ **2.** desanime (desanimar) [11]

_____ **3.** impedir [17]

_____ **4.** se conformen (conformarse) [17]

_____ **5.** gozar [34]

_____ **6.** aprovechar [42]

B

a. desperdiciar

b. agradable

c. íntegro

d. encontrar

e. estimular

f. rebelarse

g. sufrir

h. facilitar

Reflexión

H. **Los pasatiempos y la autoestima.** ¿De qué manera puede la elección de las actividades en que participamos en nuestro tiempo libre ser fuente de autoestima? ¿Existe la posibilidad de que estas actividades empeoren la autoestima? ¿Qué tipo de actividad crees que tiene más posibilidades de afectar a la autoestima? ¿Por qué? Piensa en algunos ejemplos concretos. Toma algunas notas que te ayuden a discutir tus ideas con tus compañeros.

Comparaciones culturales

I. **¿Jóvenes parados en los Estados Unidos?** ¿Crees que en los Estados Unidos ocurre un fenómeno similar al de los "jóvenes parados" que se describe en el artículo? ¿Son similares las causas y los resultados a los que leíste en el artículo sobre España? Si no sabes, busca información en Internet y toma notas que incluyan datos que te ayuden a discutir el tema con tus compañeros. En la discusión, evalúa también el impacto que tienen el desempleo y la necesidad de volver a la casa de sus padres en la autoestima de los jóvenes estadounidenses.

Abriendo paso

Contextos para la comunicación

For grammar support:

 Abriendo paso: Gramática

A Texto auditivo: La educación y la autoestima

Vas a ver un video. Primero, tienes un minuto para leer la introducción y las preguntas. Luego vas a escuchar la grabación dos veces. Mientras escuchas, puedes tomar apuntes. Después de escuchar por primera vez, tienes un minuto para contestar las preguntas. Después de escuchar por segunda vez, vas a tener dos minutos para terminarlas.

Introducción ▶️

En este video Rigoberta Menchú (activista por los derechos humanos) y Álvaro Uribe (presidente de Colombia, 2002–2010) participan en un panel, "Educación y Valores para la Convivencia Pacífica", organizado por la Secretaría de Educación Pública de México. La grabación dura unos cinco minutos.

1. Según Rigoberta Menchú, ¿qué presuponen los maestros acerca de los estudiantes?

2. Según ella, ¿qué tenemos que hacer posible para los jóvenes?

3. ¿Qué hay detrás de una mujer, un joven o un profesor?

4. ¿Qué les permitirá la educación a las personas que la reciben?

5. ¿Para qué vive Rigoberta Menchú? ¿Para qué se educa?

6. En cuanto al diálogo, ¿qué le parece importante al expresidente de Colombia?

7. ¿Qué se necesita hacer en los países latinoamericanos? Menciona por lo menos dos cosas.

8. Según Héctor Aguilar Camín, ¿cómo se pueden ayudar las personas entre sí? ¿Qué es lo principal?

B Presentación oral: Estoy listo(a) para independizarme.

Vas a preparar una escena con un grupo pequeño de tus compañeros.

1. Escojan una característica que consideren importante para poder independizarse.

   - no aceptar lo que presentan los medios de comunicación sin pensar críticamente
   - no dejarse arrastrar por las emociones
   - no apresurarse en juzgar
   - asumir las consecuencias de su comportamiento o sus decisiones
   - pensar antes de actuar
   - considerar los sentimientos de los demás

2. Preparen una escena en que el (la) protagonista muestre esa característica. La escena puede tener lugar en casa, en la calle, en el trabajo, etc. Pueden escribir un bosquejo pero no podrán leerlo, solo lo usarán como guía.

3. Tendrán que presentarle su obra a la clase. La clase decidirá si el (la) protagonista está listo(a) para independizarse.

C Presentación oral: Un caso de la vida real

Aunque muchos piensan que la autoestima se empieza a desarrollar en el medio familiar, de hecho son los amigos los que contribuyen de una manera más decisiva a la autoestima en la adolescencia. Prepárate para describirles a tus compañeros una situación que has observado, ya sea personalmente o algo que has leído o visto en la televisión que muestre esto. Toma algunas notas que te ayuden, pero recuerda que no podrás leer tu presentación.

D Presentación escrita: "Queda prohibido"

Lee los versos del poema "Queda prohibido"* y haz la actividad a continuación.

Queda prohibido no sonreír a los problemas, no luchar por lo que quiero, abandonarlo todo por tener miedo, no convertir en realidad mis sueños.

[…]

Queda prohibido no ser yo ante la gente, fingir ante las personas que no me importan, hacerme el gracioso con tal de que me recuerden, olvidar a toda la gente que me quiere.

1. Con tus propias palabras, haz una lista de las cosas que se prohíben en estos versos.

2. Luego escribe las frases de una manera afirmativa, es decir, lo que el poeta quiere que la persona haga.

3. Finalmente, escribe un párrafo en el que expliques la relación entre lo que dice el poeta y la autoestima. Incluye tu opinión acerca de las ideas del poeta sobre el tema.

   Si te interesa leer todo el poema, búscalo en Internet o pídele una copia a tu profesor(a).

E Presentación oral: La autoestima, el valor de ser realista

Según algunos expertos, dos puntos clave para mantener o mejorar la autoestima son evaluarse de forma realista y no idealizar a los demás. Piensa en cómo estas dos cosas se podrían aplicar en situaciones que surgen en casa, en la escuela o en el trabajo. Anota un ejemplo concreto que pueda surgir en cada lugar y la manera en que se podrían aplicar los consejos de los expertos. ¿Consideras que es fácil aplicar estos dos puntos clave a la vida diaria? ¿Por qué piensas así? Comparte tus ideas con un grupo pequeño de tus compañeros.

F Composición: "La libertad no consiste en hacer lo que se quiere, sino en hacer lo que se debe."

¿Crees que la autora del artículo que leíste estaría de acuerdo con esta cita del poeta español Ramón de Campoamor? ¿Qué efecto crees que "hacer lo que se debe" tiene en la autoestima?

1. Escribe un ensayo de por lo menos 200 palabras en el que des tu opinión y expliques por qué piensas así. No te olvides de apoyar tu opinión con ejemplos concretos.

2. Usa el primer párrafo para establecer la tesis.

3. Incluye uno o dos ejemplos concretos que apoyen esa tesis. También incluye algunas ideas para que el lector piense más a fondo sobre el tema.

4. Escribe una conclusión que resuma tu tesis.

5. Trata de incorporar por lo menos tres de las siguientes expresiones en tu composición.

al mismo tiempo	*at the same time*
dentro de poco	*shortly, in a short while*
en la actualidad	*presently*
de lo contrario	*otherwise*
en cambio	*on the other hand*

6. Comparte lo que escribiste con un(a) compañero(a). Él (Ella) te va a hacer algunas sugerencias para mejorar el trabajo. Tómalas en consideración y prepara la versión final para entregársela a tu profesor(a).

G Gráfico: Las emociones y la edad

En el siguiente gráfico (pág. 67) se muestra la relación entre los grupos por edad (grupos etarios) y el agotamiento emocional (*burnout*). Algunas de las manifestaciones del agotamiento emocional son: sentimientos de fracaso e impotencia, baja autoestima, baja tolerancia a la frustración, impaciencia e irritabilidad. Los números que aparecen sobre cada columna representan el número de personas en cada categoría. Mira el gráfico con cuidado y contesta a las preguntas a continuación.

---

*Este poema fue escrito por Alfredo Cuervo Barrero, escritor español.

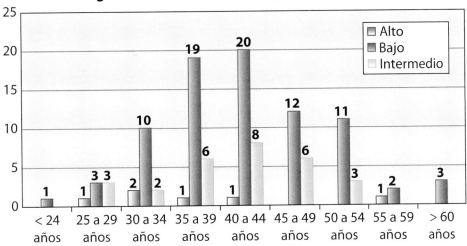

Agotamiento emocional según grupos etarios

1. ¿Qué grupos tienen la menor cantidad de agotamiento emocional? ¿Por qué será? ¿Qué tienen en común estos grupos? ¿En qué se parece su vida diaria?

2. ¿Qué grupos tienen la mayor cantidad de agotamiento emocional? ¿Por qué será? ¿Qué tienen en común estos dos grupos? ¿En qué se parece su vida diaria?

3. ¿Dónde caen las personas de tu edad?

4. ¿Crees que los que prepararon el gráfico tienen razón en cuanto al agotamiento emocional de cada grupo etario? Explica tu respuesta y da ejemplos de por qué piensas así.

5. ¿Crees que se puede usar este gráfico para explicar el hecho de que los jóvenes generalmente se llevan (*get along*) mejor con sus abuelos que con sus padres? ¿Piensas que en algunos casos los abuelos ayudan a desarrollar la autoestima mejor que los padres? Explica tu respuesta.

Preguntas del capítulo

Ahora que has discutido la lectura y tienes mejor conocimiento del tema, tu profesor(a) va a reanudar la discusión de las preguntas del capítulo. Repasa brevemente los apuntes y ejercicios que ya completaste.

• ¿Cómo se desarrolla la autoestima de una persona?

• ¿Cómo contribuyen el hogar, la escuela y el trabajo a la autoestima?

• ¿Qué efecto tienen las condiciones sociales (por ejemplo, el desempleo, la pobreza) en las relaciones sociales y la autoestima?

Las identidades personales y públicas: Un paso más

Integración

> **Más práctica:** Preparación para el examen, pp. 417–420

Preguntas fundamentales para la discusión

Ahora que tienes un conocimiento más amplio del tema de esta unidad, podrás contestar con más información las siguientes preguntas y discutir tus ideas con el resto de la clase.

- ¿Cómo se expresan los distintos aspectos de la identidad en diversas situaciones?
- ¿Cómo influyen la lengua y la cultura en la identidad de una persona?
- ¿Cómo se desarrolla la identidad de una persona a lo largo del tiempo?

Presentación final

Vas a elaborar una presentación final en la que analizas el tema de la unidad más a fondo. Sigue los siguientes pasos. Te van a ayudar a examinar y organizar tus ideas.

1. Considera otras perspectivas

Además de los contextos que examinaste en esta unidad, ¿qué otros contextos se podrían incluir bajo el tema de "Las identidades personales y públicas"? ¿Qué otras preguntas fundamentales te hubiera gustado investigar bajo este tema? Prepara tus ideas para discutirlas con la clase. No tienes que discutir a fondo los contextos o preguntas que apuntaste, solo prepárate para explicar por qué te parece importante incluir estos contextos o preguntas.

2. Explora tu perspectiva

Piensa en los contextos y perspectivas que discutiste con la clase. Escoge un aspecto del tema relacionado con ellos que te interesa analizar más a fondo.

- ¿Cuál es el problema?
- ¿Por qué crees que merece atención?

3. Desarrolla la presentación

Usa el problema para establecer la idea central que vas a usar como hilo conductor de tu presentación final sobre el tema de la unidad. Para más apoyo, consulta la *Guía para presentaciones* que se encuentra en el curso digital.

Preguntas fundamentales para la discusión

Al final de esta unidad podrás contestar las siguientes preguntas:

- ¿Cómo definen los individuos y las sociedades su propia calidad de vida?

- ¿Cómo influyen los productos culturales, las prácticas y las perspectivas de la gente en la vida contemporánea?

- ¿Cuáles son los desafíos de la vida contemporánea?

Unidad 2

CAPÍTULO 7

La educación y las carreras profesionales

LECTURA: Las mujeres jóvenes eligen estudios y trabajos estereotipados

En portada

LOS PROFESORES ANTE EL FRACASO EDUCATIVO

PAÍS DE LA QUEJA CONTINUA

PAÍS DE LOS QUE AÚN TIENEN ILUSIÓN

PAÍS DE YA HACEMOS TODO LO QUE PODEMOS

SI ALGUIEN QUIERE SUBIR, HAY SITIO EN LA BARCA

PAÍS DEL "VAMOS A PROBAR ALGO NUEVO"

SI QUIERES QUE ALGO CAMBIE, CAMBIA ALGO. SI HACES LO MISMO QUE SIEMPRE TENDRÁS LO MISMO QUE SIEMPRE

Describe detalladamente la historieta. Incluye la información de las preguntas a continuación en tu descripción.

1. ¿Por qué están divididos los países? ¿Qué se puede observar con respecto al tamaño de cada país?

2. ¿Por qué invita el señor de la pequeña barca a que suban a ella?

3. ¿Cuál es el mensaje que quiere transmitir el dibujante con relación al país que aparece a mano derecha?

4. ¿Qué nos dice la tira cómica de la educación en general?

5. ¿A cuál de los cuatro "países" crees que pertenece los Estados Unidos? Es decir, ¿cuál de los "países" se parece más a los Estados Unidos? ¿Por qué?

Preguntas del capítulo

Las siguientes preguntas te servirán de guía y te ayudarán a comprender el tema más a fondo. Tenlas presentes a lo largo del capítulo.

- ¿Qué ideas influyen en nuestra decisión al escoger los cursos de estudio y la profesión?

- ¿Cómo han cambiado las perspectivas sociales en cuanto a la educación de las mujeres?

- ¿Qué cambios se han visto con relación a la educación y la elección de carreras por ambos sexos?

Las mujeres jóvenes eligen estudios y trabajos estereotipados

Antes de leer

Estrategia: *Personalizar y contextualizar la información*

Una manera de mejorar la comprensión de la lectura es comparar lo que nos está tratando de comunicar el autor o la autora con nuestra propia experiencia y el conocimiento que ya tenemos sobre el tema.

- **¡Ponla en práctica!** Lee los siguientes párrafos que provienen del artículo que vas a leer.

  "Como resultado, los inspectores encontraron que, desde los primeros cursos, muchas de las niñas ya tienen una idea precoz de lo que les gustaría hacer después de salir de la escuela, orientada en la mayoría de los casos hacia la educación, el sector de la belleza o los trabajos sociales.

  Esta actitud, casualmente presente en niñas de todas las edades, estaba fuertemente influida por la familia y el círculo de amistades, según el informe.

  En la escuela secundaria, las alumnas encuestadas también argumentaron que estudiarían lo que más les gustase, independientemente de la tradición familiar. En este sentido, casi todas las niñas y las jóvenes que participaron en la encuesta estaban abiertas a cursar una carrera que desafiara (*challenges*) los estereotipos de género, siempre que la carrera les interesara lo suficiente."

Vas a discutir tus ideas acerca de esta afirmación con la clase. Para prepararte, piensa en las siguientes preguntas:
- ¿Sabes lo que te gustaría hacer después de terminar la escuela?
- Si lo sabes, ¿a qué edad más o menos lo supiste? ¿Qué contribuyó a la decisión?
- ¿Sientes presión por parte de tu familia o de tus amigos de estudiar ciertas asignaturas o seguir una carrera en particular?
- En general, ¿piensas que hoy día las jóvenes están desafiando los estereotipos de género en cuanto a la carrera que escogen?

For grammar support:

Abriendo paso: Gramática

A. **"El techo de cristal".** A través de los años las mujeres han adelantado mucho y se sienten libres de escoger los cursos y las carreras que verdaderamente les gustan. Desafortunadamente, todavía existen ciertas áreas en las que las mujeres, por diferentes motivos, no han podido romper "el techo de cristal".

1. Escoge dos de esas áreas y prepara algunos apuntes para discutir lo que ha ocurrido en el pasado en cuanto a esto, los logros que se han obtenido, las razones por las cuales la situación no ha mejorado y los pasos que tú piensas que se deben tomar para obtener mejores resultados. Vas a discutir tus ideas con tus compañeros en pequeños grupos y luego con toda la clase.

2. Si quieres, puedes buscar en Internet algunos artículos sobre un país de habla hispana para tener una mejor idea de lo que está sucediendo en otras partes del mundo.

B. **Mi experiencia hasta ahora.** Piensa en la vida escolar que has tenido hasta ahora. ¿Has visto indicios que apunten a que las mujeres estén escogiendo estudios y trabajos estereotipados? Si no los has visto, discute por qué en tu escuela no existen esos problemas. Si los has visto, discute cómo se podría mejorar la situación. No tienes que ser mujer para tener conocimientos en esta área ya que todos observamos lo que sucede en los centros educacionales. Prepara tus ideas en forma de lista y comparte tu opinión con tus compañeros en grupos pequeños.

TEMA DE LA UNIDAD: LA VIDA CONTEMPORÁNEA

Introducción

Un nuevo estudio informa que las jóvenes eligen ciertos cursos y profesiones que se consideran estereotipados debido a su género. El artículo apareció en *Tendencias 21*.

Al leer

Mientras lees, ten en cuenta los siguientes puntos:

- los resultados del estudio
- los beneficios de las escuelas con alumnos de un solo sexo
- cómo se pueden efectuar cambios en las ideas de la gente
- las semejanzas entre el estudio hecho en el Reino Unido y el de España

Las mujeres jóvenes eligen estudios y trabajos estereotipados

por Amalia Rodríguez

Hasta llegar a cursos superiores, como ciclos formativos o la universidad, la proporción de chicas en los centros educativos es mayor que la de chicos.

Su éxito inicial, sin embargo, no se mantiene a la hora de elegir la formación académica que les proporcionará° un desarrollo profesional en el futuro. Estas son algunas de las conclusiones del informe Ofsted, publicado por la Oficina de Normas de Educación, Servicios para Niños y Habilidades del Reino Unido.

Este informe pone de manifiesto° que en los colegios mixtos aún queda° mucho camino por recorrer para alentar° por igual° a los escolares a la hora de decidir su futuro educativo y profesional. Las niñas eligen ser maestras, cursar° estudios relacionados con la historia y las ciencias sociales o trabajar de cara al público, mientras que los niños, en cambio, se inclinan más por trabajos relacionados con la ciencia, la ingeniería y la tecnología.

Tendencia a lo tradicional

El informe explica los resultados de un estudio en el que se analizaron las diferentes opciones de cursos y carreras que pueden realizar° las niñas y las jóvenes en las distintas etapas de su educación y formación. Para llevar a cabo°

will provide

? / there still remains
to encourage / ?
?

?
to carry out

este análisis, un equipo de inspectores encuestó° a alumnas de diferentes tipos de centros educativos en dos fases, entre junio de 2009 y diciembre de 2010.

La primera de estas fases, que concluyó a finales de marzo de 2010, se llevó a cabo en 12 colegios mixtos; con 13 alumnas de una escuela solo para niñas; y en dos escuelas secundarias donde únicamente estudian chicas. Los inspectores también visitaron 10 centros de educación complementaria, seleccionados por haber dirigido las áreas de disposición específica para las niñas y mujeres jóvenes. 20

Cada grupo analizado estuvo formado por ocho niñas y mujeres jóvenes de cada etapa clave. Durante las visitas, los inspectores mantuvieron conversaciones con 276 niñas. Los debates se centraron en las experiencias de aprendizaje°, la calidad de la educación sexual y las relaciones, las carreras de orientación, el apoyo° y las influencias en la elección de cursos y carreras, los desafíos a los estereotipos de género, la remuneración económica y el bienestar social, entre otros puntos. 25

La segunda fase del estudio, llevada a cabo en diciembre de 2010, fue diseñada para complementar los resultados obtenidos mediante el seguimiento° directo de alumnas en 11 escuelas de secundaria para niñas, y también en 16 escuelas primarias. Estas visitas fueron mucho más cortas y consistieron en breves encuentros donde se fomentaron las discusiones con grupos de alumnas de todas las edades. 30

Ideas preconcebidas

Como resultado, los inspectores encontraron que, desde los primeros cursos, muchas de las niñas ya tienen una idea precoz de lo que les gustaría hacer después de salir de la escuela, orientada en la mayoría de los casos hacia la educación, el sector de la belleza o los trabajos sociales. 35

Esta actitud, casualmente presente en niñas de todas las edades, estaba fuertemente influenciada por la familia y el círculo de amistades, según el informe. 40

En la escuela secundaria, las alumnas encuestadas también argumentaron que estudiarían lo que más les gustase, independientemente de la tradición familiar. En este sentido, casi todas las niñas y las jóvenes que participaron en la encuesta estaban abiertas a cursar una carrera que desafiara los estereotipos de género, siempre que la carrera les interesara lo suficiente. 45

No obstante°, según el informe Ofsted, durante su etapa como estudiantes las niñas eligen cursos tales como° la danza, el arte, textiles, y salud y asistencia social. Además, señala el informe, la intención inicial de las chicas no siempre se cumple° en la práctica. En su mayor parte, la elección de estudios realizada por las niñas y mujeres jóvenes de las escuelas y colegios visitados acaba 50 respondiendo a estereotipos, y refleja el panorama nacional de la adopción de los cursos formativos.

Así, de las 12 escuelas mixtas encuestadas en la primera fase, 11 de ellas reconocieron no hacer lo suficiente para promover la confianza, la unidad y la
55 ambición de las niñas y mujeres jóvenes a asumir riesgos° en los estereotipos profesionales.

risks

En cambio, en una escuela solo de chicas, el resultado fue diferente. Según las encuestadas, la confianza y las actitudes competitivas son más fáciles de promover en la ausencia de los niños.

Principales carencias° detectadas

deficiencies

60 Otro de los puntos que refleja este informe es que los programas de orientación profesional y el aprendizaje relacionado con el trabajo, y el suministro de información, asesoramiento° y orientación en las escuelas visitadas, no se centra suficientemente en el conocimiento, la comprensión y las habilidades° que las niñas y mujeres jóvenes necesitan tener para hacer frente° a situaciones,
65 como la interrupción de su formación, su trayectoria profesional o el cuidado de los hijos.

advising

skills

?

Esto se demuestra en hechos como que, desde temprana edad, las niñas encuestadas han tenido tradicionalmente estereotipados puntos de vista acerca de los trabajos de hombres y mujeres. Esta convicción la mantuvieron a lo largo
70 de° su escolaridad°, a pesar de recibir información acerca de la igualdad de oportunidades y de conocer sus derechos para acceder° a cualquier tipo de carrera.

throughout / ?

?

Pero no siempre ha sido así. Para algunas chicas, las ambiciones a la hora de estudiar y también a nivel laboral han cambiado a través de la observación directa de un profesional en el trabajo, a través de actividades de tutoría, y a través de encuentros
75 y entrevistas personales con un profesional que las orientó en este sentido.

"Es alentador que la mayoría de las niñas estén abiertas a la posibilidad de seguir una carrera haciendo frente a los estereotipos. Lo preocupante es que con demasiada frecuencia en la práctica, los cursos y calificaciones° no les dan estas oportunidades", señala Christine Gilbert, inspectora jefe de Osfted, en
80 declaraciones recogidas° por *The Guardian*.

grades

gathered

Las actitudes más positivas se encontraron en las escuelas de un solo sexo, donde la mayoría de las chicas dijo que definitivamente consideraría hacer trabajos tradicionalmente hechos por los hombres. En estas escuelas, las niñas no ven que ninguna carrera les esté vetada°, siempre que se trabaje duro y se
85 consigan° los títulos pertinentes.

forbidden

?

states

Sin embargo, esta confianza no va acompañada por ningún cambio notable en lo que a los estereotipos se refiere porque estas mismas chicas afirmaron, en su mayoría, que no tenían previsto seguir ese camino para ellas mismas, reza° el informe.

Limited / ?

Escasa° orientación al alumnado°

Muchas de las alumnas de entre 11 y 14 años aún no tienen claro qué quieren estudiar. La educación vocacional en estas edades es "generalmente débil", según recoge el informe. A todo ello, hay que sumarle la poca información sobre los salarios iniciales y las perspectivas de promoción, datos que dificultan la toma de decisiones por parte del alumnado. 90

carry out

Brian Lightman, secretario general de la Asociación de Escuela y Colegio de Líderes, afirma también en *The Guardian* que "los contratantes deben desempeñar° un papel clave en la lucha contra los estereotipos de género en el lugar de trabajo, alentando a las niñas a asumir prácticas en campos dominados por los hombres y proporcionar modelos femeninos". 95

?

En esta línea, Lightman insiste en que "las empresas deben hacer más para apoyar a las escuelas y universidades, mientras que las escuelas deben desarrollar más oportunidades para que las mujeres jóvenes conozcan a profesionales que trabajan en puestos° no estereotipados, y aprendan así más acerca de lo que implica el trabajo a través de prácticas diversas". 100

Estudios por sexo en España

?

En España, la tendencia de género en materia de educación superior es similar a la registrada en el Reino Unido. Según una nota de prensa° publicada por el Instituto Nacional de Estadística el pasado mes de diciembre, el número de alumnos universitarios en España sigue aumentando, notándose un alza° del 6,3% en el presente curso académico, con respecto al curso académico anterior. 105

rise

weight

Por modalidades, el 50% del alumnado optó por la modalidad de Ciencias y Tecnología y el 46,9% por la de Humanidades y Ciencias Sociales. La modalidad con menos peso° fue Artes, con un 3,1%. 110

?

En cuanto a las preferencias por sexo, el 53,1% de las mujeres eligió la opción de Humanidades y Ciencias Sociales, mientras que un 43,2% optó por Ciencias y Tecnología. En el caso de los varones°, el 59,0% se presentó por la modalidad de Ciencias y Tecnología, mientras que un 38,8% eligió Humanidades y Ciencias Sociales. 115

Después de leer

Comprensión

For grammar support:

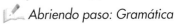 *Abriendo paso: Gramática*

C. Al punto. Contesta las siguientes preguntas.

1. Según el informe, ¿en qué se diferencian los chicos y las chicas en su elección de cursos?

2. ¿Qué contribuye a la elección de estudios por parte de las niñas?

3. ¿Cómo se puede caracterizar la actitud de las chicas en la escuela secundaria? Explica.

4. ¿Por qué parecen ser beneficiosas las escuelas con alumnos de un solo sexo?

5. ¿Qué hace falta en las escuelas para que las niñas se enfrenten a lo que les traiga el futuro?

6. ¿Qué demuestra el estudio con respecto a las ideas preconcebidas sobre los hombres y las mujeres?

7. ¿Qué contribuye a que las niñas cambien sus ideas preconcebidas?

8. ¿Qué inquietud tiene Christine Gilbert?

Para ampliar el vocabulario

D. De la misma familia. Escribe una palabra de la misma familia, es decir, palabras que tengan la misma raíz que la palabra dada. Si es un sustantivo, escribe el artículo definido.

el camino [8]	la igualdad [70]	el peso [112]
la confianza [54]	dominados [99]	
los riesgos [55]	aumentando (aumentar) [108]	

E. En contexto. ¿Cómo le explicarías las siguientes palabras a una persona que no sabe lo que quieren decir? Usa tus propias palabras, sinónimos o una situación para tu explicación.

cursar [9]	encontraron (encontrar) [35]	las entrevistas [75]
las carreras [14]	la confianza [54]	los salarios [93]
breves [32]	la ambición [55]	

F. Sinónimos. Busca el sinónimo de las palabras que aparecen en la columna A en la columna B. Hay más palabras de las que necesitas.

A	B	
_____ 1. mayor [2]	**a.** añadir	**i.** los peligros
_____ 2. elegir [3]	**b.** superior	**j.** las compañías
_____ 3. los encuentros [33]	**c.** la certeza	**k.** declarar
_____ 4. la belleza [38]	**d.** alentador	
_____ 5. los riesgos [55]	**e.** la hermosura	
_____ 6. afirmaron (afirmar) [87]	**f.** señalar	
_____ 7. sumar [92]	**g.** escoger	
_____ 8. las empresas [100]	**h.** las reuniones	

CAPÍTULO 8

El entretenimiento y la diversión

LECTURA: Música, de los pobres a los ricos

Preguntas del capítulo

Las siguientes preguntas te servirán de guía y te ayudarán a comprender el tema más a fondo. Tenlas presentes a lo largo del capítulo.

- ¿Qué papel juegan el entretenimiento y la diversión en la vida contemporánea?

- ¿Qué aspectos culturales se manifiestan en el tipo de entretenimiento de una comunidad?

- ¿Cómo han evolucionado el entretenimiento y la diversión a través del tiempo?

En portada

Describe detalladamente las fotos. Incluye la información de las preguntas a continuación en tu descripción.

1. La primera foto es de una corrida de toros. Si no sabes mucho sobre las corridas de toros, busca información en Internet y añade a tu descripción lo que averiguaste.

2. ¿Qué piensas de las personas que disfrutan las corridas de toros?

3. ¿Cómo se llama el deporte que están jugando en la segunda foto? ¿Es popular en tu comunidad? ¿Conoces a algunos aficionados a ese deporte? ¿Por qué piensas que es popular?

4. ¿Por qué nos gusta tanto asistir a eventos deportivos? ¿Qué beneficios nos trae?

5. ¿Es importante buscar el tiempo para divertirnos y entretenernos? Explica.

Lectura

Música, de los pobres a los ricos

Antes de leer

Estrategia: *Usar organizadores gráficos para guiar la lectura*

El uso de organizadores gráficos nos puede ayudar a concentrarnos en la información más importante de un texto. Al mismo tiempo, nos ayuda a organizar las ideas principales y secundarias, y a establecer relaciones entre todas ellas. Finalmente, pero muy importante, nos ayuda a retener lo que hemos leído.

- **¡Ponla en práctica!** Usa el siguiente organizador gráfico para organizar tus ideas mientras lees el artículo de este capítulo. No tienes que escribir frases completas, solo lo que necesites para captar el mensaje de la autora.

Países	Tipo de música	Cómo surgió	Hoy día
Brasil			
Argentina			
Estados Unidos			

A. **Fanáticos de la música.** La gran mayoría de los jóvenes son fanáticos de la música. Al mismo tiempo, la variedad de géneros musicales que les gusta es muy vasta. ¿Qué tipo de música te gusta a ti (*hip hop, blues, country, R & B, jazz, pop, rock, música alternativa*)? ¿Qué cantantes o grupos escuchas a menudo? ¿Por qué te gustan? ¿Qué música te gusta menos? ¿Por qué? Vas a compartir tus ideas en un grupo pequeño de tus compañeros. En tu presentación incluye también lo que la música representa para ti. ¿Es una diversión? ¿Es una manera de relajarte? ¿Te concentras mejor en tus deberes cuando escuchas música? Haz una lista de las palabras y expresiones que vas a necesitar para expresar tus ideas. Prepárate para hacerles preguntas a los otros estudiantes del grupo acerca de sus gustos musicales y para responder a sus preguntas.

For grammar support:

 Abriendo paso: Gramática

B. **La música latina.** Para unos cuantos estudiantes de español, la
    música latina popular es su música favorita. ¿Qué tipo de música
    latina conoces (el tango, la salsa, el mambo, la rumba, la cumbia, el
    reggaetón)? ¿Qué piensas de la música latina? ¿Te gusta escuchar
    o bailar al son de esa música? Explica tu opinión mencionando
    a los cantantes y a los grupos que te gustan en cada estilo y las
    razones por las que te gustan. Si no conoces ninguno de esos tipos
    de música, escucha dos o tres ejemplos característicos en Internet y
    da tu opinión. Prepárate para compartir tu opinión con el resto de
    la clase. No escribas un guion, usa tus apuntes como guía.

TEMA DE LA UNIDAD: LA VIDA CONTEMPORÁNEA

Introducción

El siguiente artículo apareció en el diario *Clarín* de Argentina. Trata de cómo surgieron
diferentes tipos de música en varios países.

Al leer

Mientras lees, ten en cuenta los siguientes puntos:

- la reputación de los diferentes tipos de música en sus inicios
- los cambios que han ocurrido con respecto a la aceptación de la música
- el marco histórico donde nació la música

Música, de los pobres a los ricos

por Julieta Roffo

Aunque junio recién haya empezado y las temperaturas polares desalienten° *discourage*
la posibilidad de pensar en el verano, en Internet ya pueden comprarse las
entradas para ser testigo° del Carnaval de Río de Janeiro, en febrero de 2013. *witness*
Las más baratas, en una ubicación° algo incómoda y para el día de menor *?*
5 importancia, cuestan 98 dólares. Las más caras, para los días en los que
desfilarán° las scolas° de mayor reconocimiento, valen más de 2.700 dólares. *will parade / samba schools*

Es que cada febrero la ciudad brasileña recibe a miles de turistas de todo el
mundo que viajan especialmente para visitar el sambódromo° y ser parte *parade area*
de un espectáculo que goza° de fama mundial. Sin embargo, esa reputación *enjoys*
10 globalizada de la samba no estuvo siempre: cuando surgió, el ritmo
descendiente de la inmigración africana—especialmente de Angola—que hoy
caracteriza a Brasil en el mundo, era una expresión asociada a la población
de menores recursos, que empezaba a aglomerarse° en las que hoy son *congregate*
extensísimas favelas° sobre los morros° de Río. *shanty towns / hills*

15 La samba no es el único caso de ritmo que sale de cierto lugar marginal ante la
opinión pública, que con el correr del tiempo acepta a la vez que adapta estas
expresiones culturales. En las orillas rioplatenses—porque el origen del tango
está casi tan en disputa como el lugar de nacimiento de Carlos Gardel entre
argentinos y uruguayos—, el tango corrió una suerte parecida en sus primeros
20 años.

Fueron los "piringundines"° los primeros escenarios para la danza típica *Argentinian-style saloon*
que hoy convoca multitudinarios campeonatos mundiales en el Luna Park, y
representa a Buenos Aires en el mundo, mientras que en las antípodas asiáticas
despierta un interés antes inimaginable. A fines del siglo XIX y principios del
25 XX, el arrabal° era lugar en el que el tango crecía, aunque algunos jóvenes— *poor neighborhood*
siempre hombres—de las clases más acomodadas° se acercaran hasta allí para *?*
bailarlo y, en el mismo trámite°, conocer a alguna mujer. *at the same time*

Para que la clase media porteña aceptara abiertamente el tango primero tuvo
que consagrarse° en París, una ciudad que siempre albergó° a las bohemias *to establish itself / harbored*
30 artísticas: "No fue difícil que el osado° baile creado en la capital del Plata *daring*
encontrara (en París) un terreno° abonado° para florecer y convertirse en *? / prepared*
curiosidad al principio, y en moda y furor después", explica el estudioso del
tema Alberto Mariñas en su *Apunte histórico sobre la disciplina*. Desde la
Ciudad Luz, un ejemplo que Buenos Aires persiguió° como nunca antes en *pursued*
35 las primeras décadas del siglo XX, llegó la legitimación para una expresión
cultural que había nacido en sus propios suburbios.

similar	En Estados Unidos ocurrió algo parecido°: según el crítico alemán Joachim-Ernst Berendt, "el jazz es una forma de arte musical que se originó en los Estados Unidos mediante la confrontación de los negros con la música europea". El epicentro de esa nueva manifestación fue Nueva Orleáns, a fines del siglo XIX, y luego Chicago y sobre todo Nueva York se convirtieron en lugares protagónicos, a medida que, con el tiempo, este género musical con exponentes como Louis Armstrong, Duke Ellington y Miles Davis, se ganó la aceptación de la mayoría.

savages

En 1924, el *New York Times* calificaba al jazz como "el retorno de la música de los salvajes°". Más de sesenta años después, en 1987, el Congreso declaró al género como "un excepcional tesoro nacional". En el medio, el estilo musical se había fusionado con elementos "más occidentales", incluso de la música clásica, y además la segregación hacia la raza negra—de esa etnia provenían los exponentes más importantes del jazz—había disminuido considerablemente tras años de luchas por la reivindicación de sus derechos.

went through

suburbs

?

Más cerca en el tiempo, y de nuevo en estas orillas, entre 2000 y 2001, cuando la Argentina atravesó° una crisis económica tan profunda que las consecuencias se volvieron sociales, surgió un nuevo género: en los barrios más humildes del conurbano°, especialmente en Tigre, San Fernando y Pacheco, empezó a sonar la cumbia villera. Pibes Chorros, Mala Fama y, sobre todo, Damas Gratis, de la mano de su líder y letrista Pablo Lescano, se convirtieron en bandas que cobraron° gran popularidad entre los que pasaron a ser "cumbieros".

shook
linked

Guidelines

trivialization
deserving

Este género, influenciado por otras cumbias de países latinoamericanos como Perú, Bolivia y sobre todo Colombia, sacudió° con sus letras costumbristas, vinculadas° a veces al crimen o al consumo de drogas, a los sectores medios y altos, y a los medios de comunicación. Tanto es así, que el entonces Comité Federal de Radiodifusión (COMFER) estableció en julio de 2001 las "Pautas° de evaluación para los contenidos de la cumbia villera": allí se establecían distintas cuestiones, como la exaltación del consumo de sustancias o su banalización°, como pasibles° de recibir una infracción.

?

nightclub / ?

La cumbia villera ya no es tan mirada de reojo° como en sus inicios, y aunque no sería una mayoría la que se reconocería como "cumbiera", también son pocos los que se quedan sin bailar alguna canción emblemática del género en un boliche°, un casamiento° o una fiesta entre amigos.

40

45

50

55

60

65

70

Después de leer

Comprensión

For grammar support:

Abriendo paso: Gramática

C. Al punto. Contesta las siguientes preguntas.

1. ¿En qué se diferencian las entradas al Carnaval de Río de Janeiro?

2. ¿De dónde proviene la samba? ¿Quiénes la bailaban al principio?

3. ¿En qué se parecen la samba y el tango?

4. ¿Con qué propósito iban los jóvenes a los arrabales de Buenos Aires?

5. ¿Por qué tuvo éxito el tango en París? ¿Qué efecto tuvo este éxito en Buenos Aires?

6. ¿Qué dio lugar al nacimiento del jazz?

7. ¿Cómo cambió la opinión sobre el jazz entre 1924 y 1987 en la prensa y en el Congreso?

8. ¿Cómo nació la cumbia villera?

9. ¿Por qué se tuvieron que crear pautas de evaluación para la cumbia villera?

10. ¿Cuál es la situación actual de la cumbia villera?

Para ampliar el vocabulario

D. De la misma familia. Escribe una palabra de la misma familia, es decir, palabras que tengan la misma raíz que la palabra dada. Si es un sustantivo, escribe el artículo definido correspondiente.

el reconocimiento   [6]

valen (valer)   [6]

adapta (adaptar)   [16]

inimaginable   [24]

crecía (crecer)   [25]

se originó (originarse)   [38]

la aceptación   [44]

sonar   [56]

E. En contexto. ¿Cómo le explicarías las siguientes palabras a una persona que no sabe lo que quieren decir? Usa tus propias palabras, sinónimos o una situación para tu explicación.

el testigo   [3]

la reputación   [9]

los campeonatos   [22]

persiguió (perseguir)   [34]

la legitimación   [35]

salvajes   [46]

la segregación   [49]

humildes   [55]

F. **Sinónimos.** Busca el sinónimo de las palabras que aparecen en la columna A en la columna B. Hay más palabras de las que necesitas.

A

_____ **1.** aglomerarse [13]

_____ **2.** la disputa [18]

_____ **3.** acomodadas [26]

_____ **4.** florecer [31]

_____ **5.** salvajes [46]

_____ **6.** considerablemente [50]

_____ **7.** profunda [53]

_____ **8.** humildes [55]

B

a. modestos   **i.** el recurso

b. indomesticables   **j.** vinculada

c. aguda   **k.** adineradas

d. el desacuerdo

e. prosperar

f. cautelosamente

g. notablemente

h. amontonarse

G. **Antónimos.** Busca el antónimo de las palabras que aparecen en la columna A en la columna B. Hay más palabras de las que necesitas.

A

_____ **1.** goza (gozar) [9]

_____ **2.** acepta (aceptar) [16]

_____ **3.** crecía (crecer) [25]

_____ **4.** persiguió (perseguir) [34]

_____ **5.** propios [36]

_____ **6.** parecido [37]

_____ **7.** había disminuido (disminuir) [50]

B

a. aglomerarse   **h.** agrandar

b. diferente   **i.** exponentes

c. ajenos   **j.** rechazar

d. atrasado

e. disminuir

f. huir

g. carecer

Reflexión

H. **La música, ¿un escape?** A través de los tiempos las personas han usado la música para expresar lo que viven y sienten. La música de la que se habla en este artículo se originó en los barrios más pobres de diferentes países. ¿Por qué crees que ocurrió esto? ¿Por qué hay una abundancia de temas sociales en este tipo de música? ¿Qué sentimientos expresan en general? ¿Servirá la música para escapar de la realidad? En tu opinión, ¿qué hace de la música un mecanismo ideal para los pobres? ¿Por qué rechaza la sociedad muchas de estas expresiones al principio? Reflexiona sobre estas preguntas y escribe dos párrafos en los que expreses tus ideas.

Perpectivas culturales

I. **Inti-Illimani.** Muchas veces los grupos musicales se forman con el solo propósito de entretener al público. A medida que pasa el tiempo algunos de esos grupos defienden una causa que les interesa. Este es el caso de Inti-Illimani, un grupo chileno. Busca información en Internet sobre este grupo y escribe un breve comentario sobre el significado de su nombre, sus inicios, las causas que defienden y el éxito que han tenido. Comparte tu trabajo con un(a) compañero(a) de clase, quien te va a dar sugerencias para mejorar el trabajo. Antes de entregarlo, considera sus sugerencias y haz los cambios necesarios.

Abriendo paso

Contextos para la comunicación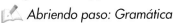

For grammar support:

📖 *Abriendo paso: Gramática*

A Texto auditivo: El Día de la Diversión en el Trabajo

Vas a escuchar una grabación. Primero, tienes un minuto para leer la introducción y las preguntas. Luego vas a escuchar la grabación dos veces. Mientras escuchas, puedes tomar apuntes. Después de escuchar por primera vez, tienes un minuto para contestar las preguntas. Después de escuchar por segunda vez, vas a tener dos minutos para terminarlas.

Introducción 🔊

El siguiente texto auditivo es un reportaje de Radio 5, una estación de Radio Nacional de España. Trata del Día de la Diversión en el Trabajo. La grabación dura unos dos minutos.

1. ¿Cuál es el antídoto que tiene el ser humano para reducir la negatividad?

2. Según Eduardo Jáuregui, profesor de la universidad de San Luis, ¿qué percepción se tiene del humor y del trabajo?

3. ¿De qué se han dado cuenta algunos empresarios españoles?

4. ¿Qué es la diversión según Isabel Arribas?

5. ¿Qué beneficios le ha traído a la compañía la cultura de diversión?

6. ¿Cuáles han sido algunas de las actividades en que han participado los empleados de la compañía Balumba? Menciona por lo menos tres.

B Presentación oral: La diversión

Cada comunidad tiene diferentes maneras de usar su tiempo libre para divertirse. Escoge por lo menos tres actividades culturales en las que tú y las personas de tu comunidad participan regularmente y descríbelas detalladamente. Incluye las razones por las que te gusta participar en esas actividades, así como los beneficios que les trae a los participantes. Vas a hacer una presentación en grupos pequeños.

Prepara una lista de palabras y expresiones que te ayuden a organizar tus ideas y a expresarte.

C Presentación oral: Los deportes, otra manera de divertirse

En la busca de un mejor estilo de vida, el deporte se ha convertido en una de las diversiones más deseadas. En tu opinión, ¿es el deporte una buena manera de divertirse? ¿Por qué? ¿Cuál es tu deporte preferido? ¿Prefieres participar activamente o de forma pasiva, mirándolo por televisión o en persona? ¿Qué tipo de placer te proporcionan los deportes? ¿Crees que te ayudan a sobrellevar (*bear*) las preocupaciones y el estrés de la vida contemporánea? Explica. Prepárate para compartir tus ideas con el resto de la clase.

D Comparación cultural: Un actor con distinción

No hay un país de habla hispana que no venere a Cantinflas, comediante mexicano cuyo nombre verdadero era Mario Moreno. Cantinflas ha entretenido al público desde los años 30 hasta nuestros días, aun después de su muerte. Era tan querido por todos los hispanos que la Real Academia de la Lengua Española incluyó el verbo *cantinflear* en su diccionario.

Prepara una presentación siguiendo estos pasos:

1. Investiga todo lo que puedas sobre Cantinflas. Busca la definición de *cantinflear*.

2. Escoge a un actor cómico de los Estados Unidos u otro país que conozcas bien y haz una comparación entre este y Cantinflas, teniendo en cuenta sus orígenes, el impacto cultural, sus éxitos, etc.

3. Haz una lista de palabras y expresiones para compartir la información en un grupo pequeño.

4. Finalmente, van a escoger el mejor trabajo para presentárselo al resto de la clase. Asegúrense de que todos participen en la presentación.

E Composición: La tecnología y el entretenimiento

La manera de entretenerse ha cambiado enormemente en la sociedad actual. Uno de los impactos más observables es el cambio en las actividades de ocio de la familia. Algunas personas creen que el uso de la tecnología no facilita mucha comunicación interpersonal entre los miembros de la familia. En el pasado, la familia se entretenía compartiendo juegos de mesa, conversando y en otras actividades de ese tipo. ¿De qué modo ha cambiado la manera de entretenerse hoy día? ¿Qué importancia tiene la tecnología en el entretenimiento? ¿Piensas que la tecnología ha tenido un impacto negativo o positivo en la vida familiar?

1. Escribe un ensayo de lo menos 200 palabras en el que discutas el tema. Incluye:
   - tu opinión sobre el tema
   - cómo ha cambiado la manera de entretenerse
   - qué cambios has observado en las familias
   - ejemplos concretos que apoyen tu opinión
   - los efectos del uso de la tecnología en el entretenimiento

2. Trata de incorporar por lo menos tres de las siguientes expresiones en tu presentación.

además	*besides, furthermore*
ni siquiera	*not even*
por más que	*no matter how, however much*
hoy día	*nowadays*
por lo común	*as a rule, usually*

3. Recuerda que debes revisar lo que has escrito antes de entregárselo a tu profesor(a).

F Presentación oral: Un modo de entretenerse: Las telenovelas

Una de las maneras más populares de entretenerse en los países de habla hispana es la telenovela. Aunque las telenovelas son muy similares a las *soap operas*, existen diferencias. Investiga en Internet algunas de estas diferencias. Los puntos a continuación te van a ayudar, pero puedes añadir otros que no aparecen en la lista.

- cuándo se trasmiten y con qué frecuencia
- qué sector de la población las ve
- cuáles son los temas más populares
- qué telenovelas y *soap operas* han sido las más populares y cuánto han durado

Para terminar, da alguna información sobre cómo han sido recibidas en los Estados Unidos y las razones por las que piensas que van a seguir aumentando o disminuyendo. Vas a compartir la información con tus compañeros de clase.

Preguntas del capítulo

Ahora que has discutido la lectura y tienes mejor conocimiento del tema, tu profesor(a) va a reanudar la discusión de las preguntas del capítulo. Repasa brevemente los apuntes y ejercicios que ya completaste.

- ¿Qué papel juegan el entretenimiento y la diversión en la vida contemporánea?
- ¿Qué aspectos culturales se manifiestan en el tipo de entretenimiento de una comunidad?
- ¿Cómo han evolucionado el entretenimiento y la diversión a través del tiempo?

Los viajes y el ocio

LECTURA: Vamos a…buscar inspiración: Lugares que me inspiran

En portada

Las siguientes preguntas te servirán de guía y te ayudarán a comprender el tema más a fondo. Tenlas presentes a lo largo del capítulo.

• ¿Qué importancia tiene el ocio (*leisure*) en la calidad de vida hoy día?

• ¿Cómo influyen los viajes en las perspectivas de la gente en la vida contemporánea?

• ¿Qué desafíos presenta la vida diaria contemporánea en cuanto al ocio?

Describe detalladamente las fotos. Incluye la información de las preguntas a continuación en tu descripción.

1. ¿Qué te viene a la mente cuando miras las fotos?

2. Considerando las presiones de la vida contemporánea, ¿qué lugar sería ideal para escaparse del estrés? ¿Crees que estar allí podría aliviar las presiones de la vida diaria? ¿Cómo?

3. Imagina que quieres usar tus habilidades creativas. ¿Cuál de los lugares escogerías? ¿Por qué?

4. Quieres hacer un viaje de aventura. ¿Qué lugar sería ideal para ti? ¿Por qué?

Lectura

Vamos a ... buscar inspiración: Lugares que me inspiran

Antes de leer

Estrategia: *La verificación de lo que leemos y la verificación de nuestras predicciones*

Antes de leer, podemos hacer algunas predicciones acerca del tema y el contenido de la lectura, basándonos en el título y las fotos. Después, mientras leemos el artículo, será muy útil pausar al final de un párrafo o de una selección y preguntarnos si hemos entendido lo leído. Nos podemos hacer preguntas simples como, por ejemplo: ¿quién(es)?, ¿dónde?, ¿cuándo? y ¿por qué? Al mismo tiempo, estas preguntas nos ayudan a verificar si lo que habíamos predicho antes de leer es correcto.

- **¡Ponla en práctica!** Lee la siguiente selección y responde a las preguntas a continuación.

  Por los canales de Xochimilco, al sur de Ciudad de México, navegan unas embarcaciones ligeras (*lightweight*) con paredes pintadas llamadas trajineras. Joan Roca paseaba en una cuando desde otra barca una mujer se aproximó (*approached*) y le ofreció comida, seguramente sin saber que hablaba con uno de los mejores cocineros del mundo. "Las tortitas que me preparó eran como comerte México", resume. El chef del Celler de Can Roca (tres estrellas Michelin) es capaz de describir a través de los sabores sus siete días de viaje al D.F. en 1991.

  - ¿Quién(es)?
  - ¿Dónde?
  - ¿Cuándo?
  - ¿Qué?

Nota cultural

En la literatura, hay muchos escritores que destacan elementos de su país con el propósito de trasladar al lector a lugares maravillosos. El énfasis en la geografía es tan atractivo que el lector asocia inmediatamente al escritor con una región o país. El español Federico García Lorca sigue conmoviendo (*continues to move*) al mundo con sus tragedias que tienen lugar en zonas rurales de Andalucía; el uruguayo Horacio Quiroga nos hace vivir emociones y peligros en la naturaleza de la selva argentina; y Jorge Luis Borges reflexiona en español y en inglés por las calles de Argentina. *Piensa en un libro o poema que has leído en el cual el escritor destaca el lugar. ¿De qué manera incorporó el autor detalles de la región o el país? ¿Qué efecto tuvo en la obra?*

For grammar support:

 Abriendo paso: Gramática

A. **Mi lugar preferido.** El artículo que vas a leer se titula "Lugares que me inspiran". ¿Tienes algún lugar que te inspire? ¿Cuál es? ¿Por qué te inspira? ¿Qué sientes cuando estás allí? ¿Qué haces allí? Escribe las palabras que vas a necesitar para discutir las preguntas con un grupo pequeño de tus compañeros. Luego, van a escoger el lugar más interesante y presentárselo al resto de la clase.

B. **La inspiración.** Para muchas personas los viajes son fuente de inspiración. ¿Conoces a algún artista famoso, por ejemplo: escritor(a), pintor(a), compositor(a), arquitecto(a), etc., que se haya inspirado a través de sus viajes? Si no conoces a nadie, puedes preguntarle a uno(a) de tus profesores del área que te interese. Prepara tus apuntes para que puedas darle un corto informe a un grupo pequeño de tus compañeros sobre la vida de la persona y lo que lo (la) inspiró.

TEMA DE LA UNIDAD: LA VIDA CONTEMPORÁNEA

Introducción

El siguiente artículo apareció en el diario *El País*, publicado en España. Trata de cómo los viajes han inspirado a varias personas que trabajan en campos creativos.

Al leer

Mientras lees, ten en cuenta los siguientes puntos:

- los lugares que visitan las personas de la lectura
- las experiencias que inspiran a estos creadores
- el efecto que han tenido sus experiencias en su creación

Vamos a ... buscar inspiración: Lugares que me inspiran

"Si la inspiración no viene a mí, salgo a su encuentro", decía Freud, y eso hicieron estos creadores, que ahora recuerdan los lugares donde se les encendió la bombilla° creativa.

light bulb

Cerezas en la plaza Taksim

—Alicia Giménez Bartlett

"Como escenario de un crimen, Estambul da unas posibilidades bestiales: riqueza monumental, casas en ruinas y multitudes en la calle, donde de la manera más natural alguien puede sacar un cuchillo, matar y esfumarse°...". 5
Tan particular punto de vista corresponde, claro, a Alicia Giménez Bartlett (Almansa, 1951), la creadora de Petra Delicado, seguramente la inspectora más conocida de la novela negra° española.

vanish

detective novel

Sin embargo, Bartlett aún no ha ambientado una trama en la megalópolis turca, que 10
solo aparece mencionada en su segunda novela (*Pájaros de oro*, sobre el viaje por Europa de dos mujeres). Tampoco ha sido traducida al turco, así que su vínculo° con la ciudad es emocional. "Si algún día escribo unas memorias, Estambul aparecerá como un lugar importante: he estado con mis dos maridos (cada uno en su turno) y las cinco visitas han sido por celebraciones, nunca por trabajo. Por ejemplo, en mi 15
40 cumpleaños, en vez de una fiesta con amigotes, preferí escapar".

tie

Ha visto transformarse la ciudad desde su primer encuentro en 1972 ("Era un caos: los taxis se caían a trozos°, no había semáforos°, la gente vendía en medio de la calle..."), aunque le sigue asombrando° su entorno: "El Bósforo, con el puente° de Gálata..., recomiendo cruzarlo al atardecer, en medio del flujo humano, y 20
detenerse a mirar las cúpulas de las mezquitas. La imagen no se olvida".

in pieces / traffic lights
astonishing, / ?

La novelista, premio Nadal en 2011 por *Donde nadie te encuentre*, repite ciertas costumbres: "Cuando tomo un té, no importa en qué lugar, la ciudad me parece un gran salón. Incluso en el Gran Bazar, tan turístico, preparan infusiones extraordinarias". Como le encanta la cocina turca ("en especial los platos de 25
berenjena° y la carne de cordero°"), suele explorar en busca de restaurantes.
"Una vez llegamos a una casa de comidas popular, cuyo nombre no recuerdo. Se dio la vuelta un camarero al que le faltaba un ojo. Tenía una cicatriz° en la cara, de arriba abajo. Me limpió un cajón de madera° sobre el que me senté,

eggplant / lamb

scar
wooden crate

30 me sirvieron la comida en papel de estraza°—deliciosa—y al final intercambié
cigarrillos con los obreros° turcos".

Esa hospitalidad le fascina incluso más que los monumentos. "He viajado sola
en autobús con la gente y sus gallinas°, y al bajar me despedían con la mano y
sonreían. Otra vez compré cerca de la plaza Taksim un cucurucho° de cerezas
35 preciosas. Un señor de unos 70 años se me acercó raudo°, diciendo "*Su, su*",
que significa agua. Me quitó las cerezas, fue a una fuente, las lavó y me las
devolvió. Sucedió hace ocho años; desde entonces no he vuelto... supongo que
no he encontrado otra fecha que celebrar... ni he cambiado de marido.

Cien soldados y un piano

—Angélica Liddell

Seis horas de escala° en el aeropuerto de Atlanta desesperarían a más de uno.
40 No a la dramaturga Angélica Liddell (Girona, 1966). Le encantan los lugares
de tránsito: "La vida queda en suspenso, se entra en un estado de conciencia
maravilloso: la melancolía". Y más en aquella sala de espera: "En los pasillos
había vitrinas° con animales disecados°. Un piano de cola° inmenso sonaba°
solo, sin pianista, en medio de las franquicias de comida rápida. Era desolador°,
45 pero había algo verdaderamente poético en aquel vacío. Todo hablaba de mi
vida en aquel momento, me sentía identificada. Empezó a sonar *Claro de luna*
y unos cien marines que venían de campaña, con sus uniformes color desierto,
comenzaron a entrar en aquel espacio, lentamente. Se sentaron solos, abrían
sus ordenadores, leían algún libro, comían solos, compraban regalos, todo en
50 silencio, cuando algún tipo repugnante les felicitaba se sentían incómodos,
apenas° contestaban. Eran niños. Me eché° a llorar. Como ellos, quería estar
sola. Me daba la sensación de que también yo había estado en una guerra".

No venía del frente, pero sí de una mala experiencia en otro aeropuerto, el de
Lima. La policía confundió con una *mula* a la transgresora actriz y escritora.
55 "Estaban convencidos de que llevaba bolas de droga en el estómago. Me
metieron° en un cuartito, me interrogaron tres *polis*, me dejaron en bragas° y
sujetador°, me pasaron dos veces por rayos X. Me preguntaban una y otra vez
a qué me dedicaba, yo les decía que hacía teatro. Menuda profesión°, ¿no? Un
pasaporte lleno de sellos° a México, Colombia, Brasil, Guatemala, estancias
60 de una semana... estaba claro, habían dado con una diva del narcotráfico. En
el registro hasta me robaron la tarjeta de crédito. Pasé tanto miedo que no
recuerdo nada más".

Al crear, Liddell se muestra abierta al azar° y el encuentro: "Cuando trabajas
todo te dice cosas, un perro, una pared, un paisaje... no sé si creo en la

rag
workers

hens
cone
swiftly

stopover

*display cabinets / stuffed /
   grand piano / ? /
   devastating*

hardly / ?

They put me / panties
bra
Some profession!
?

open-minded about fate

inspiración, pero sí en la revelación". Aquella espera en Atlanta, a finales de 65
2009, se ha concretado formalmente en su nueva producción, *Maldito sea el
hombre que confía en el hombre*, que se estrena° el 19 de mayo en el Festival de
Primavera de Madrid. Trata de la desconfianza° que pervive° tras la masacre y
el dolor. "Era inevitable. Aquel aeropuerto me dio el trabajo hecho".

premieres
mistrust / remains

Canción a Cimadevilla

—Nacho Vegas

?

he has dared
Asturian dialect

custom-made

Cualquiera que conozca un mínimo a Nacho Vegas (1974) podía prever° que 70
el músico de Gijón se quedaría con su tierra. En sus canciones alude a lugares
concretos, como la playa de San Lorenzo ("parece un oso que duerme junto
al mar", la describe en *Al norte del norte*), se ha atrevido° a adaptar en clave
rock el cancionero popular en bable°, colabora con grupos locales como el
Orfeón Gijonés, se declara simpatizante de Fernando Alonso y su "bordería 75
asturiana"… Hasta sus camisas a medida° son de una tienda de Gijón, Sequel
(calle del Instituto, 33; www.sequeldenim.com).

lyric
? / unprecedented

Aun así, él justifica su elección: "Es que lo del mercado de Sonora ya lo he
contado mil veces". Se refiere al pintoresco mercado de México D.F. donde se
venden objetos de santería* y al que dedica una letra° en el último disco, *La* 80
zona sucia (que alcanzó el puesto° 3 de los discos más vendidos, algo inédito°
en su carrera). "He escogido mi ciudad porque lo que te rodea te inspira,
y el sitio en el que vives, o en el que has crecido, es el más presente en las
canciones".

seagulls

La plaza de la Soledá, en el barrio marinero de Cimadevilla, con sus gaviotas° 85
y sus casas bajas y coloridas, protagonizó toda una letra. En otras, aparecen
citados "lugares comunes de mi infancia y de mi vida actual: la iglesia de
San Pedro, en la calle de Campo Valdés, enfrente de la que viví varios años
[la original, del siglo XV, fue destruida en la guerra civil], el mismo mar
Cantábrico o el estadio de El Molinón". Vegas es seguidor confeso del Sporting. 90

tour

alley

El cantante, en medio de una exitosa gira°, sugiere un viaje en tren para una
primera escucha de su disco. Un recorrido largo, la misma digestión pausada
que requiere su música. Con razón le agrada de Gijón que "la gente camina muy
despacio". Todo lo filtra su observación personal; solo así se entiende que dedicara
una canción de su primer disco a un callejón°: "Estaba cercano a la cárcel de El 95
Coto, que ya no existe. En él me reunía con un amigo cuando dejábamos de ir

---

*Religión basada en las creencias y tradiciones yorubas, con influencia de la religión católica. Los
esclavos africanos desarrollaron esta religión sincrética afrocaribeña cuando se establecieron en
el Nuevo Mundo.

a clase en el instituto, fumábamos y hablábamos sobre cosas como tocar en un grupo o, ya ves qué ironía, escapar de nuestra ciudad. Luego he vuelto, yo he cambiado, también mi amigo. El lugar sigue siendo tan feo como entonces".

Chipotles para el estofado

—Joan Roca

Por los canales de Xochimilco, al sur de Ciudad de México, navegan unas embarcaciones ligeras con paredes pintadas llamadas trajineras. Joan Roca paseaba en una cuando desde otra barca una mujer se aproximó y le ofreció comida, seguramente sin saber que hablaba con uno de los mejores cocineros del mundo. "Las tortitas que me preparó eran como comerte México", resume. El chef del Celler de Can Roca (tres estrellas Michelin) es capaz de describir a través de los sabores sus siete días de viaje al D.F. en 1991. De la plaza Garibaldi, por ejemplo, se queda con "los tequilas y los sanguinitas", más que con los mariachis. Y de la histórica ciudad de Puebla recuerda su cercana pirámide y sus casonas, pero en especial el zócalo: allí comió "un mole° maravilloso de pollo, una salsa con una riqueza de sabores increíble: picante°, cacao…". *dish with mole sauce* *spicy*

El mayor de los hermanos Roca (Girona, 1964) admira "su diversidad de productos y de juegos: dulce-salado, caliente, sensual, las frutas…". Aunque también constató° que las dos culturas son próximas: "Los moles, sin ir más lejos, tienen mucho en común con las picadas catalanas". Ambas son pastas de mortero a base de frutos secos, y con chiles en el caso de México. *he stated*

Aquel viaje fue profesional: un intercambio con la chef Mónica Patiño. "Yo fui a su restaurante, La Galvia (Campos Elíseos, 247), y después ella vino a Girona. Me impresionó porque se había formado en las escuelas de París, y aplicaba nuevas técnicas a la tradición mexicana…una aproximación parecida a la nuestra". Con los años, Roca ha vuelto a varios congresos°, y visitó con su familia la Riviera Maya. Siempre "con la mente abierta, buscando mercados y productos". El cocinero se trae chipotles, jalapeños que se dejan secar. "Viajan bien, al ser secos. Dan un picante sutil y aportan° complejidad. Hace años los usé en estofados° de legumbres. Quedan exóticos, pero no extraños. Ahora estamos revisando una brandada de bacalao° con chiles en lugar de pimentón° de la Vera. *conferences* *they contribute / stews* *codfish dish / paprika*

Después de leer

Comprensión

For grammar support:

Abriendo paso: Gramática

C. Al punto. Contesta las siguientes preguntas.

1. ¿Qué contrastes encuentra Alicia Giménez Bartlett en Estambul?

2. ¿Qué tipo de conexión tiene ella con Estambul? ¿Por qué?

3. ¿Qué nos dice su experiencia sobre los turcos? Menciona dos incidentes para apoyar tu respuesta.

4. ¿Qué hizo que Angélica Liddell se identificara con el ambiente en el aeropuerto de Atlanta?

5. ¿Por qué lloró ella?

6. En tus propias palabras, explica lo que le sucedió en el aeropuerto de Lima. ¿Por qué le sucedió esto?

7. ¿A qué la inspiró la experiencia en el aeropuerto?

8. ¿Qué contribuyó a que Nacho Vegas escogiera Gijón como lugar de inspiración?

9. ¿Por qué es sorprendente el encuentro que tuvo Joan Roca en los canales de Xochimilco?

10. ¿Qué se lleva Roca de México? ¿Por qué? ¿A qué le ayudan?

Para ampliar el vocabulario

D. De la misma familia. Escribe una palabra de la misma familia, es decir, palabras que tengan la misma raíz que la palabra dada. Si es un sustantivo, escribe el artículo definido.

asombrando (asombrar) [19]	destruida [89]	dulce [118]
el suspenso [41]	pintadas [106]	secos [121]

E. En contexto. ¿Cómo le explicarías las siguientes palabras a una persona que no sabe lo que quieren decir? Usa tus propias palabras, sinónimos o una situación para tu explicación.

escapar [16]	la cicatriz [28]	las vitrinas [43]
los semáforos [18]	la fuente [36]	los uniformes [47]

F. Sinónimos. Busca el sinónimo de las palabras que aparecen en la columna A en la columna B. Hay más palabras de las que necesitas.

A

_____ **1.** sacar [6]

_____ **2.** escapar [16]

_____ **3.** se estrena (estrenar) [67]

_____ **4.** inevitable [69]

_____ **5.** prever [70]

_____ **6.** agrada (agradar) [93]

_____ **7.** se aproximó (aproximarse) [108]

B

a. gustar

b. mentir

c. huir

d. inigualable

e. extraer

f. seguramente

g. acercarse

h. debutar

i. predecir

j. ineludible

G. **Antónimos.** Busca el antónimo de las palabras que aparecen en la columna A en la columna B. Hay más palabras de las que necesitas.

A

_____ **1.** el atardecer [20]

_____ **2.** limpió (limpiar) [29]

_____ **3.** devolvió (devolver) [37]

_____ **4.** desesperarían (desesperar) [39]

_____ **5.** repugnante [50]

_____ **6.** el miedo [61]

_____ **7.** enfrente [88]

_____ **8.** secar [128]

B

a. encima

b. creciente

c. el encuentro

d. retener

e. el amanecer

f. ensuciar

g. agradable

h. detrás

i. mojar

j. apaciguar

k. la valentía

Reflexión

H. **En busca de la inspiración.** Al principio del artículo aparece una cita de Freud: "Si la inspiración no viene a mí, salgo a su encuentro". En tu opinión, ¿qué quiere decir Freud con estas palabras? Piensa en las experiencias que han tenido las personas sobre las cuales leíste y en tus propias experiencias. ¿Es fácil encontrar inspiración? ¿Cómo buscas tú inspiración? ¿Crees que los momentos de ocio pueden resultar en inspiración? ¿Por qué? Prepara tus apuntes para que puedas discutir tus ideas acerca de la cita de Freud con un grupo pequeño de tus compañeros.

Perspectivas culturales

I. **¿Cómo es?** Dos de las personas cuyas experiencias aparecen en el artículo hablan de la ciudad de Gijón y el parque de Xochimilco. Busca información en Internet sobre uno de estos lugares y prepara un corto informe sobre él. Incluye: su ubicación, lo atractivo del lugar, algunas actividades que se pueden realizar allí y tu opinión sobre el lugar.

Vas a compartir esta información con un grupo pequeño de tus compañeros. Ellos van a añadir más información que haga el informe más completo. Luego van a compartir la información con el resto de la clase. Cada estudiante del grupo tiene que participar. Repartan la información entre todos. Recuerda que tienes que usar palabras clave y expresiones. No vas a poder leer un guion.

Abriendo paso

Contextos para la comunicación

For grammar support:
Abriendo paso: Gramática

Ⓐ Texto auditivo: La expedición Pantiacolla 2011

Vas a escuchar una grabación. Primero, tienes un minuto para leer la introducción y las preguntas. Luego vas a escuchar la grabación dos veces. Mientras escuchas, puedes tomar apuntes. Después de escuchar por primera vez, tienes un minuto para contestar las preguntas. Después de escuchar por segunda vez, vas a tener dos minutos para terminarlas.

Introducción 🔊))

El siguiente texto auditivo es un reportaje del programa *Levando anclas* de la Radio Euskadi. Es una entrevista con Diego Cortijo, miembro de la Sociedad Geográfica Española. La grabación dura unos cuatro minutos.

1. ¿Por qué una de las noticias dio la vuelta al mundo?

2. Escribe tres características de los jeroglíficos.

3. ¿Cuál es la importancia de este descubrimiento?

4. Da por lo menos cuatro detalles sobre esta civilización o cultura que han descubierto.

5. ¿Por qué está desconcertada la comunidad científica?

Ⓑ Presentación oral: Una experiencia personal

Aunque probablemente no hayas viajado mucho, seguramente te has encontrado en situaciones donde descubriste algo novedoso. Puede ser una persona que encontraste en una reunión familiar, una visita a un museo o a un lugar de interés en tu pueblo o ciudad, un viaje a un país extranjero, etc. Piensa en la ocasión. Descríbela detalladamente y también el efecto que este encuentro o viaje tuvo en ti. También incluye tu opinión acerca de la importancia de atreverse a participar en nuevas

experiencias. Vas a compartir tu experiencia con un grupo pequeño de tus compañeros y luego entre todos van a escoger una o dos de las experiencias más interesantes para presentárselas al resto de la clase. Prepara tus apuntes de una manera organizada. Usa solo una lista de palabras e ideas. No escribas un guion.

Ⓒ Presentación oral: Las siete maravillas del mundo

A través de los años periódicamente se seleccionan las siete maravillas del mundo. Aunque la lista varía de vez en cuando, hay ciertos lugares que casi siempre ocupan un lugar prominente o que han llegado a la lista de finalistas. Busca en Internet una lista de maravillas que haya aparecido recientemente. Escoge por lo menos dos lugares que se encuentren en un país de habla hispana y explica detalladamente dónde se encuentran y por qué han sido incluidos. Luego, expresa tu opinión sobre cada lugar y lo que sacarías de una visita a cada lugar. Vas a compartir la información y tus ideas con tus compañeros de clase. Puedes traer una foto a la clase también.

Ⓓ Presentación escrita: "La siesta es el yoga ibérico" (Camilo José Cela, Premio Nobel de Literatura 1989)

La palabra *siesta* ha sido incorporada al inglés y sin duda, todos saben a qué se refiere. Pero la siesta es más que un periodo de descanso. En 2006 se celebró por primera vez la "Conferencia sobre la siesta". Una de sus conclusiones fue: "Se ha comprobado que la siesta mejora el rendimiento laboral y mental, mejora el talante (*mood*) y favorece la interacción social".

1. Contesta a las siguientes preguntas.

   • ¿Estás de acuerdo con la conclusión? ¿Por qué?

- ¿Crees que los estadounidenses se beneficiarían si se implementara la siesta al día laboral o al día escolar? Explica.
- ¿Piensas que se podría implementar la siesta o algo similar? ¿Cómo?

2. Busca información en Internet sobre los inicios de la siesta, la razón por la que existe, lo que está sucediendo hoy día en España y en los países latinoamericanos con respecto a la siesta y lo que parece ser su futuro.

3. Luego, encuentra a una persona originaria de un país de habla hispana y pregúntale lo que piensa de la siesta.

4. Usa las respuestas a estas preguntas para escribir una presentación de por lo menos tres párrafos expresando tus ideas sobre el "yoga ibérico" y su adaptación a los Estados Unidos.

5. Comparte lo que escribiste con un(a) compañero(a) de clase, quien te va a ayudar a mejorar tu escritura. Luego, vas a incorporar sus sugerencias antes de entregar tu versión final.

ⓔ Gráfico: Las actividades en el transcurso del día en España

Mira el gráfico a continuación. Este presenta el porcentaje de españoles que realizan varias actividades en el transcurso del día y la duración media diaria que dedican a estas actividades, según los resultados de 2002–2003 y 2009–2010. Luego responde a las preguntas a continuación.

1. ¿Cómo ha cambiado el porcentaje de la vida social y la diversión entre 2002–2003 y 2009–2010? ¿A qué piensas tú que se debe ese cambio?

2. ¿En qué área se ve un aumento considerable? ¿Por qué?

3. Escoge dos áreas y discute la duración media diaria de esas dos actividades entre los dos periodos de tiempo.

4. ¿En qué área se nota un cambio notable en cuanto a la duración media diaria? Explica tu respuesta.

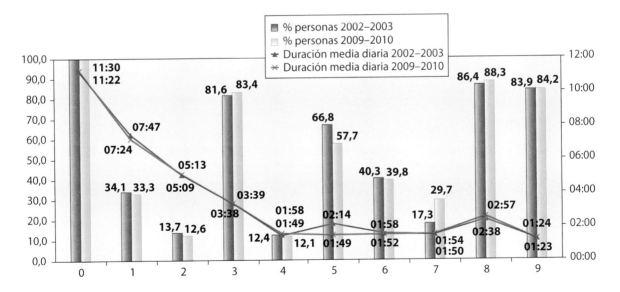

0 Cuidados personales	5 Vida social y diversión
1 Trabajo remunerado	6 Deportes y actividades al aire libre
2 Estudios	7 Aficiones e informática
3 Hogar y familia	8 Medios de comunicación
4 Trabajo voluntario y reuniones	9 Trayectos y tiempo no especificado

F Comparación cultural: El tiempo libre

Existe una gran diferencia entre España y los Estados Unidos respecto al tiempo libre y las vacaciones que reciben los trabajadores.

1. Averigua en Internet el promedio de días de vacaciones que una persona recibe en ambos países.

2. Prepárate para discutir las diferencias. También incluye las razones por las que tú piensas que existen estas diferencias, lo que tú considerarías el tiempo ideal para las vacaciones de los empleados y por qué piensas así.

3. Haz una lista de palabras y expresiones para discutir el tema con un grupo pequeño de tus compañeros.

4. Luego vas a compartir tus ideas con toda la clase.

G Composición: El ocio como derecho

El Artículo 24 de la Declaración Universal de los Derechos Humanos, de 10 de diciembre de 1948 dice: "Toda persona tiene derecho al descanso, al disfrute del tiempo libre, a una limitación razonable de la duración del trabajo y a vacaciones periódicas pagadas".

1. Escribe una composición de por lo menos 200 palabras en la que explores este tema. Usa las siguientes preguntas como guía.

   • ¿Estás de acuerdo con la cita? ¿Por qué?
   • ¿Piensas que en la sociedad contemporánea es más o menos importante que en tiempos pasados implementar lo que dice la cita? ¿Por qué?

2. Antes de empezar a escribir, haz una lista de todas las ideas que quisieras explorar. Luego, organízalas de una manera lógica. Recuerda que debes tener una tesis, desarrollar las ideas y apoyarlas con ejemplos concretos.

3. Trata de incorporar por lo menos tres de las siguientes expresiones en tu presentación:

sin embargo	*nevertheless, however*
en caso de que	*in case that*
de antemano	*beforehand, in advance*
por ese motivo	*for that reason*
sobre todo	*above all*

Antes de entregar el ensayo, revísalo con cuidado y asegúrate de haber corregido cualquier error gramatical.

Preguntas del capítulo

Ahora que has discutido la lectura y tienes mejor conocimiento del tema, tu profesor(a) va a reanudar la discusión de las preguntas del capítulo. Repasa brevemente los apuntes y ejercicios que ya completaste.

• ¿Qué importancia tiene el ocio en la calidad de vida hoy día?

• ¿Cómo influyen los viajes en las perspectivas de la gente en la vida contemporánea?

• ¿Qué desafíos presenta la vida diaria contemporánea en cuanto al ocio?

CAPÍTULO 10

Los estilos de vida

LECTURA: Los estilos de vida sostenibles se están extendiendo por toda Europa

En portada

Las siguientes preguntas te servirán de guía y te ayudarán a comprender el tema más a fondo. Tenlas presentes a lo largo del capítulo.

- ¿Qué es un estilo de vida sostenible?

- ¿Cómo afectará nuestro estilo de vida a la manera en que viviremos en el futuro?

- ¿Qué cambios tenemos que hacer para lograr una vida mejor y beneficiar el planeta?

Describe detalladamente las fotos. Incluye la información de las preguntas a continuación en tu descripción.

1. ¿Qué te viene a la mente cuando miras estas fotos?

2. Teniendo en cuenta el título del artículo que vas a leer, ¿qué están tratando de comunicar estas imágenes?

3. ¿Piensas que el mensaje está claro? ¿Te gusta? Explica.

4. ¿Qué otras fotos se podría haber incluido para hacer más claro el mensaje?

Lectura

Los estilos de vida sostenibles se están extendiendo por toda Europa

Antes de leer

> **Estrategia:** *Usa tus conocimientos para adivinar el significado de palabras que no conoces*
>
> Una manera de comprender lo que lees es tratar de adivinar (*guess*) el significado de las palabras que no conoces según el contexto. Usa tus conocimientos, el contenido, cognados u otras pistas para comprender mejor lo que lees.
>
> - **¡Ponla en práctica!** Lee el siguiente fragmento del artículo que vas a leer. Algunas palabras están subrayadas. Después tienes algunas preguntas que debes contestar según tus conocimientos.
>
>   "Las nuevas iniciativas y la innovación social inspiran cambios hacia estilos de vida sostenibles y con <u>elevada</u> calidad de vida en la Europa del 2050.
>
>   Un nuevo informe <u>constata</u> que un número <u>creciente</u> de personas en toda Europa están cambiando su modo de vivir, consumir y moverse para <u>ganar</u> calidad de vida, reducir su impacto ambiental y <u>ahorrar</u> dinero."
>
> 1. ¿Qué cognado te viene a la mente cuando ves la palabra *elevada*? ¿Qué significado tiene en este contexto?
> 2. ¿Qué sinónimo de la palabra *constata* podrías usar para sustituirla?
> 3. ¿De qué verbo podríamos decir que viene la palabra *creciente*?
> 4. En este contexto, ¿qué quieren decir las palabras *ganar* y *ahorrar*?
> 5. Ahora lee el fragmento de nuevo y escribe una frase resumiendo su contenido.
> 6. En el fragmento hay unas cuantas palabras cognadas. Haz una lista de por lo menos diez de ellas y escribe su significado en inglés.

Nota cultural

La conservación de los recursos naturales es un tema que preocupa al mundo entero y los países hispanohablantes no se quedan atrás. Por ejemplo, España es pionero en el uso de energía eólica (*wind power*). Por sus carreteras se pueden ver gigantes molinos de viento que producen energía. También, Colombia se destaca por las populares ciclovías, que son carriles (*lanes*) de las principales avenidas que se cierran temporalmente durante los fines de semana o días de fiesta para que la gente pueda pasear en bicicleta. El objetivo de las ciclovías es fomentar prácticas sostenibles para ahorrar combustible y evitar la contaminación. *¿Qué prácticas sostenibles existen en tu comunidad? Descríbelas.*

For grammar support:

 Abriendo paso: Gramática

A. **La sostenibilidad.** Probablemente has oído hablar de los estilos de vida sostenibles. ¿Qué te viene a la mente cuando oyes esa frase? Haz una lista de por lo menos seis características de los estilos de vida sostenibles. Si no has oído hablar de ellos, busca información en Internet y prepárate para compartir tu lista con el resto de la clase. Incluye también tus ideas sobre algunos de los beneficios de una vida sostenible.

B. **Nuestro estilo de vida y el medio ambiente.** Muchas personas muestran preocupación por el impacto ambiental que causan. ¿Crees que la gente está cambiando su comportamiento? ¿Cómo? ¿Es esto algo que pasará de moda en unos años? Explica por qué piensas así. Te vas a reunir con un pequeño grupo de tus compañeros. Añade más información y prepárate para discutir el tema con toda la clase.

TEMA DE LA UNIDAD: LA VIDA CONTEMPORÁNEA

Introducción

El siguiente artículo fue publicado por la organización SPREAD, una plataforma social europea para el futuro de un estilo de vida sostenible.

Al leer

Mientras lees, ten en cuenta los siguientes puntos:

- las declaraciones del informe
- el impacto de los resultados del informe
- los beneficios de los estilos de vida sostenibles
- los cambios que se sugieren

y de soluciones adaptadas a la situación local (por ejemplo, las bicicletas municipales de alquiler en París, Barcelona, Londres).

Acerca del proyecto de plataforma social europea SPREAD Estilos de Vida Sostenibles 2050

SPREAD Estilos de Vida Sostenibles 2050 es un proyecto de plataforma social europea que se ejecuta desde enero del 2011 hasta diciembre del 2012. Diferentes actores sociales—las empresas, la investigación, la política y la sociedad civil—están participando en el desarrollo de una visión de estilos de vida sostenibles en el año 2050. Este proceso dará lugar a° una hoja de ruta para la acción estratégica dirigida a los responsables políticos y ofrecerá ideas innovadoras para los negocios, la investigación y la sociedad, respecto la capacitación de estilos de vida sostenibles en la sociedad europea. El proyecto SPREAD formulará una agenda de investigación trazando las necesidades de investigación en el campo de los estilos de vida sostenibles basada en los resultados del proceso de la plataforma social.

will give rise to

75

80

Después de leer

For grammar support:

🖊 *Abriendo paso: Gramática*

Comprensión

C. **Al punto.** Contesta las siguientes preguntas.

1. ¿Cuál es la diferencia entre los edificios "pasivos" y los dinámicos?

2. ¿Qué tipo de regalos emergen de este estilo de vida? Explica y da un ejemplo.

3. ¿Qué caracteriza los estilos de vida que existen hoy día?

4. ¿Qué comentario se menciona sobre el bienestar personal? ¿Qué parece ser un mito?

5. Menciona cuatro de las ganancias que se pueden obtener como resultado de llevar un estilo de vida sostenible.

6. Una persona que esté considerando un estilo de vida sostenible, ¿qué debe considerar primero?

7. ¿Cuál es uno de los retos de implementar los estilos de vida sostenibles? ¿Qué debemos intentar?

8. ¿Qué ejemplo concreto se menciona en el artículo, que haría más fácil implementar el transporte sostenible?

Para ampliar el vocabulario

D. De la misma familia. Escribe una palabra de la misma familia, es decir, palabras que tengan la misma raíz que la palabra dada. Si es un sustantivo, escribe el artículo definido.

inspiran (inspirar)   [1]

ganar   [4]

el consumo   [11]

siguen (seguir)   [26]

costoso   [37]

prometedoras   [46]

conscientes   [58]

dirigida   [78]

E. En contexto. ¿Cómo le explicarías las siguientes palabras a una persona que no sabe lo que quieren decir? Usa tus propias palabras, sinónimos o una situación para tu explicación.

ahorrar   [5]

los calentadores solares   [9]

los masajes   [21]

desechables   [24]

el corazón   [30]

el estacionamiento   [40]

salvar   [42]

el alquiler   [72]

F. Sinónimos. Busca el sinónimo de las palabras que aparecen en la columna A en la columna B. Hay más palabras de las que necesitas.

A

_____ **1.** reducir [5]

_____ **2.** facilitan (facilitar) [13]

_____ **3.** se enfrenta (enfrentarse) [29]

_____ **4.** costoso [37]

_____ **5.** salvar [42]

_____ **6.** el comportamiento [64]

_____ **7.** animar [70]

B

a. crecer   **h.** confrontar

b. permitir   **i.** caro

c. ayudar   **j.** estimular

d. cambiante

e. el calentador

f. la conducta

g. disminuir

G. **Antónimos.** Busca el antónimo de las palabras que aparecen en la columna A en la columna B. Hay más palabras de las que necesitas.

A

_____ **1.** ganar [4]

_____ **2.** cambiantes [16]

_____ **3.** costoso [37]

_____ **4.** salvar [42]

_____ **5.** fomentar [53]

_____ **6.** escasos [55]

_____ **7.** el esfuerzo [66]

_____ **8.** demasiada [67]

B

a. dificultar **i.** abundantes

b. el desinterés **j.** insuficiente

c. el desarrollo **k.** inalterables

d. barato

e. seguros

f. perder

g. sucesiva

h. abandonar

Reflexión

H. **Preguntas para considerar.** En el artículo se incluyen cuatro preguntas planteadas en un informe sobre los estilos de vida sostenible.

- ¿Qué hace que un estilo de vida sea sostenible?
- ¿Por qué las formas sostenibles de consumo, vida o movilidad siguen siendo minoritarias?
- ¿Cómo conseguir que los estilos de vida sostenibles sean generalizados?
- ¿Qué está pasando ahora y cómo podemos fomentar tendencias positivas que garanticen un mejor uso de nuestra base de recursos naturales escasos (incluida la energía)?

Escoge una de las preguntas y reflexiona teniendo en cuenta la información que aparece en el artículo. Luego, escribe dos párrafos en los que discutas tus ideas sobre la pregunta. Puedes consultar cualquier medio de comunicación que te ayude a tener más información sobre esa cuestión. Comparte lo que escribiste con un(a) compañero(a) una vez que hayas terminado de escribir para que se ayuden mutuamente a mejorar el trabajo.

Conexiones interdisciplinarias

I. **Las contribuciones de otros campos.** Varias asignaturas pueden contribuir a la explicación y posibles soluciones de los problemas que afectan a nuestro planeta y al mismo tiempo ayudarnos a cambiar nuestro estilo de vida. Entre las más obvias se encuentran las matemáticas, la física, la química y los estudios sociales. Escoge una de las asignaturas anteriores, o cualquiera que en tu opinión nos podría ayudar a comprender mejor la importancia de cambiar nuestro estilo de vida, y explica la contribución que esa asignatura puede hacer en ese campo. Investiga en Internet para que tengas más información sobre el tema. Haz una lista de palabras y expresiones para discutir tus ideas con un grupo pequeño de tus compañeros. Luego, van a escoger dos de las mejores explicaciones para discutirlas con el resto de la clase.

Contextos para la comunicación

For grammar support:

Abriendo paso: Gramática

A Texto auditivo: La plataforma de moda ética BeCo

Vas a escuchar una grabación. Primero, tienes un minuto para leer la introducción y las preguntas. Luego vas a escuchar la grabación dos veces. Mientras escuchas, puedes tomar apuntes. Después de escuchar por primera vez, tienes un minuto para contestar las preguntas. Después de escuchar por segunda vez, vas a tener dos minutos para terminarlas.

Introducción

La siguiente entrevista proviene del programa *La vida en verde, caminar de forma diferente hacia un mundo sostenible*, de la Radio Exterior de España. Trata del mundo de la moda y su aporte a la sostenibilidad. La grabación dura unos cuatro minutos.

1. ¿Qué es BeCo?
2. Según Anna Badia, ¿qué los llevó a crear la plataforma BeCo?

3. ¿Cuál es la misión de la plataforma BeCo?
4. ¿Qué significa la sigla (*acronym*) BeCo?
5. ¿Qué se supo por el libro de Naomi Klein, *No Logo*?
6. ¿Por qué usa el ejemplo de la camiseta?
7. ¿Cómo se llama la fundación de la diseñadora Sybilla? ¿Cuál es su misión?

B Presentación oral: Desgasta tú mismo tus vaqueros

El anuncio a continuación proviene del portal "Gente y hogares sostenibles". Lee el mensaje y reacciona a lo que está tratando de transmitir. ¿Te parece eficaz? ¿Por qué? ¿Piensas que este anuncio tendría algún efecto en tu estilo de vida y el estilo de vida de tus compañeros? ¿Por qué? ¿Valdría la pena animar a los ciudadanos a hacer lo que describe el mensaje? Explica. Haz una lista de palabras y expresiones para presentar tus ideas claramente. Vas a discutir el contenido del anuncio con un grupo pequeño de tus compañeros.

Desgasta tú mismo tus vaqueros

Solamente en París, a comienzos del siglo XX, había miles de obreros y obreras dedicados a planchar prendas de ropa, para que los ricos vistieran con trajes que parecieran siempre nuevos. Hoy en día se prefieren los pantalones vaqueros de aspecto usado, y hay miles de obreros y obreras, solamente en Bangladesh, dedicados al duro trabajo del desgaste artificial de pantalones. La técnica utilizada, llamada "sandblasting" consiste en lijar las prendas con chorros de finas partículas de arena a presión. Las partículas de arena acaban en los pulmones de los trabajadores, causándoles una terrible enfermedad: la silicosis.

El desgaste mortal de pantalones vaqueros es solo la punta del iceberg del impacto ambiental de la industria de la confección. La próxima vez que vayas a renovar tu vestuario, puedes seguir las sencillas recomendaciones de la Guía FVS de la moda, que te permitirán ir elegante de manera sostenible.*

---

*Para saber más sobre cómo desgastar tus vaqueros, haz una búsqueda en Internet usando las palabras clave: "desgastar vaqueros".

C Presentación oral: El tráfico calmado

El siguiente anuncio también aparece en el portal de "Gente y hogares sostenibles". Primero, calcula la distancia de 30 kilómetros en millas. Luego, describe el mensaje que está tratando de transmitir el anuncio. ¿Te parece eficaz? ¿Por qué? ¿Piensas que un anuncio similar podría aparecer en tu pueblo o ciudad? Explica. ¿Valdría la pena animar a los ciudadanos a hacer lo que describe el mensaje? Si lo hicieran, ¿qué efecto tendría en el estilo de vida de la comunidad? Haz una lista de palabras y expresiones que te ayude a presentar tus ideas claramente. Vas a discutir el contenido del anuncio con un grupo pequeño de tus compañeros.

D Composición: ¿Quién y cuándo?

Lee la siguiente cita anónima. "Si no soy yo ¿quién?, si no es ahora ¿cuándo?" Vas a escribir una composición de por lo menos 200 palabras en la que vas a usar la cita como punto de partida para discutir su significado en el contexto de los estilos de vida sostenibles.

1. Piensa en el mensaje que está tratando de trasmitir el autor. ¿A qué se refiere?

2. Piensa en tu papel como ciudadano(a) y lo que significa para ti con respecto a tu responsabilidad de ayudar al movimiento de sostenibilidad.

3. Piensa en el momento en que nos encontramos hoy día con respecto al estado del medio ambiente, no solo a nivel de tu comunidad sino también a nivel mundial.

4. Antes de comenzar a escribir, haz un esquema de lo que vas a incluir en cada párrafo. Usa ejemplos específicos que te ayuden a apoyar tus ideas. No te olvides de concluir tu composición con un buen resumen.

5. Trata de incorporar por lo menos tres de las siguientes expresiones en tu presentación.

debido a	*owing to, because of*
hay que tomar en cuenta que	*one must realize (take into account) that*
para continuar	*to continue*
en cuanto a	*regarding*
al mismo tiempo	*at the same time*

6. Antes de entregar tu trabajo, revisa lo que escribiste y trata de buscar maneras de mejorar el modo en que expresas tus ideas.

E Presentación oral: La sobreproducción y el sobreconsumo

El artículo afirma que los estilos de vida existentes son "insostenibles y están basados en la sobreproducción y el sobreconsumo". ¿Qué son la sobreproducción y el sobreconsumo? Explica si estás o no estás de acuerdo con la cita y por qué. Si estás de acuerdo, explica lo que contribuye a estas condiciones. ¿Hay alguien que tenga la culpa de esa situación? ¿Es posible cambiar la situación actual? Si no estás de acuerdo, ¿a qué piensas que se deben los estilos de vida existentes? ¿Quién influye en esos estilos? Haz una lista de palabras y expresiones para discutir el tema con un grupo pequeño de tus compañeros.

F Presentación oral: Las casas autónomas y sostenibles

Una de las sugerencias que se discute en los portales que abogan (*advocate*) por los estilos de vida sostenibles es la construcción de "casas completamente autónomas y sostenibles". En uno de los portales, aparecen las siguientes preguntas:

- ¿Será posible construir casas completamente autónomas y sostenibles en el futuro?
- ¿Disponemos de la tecnología necesaria para construir una casa sostenible hoy en día?"

1. Piensa cuidadosamente en las preguntas y respóndelas, teniendo en cuenta los conocimientos que tú tienes sobre el tema. Si no sabes mucho, puedes consultar algunos de los portales que tratan este tema para tener una idea mejor de lo que son "casas completamente autónomas y sostenibles".

2. Haz una lista de palabras y expresiones para que puedas discutir tus ideas con tus compañeros de clase.

G Comparación cultural: El agua: cambiando nuestro estilo de vida

Uno de los retos que tiene la sociedad de hoy es la falta de agua. Este ya no es un problema de ciertas áreas del planeta, sino de muchas. Se empieza a ver cómo en diferentes países donde antes no era problemático, la sequía ha obligado a los ciudadanos a tomar medidas para evitar que el agua se agote completamente. En este ejercicio vas a comentar sobre el problema del agua a nivel mundial y cómo la falta de agua afecta los estilos de vida.

1. Haz una investigación sobre los retos que tienen que enfrentar los países del mundo y las causas de este problema.

2. Escoge un país latinoamericano donde el problema del agua sea grave y discute en qué consiste el problema y algunas de las soluciones que han surgido. Incluye cómo los ciudadanos han tenido que cambiar su estilo de vida para superar el problema.

3. Compara la información con un área de los Estados Unidos donde haya problemas semejantes.

4. Prepara tus apuntes para que puedas discutir el tema con un grupo de tus compañeros. Luego, va a haber una discusión más extensa con el resto de la clase.

Preguntas del capítulo

Ahora que has discutido la lectura y tienes mejor conocimiento del tema, tu profesor(a) va a reanudar la discusión de las preguntas del capítulo. Repasa brevemente los apuntes y ejercicios que ya completaste.

- ¿Qué es un estilo de vida sostenible?
- ¿Cómo afectará nuestro estilo de vida a la manera en que viviremos en el futuro?
- ¿Qué cambios tenemos que hacer para lograr una vida mejor y beneficiar el planeta?

CAPÍTULO 11

Las relaciones personales

LECTURA: Al colegio

Carmen Laforet

Preguntas del capítulo

Las siguientes preguntas te servirán de guía y te ayudarán a comprender el tema más a fondo. Tenlas presentes a lo largo del capítulo.

- ¿Qué importancia tienen las relaciones personales en la calidad de vida de las personas?

- ¿Qué factores son importantes para que existan buenas relaciones personales y para fomentarlas?

- ¿Qué desafíos presenta la vida contemporánea a las relaciones personales?

En portada

Describe detalladamente la tira cómica. Incluye la información de las preguntas a continuación en tu descripción.

1. ¿Por qué están alegres los padres de Mafalda?
2. ¿Qué parece suceder en el tercer cuadro?
3. ¿Por qué gritan en el cuarto cuadro?
4. ¿De qué se dan cuenta al final de la historieta?
5. ¿Cómo piensas tú que Mafalda y sus padres van a cambiar ahora?

Al colegio

Antes de leer

Estrategia: *Visualizar y ponerse en el lugar del personaje*

Una de las maneras más efectivas para comprender lo que estás leyendo es mediante la visualización de lo que el autor describe; no solo el ambiente, sino también los personajes y sus sentimientos. Al mismo tiempo, si te pones en el lugar de los personajes puedes captar mejor sus emociones.

- **¡Ponla en práctica!** Lee el siguiente fragmento del cuento que vas a leer y trata de imaginar el ambiente que crea la autora así como las emociones que sienten los personajes.

    Vamos cogidas de la mano en la mañana. Hace fresco, el aire está sucio de niebla (*fog*). Las calles están húmedas. Es muy temprano.

    Yo me he quitado el guante para sentir la mano de la niña en mi mano, y me es infinitamente tierno este contacto, tan agradable, tan amical, que la estrecho (*I press, squeeze*) un poquito emocionada. Su propietaria vuelve hacia mí la cabeza, y con el rabillo (*corner*) de los ojos me sonríe. Sabe perfectamente la importancia de este apretón (*squeeze*), sabe que yo estoy con ella y que somos más amigas hoy que otro día cualquiera.

    Viene un aire vivo y empieza a romper la niebla. A todos los árboles de la calle se les caen las hojas, y durante unos segundos corremos debajo de una lenta lluvia de color tabaco.

1. ¿Cómo es el ambiente que trata de crear la autora? ¿Qué elementos físicos y qué acciones de los personajes lo indican?
2. ¿Cómo describirías tú las emociones de la narradora?
3. Además de lo que sienten, ¿qué más puedes decir acerca de los personajes?

Acerca de la autora

Carmen Laforet nació en Barcelona, España, en 1921. Recibió el premio Nadal por su novela *Nada* (1945), que de una manera biográfica presenta las consecuencias de la guerra civil española. Esta novela fue considerada la mejor novela española contemporánea y tuvo gran éxito, trayéndole fama a la joven escritora. Laforet ha escrito varias novelas, cuentos y artículos, entre ellos *La isla y los demonios* (1952), *La mujer nueva* (1955) y *La insolación* (1963). La obra "Al colegio" pertenece a su colección de cuentos *La niña y otros relatos* (1970).

For grammar support:

 Abriendo paso: Gramática

A. **El primer día de escuela.** El cuento que vas a leer se titula "Al colegio". ¿Qué te viene a la mente cuando piensas en el título? ¿Te acuerdas de tu primer día en la escuela primaria o secundaria? ¿Cómo te sentiste? ¿Cómo crees que se sintieron tus padres? ¿Cómo describirías tú ese paso de tu vida? ¿Fue importante? ¿Por qué? Piensa en la situación y escribe las palabras y expresiones que vas a necesitar para hablar con tus compañeros sobre el tema. Luego, toda la clase lo va a discutir.

B. **Las separaciones entre amigos.** Las separaciones afectan a todo tipo de relaciones personales, por ejemplo, a las amistades. ¿Has tenido algún amigo o alguna amiga que se haya mudado lejos de ti o que haya cambiado de colegio? ¿Qué pensamientos te vinieron a la mente cuando te enteraste del cambio? ¿Cómo reaccionaste el día en que tuviste que despedirte de él (ella)? ¿Cómo cambió la relación a medida que pasó el tiempo? Si no has tenido este tipo de experiencia, piensa en cómo reaccionarías si uno(a) de tus mejores amigos se mudara lejos de ti. Responde a las preguntas desde ese punto de vista.

TEMA DE LA UNIDAD: LAS RELACIONES PERSONALES

Introducción

El cuento que vas a leer trata de la relación entre una madre y su hija y las emociones que siente la madre el día de un evento muy importante en la vida de la niña. El cuento proviene de la colección *La niña y otros relatos*.

Al leer

Mientras lees, ten en cuenta los siguientes puntos:

- los pensamientos de la madre
- el contacto físico entre la madre y la hija
- los recuerdos que tiene la madre de otros paseos y por qué le gustan
- los recuerdos que tiene la madre de su propia niñez

Al colegio

de Carmen Laforet

Vamos cogidas de la mano en la mañana. Hace fresco, el aire está sucio de niebla. Las calles están húmedas. Es muy temprano.

Yo me he quitado el guante para sentir la mano de la niña en mi mano, y me es infinitamente tierno este contacto, tan agradable, tan amical, que la estrecho un
5 poquito emocionada. Su propietaria vuelve hacia mí la cabeza, y con el rabillo de los ojos me sonríe. Sabe perfectamente la importancia de este apretón, sabe que yo estoy con ella y que somos más amigas hoy que otro día cualquiera.

Viene un aire vivo y empieza a romper la niebla. A todos los árboles de la calle se les caen las hojas, y durante unos segundos corremos debajo de una lenta
10 lluvia de color tabaco.

—Es muy tarde; vamos.

—Vamos, vamos.

Pasamos corriendo delante de una fila de taxis parados, huyendo de la tentación. La niña y yo sabemos que las pocas veces que salimos juntas casi
15 nunca dejo de coger un taxi. A ella le gusta; pero, a decir verdad, no es por alegrarla por lo que lo hago; es, sencillamente, que cuando salgo de casa con la niña tengo la sensación de que emprendo un viaje muy largo. Cuando medito una de estas escapadas°, uno de estos paseos, me parece divertido ver la chispa° *? / spark* alegre que se le enciende a ella en los ojos, y pienso que me gusta infinitamente
20 salir con mi hijita mayor y oírla charlar; que la llevaré de paseo al parque, que le iré enseñando, como el padre de la buena Juanita°, los nombres de las *character in children stories* flores; que jugaré con ella, que nos reiremos, ya que es tan graciosa, y que, al final, compraremos barquillos°—como hago cuando voy con ella—y nos los *ice cream cones* comeremos alegremente.

25 Luego resulta que la niña empieza a charlar mucho antes de que salgamos de casa, que hay que peinarla y hacerle las trenzas° (que salen pequeñas y *braids* retorcidas°, como dos rabitos° dorados debajo del gorro° y cambiarle el traje, *twisted / little tails / cap* cuando ya está vestida, porque se tiró encima un frasco° de leche condensada, *spilled a bottle* y cortarle las uñas, porque al meterle las manoplas° me doy cuenta de que *mittens*
30 han crecido…Y cuando salimos a la calle, yo, su madre, estoy casi tan cansada como el día en que la puse en el mundo…Exhausta, con un abrigo que me cuelga como un manto°; con los labios sin pintar (porque a última hora me *cape* olvidé de eso), voy andando casi arrastrada por ella, por su increíble energía, por los infinitos "porqués" de su conversación.

collapse

vanishes

?

beats

?

to take care of herself

? / corner

a lot

—Mira, un taxi—. Este es mi grito de salvación y de hundimiento° cuando voy   35
con la niña…Un taxi.

Una vez sentada dentro, se me desvanece° siempre aquella perspectiva de
pájaros y flores y lecciones de la buena Juanita, y doy la dirección de casa de las
abuelitas, un lugar concreto donde sé que todos seremos felices: la niña y las
abuelas, charlando, y yo, fumando un cigarrillo, solitaria y en paz.   40

Pero hoy, esta mañana fría, en que tenemos más prisa que nunca la niña y yo
pasamos de largo delante de la fila tentadora de autos parados. Por primera vez
en la vida vamos al colegio…Al colegio, le digo, no se puede ir en taxi. Hay que
correr un poco por las calles, hay que tomar el metro, hay que caminar luego,
en un sitio determinado, a un autobús…Es que yo he escogido un colegio muy   45
lejano para mi niña, ésa es la verdad; un colegio que me gusta mucho, pero que
está muy lejos…Sin embargo, yo no estoy impaciente hoy, ni cansada, y la niña
lo sabe. Es ella ahora la que inicia una caricia° tímida con su manita dentro
de la mía; y por primera vez me doy cuenta de que su mano de cuatro años
es igual a mi mano grande: tan decidida, tan poco suave, tan nerviosa como   50
la mía. Sé por este contacto de su mano que le late° el corazón al saber que
empieza su vida de trabajo en la tierra, y sé que el colegio que le he buscado
le gustará, porque me gusta a mí, y que aunque está tan lejos, le parecerá bien
ir a buscarlo cada día, conmigo, por las calles de la ciudad…Que Dios pueda
explicar el por qué de esta sensación de orgullo que nos llena y nos iguala   55
durante todo el camino…

Con los mismos ojos ella y yo miramos el jardín del colegio, lleno de hojas de
otoño y de niños y niñas con abrigos de colores distintos, con mejillas° que el
aire mañanero vuelve rojas, jugando, esperando la llamada a clase.

Me parece mal quedarme allí; me da vergüenza acompañar a la niña hasta   60
última hora, como si ella no supiera ya valerse por sí misma° en este mundo
nuevo, al que yo la he traído…Y tampoco la beso, porque sé que ella en este
momento no quiere. Le digo que vaya con los niños más pequeños, aquellos
que se agrupan° en el rincón°, y nos damos la mano, como dos amigas. Sola,
desde la puerta, la veo marchar, sin volver la cabeza ni por un momento. Se   65
me ocurren cosas para ella, un montón° de cosas que tengo que decirle, ahora
que ya es mayor, que ya va al colegio, ahora que ya no la tengo en casa, a mi
disposición a todas horas…se me ocurre pensar que cada día lo que aprenda
en esta casa blanca, lo que la vaya separando de mí—trabajo, amigos, ilusiones
nuevas—, la irá acercando de tal modo a mi alma, que al fin no sabré dónde   70
termina mi espíritu ni dónde empieza el suyo…

Y todo esto quizá sea falso…Todo esto que pienso y que me hace sonreír, tan
tontamente, con las manos en los bolsillos de mi abrigo, con los ojos en las nubes.

Pero yo quisiera que alguien me explicase por qué cuando me voy alejando por
75 la acera, manchada° de sol y niebla, y siento la campana° del colegio llamando   spotted / bell
a clase, por qué, digo, esa expectación anhelante°, esa alegría, porque me   anxious
imagino el aula y la ventana, y un pupitre mío pequeño, desde donde veo el
jardín, y hasta veo clara, emocionantemente, dibujada en la pizarra con tiza
amarilla una A grande, que es la primera letra que yo voy a aprender…

Después de leer

Comprensión

For grammar support:

Abriendo paso: Gramática

C. Al punto. Contesta las siguientes preguntas.

1. ¿Quién narra el cuento?

2. ¿Con quién parece hablar la narradora? ¿Por qué lo hace?

3. ¿Cómo es la relación que han tenido los personajes hasta ahora?

4. Describe las horas del día que menciona la narradora.

5. En otras ocasiones, ¿cuáles son algunas de las actividades en las que participan cuando salen los dos personajes?

6. ¿Por qué se siente cansada la narradora ese día antes de salir?

7. ¿Por qué no toman un taxi como de costumbre?

8. Cuando la niña inicia una caricia, ¿cómo se sienten ambas? ¿Por qué?

9. Cuando llegan al colegio, ¿por qué no se queda la madre con la niña? ¿Por qué no la besa? Explica tu respuesta.

10. Según la narradora, ¿qué efecto tendrá la separación en su relación?

11. ¿Qué recuerda la madre de su propia niñez?

12. En tus propias palabras, resume brevemente los pensamientos de la madre a lo largo del cuento.

Para ampliar el vocabulario

D. De la misma familia. Escribe una palabra de la misma familia, es decir, palabras que tengan la misma raíz que la palabra dada. Si es un sustantivo, escribe el artículo definido correspondiente.

sucio [1]

los paseos [18]

divertido [18]

vestida [28]

tentadora [42]

mañanero [59]

los bolsillos [73]

dibujada [78]

E. **En contexto.** ¿Cómo le explicarías las siguientes palabras a una persona que no sabe lo que quieren decir? Usa tus propias palabras, sinónimos o una situación para tu explicación.

la niebla   [2]   suave   [50]

impaciente   [47]   la vergüenza   [60]

la caricia   [48]   los bolsillos   [73]

decidida   [50]   el pupitre   [77]

F. **Sinónimos.** Busca el sinónimo de las palabras que aparecen en la columna A en la columna B. Hay más palabras de las que necesitas.

A   **B**

_____ **1.** tierno [4]   **a.** las nieblas

_____ **2.** agradable [4]   **b.** empezar

_____ **3.** emocionada [5]   **c.** decidida

_____ **4.** huyendo (huir) [13]   **d.** el orgullo

_____ **5.** emprendo (emprender) [17]   **e.** la urgencia

_____ **6.** las escapadas [18]   **f.** afectuoso

_____ **7.** la prisa [41]   **g.** las aventuras

_____ **8.** el aula [77]   **h.** el salón

                                              i. escapar

                                              j. ameno

                                              k. conmovida

G. **Antónimos.** Busca el antónimo de las palabras que aparecen en la columna A en la columna B. Hay más palabras de las que necesitas.

A   **B**

_____ **1.** sucio [1]   **a.** tontamente

_____ **2.** húmedas [2]   **b.** fuera

_____ **3.** debajo [9]   **c.** dibujar

_____ **4.** delante [13]   **d.** aburrido

_____ **5.** divertido [18]   **e.** al lado de

_____ **6.** enciende (encender) [19]   **f.** detrás

_____ **7.** alegremente [24]   **g.** tristemente

_____ **8.** dentro [37]   **h.** apagar

                                              i. limpio

                                              j. encima

                                              k. secas

Reflexión

H. La transformación. Al final del cuento sucede una transformación. Lee el último párrafo del cuento cuidadosamente y responde a las siguientes preguntas.

- ¿Qué sucede en la escena final?
- ¿Dónde se ve la madre?
- ¿Se puede hacer una comparación entre lo que está sucediendo y lo que parece haber sucedido años atrás?
- ¿Por qué se siente alegre la madre mientras se está alejando del colegio donde ha dejado a su hija?

Piensa en las repuestas y escribe una lista de las palabras que vas a necesitar para discutir tus ideas con un pequeño grupo de tus compañeros.

Conexiones interdisciplinarias

I. La psicología de las relaciones personales. La familia ofrece al individuo los primeros pasos para la socialización. La siguiente etapa ocurre cuando la persona empieza a relacionarse con otras personas fuera de su casa.

Durante la edad escolar, la escuela es uno de los principales agentes de socialización. Busca en Internet algunos datos acerca del proceso de socialización durante esta etapa. ¿Quiénes son los principales modelos (*role models*) a seguir? ¿Qué aprende el individuo acerca de las relaciones sociales que quizás no haya aprendido en casa? ¿Por qué es importante esta etapa? ¿Es más difícil para el individuo pasar por esta etapa hoy en día que en tiempos pasados? ¿A qué retos se tiene que enfrentar en la vida contemporánea? Reflexiona sobre las preguntas anteriores y anota algunos ejemplos concretos que apoyen tu punto de vista. Después, prepara una lista de palabras que te ayuden a compartir tus ideas con un grupo pequeño de tus compañeros.

Contextos para la comunicación

For grammar support:

 Abriendo paso: Gramática

A Texto auditivo: La amistad

Vas a escuchar una grabación. Primero, tienes un minuto para leer la introducción y las preguntas. Luego vas a escuchar la grabación dos veces. Mientras escuchas, puedes tomar apuntes. Después de escuchar por primera vez, tienes un minuto para contestar las preguntas. Después de escuchar por segunda vez, vas a tener tres minutos para terminarlas.

Introducción 🔊))

La siguiente grabación es una selección de una entrevista con la psicóloga Marcela Zanetti sobre la amistad. Fue transmitida en Radio Arucas (Gran Canaria, España). La grabación dura unos cinco minutos.

1. ¿Cómo define el locutor la amistad? ¿Qué añade la psicóloga?

2. Según la psicóloga, ¿por qué es tan importante la amistad en los vínculos?

3. ¿Cuál es la diferencia entre amigos y parientes?

4. ¿Qué se puede hacer para que la relación entre hermanos se parezca más a una relación entre amigos?

5. ¿Cómo son los niños cuando son pequeños?

6. ¿Cómo juegan los niños cuando son muy pequeños?

7. ¿Qué sucede a medida que los niños crecen?

8. Según la psicóloga, ¿por qué es importante tener amigos? Menciona por lo menos dos razones que da la psicóloga.

B Presentación oral: La despedida

Piensa en la parte del cuento cuando llega el momento en que la madre se tiene que despedir de la niña. ¿Por qué no se queda la madre con la hija hasta el último momento? ¿Crees que le gustaría quedarse? ¿Por qué? ¿Se siente mal la niña cuando la madre se va? ¿Cómo lo sabemos? ¿Qué nos dice esto acerca de la niña? Haz una lista de las palabras que vas a necesitar para expresar tu opinión. Vas discutir tus ideas con un grupo pequeño de tus compañeros.

C Presentación escrita: Una relación que ha impactado mi vida

Aunque hay muchas personas que impactan nuestra vida diariamente, hay pocas que verdaderamente tienen un gran impacto en el camino que escogemos seguir. Piensa en una persona que realmente ha influido en un momento determinado de tu vida. Describe a la persona y tu relación con ella. Incluye también lo que aprendiste de esta relación. Escribe dos párrafos en los que discutas el tema. Organiza tus ideas cuidadosamente y revisa lo que escribiste una vez que hayas terminado.

D Comparación cultural: Las relaciones personales de ayer y hoy

Las relaciones personales en la vida contemporánea han cambiado mucho desde mediados del siglo XX.

1. Habla con tus padres o con algunas personas de la edad de tus padres y averigua algo sobre el tema. Si es posible, habla con algunas personas que hayan venido de un país de habla hispana. Usa estas preguntas como guía: ¿Vivían los miembros de la familia en la misma ciudad? ¿En el mismo barrio? ¿Cada cuánto tiempo se reunían? ¿Cada cuánto tiempo se comunicaban? ¿Cómo se comunicaban? ¿Ve esa persona las relaciones personales de manera diferente en este país que en el suyo? ¿En qué sentido? ¿Cuál le gusta más?

2. Usa lo que has aprendido en el paso anterior para responder a las siguientes preguntas: ¿En qué se parecen esas costumbres a las que puedes observar hoy en día en tu comunidad? ¿En qué se diferencian? ¿Ha sido el cambio positivo o negativo? Explica. Escribe una lista de palabras y expresiones para que puedas presentar tus ideas. Vas a discutirlas con tus compañeros en pequeños grupos.

E Presentación oral: En el papel de…

Para mantener una relación personal saludable, es importante que las personas involucradas se lleven bien y que ambas contribuyan al éxito de la relación. Junto con uno(a) o dos compañeros(as), desarrolla una escena que muestre lo que puede sucederle a una relación cuando una de las personas muestra alguna característica que puede dañarla. Sigan estos pasos:

1. Elijan una de las siguientes características (u otra que les interese más):
   - no se comunica bien
   - es dominante
   - se niega a participar en actividades planeadas por sus amigos
   - es ensimismada (*self-absorbed*)
   - es deshonesta
   - es chismosa

2. Desarrollen un guion y practíquenlo.

3. Hagan la representación de la escena frente a sus compañeros sin leer el guion.

F Presentación oral: Las relaciones personales en el mundo virtual

Los avances tecnológicos han permitido que estemos más conectados con otras personas: amigos, parientes, etc. Sin duda alguna, la manera en que nos relacionamos y nos comunicamos ha resultado en un gran cambio. Aunque el cambio puede ser positivo, algunas personas, principalmente los jóvenes, se aíslan del mundo real y a veces tienen problemas para relacionarse con otras personas ya que están acostumbrados a socializar con amigos virtuales. ¿Has observado algo así en el comportamiento de algunos de tus amigos? ¿Te parece un hecho social positivo o negativo? ¿Piensas que esta situación va a empeorar? Explica. ¿Cómo se puede cambiar esta situación? Si no has notado esto en tus amigos, defiende tu posición teniendo en mente las preguntas anteriores. Toma algunas notas para que puedas discutir el tema con algunos de tus compañeros.

G Composición: El futuro de las relaciones personales

En los ejercicios anteriores has podido reflexionar y aprender algo sobre las relaciones personales. Ahora, teniendo en cuenta las respuestas a los ejercicios, vas a escribir una composición de por lo menos 200 palabras en la que trates el tema del futuro de las relaciones personales. ¿Crees que el mundo seguirá cambiando rápidamente? ¿Qué cambios habrá? ¿A qué crees que se deberán esos cambios? ¿Qué efecto crees que los cambios tendrán en las relaciones personales? Sigue estos pasos:

1. Revisa tus apuntes de los ejercicios anteriores y escribe un esquema de la información que vas a incluir en cada párrafo. Añade cualquier información necesaria.

2. Usa la información del paso anterior para desarrollar la tesis de tu composición. No te olvides de resumir tus ideas en un párrafo al final para demostrar que has justificado la tesis.

3. Trata de incorporar por lo menos tres de las siguientes expresiones en tu presentación.

en todo caso	*in any case*
hablando de	*speaking of, in reference to*
también viene al caso	*it is also relevant*
para continuar	*to continue*
a no ser que	*unless*

4. Una vez que hayas terminado, te vas a reunir con uno(a) de tus compañeros(as) y van a compartir sus composiciones. Cada uno(a) va a señalar partes de la composición que no estén claras o que necesiten corrección. También pueden sugerir otras ideas para que la composición sea más completa.

5. Antes de entregarla, revisa la composición teniendo en cuenta los comentarios de tu compañero(a).

Preguntas del capítulo

Ahora que has discutido la lectura y tienes mejor conocimiento del tema, tu profesor(a) va a reanudar la discusión de las preguntas del capítulo. Repasa brevemente los apuntes y ejercicios que ya completaste.

- ¿Qué importancia tienen las relaciones personales en la calidad de vida de las personas?

- ¿Qué factores son importantes para que existan buenas relaciones personales y para fomentarlas?

- ¿Qué desafíos presenta la vida contemporánea a las relaciones personales?

Las tradiciones y los valores sociales

LECTURA: Vivir en Uruguay—Cultura y tradiciones

En portada

Preguntas del capítulo

Las siguientes preguntas te servirán de guía y te ayudarán a comprender el tema más a fondo. Tenlas presentes a lo largo del capítulo.

- ¿Qué papel tienen los productos y las prácticas culturales en el desarrollo de las tradiciones de un país?

- ¿Qué semejanzas y diferencias hay entre las tradiciones de diferentes comunidades?

- ¿Qué importancia tienen las tradiciones en la vida de una comunidad?

Describe detalladamente las fotos. Incluye la información de las preguntas a continuación en tu descripción.

1. ¿Qué se ve representado en las dos fotos?

2. ¿En qué país o países pueden tener lugar estas tradiciones?

3. ¿Qué sientes cuando miras las fotos?

4. ¿Qué importancia tiene mantener las tradiciones en la vida contemporánea? Explica.

Lectura

Vivir en Uruguay—Cultura y tradiciones

Antes de leer

> **Estrategia:** *El uso de las asociaciones y conexiones*
>
> Una manera de comprender mejor un texto es ir haciendo (*keep on making*) asociaciones y conexiones con los conocimientos que ya tienes sobre el tema mientras que vas leyendo. Considera estas preguntas: ¿Has oído hablar sobre el tema antes? ¿Has vivido momentos parecidos a los que se describen en el texto? ¿Hay semejanzas con tu cultura?
>
> - **¡Ponla en práctica!** Lee el título del artículo que vas a leer, así como los títulos "secundarios", y piensa en tu propia experiencia. ¿Va a discutir el artículo un tema con el cual estás familiarizado(a)? ¿Qué tipo de información nos va a dar el (la) autor(a)? Una vez que pienses en estas preguntas, podrás tener una idea mejor sobre el tema y te será más fácil comprender lo que vas a leer. No te olvides de verificar si tus predicciones fueron correctas o no.

A. Las tradiciones culturales. Todo país conserva ciertos patrones culturales que pasan de generación en generación y que forman las tradiciones de ese país. ¿Qué significan las tradiciones para ti? En tu familia, ¿hay tradiciones que han pasado de generación en generación o de una persona a otra? Escoge por lo menos dos de estas tradiciones y descríbelas detalladamente, explicando su origen y por qué las consideras importantes. Toma algunos apuntes sobre el tema para que lo puedas discutir con tus compañeros en grupos pequeños. Luego, van a escoger las dos tradiciones más interesantes para presentárselas a la clase.

> ### Nota cultural
>
> Argentina y Uruguay tienen la característica de ser países vecinos y hermanos. Durante los años de la conquista española, ambos formaban parte del virreinato (*viceroyalty*) del Río de la Plata. Tiempo después de independizarse de España, los territorios a cada lado del río se convirtieron en países independientes. Hoy día, en los dos países se observa una fuerte influencia europea en la arquitectura y en los rasgos físicos (*physical features*) de la población. Además, comparten algunas de las mismas influencias étnicas y culturales así como también tradiciones como el mate, el asado y el tango. *¿Crees que las tradiciones y los elementos culturales en común hacen que dos países estén más unidos?*

> **For grammar support:**
> *Abriendo paso: Gramática*

B. **Nuestra comunidad.** Los valores y las creencias que son
    características de una comunidad forman parte de sus tradiciones.
    En el ejercicio anterior hablaste sobre las tradiciones de tu familia.
    Ahora, piensa en algunos valores y creencias que existen en tu
    comunidad. Describe por lo menos dos y explica desde cuándo
    existen (si lo sabes), si han cambiado a través de los años y qué ha
    contribuido a esos cambios. En tu discusión incluye tu opinión
    sobre si estos cambios han sido positivos o negativos y explica las
    razones. Haz una lista de palabras y expresiones para discutir tus
    ideas con tus compañeros en pequeños grupos.

TEMA DE LA UNIDAD: LA VIDA CONTEMPORÁNEA

Introducción

El siguiente artículo proviene del portal Universia, dedicado a proveer información a las personas que desean cursar sus estudios en Uruguay.

Al leer

Mientras lees, ten en cuenta los siguientes puntos:

- los orígenes de las tradiciones
- las actividades que son parte de las tradiciones
- lo que representan las tradiciones

Vivir en Uruguay—Cultura y tradiciones

heir

La sociedad uruguaya es básicamente la heredera° de un sólido substrato cultural europeo que ha sido influenciado por otras tradiciones culturales.

El mate, bebida de origen indígena; el carnaval de raíces hispánicas pero con una notoria influencia de ritmos y expresiones folclóricas africanas; el tango, nacido de la fusión de tradiciones musicales de los negros africanos y de los ritmos e instrumentos europeos y criollos°; el gaucho que atestigua° con su forma de vida una singular amalgama de la cultura hispánica con la indígena; son algunos de los ejemplos que nos hablan del encuentro° de muy diferentes tradiciones y que explican, en cierto sentido, la conformación de la cultura uruguaya actual y por ende° su sociedad.

Spanish American of European stock / bears witness

?

consequently

5

10

Tradiciones

Tango

El tango es una de las más genuinas y originales expresiones culturales del Río de la Plata. Nacido de la fusión de las tradiciones musicales de origen africano y de los ritmos e instrumentos europeos y criollos, es un fiel° testigo de la historia cultural de la región. La gestación del tango ocurrió tanto en Buenos Aires como en Montevideo. Y un ejemplo tangible lo constituye la obra *La morocha* compuesta en Buenos Aires en 1905 por el uruguayo Enrique Saborido, y *Mi noche triste,* escrita en Montevideo por el argentino Pascual Contursi en 1916.

faithful

15

El "himno" de todos los tangos, *La cumparsita,* fue escrita por el uruguayo Gerardo Matos Rodríguez; del mismo modo, Carlos Gardel, de reconocimiento internacional, es considerado el más grande intérprete° uruguayo* de la historia del tango.

?

20

Carnaval

Los festejos del carnaval uruguayo son los más largos del mundo, extendiéndose durante todo el mes de febrero y buena parte de marzo. Durante cuarenta días, en desfiles° callejeros° y escenarios barriales° se despliegan° espectáculos llenos de color y alegría.

parades / ? / ? / are displayed

25

Esta fiesta comienza el último sábado de enero con un desfile inaugural por la Avenida 18 de Julio, principal arteria de la ciudad de Montevideo, donde intervienen° todos los grupos junto a carros alegóricos y gigantes muñecos°

? / figures

---

*Aunque muchos países se han atribuido la nacionalidad de Carlos Gardel, recientes investigaciones señalan que el cantante nació en Francia y se nacionalizó de adulto en Argentina y Uruguay.

30 que acompañan a los artistas. El otro gran evento es el Desfile de Llamadas, que
a ritmo de tambor°, evoca el encuentro de los negros esclavos que se reunían *drum*
fuera de la ciudad en el siglo XIX. Decenas de miles de espectadores vibran con
la fuerza y colorido del espectáculo.

Folklore

El folklore uruguayo presenta distintas manifestaciones derivadas de sus
35 diferentes orígenes que en suelo° uruguayo tomaron sus propias características. *land*
Por un lado, están las canciones y danzas autóctonas que nacieron en el
ámbito° campesino como la vidalita, la milonga, la payada y el pericón, siempre *setting*
acompañadas por la guitarra. Este instrumento musical, introducido durante el
período de la dominación española, es inseparable de todo cancionero criollo
40 y expresión gauchesca. Del mismo modo, el acordeón ha enriquecido con su
graciosa cadencia la música folklórica.

El Canto Popular se constituye como expresión del sentir colectivo,
destacándose° la figura de Alfredo Zitarrosa por su única e inigualable° voz. *standing out / unequalled*
Anualmente, se celebran grandes festivales folklóricos tales como el de "Minas
45 y Abril" para recrear las mejores tradiciones gauchas.

Fiestas criollas

A través de diferentes fiestas y festivales realizados° durante todo el año a lo *?*
largo y ancho° del territorio uruguayo, se expresan las más representativas *throughout*

tradiciones rurales del país. Son un ejemplo claro de ello la Fiesta de la Patria Gaucha en Tacuarembó, la Semana Criolla del Prado en Montevideo y la del Parque Roosevelt en Canelones. 50

Desde hace veintiún años, la Fiesta de la Patria Gaucha en Tacuarembó, dedicada a las tradiciones rurales, es organizada por su Intendencia Municipal en el ámbito natural de la Laguna de las Lavanderas, y a un kilómetro de la capital departamental. Es así como a través de campamentos históricos que tienen por objetivo la exaltación de la imagen del gaucho, el canto, la música, 55 las payadas°, las jineteadas°, los fogones°, las destrezas camperas° y cientos de *stands*, se proyecta la más auténtica tradición del área rural.

En Uruguay, el gaucho es una figura importante del folklore nacional ya que simboliza la libertad y la individualidad. Las representaciones poéticas del gaucho lo describen como el ideal de valentía e independencia. Pero más 60 allá de cómo lo presenten la música, la literatura, y la pintura, este personaje constituye un símbolo importante dentro de la cultura uruguaya. Es el hombre de campo que trabaja principalmente arreando ganado°. En su imagen estereotípica, siempre está acompañado de un caballo que, además de servirle de transporte, es una de las pocas posesiones materiales que se asocian con el 65 modo de vida gauchesco.

Gastronomía

Con reconocimiento a nivel internacional, la parrilla° es por excelencia uno de los más destacados menús de la dieta uruguaya. Se compone de diferentes tipos de carne asada° en la "parrilla", artefacto construido en hierro° y utilizado para tal fin. El secreto que guarda° este antiquísimo método de cocinar, es 70 que hace posible la concentración de los jugos que poseen los alimentos y que conserven° así sus propios sabores° característicos.

Los vinos uruguayos son ideales para acompañar estas exquisitas carnes. Entre los que tienen un destacado posicionamiento internacional, se distinguen los elaborados a partir de la cepa° Tannat, definidos como intensos, potentes, 75 serios y austeros. Esta cepa originaria del suroeste de Francia fue introducida a mediados del siglo XIX, y su cultivo fue tan exitoso que actualmente Uruguay se ha convertido en el mayor productor a nivel mundial de esta variedad.

La industria lechera se encuentra altamente desarrollada° en el país, con productos de excelente calidad, sobresaliendo° un valorado manjar°: el dulce de 80 leche. Este dulce, muy apreciado tanto por niños como por adultos, es utilizado en una amplia variedad de postres y otras delicias, hecho que lo convierte en el protagonista indiscutible° de la confitería° uruguaya.

improvised gaucho folk songs / type of "rodeo" where riders display their skills / campfires / farm skills

herding cattle

barbecue

grilled / iron

keeps

? / flavors

vine

developed

standing out / delicacy

? / confectionery

El mate

El mate es una bebida resultante de la infusión de la "yerba mate" (hojas
85 deshidratadas y molidas° de *Ilex paraguayensis*) y es uno de los elementos
culturales más típicos y tradicionales de la sociedad uruguaya.

ground

La costumbre del uso del "termo" y el abandono de la "caldera"° para preparar
la infusión, es una iniciativa uruguaya que liberó al mate fuera del hogar. De
esta forma y en la actualidad, el mate es bebido en los más diversos espacios
90 públicos, hecho que caracteriza una de las imágenes más típicas y cotidianas°
de la sociedad uruguaya.

pot

everyday

Después de leer

Comprensión

For grammar support:

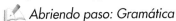 *Abriendo paso: Gramática*

C. **Al punto.** Lee las siguientes frases y decide si la información es
correcta o incorrecta. Si no es correcta, corrige la información.

1. La cultura europea no ha tenido ninguna influencia en la sociedad uruguaya.

2. En la historia del tango, Gerardo Matos Rodríguez es el cantante más reconocido.

3. Los carnavales uruguayos duran menos que otros carnavales.

4. El Desfile de Llamadas trae a la memoria la esclavitud durante el siglo XIX.

5. La guitarra ya existía en Uruguay antes de la llegada de los españoles.

6. El gaucho es la figura principal en la fiesta que tiene lugar en Tacuarembó.

7. El gaucho representa a un personaje amante de la libertad y la singularidad del individuo.

8. La parrilla es una de las danzas más populares del suelo uruguayo.

9. El dulce de leche es uno de los productos más apreciados por el pueblo uruguayo.

10. El mate es una infusión de mucha popularidad en todo el país.

Para ampliar el vocabulario

D. De la misma familia. Escribe una palabra de la misma familia, es decir, palabras que tengan la misma raíz que la palabra dada. Si es un sustantivo, escribe el artículo definido.

influenciado   [2]   el intérprete   [21]   el colorido   [33]

el encuentro   [8]   intervienen (intervenir)   [29]   campesino   [37]

la conformación   [9]   acompañan (acompañar)   [30]

E. En contexto. ¿Cómo le explicarías las siguientes palabras a una persona que no sabe lo que quieren decir? Usa tus propias palabras, sinónimos o una situación para tu explicación.

las tradiciones   [2]   los esclavos   [31]   la valentía   [60]

indígena   [3]   se reunían (reunirse)   [31]   el caballo   [64]

fiel   [13]   el acordeón   [40]

F. Sinónimos. Busca el sinónimo de las palabras que aparecen en la columna A en la columna B. Hay más palabras de las que necesitas.

A	B	
_____ **1.** llenos [26]	**a.** vacío	**i.** juntarse
_____ **2.** la alegría [26]	**b.** representar	**j.** el elogio
_____ **3.** se reunían (reunirse) [31]	**c.** repletos	**k.** genuina
_____ **4.** rurales [48]	**d.** prominentes	
_____ **5.** la exaltación [55]	**e.** criolla	
_____ **6.** auténtica [57]	**f.** el júbilo	
_____ **7.** simboliza (simbolizar) [59]	**g.** realizar	
_____ **8.** destacados [68]	**h.** campestres	

G. Antónimos. Busca el antónimo de las palabras que aparecen en la columna A en la columna B. Hay más palabras de las que necesitas.

A	B	
_____ **1.** actual [10]	**a.** anticuado	**i.** reducirse
_____ **2.** extendiéndose (extenderse) [24]	**b.** intervenir	**j.** dentro
_____ **3.** fuera [32]	**c.** dudoso	**k.** empobrecer
_____ **4.** campesino [37]	**d.** la esclavitud	
_____ **5.** ha enriquecido (enriquecer) [40]	**e.** la uniformidad	
_____ **6.** la libertad [59]	**f.** la calidad	
_____ **7.** la variedad [78]	**g.** urbano	
_____ **8.** indiscutible [83]	**h.** el abandono	

Reflexión

H. Influencias culturales. En el artículo se mencionan algunas de las culturas que influyeron en las tradiciones culturales de la sociedad uruguaya, en particular las de los negros africanos y los europeos. Busca información en Internet sobre cómo llegaron estos a Uruguay, la razón de su llegada y las aportaciones que hicieron además de las que se mencionan en el artículo. Luego, reflexiona sobre la información que has encontrado y discute las semejanzas que encuentres en otro país que no sea Uruguay y sobre el cual tengas algún conocimiento. Vas a discutir la información con un grupo pequeño de tus compañeros, así que prepara una lista de las palabras y expresiones que vas a necesitar para la discusión.

Comparaciones culturales

I. Carnavales. En el artículo se mencionan los carnavales que tienen lugar en Uruguay. Busca en Internet más información sobre sus orígenes, sus influencias, las actividades típicas de la celebración y cualquier otro dato de interés. Una vez que hayas obtenido esta información, busca algunos datos sobre Mardi Gras, una celebración similar en los Estados Unidos. Compara las dos celebraciones en un ensayo de unos tres párrafos. Antes de entregar tu trabajo, discútelo con uno(a) de tus compañeros para que así se ayuden mutuamente para mejorar lo que han escrito.

Abriendo paso

Contextos para la comunicación

For grammar support:

Abriendo paso: Gramática

A Texto auditivo: Una tradición boliviana

Vas a escuchar una grabación. Primero, tienes un minuto para leer la introducción y las preguntas. Luego vas a escuchar la grabación dos veces. Mientras escuchas, puedes tomar apuntes. Después de escuchar por primera vez, tienes un minuto para contestar las preguntas. Después de escuchar por segunda vez, vas a tener dos minutos para terminarlas.

Introducción

La siguiente grabación trata de la celebración de un evento tradicional en Bolivia. La grabación proviene de Radio y Televisión Española. La grabación dura un poco más de un minuto.

1. ¿Para qué esperan las personas hasta las siete de la mañana?
2. Según la tradición aimara, ¿qué hacen los primeros rayos del sol?
3. ¿Por qué levantan las manos hacia el sol?
4. ¿Qué dice el indio aimara sobre lo que deben hacer los habitantes del continente?
5. ¿Qué declara la Constitución?
6. ¿Qué finalidad tiene la ley que se describe?

B Presentación oral: Nuevas tradiciones

Aunque generalmente se piensa que las tradiciones son un aspecto cultural antiguo, existen tradiciones que se han inventado recientemente. ¿Conoces alguna tradición que se celebre en tu comunidad o en tu país que no se remonte a un pasado distante? ¿Cuál es? Describe la tradición, sus orígenes, las razones por las que se instituyó y la contribución que ha hecho a tu comunidad o país. Haz una lista de palabras y expresiones para que puedas discutir el tema con tus compañeros.

C Presentación oral: El mate

El mate constituye una de las tradiciones más típicas de Uruguay y Argentina. Existe una leyenda sobre cómo llegó a existir la planta. Busca en Internet la leyenda sobre la yerba mate para que se la puedas contar a tus compañeros en pequeños grupos. Añade cualquier información que no hayas incluido pero que alguno(a) de tus compañeros(as) haya encontrado para tener un informe más completo. Luego el (la) profesor(a) va a dirigir la presentación de la leyenda con toda la clase.

D Comparación cultural: Otro producto con tradición

En todos los países de habla hispana existen productos que son parte de las tradiciones y especialmente de las fiestas. Busca en Internet información sobre un producto como una comida, postre o bebida típica que se use en un país de habla hispana como parte de una celebración. Explica en qué consiste la fiesta, la importancia del producto que escogiste, sus orígenes, etc. Compara ese producto con uno que forme parte de una celebración en los Estados Unidos. Organiza tus apuntes para discutir el tema con tus compañeros de clase en pequeños grupos. Cada grupo va a escoger dos de los productos más interesantes para presentárselos a la clase. Asegúrate de que cada persona del grupo participe en la presentación.

E Debate: El valor de las tradiciones

Muchas personas piensan que las tradiciones (familiares o nacionales) se están perdiendo hoy día. ¿Estás de acuerdo? ¿A qué se deberá esta pérdida? Usa ejemplos específicos para apoyar lo que piensas. ¿Qué debemos hacer para asegurarnos de que las tradiciones continúen? ¿Vale la pena hacerlo? Haz una lista de palabras y expresiones para describir lo que piensas sobre el tema. Prepárate para participar en un debate con el resto de la clase.

F Presentación oral: Una tradición hispana de origen religioso

Muchas de las tradiciones del mundo de habla hispana tienen sus orígenes en la religión cristiana. Investiga en Internet una de esas tradiciones y prepárate para darle una breve presentación a la clase. Incluye sus orígenes, en qué consiste la conmemoración, dónde se celebra y lo que representa para el pueblo. Debes hacer un esquema de los puntos que vas a incluir y de esta manera organizar tus ideas. Recuerda que no vas a poder leer un guion, sino que harás tu presentación con solo algunos apuntes que te guíen.

G Composición: Una tradición de mi cultura

Ya que has leído sobre diferentes tradiciones del mundo de habla hispana, vas a escribir una composición de por lo menos 200 palabras sobre una tradición que provenga de la cultura de tus padres o sus antepasados. Puedes usar algunos de los apuntes que tomaste en la sección *Antes de leer* y en el ejercicio B de la sección *Abriendo paso*.

1. Piensa en una celebración típica de tu cultura y en todos los detalles que necesitas para describirla. Debes incluir sus orígenes, maneras de celebrarla, época del año, su significado y cualquier otra información interesante.

2. Antes de empezar, haz una lista de las ideas que quieres incluir en tu composición.

3. Luego, haz un esquema delineando lo que vas a incluir en cada párrafo. No te olvides de la tesis y del resumen.

4. Trata de incorporar por lo menos tres de las siguientes expresiones en tu composición.

a fin de que	*so that, in order that*
a pesar de que	*in spite of*
de modo que	*so, so that, in such a way that*
como consecuencia	*as a consequence*
ya que	*since, seeing that*

5. Una vez que hayas terminado la composición, revísala cuidadosamente no solo para ver si has expresado tus ideas claramente, sino también para ver si has cometido algún error gramatical. Una vez que hayas terminado, se la podrás entregar al (a la) profesor(a).

Preguntas del capítulo

Ahora que has discutido la lectura y tienes mejor conocimiento del tema, tu profesor(a) va a reanudar la discusión de las preguntas del capítulo. Repasa brevemente los apuntes y ejercicios que ya completaste.

- ¿Qué papel tienen los productos y las prácticas culturales en el desarrollo de las tradiciones de un país?

- ¿Qué semejanzas y diferencias hay entre las tradiciones de diferentes comunidades?

- ¿Qué importancia tienen las tradiciones en la vida de una comunidad?

El trabajo voluntario

LECTURA: América Solidaria: Una oportunidad para servir

En portada

Preguntas del capítulo

Las siguientes preguntas te servirán de guía y te ayudarán a comprender el tema más a fondo. Tenlas presentes a lo largo del capítulo.

- ¿Cuáles son los retos que enfrentan las comunidades pobres a través del mundo?

- ¿Cuál es la motivación de muchos jóvenes para prestar sus servicios a organizaciones que tratan de mejorar el mundo?

- ¿Cómo influye el trabajo voluntario en la calidad de vida de las personas que necesitan ayuda así como la calidad de vida de los que aportan (*provide*) la ayuda?

Describe detalladamente las fotos. Incluye la información de las preguntas a continuación en tu descripción.

1. ¿Qué te viene a la mente cuando miras estas fotos? ¿Son situaciones que se ven a diario en tu comunidad o son poco frecuentes?

2. ¿En qué foto te gustaría verte a ti mismo(a)? ¿Por qué?

3. ¿Cómo piensas que se sienten las personas de las fotos? ¿Qué te hace pensar así?

4. ¿Piensas que en tu comunidad y en tu país hay suficiente voluntariado?

5. ¿Cómo se podría aumentar la conciencia del público para que la gente contribuyera más a su comunidad?

América Solidaria: Una oportunidad para servir

Antes de leer

> ### Estrategia: *Determinar la idea principal de un párrafo*
>
> Una manera de comprender mejor lo que lees es hacer una pausa al final de cada párrafo e identificar la idea principal. Puedes también identificar la frase principal del párrafo. Fíjate en la manera en que el (la) autor(a) organiza sus ideas y las presenta en el párrafo.
>
> - **¡Ponla en práctica!** Lee el siguiente párrafo e identifica la idea principal. Luego, copia la frase que tú consideres más importante.
>
>   Arturo Celedón, Director Social de América Solidaria, comenta sobre "la urgencia de ver las realidades locales desde una perspectiva global. La solución de la pobreza a nivel continental debemos enfrentarla en forma conjunta aunando (*joining*) los esfuerzos. Debemos apropiarnos de los problemas del continente y movilizarnos para solucionarlos en conjunto. Cuando se muere un niño en Haití por la falta (*lack*) de una vacuna de 25 centavos, todos somos más indignos (*disgraceful*)". De esta manera Arturo indica que "no debemos repetir el modelo que tenemos hasta ahora. Para cambiar el mundo, tenemos que cambiar nosotros. América Solidaria quiere hacer un cambio cultural para vivir en un continente distinto (*different*)".

A. **Las motivaciones para ser voluntario.** Se ha dicho que "Más bienaventurado es dar que recibir". Las personas que sirven de voluntarios lo hacen por distintas razones. ¿Estás de acuerdo con la cita? ¿Cuáles son algunas de las razones por las cuales la gente sirve de voluntario? ¿Qué beneficios pueden resultar de su experiencia? Haz una lista de las razones y los beneficios. Vas a compartir tus ideas con un grupo de tus compañeros. Prepara tus apuntes para que te puedas expresar claramente.

> **For grammar support:**
> *Abriendo paso: Gramática*

B. **Mi experiencia.** ¿Te gustaría ser voluntario(a) en alguna organización benéfica (*charitable*)? ¿En cuál? Explica por qué te gustaría prestar tus servicios a esa organización y lo que esperas que resulte de tu trabajo allí. Si ya has servido de voluntario, explica por qué escogiste esa organización, qué hiciste y lo que has ganado como resultado de la experiencia. Prepara una lista de palabras y expresiones para que puedas discutir tus ideas con el resto de la clase.

TEMA DE LA UNIDAD: LA VIDA CONTEMPORÁNEA

Introducción

El siguiente artículo apareció en la revista *Américas*, una publicación de la OEA (Organización de Estados Americanos). En él la autora nos presenta una organización, su trabajo y las experiencias de varios voluntarios que han participado en los proyectos de dicha organización.

Al leer

Mientras lees, ten en cuenta los siguientes puntos:

- el propósito de América Solidaria
- las ideas planteadas por Arturo Celedón
- los factores que contribuyen al éxito de los proyectos
- las motivaciones de los voluntarios y lo que han ganado con la experiencia

América Solidaria: Una oportunidad para servir

por Trinidad Undurraga

¿Qué motiva a jóvenes profesionales para trabajar fuera de su país durante un año ganando $100 dólares al mes?

Ser voluntario de América Solidaria significa servir un año profesionalmente al continente americano. Es atreverse° a vivir una experiencia única en los
5 ámbitos° humano, profesional y cultural.

to dare
spheres

En la última década, un total de 310 jóvenes entre 23 y 35 años de diversas profesiones, principalmente del área social, de diversas nacionalidades, chilenos, bolivianos, colombianos y ecuatorianos, aceptaron el desafío de partir por un año como voluntarios a trabajar en proyectos de superación de la
10 pobreza en un país de América distinto al que residen.

En el seguimiento° al retorno de los voluntarios, se ha observado que más del 75 por ciento continúan en labores de interés público al reintegrarse en sus comunidades de origen.

monitoring

Son muy diversas las historias de vida de estos voluntarios, cómo conocieron
15 América Solidaria y sus motivaciones para embarcarse en este proyecto.

¿Qué es América Solidaria?

América Solidaria es una ONG* que busca globalizar la solidaridad entre las naciones americanas. Una de sus acciones principales es prestar° e impulsar° un servicio de voluntariado profesional en las localidades más empobrecidas° de América Latina y el Caribe.

to offer / to motivate
?

20 Su trabajo procura° sensibilizar sobre la situación de pobreza en que viven diversos sectores del continente, cooperar con organizaciones locales para la superación de esa pobreza, crear redes de colaboración que integren la región y formar capital humano que impacte positivamente el desarrollo de las sociedades del continente.

tries

25 Arturo Celedón, Director Social de América Solidaria, comenta sobre "la urgencia de ver las realidades locales desde una perspectiva global. La solución de la pobreza a nivel continental debemos enfrentarla en forma conjunta aunando los esfuerzos. Debemos apropiarnos de los problemas del continente y movilizarnos para solucionarlos en conjunto. Cuando se muere un niño en

---

*Las siglas *ONG* significan "Organización No Gubernamental".

Haití por la falta de una vacuna de 25 centavos, todos somos más indignos". 30
De esta manera Arturo indica que "no debemos repetir el modelo que tenemos
hasta ahora. Para cambiar el mundo, tenemos que cambiar nosotros. América
Solidaria quiere hacer un cambio cultural para vivir en un continente distinto."

América Solidaria comenzó en Chile en 2002. Hoy también existe la fundación
en Colombia y tiene además oficinas en Bolivia, Ecuador y Haití. Desde 2008 35
se inició la incorporación de voluntarios de otros países de América Latina
como colombianos, bolivianos y ecuatorianos. El número de postulantes° ha
crecido con el tiempo y el proceso de selección es bastante exigente°. Se debe
contar con título profesional, experiencia en temas de pobreza y una salud
mental y física acorde° con el cargo°. 40

Factores críticos de éxito: voluntario–organización local–recursos económicos

El éxito del proyecto depende de tres factores: un buen profesional dispuesto° a
ser voluntario, una organización local que lo reciba y sea capaz de aprovechar°
su aporte° y la generosidad de las organizaciones, particulares°, empresas°,
y gobiernos que donan los recursos necesarios para la manutención° del
voluntario. 45

Hoy, América Solidaria necesita más colaboradores para cumplir° su misión de
superar la pobreza del continente. Esta tarea nos involucra a todos: gobiernos,
empresas, organizaciones, comunidades y ciudadanos.

Las vivencias° de cinco jóvenes chilenos voluntarios nos ayudan a entender el
trabajo de América Solidaria y los efectos que tiene en la comunidad y en los 50
propios participantes.

Matías Arrau

Puerto Príncipe, Haití [2002]

Es ingeniero comercial, tiene 32 años y una maestría en *marketing*. Hoy
recuerda su experiencia de voluntario de América Solidaria desde Duke
University, Estados Unidos, donde está estudiando una maestría en políticas de
desarrollo° internacional. 55

En 2002, cuando tenía 28 años, Matías fue uno de los primeros voluntarios
en participar en la Fundación América Solidaria en Haití. Realizó° proyectos
de desarrollo productivo relacionados con el comercio justo. Posteriormente
participó en un equipo de desarrollo de vivienda social de construcción
progresiva que tenía como pilar el voluntariado y el trabajo comunitario. 60

candidates
stringent

? / position

?
to take advantage of
contribution / individuals /
    companies / living expenses

to carry out

experiences

development

?

En esta etapa° buscó financiamiento local e internacional, desarrolló el voluntariado local, procuró tecnologías en construcción y socios locales para el diseño y la construcción de viviendas.

phase

Desde su juventud, nos dice, la búsqueda continua de servicio a la gente fue lo
65 que le motivó a ser voluntario de América Solidaria.

Resume su experiencia como algo diferente y contrastante: "Muchas alegrías, entusiasmo y cariño de las personas por un lado, y frustraciones e impotencia asociadas a un clima de pobreza extrema y desesperanza° por el otro. Años más tarde, lo veo como una experiencia clave° para mi vida; comprendí que el
70 mundo es mucho más que Chile, y que existe espacio para hacer una diferencia desde mi trabajo diario".

hopelessness
key

"Además, en lo personal me ayudó a ingresar° en el mundo laboral privado, a un cargo con mayor responsabilidad que un recién egresado°, el hecho de haber sido voluntario en Haití marcó una diferencia en mi selección.
75 Posteriormente, el paso por este voluntariado me abrió muchas puertas. Por ejemplo, estoy seguro de que mi experiencia en Puerto Príncipe fue una de las variables clave para mi ingreso a la Duke University.

to join
graduate

Mi experiencia como voluntario también me permitió alcanzar° una visión global que rebasa° el ámbito local, mayor autonomía, un sentido real de trabajo
80 en equipo, capacidad de gestión° y eficiencia en la acción.

to reach
exceeds
management skills

Por todo eso, yo ciertamente les recomendaría a otros jóvenes la experiencia de ser voluntario de América Solidaria. Sí, por sobre cualquier trabajo. Es un lujo poder participar en América Solidaria; puede ser uno de los primeros pasos para cambiar el mundo".

Carola Acevedo

Alto La Paz, Bolivia [2007]

85 Carola es psicóloga, tiene 36 años y trabaja en una institución de rehabilitación para niños discapacitados° (Teletón), a cargo de la formación y desarrollo del voluntariado a nivel nacional. Siempre quiso hacer un voluntariado internacional, y encontró en América Solidaria la vía para realizar su proyecto. Carola trabajó en Bolivia con niños de la calle de 8 a 17 años de edad, en
90 aspectos de reinserción° social.

disabled

?

"América Solidaria te facilita las cosas para que partas° como voluntario. No necesitas tener ahorros, ellos cubren los pasajes a tu destino, tus necesidades básicas en el lugar y te entregan° cada mes 100 dólares para tus gastos° personales, que te alcanzan° sin problemas".

you set out

? / ?
are enough

?

face

¿Qué te motivó para ser voluntaria? "Cumplir° el sueño de trabajar como profesional voluntaria en otro país y trabajar por un mundo más justo e igualitario. La pobreza aquí y en otro lado tiene el mismo rostro°", nos dice.

"Ha sido toda una experiencia de vida, en la cual no solo entregas sino que recibes mucho; conoces a otras personas y pones en práctica tus conocimientos. Me fortaleció° y reafirmó mi opción de trabajar en lo social siempre, hasta que muera".

It made me stronger

Por eso, no duda en recomendar esta experiencia a otros jóvenes: "Si quieres construir una América más solidaria y más justa, todos podemos aportar. La diversidad enriquece, cada uno pone su grano de arena. Además, el voluntariado es una experiencia laboral potente y muy valorada en el ámbito social donde yo me desempeño°. No me resultó difícil encontrar trabajo".

I function

Carlos Ubilla

San Juan de la Maguana, República Dominicana [2007–2008]

Carlos Ubilla es un agrónomo de 29 años que trabajó como voluntario en el desarrollo de la cuenca superior del río San Juan y en la instalación de huertos° familiares. América Solidaria, afirma, "es una institución que tiene la base para ayudar a construir un continente más justo, algo que debe ser tarea de todos. Yo partí como voluntario para devolver en parte la buena vida que me ha tocado° vivir, en beneficio de comunidades que necesitaran el apoyo° profesional de un agrónomo. Mi motivación en la vida es ser feliz y este proyecto me ayudó a serlo. Han sido los 365 días seguidos° más importantes de mi vida".

vegetable gardens

I have had
support

consecutive

Carlos coincide con otros jóvenes en que su experiencia ha fortalecido su formación: "Hoy en día muchas empresas valoran el hecho de ser voluntario por un año y salir de tu país a trabajar como agrónomo".

"Es una experiencia muy valiosa", asegura°. "América Solidaria se está expandiendo por América y el Caribe en busca de profesionales jóvenes que quieran vivir en otro país y en otra realidad para lograr un continente más justo. Algunos crecemos teniendo alternativas donde elegir°, pero muchos otros no las tienen, y creo que eso no es justo. Un año de tu trabajo puede ser de gran ayuda para otros y puede marcar tu vida".

?

to choose

Darío Oyarzún y Rocío Martínez

Guayaquil, Ecuador [2008]

Darío y Rocío son el primer matrimonio que América Solidaria envió como voluntarios. Trabajaron en el Hogar de Cristo. Darío, como arquitecto,

investigó y generó nuevos prototipos de vivienda de emergencia para la
población urbana marginal de Guayaquil y la costa ecuatoriana. Rocío,
como socióloga, realizó diversas investigaciones y proyectos sociales. Ambos
desarrollaron un trabajo comunitario con los jóvenes vulnerables del lugar
130 donde vivían.

Su motivación para dejar Chile y partir hacia Guayaquil como voluntarios
fue construir un proyecto de familia a partir del servicio a los sectores
más vulnerables de la sociedad: "América Solidaria nos permitió eso, ser
instrumentos de servicio para otras personas".

135 Ha sido una excelente experiencia profesional y personal. Hasta el día de hoy
nos marca y dirige nuestras decisiones familiares, personales y profesionales.
Es un hito° y un punto de partida. Nos ha dado la certeza de que es posible   *milestone*
trabajar con pocos recursos°, ser creativo, autogestionarse° y poder vivir con   *? / to manage oneself*
libertad en situaciones adversas.

140 Ambos aseguran que recomendarían a otros jóvenes la experiencia de ser
voluntario de América Solidaria, "Sin duda, 100 por ciento. Una experiencia así
te cambia mucho, y no solo la manera de mirar el mundo y los juicios° que uno   *opinions*
tiene de él, sino también la forma en que te paras viendo el futuro desde donde
trabajas, con qué herramientas° y con qué convicciones".   *tools*

Después de leer

Comprensión

> **For grammar support:**
> *Abriendo paso: Gramática*

C. Al punto. Contesta las siguientes preguntas.

1. ¿Cuál es el desafío que tienen los voluntarios durante el año en que participan en el programa?

2. Describe con detalles y en tus propias palabras el propósito de América Solidaria.

3. ¿Qué es necesario para transformar el continente?

4. ¿Cuáles son los requisitos para participar en el programa?

5. ¿Qué tipo de trabajo hizo Matías Arrau?

6. ¿Qué ganó Matías Arrau como resultado de su experiencia?

7. ¿Qué impacto tuvo la experiencia para Carola Acevedo?

8. ¿Qué motivó a Carlos Ubilla a participar en el programa?

9. ¿Cuáles fueron los trabajos que hicieron Darío Oyarzún y Rocío Martínez?

10. ¿Qué provechos sacaron Darío y Rocío de su participación? Menciona por lo menos tres.

Para ampliar el vocabulario

D. De la misma familia. Escribe una palabra de la misma familia, es decir, palabras que tengan la misma raíz que la palabra dada. Si es un sustantivo, escribe el artículo definido correspondiente.

servir   [3]   inició (iniciar)   [36]   la desesperanza   [68]

crear   [22]   la vivienda   [59]   los gastos   [93]

existe (existir)   [34]   el diseño   [63]

E. En contexto. ¿Cómo le explicarías las siguientes palabras a una persona que no sabe lo que quieren decir? Usa tus propias palabras, sinónimos o una situación para tu explicación.

residen (residir)   [10]   indignos   [30]   las frustraciones   [67]

prestar   [17]   exigente   [38]   la desesperanza   [68]

la vacuna   [30]   la generosidad   [43]

F. Sinónimos. Busca el sinónimo de las palabras que aparecen en la columna A en la columna B. Hay más palabras de las que necesitas.

A

_____ **1.** atreverse [4]

_____ **2.** el origen [13]

_____ **3.** dispuesto [41]

_____ **4.** el cariño [67]

_____ **5.** extrema [68]

_____ **6.** entregan (entregar) [93]

_____ **7.** expandiendo (expandir) [119]

_____ **8.** investigó (investigar) [126]

B

a. exagerada   **i.** el gasto

b. el recurso   **j.** listo

c. el afecto   **k.** averiguar

d. extender

e. dar

f. arriesgarse

g. la procedencia

h. discapacitada

G. Antónimos. Busca el antónimo de las palabras que aparecen en la columna A en la columna B. Hay más palabras de las que necesitas.

A

_____ **1.** diversas [6]

_____ **2.** integren (integrar) [22]

_____ **3.** la urgencia [26]

_____ **4.** exigente [38]

_____ **5.** la generosidad [43]

_____ **6.** los gastos [93]

_____ **7.** fortaleció (fortalecer) [100]

_____ **8.** valiosa [118]

B

a. separar   **i.** los ahorros

b. la tacañería   **j.** debilitar

c. la demora   **k.** la vivencia

d. iguales   **l.** tolerante

e. involucradas

f. insignificante

g. esperanzada

h. los desarrollos

Reflexión

H. El cambio. Según Arturo Celedón, "Para cambiar el mundo, tenemos que cambiar nosotros". ¿Qué te parece esta afirmación? ¿Estás de acuerdo? ¿Qué nos está tratando de decir en el contexto del voluntariado? ¿Cómo podríamos cambiar nosotros? Escribe una lista de palabras y expresiones que te ayuden a presentar lo que opinas sobre este tema. En grupos pequeños, van a discutir la cita. Luego, se van a preparar para presentarle las ideas al resto de la clase.

Perpectivas culturales

I. Voluntarios mundiales. Entre las comunidades donde muchas personas ofrecen su ayuda como voluntarios se encuentran los pueblos indígenas de Latinoamérica. Aquí tienes una lista corta de algunos de esos grupos*. Puedes buscar otros.

- zapoteco, maya, nahua, mixteco (México)
- aimara, quechua (Bolivia)
- mapuche (Chile)
- lenca, garífuna (Honduras)
- kuna (Panamá)

1. Busca en Internet información sobre dos de estos grupos e incluye la siguiente información: el nombre del grupo, su porcentaje de población, sus retos, sus logros hasta el momento y el futuro que les espera.

2. También expresa tu opinión y escoge la comunidad donde te gustaría trabajar. Explica por qué te atrae la idea de ser voluntario(a) y de ayudarlos.

3. Las siguientes organizaciones te pueden ayudar con tu investigación: Grupo Internacional de Trabajo sobre Asuntos Indígenas y la Organización de las Naciones Unidas.

---

*Los nombres de algunos de estos grupos indígenas tienen variaciones ortográficas; por ejemplo, *aimara* y *aymara*. Debes tenerlas en cuenta mientras haces tu investigación.

Abriendo paso

Contextos para la comunicación

For grammar support:
 Abriendo paso: Gramática

A Texto auditivo: "Un techo para mi país"

Vas a ver un video. Primero, tienes un minuto para leer la introducción y las preguntas. Luego vas a escuchar la grabación dos veces. Mientras escuchas, puedes tomar apuntes. Después de escuchar por primera vez, tienes un minuto para contestar las preguntas. Después de escuchar por segunda vez, vas a tener dos minutos para terminarlas.

Introducción ▶

En este video un grupo de jóvenes voluntarios ayuda a mejorar la vida de los pobres en diferentes partes de Lima, Perú. Apareció en el sitio web de *El Comercio*. La selección dura cuatro minutos.

1. ¿Cuál es la misión de "Un techo para mi país"?
2. Explica la situación de la familia en el verano y en el invierno, según la describe Luz Ramos.
3. Según Luz Ramos, ¿qué diferencia hay ahora?
4. ¿Qué reto tuvieron los jóvenes?
5. Según Micaela Wensjoe, ¿qué motiva a los jóvenes?
6. ¿Qué nos dice Aciri sobre su experiencia?
7. ¿Qué se espera para fines de año?

B Presentación escrita: Los desafíos de mi comunidad

Piensa en los problemas que existen en tu comunidad. ¿Qué desafíos y posibles soluciones ves? Escribe dos párrafos en los que incluyas:
- las causas del problema
- lo que se está haciendo o lo que tú piensas que se debe hacer
- lo que esperas que resulte de esos esfuerzos

Antes de entregar tu escritura, reúnete con un(a) compañero(a) para que te dé sugerencias que te ayuden a mejorar lo que has escrito. Usa sus sugerencias y haz cualquier corrección o añade cualquier información que sea necesaria.

C Presentación oral: Mi trabajo voluntario ideal

Imagina que quieres ir a otro país como voluntario(a). Escoge un país latinoamericano o del Caribe donde te gustaría trabajar. Investiga las necesidades que existen en ese país y escoge un área en la que te gustaría trabajar. Explica por qué decidiste escoger ese país y por qué te interesa trabajar en esa área. Prepara tus apuntes para discutir tu selección en pequeños grupos. Van a escoger las mejores presentaciones para compartirlas con el resto de la clase.

D Presentación oral: La juventud vive despreocupada

Hoy día, muchas comunidades están pasando por un periodo de serias necesidades. Sin embargo, muchos creen que la juventud solo atiende a sus propios intereses y vive despreocupada de lo que sucede a su alrededor. ¿Estás de acuerdo con esa percepción? ¿O crees que la juventud participa activamente para dar solución a las necesidades sociales? Explica basándote en tu propia experiencia y lo que has observado a tu alrededor. Haz una lista de palabras y expresiones que te ayuden a expresar tu opinión.

E Composición: Los requisitos de trabajo voluntario en las escuelas

En muchas escuelas les exigen a los estudiantes que completen un determinado número de horas de servicio a la comunidad antes de graduarse. En algunas comunidades este requisito ha creado mucha controversia. ¿Qué te parece este requisito? ¿Piensas que es justo? Vas a escribir una composición de por lo menos 200 palabras en la que discutas este tema.

1. Haz una lista de ideas y escribe todas las palabras que te vengan a la mente con respecto al tema.

2. Considera algunos de los argumentos que daría una persona que no está de acuerdo con el requisito.

3. Haz un esquema de la información que vas a incluir en cada párrafo. Usa tu propia experiencia para apoyar tus ideas.

4. Trata de incorporar por lo menos tres de las siguientes expresiones en tu presentación.

por más que	*no matter how, however much*
hace poco	*a short while ago*
de lo contrario	*otherwise*
en realidad	*actually*
es decir	*in other words, that is to say*

5. Recuerda que debes revisar tu trabajo antes de entregarlo. Puedes reunirte con un(a) compañero(a) para que te ayude.

F Presentación oral: Las organizaciones benéficas

Existen muchas organizaciones que se dedican a reclutar voluntarios para cambiar la situación a nivel local y hasta mundial. Muchas de estas organizaciones son sin ánimo de lucro (*nonprofit*).

1. Identifica e investiga por lo menos dos de estas organizaciones. En tu reporte al grupo, incluye:
   - el nombre de la organización
   - el tipo de trabajo que hace
   - de dónde reciben los fondos
   - los resultados que han obtenido
   - tu opinión sobre la organización

2. Recuerda que no vas a leer un guion. Vas a usar apuntes para presentarle a un grupo pequeño la información que encontraste. Luego, cada grupo va a escoger las organizaciones más interesantes o de más impacto para presentárselas a la clase.

G Presentación escrita: Un proverbio chino

El proverbio chino "Dale a un hombre un pescado y comerá por un día; enséñale a pescar, comerá toda la vida" encierra la filosofía de muchas organizaciones que reclutan voluntarios que ayudan a cambiar el mundo. Piensa cuidadosamente en el proverbio y explica su significado a través de una anécdota. Puedes usar tu propia experiencia o inventar una situación que ilustre el significado del proverbio. Tu explicación y anécdota debe tener unos tres párrafos. No te olvides de revisar lo que escribiste una vez que hayas terminado el trabajo.

Preguntas del capítulo

Ahora que has discutido la lectura y tienes mejor conocimiento del tema, tu profesor(a) va a reanudar la discusión de las preguntas del capítulo. Repasa brevemente los apuntes y ejercicios que ya completaste.

- ¿Cuáles son los retos que enfrentan las comunidades pobres a través del mundo?

- ¿Cuál es la motivación de muchos jóvenes para prestar sus servicios a organizaciones que tratan de mejorar el mundo?

- ¿Cómo influye el trabajo voluntario en la calidad de vida de las personas que necesitan ayuda así como la calidad de vida de los que aportan la ayuda?

La vida contemporánea: Un paso más

Integración

> **Más práctica:** Preparación para el examen, pp. 421–424

Preguntas fundamentales para la discusión

Ahora que tienes un conocimiento más amplio del tema de esta unidad, podrás contestar con más información las siguientes preguntas y discutir tus ideas con el resto de la clase.

- ¿Cómo definen los individuos y las sociedades su propia calidad de vida?
- ¿Cómo influyen los productos culturales, las prácticas y las perspectivas de la gente en la vida contemporánea?
- ¿Cuáles son los desafíos de la vida contemporánea?

Presentación final

Vas a elaborar una presentación final en la que analices el tema de la unidad más a fondo. Los siguientes pasos te van a ayudar a examinar y organizar tus ideas.

1. Considera otras perspectivas

Además de los contextos que examinaste en esta unidad, ¿qué otros contextos se podrían incluir bajo el tema de "La vida contemporánea"? ¿Qué otras preguntas fundamentales te hubiera gustado investigar bajo este tema? Prepara tus ideas para discutirlas con la clase. No tienes que discutir a fondo los contextos o preguntas que apuntaste, solo prepárate para explicar por qué te parece importante incluir estos contextos o preguntas.

2. Explora tu perspectiva

Piensa en los contextos y perspectivas que discutiste con la clase. Escoge un aspecto del tema relacionado con ellos que te interesa analizar más a fondo.

- ¿Cuál es el problema?
- ¿Por qué crees que merece atención?

3. Desarrolla la presentación

Usa el problema para establecer la idea central que vas a usar como hilo conductor de tu presentación final sobre el tema de la unidad. Para más apoyo, consulta la *Guía para presentaciones* que se encuentra en el curso digital.

Las familias y las comunidades

Preguntas fundamentales para la discusión

Al final de esta unidad podrás contestar las siguientes preguntas:

- ¿Cómo se define la familia en distintas sociedades?

- ¿Cómo contribuyen los individuos al bienestar de las comunidades?

- ¿Cuáles son las diferencias en los papeles que asumen las comunidades en las diferentes sociedades del mundo?

CAPÍTULO 14

Las tradiciones y los valores

LECTURA: Se populariza el disfraz de La Catrina

En portada

Preguntas del capítulo

Las siguientes preguntas te servirán de guía y te ayudarán a comprender el tema más a fondo. Tenlas presentes a lo largo del capítulo.

- ¿Cómo ayudan las tradiciones y los valores a definir las comunidades a través del mundo?

- ¿Cómo contribuyen las tradiciones y los valores al bienestar de la familia y las comunidades?

- ¿Qué efectos ha tenido la globalización en la propagación de las tradiciones y los valores de las comunidades?

Describe detalladamente la foto. Incluye la información de las preguntas a continuación en tu descripción.

1. ¿Cuál es tu primera impresión al mirar esta foto?

2. ¿Qué símbolos religiosos y seculares (no religiosos) se pueden ver en la foto?

3. ¿Qué piensas acerca de la manera en que parece celebrarse la vida del difunto?

4. ¿Qué mensaje quiere comunicar la foto sobre la muerte? ¿Qué te hace pensar así?

Lectura

Se populariza el disfraz de La Catrina

Antes de leer

> **Estrategia:** *Usar la frase introductoria para anticipar el contenido*
>
> Muchas veces los autores aprovechan las primeras frases de un texto para establecer lo que van a tratar. Si las lees cuidadosamente y prestas atención a la introducción, vas a tener una idea general de su contenido.
>
> - **¡Ponla en práctica!** Lee la primera frase de la lectura y escribe una frase en la que expreses lo que tú crees que será la idea principal. Vas a compartir la frase con un grupo pequeño de tus compañeros. Todos pueden discutir, no solo la idea principal sino también otras ideas que ustedes crean que el autor va a incluir en el texto.

A. **Dos celebraciones con mucho en común.** Halloween y el Día de los Muertos son dos tradiciones culturales que se celebran en la misma época del año.

1. Completa (brevemente) el siguiente esquema sobre estas fiestas. Si no sabes las respuestas, búscalas en Internet. Cuando leas el artículo de este capítulo, también podrás añadir más información.

	Halloween	El Día de los Muertos
Día(s) en que se celebra		
Raíces paganas		
Lo que se celebra		
Símbolos o imágenes		
El papel de los espíritus		
Ritos o prácticas		
Conexión con fiestas cristianas		

2. Haz una lista de los puntos similares que observas entre estas celebraciones.

> **For grammar support:**
>
> *Abriendo paso: Gramática*

3. Vas a compartir los resultados de tu esquema con un grupo pequeño de tus compañeros y añadirle cualquier información pertinente para luego compartir todas las ideas con el resto de la clase.

B. **¿Cómo es La Catrina?** En el artículo se dice que "La Calavera Garbancera —La Catrina—fue una figura creada por el ilustrador y caricaturista José Guadalupe Posada (1852–1913)". Mira la foto a continuación. ¿Crees que se podría adaptar elementos de La Catrina a un disfraz para Halloween? ¿Has visto disfraces similares a la figura de La Catrina? ¿En qué se diferencia esta de otras imágenes similares? Toma algunos apuntes que te ayuden a explicar tu respuesta. Vas a compartirla con la clase.

Introducción

En este artículo se habla de la globalización de algunas fiestas tradicionales. Apareció en el sitio web de BBC Mundo.

Al leer

Mientras lees, ten en cuenta los siguientes puntos:

- la importancia de La Catrina en la cultura mexicana
- la globalización de algunas tradiciones culturales
- la conciliación de ideas religiosas que se originan en culturas diferentes

Se populariza el disfraz de La Catrina

por Marcos Salas

Es natural que en una ciudad como Los Ángeles, donde habita° una enorme población mexicana, La Catrina—la famosa imagen de la calavera°—sea una presencia habitual en la celebración del Día de los Muertos.

5 Se trata de una celebración mexicana de origen prehispánico que honra a los difuntos°. Comienza el 1 de noviembre y se extiende hasta el 2.

Este año y con motivo de la celebración de Halloween (más que del Día de los Muertos), que en los años recientes se ha ido extendiendo a países latinoamericanos, la presencia de La Catrina—el disfraz de calavera—se ha popularizado de forma considerable.

10 En sectores de Caracas, Bogotá o Miami, este año el disfraz de la calaverita ha tenido una presencia mucho más protagónica° que en años anteriores.

El disfraz de La Catrina, basada en la creación del dibujante José Guadalupe Posada (1852–1913), se ha vuelto muy popular.

Basta° echar un vistazo° a las redes sociales—Facebook o Instagram—para
15 comprobar la popularidad de este atuendo° que, en el mejor de casos, a falta de una máscara° de calavera, implica un afanoso° proceso de maquillaje° del rostro°.

Iconografía que trasciende

Basada en la imagen de la diosa Mictecacíhuatl, reina de Mictlán en la mitología azteca—el noveno y último nivel° del inframundo°—y conocida
20 como "Señora de la muerte", el popular personaje° llamado La Calavera Garbancera—La Catrina—, fue una figura creada por el ilustrador y caricaturista José Guadalupe Posada (1852–1913).

Catrina representa el esqueleto de una mujer de clase alta y por décadas ha sido objeto de la cultura popular mexicana.

25 BBC Mundo consultó a Alejandro Pelayo Rangel, jefe del departamento de asuntos° culturales del Consulado General de México en Los Ángeles, quien está al tanto° del fenómeno.

"Se trata de un fenómeno cultural que tiene que ver con otros elementos de la tradición cultural mexicana, como Frida Kahlo o los tacos. La Catrina, la
30 calaverita, forma parte de una iconografía que va trascendiendo°".

?
skull

deceased

leading

It is enough / glance
attire
? / painstaking / makeup
face

level / underworld
?

matters
up to date

is becoming known

Después de leer

Comprensión

For grammar support:

 Abriendo paso: Gramática

C. Al punto. Contesta las siguientes preguntas.

1. ¿Por qué no es extraño que La Catrina se use para celebrar el Día de los Muertos en Los Ángeles?

2. ¿En qué está basado el disfraz de La Catrina?

3. ¿En qué se basó José Guadalupe Posada para crear La Catrina?

4. ¿Con qué otras figuras representativas de la cultura mexicana compara Alejandro Pelayo Rangel a La Catrina?

5. ¿Qué sucedió entre los años 1920–1930 con respecto a la cultura mexicana?

6. ¿Qué efecto tuvieron las obras de Guadalupe Posada en otros artistas?

7. Según el artículo, además de su efecto en obras pictóricas mexicanas, ¿en qué otra obra influyó Posada?

8. ¿Qué otras influencias ayudaron a la propagación de la calavera?

9. ¿Qué se ha visto recientemente en el mercado estadounidense? Da algunos ejemplos.

Para ampliar el vocabulario

D. De la misma familia. Escribe una palabra de la misma familia, es decir, palabras que tengan la misma raíz que la palabra dada. Si es un sustantivo, escribe el artículo definido correspondiente.

el dibujante [12]	los alquileres [64]
alimentaron (alimentar) [36]	comercializaron (comercializar) [65]
animada [51]	solicitado [76]
la herencia [59]	la oferta [85]

E. En contexto. ¿Cómo le explicarías las siguientes palabras a una persona que no sabe lo que quieren decir? Usa tus propias palabras, sinónimos o una situación para tu explicación.

habitual [3]	la reina [18]
el disfraz [8]	regalaban (regalar) [60]
el dibujante [12]	el azúcar [61]
el maquillaje [16]	la cadena [68]

F. **Sinónimos.** Busca el sinónimo de las palabras que aparecen en la columna A en la columna B. Hay más palabras de las que necesitas.

A

_____ **1.** habita (habitar) [1]

_____ **2.** el vistazo [14]

_____ **3.** comprobar [15]

_____ **4.** el rostro [17]

_____ **5.** señala (señalar) [31]

_____ **6.** la cinta [53]

_____ **7.** solicitado [76]

_____ **8.** suelen (soler) [89]

B

a. la cara

b. pedido

c. indicar

d. vivir

e. dibujado

f. el difunto

g. la película

h. anterior

i. acostumbrar

j. verificar

k. la mirada

G. **Antónimos.** Busca el antónimo de las palabras que aparecen en la columna A en la columna B. Hay más palabras de las que necesitas.

A

_____ **1.** enorme [1]

_____ **2.** último [19]

_____ **3.** autóctono [33]

_____ **4.** reconocido [52]

_____ **5.** recuerdo (recordar) [60]

_____ **6.** llevarse [89]

_____ **7.** conseguían (conseguir) [90]

B

a. perder

b. ejercer

c. olvidar

d. extranjero

e. el paseo

f. pequeño

g. trascendido

h. rechazado

i. traer

j. primero

Reflexión

H. **El significado de la muerte.** En cada cultura la idea de la muerte tiene diferente significado. Busca a dos personas de habla hispana en tu comunidad e investiga lo que esas dos personas piensan sobre la muerte. Antes de entrevistarlas, haz una lista de preguntas o ideas que vas a usar para conseguir la información. Si no puedes encontrar a ninguna persona de habla hispana en tu comunidad, puedes escribirle a una persona hispana que tenga un blog o que participe en una de las redes sociales. La comunicación tiene que ser en español y tendrás que entregarle los correos electrónicos a tu profesor(a). Una vez que tengas la información, reflexiona sobre tus ideas acerca de la muerte. Toma algunos apuntes y prepárate para discutir tus ideas con tus compañeros de clase. En tu presentación incluye no solo tus ideas sino también las razones por las que piensas de esa manera.

Comparaciones culturales

I. **El Día de Todos los Santos en España.** El primero de noviembre, el Día de Todos los Santos, es una fiesta nacional en España. Investiga en Internet la manera en que los españoles celebran esta fiesta y compárala con lo que sabes del Día de los Muertos en México. Incluye lo que se hace, lo que se come y cualquier rito que tenga lugar ese día. Escribe dos párrafos en los que presentes la información que encontraste. Añade algunas frases con tu opinión personal. Con un(a) compañero(a), vas a discutir lo que escribiste. Él o ella te va a ayudar a corregir cualquier error antes de que entregues tu trabajo.

Abriendo paso

Contextos para la comunicación

For grammar support:

✍ *Abriendo paso: Gramática*

A Texto auditivo: La Parranda de San Pedro

Vas a escuchar una grabación. Primero, tienes un minuto para leer la introducción y las preguntas. Luego vas a escuchar la grabación dos veces. Mientras escuchas, puedes tomar apuntes. Después de escuchar por primera vez, tienes un minuto para contestar las preguntas. Después de escuchar por segunda vez, vas a tener dos minutos para terminarlas.

Introducción 🔊))

El siguiente audio describe la Parranda de San Pedro y cómo se celebra en Guatire, una ciudad en Venezuela. Fue transmitido en Radio Comunitaria Kabudari. La grabación dura unos tres minutos.

1. ¿Dónde tuvo su origen esta celebración?

2. ¿Quién era María Ignacia?

3. ¿Qué problema tenía María Ignacia?

4. ¿Por qué le hizo María Ignacia un pedido a San Pedro?

5. ¿Qué le prometió María Ignacia a San Pedro?

6. ¿Qué hizo María Ignacia el 29 de junio? ¿Por qué lo hizo?

7. Describe a la persona que representa a María Ignacia en la celebración.

B Composición: Comparación cultural de tradiciones globales

En el artículo se habla de la extensión de la fiesta de Halloween a los países latinoamericanos y el uso del disfraz mexicano de La Catrina en los Estados Unidos. Muchas tradiciones culturales se han extendido a los EE.UU. y de los EE.UU. a otros países. Vas a escribir una composición de por lo menos 200 palabras acerca de la difusión mundial de las tradiciones culturales. Tu escritura debe mostrar cómo al menos dos tradiciones se

han expandido por el mundo. También debes incluir tus ideas acerca de las razones por las cuales este tipo de expansión ocurre.

1. Haz una lista de ideas, escribiendo todas las palabras y expresiones que te vengan a la mente acerca del tema.

2. Busca más información en Internet o cualquier otra fuente que esté a tu disposición y añádela a tus apuntes.

3. Elimina lo que no vas a usar y organiza tus ideas de una manera lógica.

4. No te olvides de incluir un párrafo en el que presentes lo que vas a desarrollar y uno en el que resumas tus ideas.

5. Trata de incorporar por lo menos tres de las siguientes expresiones en tu composición.

hoy día	*nowadays*
por más que	*no matter how*
también viene al caso	*it is also relevant*
tan pronto como	*as soon as*
hay que tomar en cuenta que	*one must take into account that*

6. Revisa el contenido y la gramática antes de entregársela a tu profesor(a).

C Comparación cultural: Los altares

En la sección *En portada* viste una foto de un altar. El altar de muertos es un elemento fundamental en la celebración del Día de los Muertos en México. Vas a buscar más información en Internet sobre estos altares para hacer una presentación oral acerca de sus orígenes, la razón por la cual se construyen, los diferentes niveles que tienen algunos y lo que se incluye en ellos. Luego, piensa en la manera en que se recuerda a los difuntos en los Estados Unidos y menciona las diferencias o semejanzas que tú encuentres. Toma algunos apuntes que te ayuden a compartir la información con tus compañeros.

D Presentación oral: El sincretismo

Generalmente se define el término *sincretismo* como la conciliación de ideas (filosóficas, religiosas, etc.) que se originan en entornos culturales diferentes. Acerca de la celebración del Día de los Muertos en México, la periodista Leticia Montagner dice: "Lo curioso es el sincretismo, donde conviven las antiguas tradiciones prehispánicas e hispánicas con la influencia norteamericana y el Halloween, con los disfraces de brujas y de todo tipo de monstruos".

1. Reflexiona sobre las preguntas a continuación y toma algunos apuntes que te ayuden a compartir tus ideas con un grupo pequeño de tus compañeros.

   • ¿Cuáles son algunas causas del sincretismo? Si no sabes, busca información en Internet.
   • ¿Qué efecto crees que tiene el sincretismo en la diversidad cultural? ¿Crees que es una ventaja o una desventaja cultural? Explica.

2. Da otro ejemplo contemporáneo de sincretismo. ¿Cómo es y qué tradiciones se combinan?

E Presentación escrita: Fiestas religiosas con elementos paganos

El Día de los Muertos no es la única fiesta tradicional en la que se introducen elementos paganos en la celebración de fiestas religiosas. Por ejemplo, varias costumbres paganas influyeron en la celebración de la Navidad y de la Pascua (*Easter*). Investiga la influencia de lo pagano en la manera en que se celebra una fiesta religiosa en un país de habla hispana hoy día y escribe un breve informe sobre el tema. No te olvides de identificar los elementos paganos e incluir su origen en esa celebración. Antes de entregar tu escritura, reúnete con un(a) compañero(a) para que te dé algunas sugerencias que te ayuden a mejorar lo que has escrito. Haz cualquier corrección o añade cualquier información que sea necesaria.

F Investigación en Internet: Obras Maestras del Patrimonio Oral e Inmaterial de la Humanidad

En 2003, la Unesco añadió la celebración del Día de los Muertos en las comunidades indígenas mexicanas a su lista de las Obras Maestras del Patrimonio Oral e Inmaterial de la Humanidad. Investiga en Internet las razones que esta organización dio para justificar la incorporación de estas celebraciones indígenas, aunque no están amenazadas. Además, investiga otra Obra Maestra del Patrimonio Oral e Inmaterial latinoamericana que haya sido distinguida por la Unesco con esta denominación para saber más de esa tradición. Vas a compartir la información con la clase.

G Presentación oral: Artistas mexicanos reconocidos

Además de José Guadalupe Posada, en el artículo se mencionan otros artistas mexicanos de gran importancia: Diego Rivera, José Clemente Orozco y Frida Kahlo.

1. El (La) profesora va a asignarle uno(a) de estos artistas u otro(a) artista mexicano(a) a cada estudiante.

2. Busca información en Internet sobre la vida y la obra de ese(a) artista.

3. Prepara una breve presentación sobre él o ella.

4. El (La) profesor(a) va a juntar a todos los estudiantes que tengan un(a) artista en común. Comparte tu presentación. Escucha lo que dicen tus compañeros y añade cualquier información que te ayude a tener una mejor idea sobre ese(a) artista.

5. Luego, cada grupo va a hacer una presentación sobre su artista. Cada estudiante del grupo tiene que participar, así que deben dividir la información de una manera lógica.

Preguntas del capítulo

Ahora que has discutido la lectura y tienes mejor conocimiento del tema, tu profesor(a) va a reanudar la discusión de las preguntas del capítulo. Repasa brevemente los apuntes y ejercicios que ya completaste.

- ¿Cómo ayudan las tradiciones y los valores a definir las comunidades a través del mundo?
- ¿Cómo contribuyen las tradiciones y los valores al bienestar de la familia y las comunidades?
- ¿Qué efectos ha tenido la globalización en la propagación de las tradiciones y los valores de las comunidades?

Las comunidades educativas

LECTURA: Reforzando la educación en Guatemala

En portada

Preguntas del capítulo

Las siguientes preguntas te servirán de guía y te ayudarán a comprender el tema más a fondo. Tenlas presentes a lo largo del capítulo.

- ¿De qué manera se benefician los que participan en las comunidades educativas?

- ¿Cómo influyen las comunidades educativas en el mejoramiento de las comunidades?

- ¿Cuáles son las ventajas de incluir a varios sectores de la población (personas de diferentes edades, personas de diferentes ocupaciones, etc.) en las comunidades educativas?

Describe detalladamente las fotos. Incluye la información de las preguntas a continuación en tu descripción.

1. ¿Cuáles son algunas semejanzas y diferencias entre las dos fotos? ¿Qué nos comunican las fotos acerca de la importancia de la educación?

2. ¿Cuál es el mensaje de la segunda foto? ¿Estás de acuerdo? ¿Es la educación algo que se hace durante toda la vida? Explica.

3. ¿A qué retos crees tú que se tienen que enfrentar las personas de las fotos?

4. ¿Qué impacto positivo tiene para una comunidad el educarse a cualquier edad?

Lectura

Reforzando la educación en Guatemala

Antes de leer

> **Estrategia:** *Activando tus conocimientos previos*
>
> Una estrategia que te ayuda a prepararte para leer es pensar en los conocimientos que ya tienes sobre el tema. Intenta recordar palabras relacionadas con el tema y usar tu experiencia personal, es decir, lo que has leído, estudiado u observado que tenga que ver con lo que piensas que se va a discutir en la lectura.
>
> - **¡Ponla en práctica!** Mira el título de la lectura y haz una lista de las palabras, expresiones o ideas que te vienen a la mente sobre el tema. Luego, piensa en tu propia experiencia y anota algunos hechos que se relacionan con el tema. Esto te ayudará a tener una idea más completa de lo que vas a leer. Vas a compartir tus apuntes con un grupo de tus compañeros.

A. **Enfrentando la realidad.** En muchas comunidades los jóvenes tienen que enfrentarse a situaciones muy difíciles, especialmente si viven en un estado de pobreza, de falta de educación o de falta de interés por triunfar en la vida. ¿Qué puede hacer una comunidad para aliviar esta situación? ¿Existen medios de prevención que se puedan implementar? ¿Cuáles? Explica. Si ya están presentes estos retos (pobreza, falta de educación o interés, etc.), ¿qué se puede hacer para ayudar a los jóvenes para que puedan triunfar a pesar de la situación? Da ejemplos específicos de tu propia experiencia. Haz una lista de las palabras y expresiones que vas a necesitar para expresarle tus ideas a un grupo de tus compañeros.

B. **Los programas de ayuda.** En los Estados Unidos se han establecido diferentes programas educativos para ayudar a los jóvenes a superar obstáculos y facilitar su participación futura en los beneficios sociales que todo ciudadano debe disfrutar. ¿Conoces algún programa que trate de hacer esto? Descríbelo con detalle, incluyendo su misión, sus actividades y los éxitos que ha obtenido. Si no conoces ningún programa, busca información en Internet y prepara apuntes para presentarles la información a tus compañeros de clase.

> **For grammar support:**
> *Abriendo paso: Gramática*

Introducción

El siguiente artículo de la revista *Américas* trata de un programa creado en Guatemala para fomentar actividades que ayuden a los niños y jóvenes a evitar la violencia y a ocupar su tiempo libre con actividades sanas.

Al leer

Mientras lees, ten en cuenta los siguientes puntos:

- el propósito, las actividades y el costo del programa
- las experiencias de los participantes
- el impacto del programa en otros miembros de la familia

Reforzando la educación en Guatemala

por Claudio Magnífico

Escuelas Abiertas

effort
has been launched

El Programa Presidencial de Escuelas Abiertas constituye el esfuerzo° más importante que se ha impulsado° en Guatemala para promover la prevención de la violencia, factores de protección para la población joven y el uso adecuado del tiempo libre los fines de semana. De hecho, se han articulado

connect

diferentes líneas de acción que vinculan° a las comunidades, familias, 5
organizaciones y autoridades locales, la sociedad civil y el gobierno central

to strengthen / youth leadership / at the disposal

para fortalecer° el liderazgo juvenil° y la promoción de la cultura, las artes, los deportes y la tecnología, poniéndolos a disposición° de quienes regularmente

benefits

están excluidos de este tipo de bienes° sociales.

have arisen

Como estrategia general, las Escuelas Abiertas han partido° de las instituciones 10
educativas existentes, mejorándolas, fortaleciéndolas y transformándolas
hasta hacerlas extender su labor pedagógica a espacios que se negaban a la

purpose

comunidad. La finalidad° es reconstituir el sentido comunitario a favor de la
juventud en lugares que se caracterizan por la existencia de situaciones sociales

risk / lack

de riesgo° vinculadas a la pobreza, la exclusión y la falta° de oportunidades. 15
Así, se han creado verdaderos espacios comunitarios que se organizan en

around

torno a° actividades que favorecen el aprendizaje de la niñez, la adolescencia
y la juventud en los campos de la tecnología, los deportes regulares y las
bellas artes. A través del establecimiento de espacios comunitarios, se busca

recognition

el reconocimiento°, la combinación y legitimación de los nuevos lenguajes y 20 actividades vitales y de interés para la juventud, como el deporte extremo y el arte alternativo vanguardista y regenerativo.

Para Cristhian, de 16 años, la asistencia a los talleres° de *break* en Palín, Escuintla, le permitió dejar un pasado vinculado a la violencia: "El ratito en el que
25 estás ahí bailando sentís que sos* libre" (. . .) "En Escuelas Abiertas hemos tenido el espacio necesario para practicar lo que nos ha permitido salir de ese mundo, (. . .) ahora trato de motivar y compartir con aquellos que conozco a cambiar su vida, chavos° que sé que están en la misma situación en la que yo estaba".

A los doce años Jackeline deseaba ser como los integrantes° de las maras° que
30 estaban en su colonia°, pero su participación en Escuelas Abiertas le permitió poder pensar en qué otra forma de vida era posible: desde el primer momento formó parte del consejo° juvenil y sintió que podía utilizar su liderazgo en algo positivo. Jackeline también tomó cursos de formación° laboral, que la ayudaron a "tomar mejores decisiones implementando mis conocimientos adquiridos
35 desde mi casa y luego en todos los lugares en los que me desenvuelvo°".

Además de integrar a los jóvenes, los talleres de Escuelas Abiertas permiten asimilar a adultos y que los miembros de una misma familia puedan compartir espacios de recreación y disfrute°. Es el caso de doña Graciela, de San Martín Jilotepeque, quien llegó a Escuelas Abiertas con la esperanza principalmente
40 de que sus hijos aprendieran más y encontraran nuevas oportunidades. Sin embargo, encontró un espacio en el que ella también ha podido desarrollarse y que le ha ampliado° las expectativas de vida. Al ver que sus hijos estaban triunfando en Escuelas Abiertas, especialmente su hija Lidia—que fue campeona° de salsa a nivel nacional en el primer Festival realizado en
45 2009 por el programa—y su hijo Edgar, de 13 años—que ya utilizaba una computadora—doña Graciela decidió con sus hijos asistir al taller de baile y al de música, donde está aprendiendo a tocar la guitarra y a cantar.

El programa de Escuelas Abiertas es más que escuelas organizadas en talleres que atienden los intereses juveniles con la participación de voluntarios y
50 líderes de la comunidad. El programa permite la creación de espacios para el desarrollo° de procesos formales de investigación con el fin de promover un reconocimiento permanente y más profundo de los jóvenes, sobre todo los que se encuentran en situación de riesgo, y la descripción de una realidad que cambia a la velocidad de la capacidad de creación de la juventud.

55 Hasta la fecha, se han creado 220 Escuelas Abiertas—distribuidas en las zonas urbanas de mayor riesgo social del país—que han permitido la participación

---

Sentís que sos es equivalente a *sientes que eres* en América Central, Colombia, Argentina y Uruguay.

Glosses (right margin):
- workshops
- kids
- members / gangs
- district
- council
- training
- in which I move
- enjoyment
- has broadened
- champion
- development

de 260.000 jóvenes durante los fines de semana. Estas funcionan bajo la
conducción° de 2.500 líderes comunitarios capacitados° en diversos campos,
en coordinación con el personal técnico del programa. Por su vocación de
atención de los intereses juveniles y las diferencias culturales, se atiende° a la   60
juventud de diversos pueblos guatemaltecos, generando un movimiento que
se manifiesta en programas radiales°, festivales, conciertos, campeonatos y
exposiciones, que logran articular sinergia entre los jóvenes y su comunidad.
La estrategia implementada ha permitido la coordinación de las acciones del
programa con otras políticas públicas, como por ejemplo en el caso de aquellos   65
jóvenes sin recursos° económicos que desean retomar° al sistema educativo, se
ofrece un programa nacional de becas° en el que los beneficiarios de Escuelas
Abiertas tienen un trato preferencial.

En cuanto a la inversión°, se estima que mensualmente° el Estado invierte
un total de 8 dólares por beneficiario. Las perspectivas de futuro son la   70
ampliación° del programa en cuanto a su cobertura°, la institucionalización
de los procesos, la profundización en la organización juvenil y la certificación
de los aprendizajes, así como el establecimiento de relaciones con otras
instituciones de capacitación°, con el fin de generar oportunidades de empleo
y mejorar la calidad de vida de los beneficiarios.   75

*"Además de integrar a los
jóvenes, los talleres de Escuelas
Abiertas permiten asimilar a
adultos y que los miembros
de una misma familia puedan
compartir espacios de recreación
y disfrute."*

direction / trained

is taken care of

?

? / to go back
scholarships

? / ?

? / coverage

training

Después de leer

Comprensión

For grammar support:

📖 *Abriendo paso: Gramática*

C. **Al punto.** Contesta las siguientes preguntas.

1. ¿Cuál es el propósito del Programa Presidencial de Escuelas Abiertas? Descríbelo detalladamente.

2. ¿Qué forma parte integral de este programa?

3. ¿Quiénes participan en organizar las actividades?

4. ¿Qué tipo de actividades se crean? ¿Cuáles son sus propósitos?

5. ¿Qué ha podido hacer Cristhian como resultado de su participación en el programa?

6. ¿Cómo ha beneficiado a Jackeline el programa?

7. ¿Qué efecto ha tenido el programa en la vida de doña Graciela y en la de su familia?

8. ¿Qué se espera del programa de ahora en adelante?

Para ampliar el vocabulario

D. **De la misma familia.** Escribe una palabra de la misma familia, es decir, palabras que tengan la misma raíz que la palabra dada. Si es un sustantivo, escribe el artículo definido correspondiente.

la prevención   [2]
central   [6]
juvenil   [7]
la promoción   [7]
existentes   [11]
los integrantes   [29]
capacitados   [58]
los campeonatos   [62]

E. **En contexto.** ¿Cómo le explicarías las siguientes palabras a una persona que no sabe lo que quieren decir? Usa tus propias palabras, sinónimos o una situación para tu explicación.

las autoridades   [6]
los bienes   [9]
el riesgo   [15]
la falta   [15]
la asistencia   [23]
los talleres   [23]
las becas   [67]

F. **Sinónimos.** Busca el sinónimo de las palabras que aparecen en la columna A en la columna B. Hay más palabras de las que necesitas.

A

_____ 1. promover [2]

_____ 2. los bienes [9]

_____ 3. la finalidad [13]

_____ 4. favorecen (favorecer) [17]

_____ 5. asimilar [37]

_____ 6. ha ampliado (ampliar) [42]

_____ 7. las expectativas [42]

_____ 8. diversos [58]

B

a. varios

b. ayudar

c. fomentar

d. arriesgados

e. la cobertura

f. integrar

g. los recursos

h. los reconocimientos

i. el propósito

j. aumentar

k. las esperanzas

G. **Antónimos.** Busca el antónimo de las palabras que aparecen en la columna A en la columna B. Hay más palabras de las que necesitas.

A

_____ 1. abiertas [1]

_____ 2. adecuado [4]

_____ 3. libre [4]

_____ 4. fortalecer [7]

_____ 5. excluidos [9]

_____ 6. extender [12]

_____ 7. negaban (negar) [12]

_____ 8. mejorar [75]

B

a. empeorar

b. existentes

c. ocupado

d. capacitados

e. debilitar

f. integrados

g. cerradas

h. esperanzado

i. impropio

j. permitir

k. reducir

Reflexión

H. La avaricia espiritual de los que saben. La siguiente cita pertenece al filósofo y escritor español Miguel de Unamuno (1864–1936). "Es detestable esa avaricia espiritual que tienen los que, sabiendo algo, no procuran la transmisión de esos conocimientos."

1. Según la cita, ¿qué obligación le asigna Unamuno a las personas? Explica por qué estás o no estás de acuerdo con su caracterización de las personas que no lo hacen. ¿Crees que Unamuno hubiera apoyado un programa como Escuelas Abiertas?

2. Usa las ideas que él expresa en la cita para explicar por qué piensas así.

3. Haz una lista de palabras y expresiones que vas a necesitar para expresar tu opinión. Te deben servir de guía para presentar tus ideas a tus compañeros de clase en un grupo pequeño.

4. Presta atención a lo que dicen tus compañeros y añade en tus notas las ideas que te parezcan acertadas. Luego, van a discutir las mejores ideas con el resto de la clase.

Perspectivas culturales

I. Los grupos étnicos de Guatemala. En el artículo que acabas de leer, se mencionan los "diversos pueblos guatemaltecos". El 60% de la población total del país pertenece a un solo grupo étnico indígena, pero hay muchas otras etnias también. Busca información en Internet sobre la situación actual de los grupos étnicos de Guatemala. Investiga sus orígenes, algunas de sus costumbres y el lugar que ocupan hoy en la sociedad guatemalteca. Prepara tus apuntes para que puedas presentar la información primero a un grupo pequeño de tus compañeros y luego al resto de la clase.

G Presentación oral: ¿Quién o qué tiene la culpa?

Cuando el comportamiento de un(a) joven no es bueno, se tiene tendencia a querer echarle la culpa a alguien o a algo. Hoy día, es muy común culpar a algunos de los medios de comunicación como el cine, la televisión, los videojuegos, etc. Se dice que la avalancha de acciones dañinas que se ven en ellos (por ejemplo, la violencia) lleva a los jóvenes a actuar de la misma manera. ¿Crees que hay alguna validez en esas afirmaciones? ¿Te parece que no son acertadas? Toma algunos apuntes que te ayuden a compartir tus ideas con un grupo pequeño de tus compañeros. No te olvides de incluir algunos ejemplos que apoyen tu punto de vista.

H Presentación oral: El papel del gobierno

El Programa Presidencial de Escuelas Abiertas está coordinado por el Consejo de Cohesión Social (CCS) y es ejecutado por la Secretaría de Bienestar Social. ¿Por qué piensas que el gobierno se ha involucrado en tal programa? ¿Piensas que es buena idea que un programa surja del gobierno? ¿Qué ventajas o desventajas tiene el hecho de que este tipo de programa se realice bajo los auspicios del gobierno? ¿Te parece que hay otros grupos, por ejemplo, organizaciones benéficas, que podrían ocuparse de esto de una manera más eficiente o económica? Explica. Haz una lista de las ideas que quieres expresar. Te vas a reunir con un grupo pequeño de tus compañeros para presentar tus ideas.

Preguntas del capítulo

Ahora que has discutido la lectura y tienes mejor conocimiento del tema, tu profesor(a) va a reanudar la discusión de las preguntas del capítulo. Repasa brevemente los apuntes y ejercicios que ya completaste.

- ¿De qué manera se benefician los que participan en las comunidades educativas?

- ¿Cómo influyen las comunidades educativas en el mejoramiento de las comunidades?

- ¿Cuáles son las ventajas de incluir a varios sectores de la población (personas de diferentes edades, personas de diferentes ocupaciones, etc.) en las comunidades educativas?

CAPÍTULO 16

La estructura de la familia

LECTURA: Nueva estructura familiar crea dificultades

En portada

Las siguientes preguntas te servirán de guía y te ayudarán a comprender el tema más a fondo. Tenlas presentes a lo largo del capítulo.

- ¿Qué cambios se han visto en la estructura de la familia en las últimas décadas?

- ¿Qué desafíos presentan los cambios en la estructura familiar para las comunidades?

- ¿Qué medidas se necesitan para afrontar los desafíos de las estructuras familiares contemporáneas?

Describe detalladamente las fotos. Incluye la información de las preguntas a continuación en tu descripción.

1. En tu opinión, ¿existe una estructura ideal para la familia? Explica tu respuesta.

2. ¿Cuáles son las diferencias entre las dos familias de las fotos? ¿Cuál prevalece en tu comunidad?

3. ¿Qué servicios tendría que proveer la comunidad si una u otra de las familias necesitara ayuda?

4. A medida que el siglo XXI transcurre (*goes by*), ¿cómo ves el futuro de la familia en general?

Nueva estructura familiar crea dificultades

Antes de leer

> **Estrategia:** *El uso de la estructura del texto para saber más sobre el tema que va a discutir el autor*
>
> La estructura de un texto ayuda mucho a saber de lo que trata este. Si revisas el título, los subtítulos, las ilustraciones y los gráficos (si los hay), y la organización general del texto, podrás predecir y hacer conexiones con los conocimientos que ya tienes. Esta destreza te va a ayudar a comprender mejor la lectura.
>
> - **¡Ponla en práctica!** Lee el título y los subtítulos del artículo que vas a leer. ¿De qué se trata? ¿Qué áreas va a cubrir la autora? ¿Has leído o estudiado acerca de los temas que se presentan? ¿Qué sabes sobre ellos? Reflexiona sobre estas preguntas y predice la información que vas a encontrar en el artículo. Luego, una vez que hayas terminado la lectura, revisa tus apuntes para ver si tuviste razón en las predicciones que hiciste.

A. **¿Cómo ha cambiado la familia?** Piensa en la composición de la familia en siglos pasados. Sin duda has leído cuentos o novelas donde se describen estas familias del pasado. ¿Crees que las familias han cambiado drásticamente con el tiempo? ¿Cómo? ¿Cuándo crees que ocurrieron los cambios más drásticos? ¿Por qué ocurrieron? ¿Son estos cambios positivos o no? ¿Qué impacto han tenido en la sociedad en general? Prepara tus apuntes para que puedas discutir el tema con un pequeño grupo de tus compañeros.

B. **¿Quién es mejor padre, la mujer o el hombre?** Por una gran variedad de razones, hay familias en las cuales los hijos son criados por solamente uno de los padres (*parents*). En tu opinión, ¿para quién es más difícil encabezar una familia, para una mujer o para un hombre? Piensa en la situación cuidadosamente y decide por qué piensas de esta manera. También puedes considerar si el hijo que se tiene que cuidar es un chico o una chica, o si hay más de un(a) hijo(a) en la familia. Haz una lista de palabras y expresiones que te ayuden a presentarle tus ideas a un grupo pequeño de tus compañeros. Luego, habrá una discusión con toda la clase.

Introducción

El siguiente artículo presenta los cambios en la estructura de la familia en la República Dominicana en los últimos años. Apareció en *Listín Diario,* un portal de noticias dominicano.

Al leer

Mientras lees, ten en cuenta los siguientes puntos:

- las causas de los cambios en la estructura de la familia
- los desafíos (*challenges*) de ser madre soltera
- la responsabilidad de los padres (*parents*)
- la importancia de la comunicación

Nueva estructura familiar crea dificultades

por Sarah Morales Ortiz

La familia dominicana ha cambiado considerablemente su estructura en los últimos años

La familia ha evolucionado hacia modelos diferentes a los tradicionales y eso ha creado nuevas estructuras que podrían generar dificultades en el funcionamiento familiar y en el desempeño° de sus roles.

performance

Asuntos como el aumento en las tasas° de divorcio y la migración de uno o

5 ambos padres han provocado un cambio significativo en la estructura de la familia tradicional o nuclear conformada por los padres y los hijos.

rates

De acuerdo con una investigación del Instituto de Estudios de Población y Desarrollo, ya en el año 1991 solo el 42% de los hogares del país eran nucleares biparentales, es decir, formados por la presencia de ambos cónyuges°.

spouses

10 Uno de los tipos más comunes actualmente son las familias monoparentales, (dirigidas solamente por uno de los padres) una realidad que va en aumento en nuestro país y en muchos otros alrededor del mundo.

De hecho, según los datos obtenidos a partir del Censo Nacional de Población y Vivienda 2002, en la República Dominicana existen 2,193,848 jefes de hogar,

15 de los cuales el 35,3% son mujeres (774,161 casos).

Esta situación representa una sobrecarga° para quien está al frente del hogar, puesto que todas las tareas se depositan en un solo hombro°, considera Rafaela Burgos, directora del Instituto de la Familia.

burden

shoulder

La profesional recomienda que cuando es uno de los padres quien está al frente de la educación de los hijos, debe tratar de garantizar que el desarrollo de estos no resulte afectado. En el caso de que no sean ellos quienes estén al frente igual deben velar° porque se les dé la educación adecuada para que cuando sean adultos no tengan conflictos internos.

watch over (20)

La realidad de las madres solteras

Generalmente se cree que madre soltera es una mujer que tuvo un hijo fuera del matrimonio y no necesariamente esto es así. Ser madre soltera puede ser resultado de un divorcio, del fallecimiento° del cónyuge o en el peor de los casos por una violación. En todos estos casos la mujer asume el compromiso de criar° sola a sus hijos.

death (25)
?

Pero asumir el compromiso de una manera efectiva es algo sumamente difícil, y en muchos casos hay que buscar ayuda profesional, asegura° Sagrario Ortiz Frías, escritora y conferencista, quien publicó el libro *Madres solteras con familias felices y efectivas.*

claims (30)

Algo que Ortiz recomienda a las madres es aprender a valorarse como mujer. "Es el punto más importante cuando enfrentamos la crianza de los hijos con responsabilidad, porque después de un divorcio es muy probable que la mujer se sienta sola y desvalorizada°. Y si lo que queremos es que los hijos se sientan bien en el hogar debemos comenzar sintiéndonos queridas, amadas y valorizadas, para así poder transmitirlo a los hijos", dice Ortiz Frías.

? (35)

La realidad es que hay un punto donde todas nos encontramos siendo solteras y es cuando los hombres no se involucran° en el hogar. Muchos padres de familia solamente son los proveedores en la casa.

get involved (40)

"He estado en lugares donde las madres levantan las manos y dicen que todas somos madres solteras, aunque estemos casadas. El tema del machismo en Latinoamérica es muy fuerte y aquí muchísimo más. En estos momentos, estadísticamente en el país hay un 30 por ciento de madres solteras", asegura la conferencista.

(45)

Padres ausentes

En ese sentido, Rafaela Burgos explica que la única manera de sobrellevar° un poco la carga° es apoyarse° mutuamente, aunque el padre no esté viviendo en la casa: hacer ajustes que involucren la participación del padre, aunque en ocasiones este padre se desligó° completamente, sea por lo que sea; pero otras

bear
burden / to support each other
disassociated himself (50)

veces, el padre sí quiere participar, para ello hay que abrir los canales, la madre necesita la opinión de este papá y el papá necesita ser consultado para las decisiones importantes.

"Siempre les digo a las parejas que para llevarse bien como padres, hay que
55 consultarse mutuamente en diferentes situaciones, que vayan en beneficio de los niños, evitar las indirectas°, usadas en contra de los niños para dirimir° conflictos de los adultos o de las parejas, generando un daño° en los niños".

insinuations / resolve

harm

Cuando mamá trabaja

Burgos considera como una irresponsabilidad culpabilizar a las madres que trabajan cuando los hijos se descarrían°. "Ellas tienen que hacerlo y hacerlo
60 bien, la mamá que trabaja es una persona que está sobrecargada. Lo que hay que balancear son los diferentes roles que desempeña".

go astray

Por ello recomienda que saque un tiempo para dedicarlo a los hijos y priorice sus actividades.

"Si tienes tres días que no sabes en qué anda la cabeza de tu hijo adolescente,
65 saca un tiempo° y siéntate con él, conversa o simplemente ve televisión pero que él sienta que estás ahí. Ese balance hace que los hijos piensen: bueno es verdad que mi mamá o papá trabaja, pero está aquí cuando lo necesito. Tenemos que poner a la familia en agenda°, en qué punto de la agenda está su familia, esta es una pregunta que deben hacerse los padres", comenta Burgos.

find a time

appointment book

Familias extendidas

70 Un tipo de familia que también se está generando en nuestra sociedad son las llamadas familias extendidas. Estas pueden estar formadas por los hijos viviendo con uno o ambos padres, los abuelos o algún otro familiar cercano.

Contrario a lo que muchos piensan, Burgos considera que es bueno, porque hay un soporte de los abuelos, los tíos y primos que son una ayuda para la
75 familia. "No debe verse a estas familias menos familias que las otras; el papel de una abuela con sus nietos es de familia, una tía con sus sobrinos es familia". Considera que todos estos papeles deben fortalecerse para garantizar que estos niños se van a criar de la misma manera o igual que si estuvieran con sus padres y cree que su desarrollo no va a ser afectado.

80 Por eso es que hay que invertir en la capacitación y formación de los adultos, pero no desde que son papás y mamás sino desde antes. "Si está

tomando la responsabilidad de ser papá o mamá sepa que no es un juego de niños". Aconseja que si se requiere ayuda hay que ir a tiempo a buscarla.

Para Sagrario Ortiz, cada familia de manera individual necesita cosas diferentes de acuerdo a sus prioridades inmediatas, siendo la principal de todas el "amor" entre sus integrantes. "Nadie viene con un manual definitivo, todo va evolucionando y la familia tiene que ir adaptándose al desarrollo de los hijos. La familia tiene un ciclo de vida exactamente igual al del individuo y cada una de esas etapas° tienen desafíos y dificultades, debilidades y fortalezas que la familia tiene que enfrentar, cuando vamos a terapia vamos porque nos hemos atascado° en el proceso".

stages

we have gotten stuck

85

90

La comunicación

Otro punto vital en estos casos es la comunicación. Para un adolescente la falta de comunicación equivale a la falta de aire. Este punto hay que trabajarlo, aconseja Sagrario Ortiz. Existen familias que solamente se comunican para pelearse° y reprocharse°, no hay un momento para decirle cómo te fue, qué hiciste hoy, o bueno qué viste o te pasó.

to quarrel / to blame each other

95

Elevar la autoestima del niño beneficia el crecimiento humano; no podemos ser solamente quienes le demos en la llaga°. Tenemos que tener una comunicación pero una comunicación afirmativa. Instaurar° un día para las reuniones de familia. Pero no hacer estas reuniones solamente cuando haya algún problema. Estas se pueden hacer para ver cómo van las cosas; tomarse un refresco, para charlar en familia y muchas cosas más.

pour salt in the wound
Establish

100

El alimento más grande para el ser humano es cuando te dicen que has hecho algo bien. El amor es lo más importante para la familia. Puedes criar a un niño con todas las cosas que necesita pero si no le das amor, ese niño no se desarrollará igual que los demás°.

others

105

El ser humano necesita sentirse importante para alguien, esto está en las necesidades básicas del ser. El amor y sentimiento es lo que nos hace diferentes de los animales. Y es tal que° hasta ellos cuando los tratan de una manera agresiva responden de igual forma, sin embargo si se les da amor, ellos dan su vida por ti cuando se presenta algún peligro.

And it is such that

110

Hay que predicar con el ejemplo, dice Ortiz, y que el ejemplo no tenga que buscarlo fuera. "Todos necesitamos imitar a alguien en un momento, es mejor tener ese modelo en casa, que los hijos no sientan la necesidad de buscarlo fuera, porque en la calle pueden encontrar cualquier cosa".

115

Después de leer ✓ 💬 📝 💬

Comprensión

For grammar support:

📝 *Abriendo paso: Gramática*

C. Al punto. Lee las siguientes frases y decide si la información es correcta o incorrecta. Si no es correcta, corrige la información.

1. Las nuevas configuraciones de la familia tienen la posibilidad de crear problemas en la familia y en el papel de sus miembros.

2. Según el artículo, el índice de divorcio no ha afectado mucho a la familia tradicional.

3. La familia más común hoy en día en la República Dominicana es la que está encabezada por un padre solamente.

4. La situación en la República Dominicana beneficia a los padres de familias monoparentales.

5. En general, la causa por la cual algunas madres son solteras es siempre muy similar.

6. Las madres necesitan apreciarse a sí mismas.

7. En algunos casos los hombres no participan en las actividades del hogar aunque viven allí.

8. Cuando el padre no vive en la casa, no es tan importante incluirlo en las actividades del hogar.

9. Las familias extendidas ya no son comunes en la República Dominicana.

10. Las familias extendidas pueden causar problemas con la crianza de los niños.

11. La capacidad de amar es similar en los seres humanos y los animales.

12. Si un(a) niño(a) tiene que buscar un modelo fuera de la familia, se beneficia más.

Para ampliar el vocabulario

D. De la misma familia. Escribe una palabra de la misma familia, es decir, palabras que tengan la misma raíz que la palabra dada. Si es un sustantivo, escribe el artículo definido correspondiente.

ha provocado (provocar)   [5]

criar   [28]

asegura (asegurar)   [30]

la carga   [48]

culpabilizar   [58]

la cabeza   [64]

fortalecerse   [77]

la calle   [115]

E. **En contexto.** ¿Cómo le explicarías las siguientes palabras a una persona que no sabe lo que quieren decir? Usa tus propias palabras, sinónimos o una situación para tu explicación.

el hombro   [17]

velar   [22]

soltera   [24]

criar   [28]

apoyarse   [48]

pelearse   [95]

el alimento   [103]

el peligro   [111]

F. **Sinónimos.** Busca el sinónimo de las palabras que aparecen en la columna A en la columna B. Hay más palabras de las que necesitas.

A

_____ **1.** garantizar [20]

_____ **2.** efectiva [29]

_____ **3.** se involucran (involucrarse) [40]

_____ **4.** los proveedores [41]

_____ **5.** apoyarse [48]

_____ **6.** el soporte [74]

_____ **7.** fortalecerse [77]

_____ **8.** agresiva [110]

B

a. asegurar

b. el cónyuge

c. ayudarse

d. eficaz

e. comprometerse

f. el apoyo

g. los sentimientos

h. los abastecedores

i. integrarse

j. desarrollarse

k. provocadora

l. robustecerse

G. **Antónimos.** Busca el antónimo de las palabras que aparecen en la columna A en la columna B. Hay más palabras de las que necesitas.

A

_____ **1.** soltera [24]

_____ **2.** el fallecimiento [26]

_____ **3.** asegura (asegurar) [30]

_____ **4.** amadas [37]

_____ **5.** el beneficio [55]

_____ **6.** extendidas [71]

_____ **7.** la falta [93]

_____ **8.** elevar [97]

B

a. involucrada

b. negar

c. casada

d. la abundancia

e. criar

f. el nacimiento

g. degradar

h. reprochables

i. odiadas

j. el perjuicio

k. reducidas

Reflexión

H. **Cambios drásticos.** Muchos se quejan de que la estructura de la familia ha cambiado demasiado y que estos cambios han sido perjudiciales para la sociedad en general. ¿Estás de acuerdo? ¿Estos cambios han fortificado o debilitado a la familia? ¿Son estos cambios parte de la evolución natural de la sociedad? ¿Nos debemos preocupar por el impacto que estas nuevas familias van a tener en el futuro de la sociedad? Toma algunos apuntes que te ayuden a compartir tus ideas con un grupo pequeño de tus compañeros.

Comparaciones culturales

I. **La familia en diferentes culturas.** La estructura de la familia es muy diferente según la cultura de la comunidad. Escoge una cultura que no sea la de un país de habla hispana e investiga la estructura de la familia. Investiga en Internet sobre cómo ha cambiado o no la familia de esa cultura y lo que se espera en el futuro. Compara la información con lo que sabes de la estructura en la República Dominicana y en los Estados Unidos. Vas a compartir la información en un grupo pequeño de tus compañeros. Ellos te ayudarán a refinar tu presentación para que luego puedas compartir la información con toda la clase.

Introducción

El siguiente artículo proviene de BBC Mundo. Trata de los esfuerzos de varias personas para proteger el bosque y presenta un modelo que se puede duplicar en otros países.

Al leer

Mientras lees, ten en cuenta los siguientes puntos:

- los problemas que existen en los bosques
- las razones por las que los participantes apoyaron (*supported*) el proyecto
- las maneras en que recaudaron (*they raised*) fondos
- los resultados que se esperan en el futuro

Una boda y un filántropo sueco para proteger el bosque en Paraguay

por Alejandra Martins

¿Qué tienen en común una boda, un filántropo sueco, la conservación del bosque atlántico y una comunidad indígena en Paraguay?

La respuesta está en una reserva pionera en territorio paraguayo, que representa una nueva estrategia de conservación y un posible modelo para otros países de América Latina.

5

?

contributed

?

Una comunidad indígena y una ONG[1] compraron conjuntamente° un territorio que ambas querían preservar. Los fondos fueron aportados° por una variedad de donantes°, incluyendo un ciudadano sueco, un joven que viajó en bicicleta desde Paraguay a Estados Unidos y una pareja que pidió como regalo de bodas dinero para la adquisición de las tierras.

10

? / plan

Desde que la compra fue concretada° recientemente, el mismo esquema° innovador fue utilizado en una provincia en Argentina y otra adquisición similar está siendo negociada en Paraguay. El caso ha sido presentado además como un modelo en reuniones internacionales en diversos países.

?

Aparte° de la segunda compra en Argentina, "no hay otro caso de condominio socioambiental de esta naturaleza en América Latina", dijo a BBC Mundo el biólogo Alberto Yanosky, director de Guyra Paraguay, la ONG de conservación copropietaria del territorio.

15

---

[1]Organización No Gubernamental

Copropiedad

"El sitio venía siendo reclamado desde hace años por el pueblo Mbya Guaraní,
20 que llama a la tierra Tekohá Guasú (el gran hogar territorio), pero todo era
propiedad privada", explicó Yanosky.

"El proceso de compra de la tierra fue a partir de un pedido° de dos caciques   *ever since a request*
hermanos para comenzar a trabajar juntos, ya que tanto ellos como nosotros
queremos preservar el bosque."

25 Uno de los momentos más emotivos para Yanosky fue cuando Eusebio
Chaparro, uno de los caciques, firmó el título de propiedad estampando su
huella digital° en el documento.   *imprinting his fingerprint*

El sitio adquirido tiene 274 hectáreas y se encuentra en el sur de Paraguay, en
una de las pocas regiones de bosque atlántico que subsisten° en el país. Dos   *remain*
30 miembros de la comunidad Mbya se incorporaron como guardaparques° a la   *park rangers*
reserva y Guyra Paraguay y otra ONG local, Promotores Ambientales de San
Rafael, trabajan permanentemente junto a la comunidad liderada por Eusebio
Chaparro.

Dentro de 10 años, si están dadas las condiciones de capacitación° y se asegura la   *training*
35 conservación del bosque, Guyra Paraguay tiene el compromiso de donar su 50%
indivisible a la comunidad indígena, manteniendo la posibilidad de fiscalizar° la   *supervise*
preservación del territorio y "defender la propiedad ante cualquier amenaza°".   *threat*

Donantes innovadores

"La organización internacional Birdlife International nos ayudó a conseguir
un donante, el Sr. Hans Swegen, un ciudadano sueco que reside en Inglaterra,
40 quien además vino a visitar la propiedad", señaló Yanosky.

Swegen dijo a BBC Mundo que su deseo de contribuir a la preservación
de bosques nació luego de su experiencia en África. "Yo viví durante años
en Kenia y vi de primera mano el efecto terrible de la desforestación. Las
comunidades locales literalmente cortaban las ramas en las que se sentaban
45 para obtener leña° para cocinar."   *firewood*

El bosque atlántico llegó a cubrir grandes extensiones en el sur de Brasil, el
noreste de Argentina y el sur de Paraguay. Hoy permanece° solo el 7% original   *remains*
y alberga° especies que solo pueden encontrarse allí.   *?*

"En esa época, 2004, también comenzó a hablarse cada vez más del
50 calentamiento° global, y me pregunté, ¿qué puedo hacer yo como individuo   *?*
ante esta realidad? Y decidí que una de las mejores cosas que podía hacer era

greenhouse gas

ayudar a preservar bosques vírgenes, porque son muy eficientes en absorber dióxido de carbono, el principal gas de invernadero°."

En busca de un proyecto al que contribuir, Swengen contactó a Birdlife International, que tiene más de 100 organizaciones socias en el mundo. Al comienzo se consideraron iniciativas también en Asia y África, optando finalmente por 10 posibles proyectos en América Latina, de los cuales Swengen escogió dos, uno en el Caribe y el otro en Paraguay. 55

Cuando Swengen viajó a territorio paraguayo conoció a don Eusebio Chaparro. "Para mí esta búsqueda° ha tenido una conclusión muy positiva. Nunca esperé que en el bosque que ayudaría a preservar también viviría una comunidad indígena. El proyecto es muy inspirador." 60

Guyra Paraguay obtuvo el resto de los fondos de otras fuentes. "Un voluntario de paz, Samuel Hagler hizo un recorrido° en bicicleta desde Paraguay a Estados Unidos, recaudando donaciones con el mensaje de compra de tierras (*Ride for the Trees*)." 65

Y el resto del dinero fue obtenido gracias a Peter Hansen y Diana Díaz de Espada "que celebraron su boda y no aceptaron regalos, solo donaciones a Guyra Paraguay para poder culminar la compra de tierras. Todos los donantes están debidamente reconocidos en el título de propiedad". 70

Peter Hansen dijo a BBC Mundo que eligieron "apoyar una organización que preserva hábitats silvestres°, porque están desapareciendo a un ritmo alarmante".

"Quiero que las futuras generaciones tengan la oportunidad de disfrutar algunas de las experiencias en el medio silvestre que han enriquecido° mi propia vida", dijo Hansen. 75

"Yo había sido miembro de Guyra Paraguay durante años y un año antes de mi boda había trabajado con ellos en un estudio sobre desforestación en el noreste del Chaco. Sabía que habían adquirido tierras para otros proyectos y ocasionalmente recibían donaciones para expandir estos hábitats." Los cerca de 100 invitados a la boda contribuyeron de esa forma a la compra de cerca de 15 hectáreas de la reserva. 80

Modelo

El mismo esquema innovador de la compra conjunta con comunidades indígenas fue adaptado en la provincia de Misiones, en Argentina para adquirir una propiedad en condominio con el mismo pueblo Mbya en el área de la reserva Yabotí, en la zona de los saltos de Moconá. 85

wild

"Ahora estamos en trámites° para adquirir en el mismo esquema una nueva propiedad, con asistencia de la organización Birdlife International y fondos de la Fundación Jensen."

90 Guyra Paraguay ya había adquirido varias tierras para conservación, pero Yanosky cree que la compra conjunta con comunidades indígenas utilizando fondos internaciones puede ser un modelo para otros países. "Participamos de eventos en Canadá, Camerún, Vietnam, Filipinas y Londres, en donde se está debatiendo esta opción como una salida° a la conservación de los recursos

95 naturales y al reconocimiento y devolución° de tierras ancestrales."

Otra ONG internacional, el World Land Trust, "tomó el ejemplo y entre marzo y abril de este año hizo exactamente lo mismo".

in the process

a way out

?

Después de leer

Comprensión

C. **Al punto.** Contesta las siguientes preguntas.

1. ¿Con qué propósito se unieron las personas que se mencionan al principio del artículo?

2. ¿Qué es digno de alabanza (*praiseworthy*) acerca de la pareja que se iba a casar?

3. ¿Por qué ha sido presentado este modelo en reuniones internacionales?

4. Describe con tus propias palabras el lugar donde ejecutaron este proyecto.

5. ¿Por qué se interesó Hans Swegen en el proyecto?

6. ¿Cuál es la situación del bosque atlántico según el artículo?

7. ¿Qué podemos encontrar en el bosque atlántico?

8. ¿Qué importancia tienen los bosques vírgenes?

9. ¿Qué espera Peter Hansen como resultado de su apoyo a la organización?

10. ¿Por qué se interesó Peter Hansen en el proyecto?

11. ¿Cómo ha ayudado el modelo que se describe en el artículo a otros lugares?

12. ¿Con qué propósito se está debatiendo este programa en varios países?

Para ampliar el vocabulario

D. **De la misma familia.** Escribe una palabra de la misma familia, es decir, palabras que tengan la misma raíz que la palabra dada. Si es un sustantivo, escribe el artículo definido correspondiente.

la conservación [1]	el compromiso [35]
la adquisición [10]	la amenaza [37]
negociada [13]	el calentamiento [50]
emotivos [25]	eligieron (elegir) [71]

E. **En contexto.** ¿Cómo le explicarías las siguientes palabras a una persona que no sabe lo que quieren decir? Usa tus propias palabras, sinónimos o una situación para tu explicación.

la boda [1]	reside (residir) [39]
innovador [12]	los bosques [42]
el guardaparques [30]	el voluntario [63]
defender [37]	

F. **Sinónimos.** Busca el sinónimo de las palabras que aparecen en la columna A en la columna B. Hay más palabras de las que necesitas.

A	B	
_____ 1. proteger [título]	**a.** auxiliar	**i.** colectar
_____ 2. la conservación [1]	**b.** la intimidación	**j.** la protección
_____ 3. el ciudadano [8]	**c.** la pareja	**k.** la pertenencia
_____ 4. las bodas [10]	**d.** el habitante	
_____ 5. la propiedad [21]	**e.** subsistir	
_____ 6. la amenaza [37]	**f.** los casamientos	
_____ 7. contribuir [41]	**g.** los esquemas	
_____ 8. recaudando (recaudar) [65]	**h.** preservar	

G. **Antónimos.** Busca el antónimo de las palabras que aparecen en la columna A en la columna B. Hay más palabras de las que necesitas.

A	B	
_____ 1. defender [37]	**a.** repeler	**i.** reducir
_____ 2. absorber [52]	**b.** carecer	**j.** la retención
_____ 3. eligieron (elegir) [71]	**c.** cubierto	**k.** el recorrido
_____ 4. silvestres [72]	**d.** cultivados	
_____ 5. alarmante [73]	**e.** emotivo	
_____ 6. disfrutar [74]	**f.** rechazar	
_____ 7. expandir [80]	**g.** tranquilizador	
_____ 8. la devolución [95]	**h.** atacar	

Reflexión

H. **La ciudadanía global.** Una manera de definir la ciudadanía global es como una corriente social que impulsa un nuevo modelo de ciudadanía, una que trabaja activamente para lograr un mundo más equitativo y sostenible. ¿Es la idea de la ciudadanía global un concepto demasiado idealista? Piensa en lo que hicieron las personas que describe el artículo. En tu opinión, ¿se podría considerar a estas personas ciudadanos globales? ¿Por qué? Si consideras las nacionalidades de las personas involucradas, ¿te consideras optimista sobre lo que pueden hacer los ciudadanos para contribuir a un mundo mejor? Explica tus sentimientos e ilusiones para el futuro.

Perspectivas culturales

I. **Un nuevo modelo educacional.** Muchos creen que una de las maneras de lograr un mundo más equitativo y sostenible es cambiar las escuelas. En su sitio web, Intermón Oxfam dice que necesitamos "un nuevo modelo educativo, humanista, basado en el diálogo y la convivencia, que construya la escuela-comunidad, preocupada por la justicia, abierta al entorno y al mundo". ¿Piensas que se debe cambiar el modelo que existe ahora? ¿Por qué?

1. Busca información en Internet sobre los esfuerzos de la Unión Europea, así como de organizaciones como Intermón Oxfam y Cidac en México.

2. Escribe dos o tres párrafos en los que discutas los principios que se están tratando de promover en las escuelas. Si has estudiado el tema de la ciudadanía global en tus clases de la escuela primaria o secundaria, incluye lo que aprendiste.

3. Antes de entregar tu trabajo, compártelo con un(a) compañero(a) de clase para que te dé algunas sugerencias para mejorarlo.

Intermón Oxfam

Educar para una ciudadanía global

Cambiar la escuela es cambiar el mundo

Fomentar el respeto y la valoración de la diversidad como fuente de enriquecimiento humano, la conciencia ambiental y el consumo responsable, el respeto de los derechos humanos individuales y sociales, la igualdad de género, la valoración del diálogo como herramienta para la resolución pacífica de los conflictos y la participación democrática, la corresponsabilidad y el compromiso en la construcción de una sociedad justa, equitativa y solidaria.

Abriendo paso

Contextos para la comunicación

For grammar support:
 Abriendo paso: Gramática

A Texto auditivo: Una ciudadanía global juvenil

Vas a escuchar una grabación. Primero, tienes un minuto para leer la introducción y las preguntas. Luego vas a escuchar la grabación dos veces. Mientras escuchas, puedes tomar apuntes. Después de escuchar por primera vez, tienes un minuto para contestar las preguntas. Después de escuchar por segunda vez, vas a tener dos minutos para terminarlas.

Introducción

La siguiente grabación trata de una entrevista con jóvenes que están trabajando en la transformación social de sus comunidades. En la selección, una de las jóvenes discute una iniciativa. Fue trasmitida en el programa *Sin fronteras* de Radio y Televisión Española. La grabación dura unos cuatro minutos.

1. Según la joven nicaragüense, ¿para qué han venido a Valencia los jóvenes?

2. ¿Dónde y con qué propósito trabajan en Nicaragua?

3. ¿Cómo funciona el programa?

4. ¿Qué tienen que hacer a través de sus actividades?

5. ¿Qué quieren que lleven a sus comunidades? ¿Con qué propósito?

6. ¿Cuál es la condición social de la comunidad y de las escuelas?

7. A pesar de las condiciones en que viven, ¿qué quieren que aprendan los participantes?

B Anuncio: Intercambio Ciudadano Global

Lee el siguiente anuncio muy cuidadosamente. ¿Qué te parece la idea? ¿Te gustaría participar en este programa? ¿Qué piensas tú que ganarías si participaras? Si pudieras escoger un país y un área en la que te gustaría trabajar, ¿cuál escogerías? ¿Por qué? Haz una lista de palabras y expresiones que te ayuden a expresar tus ideas. Primero vas a compartir tus respuestas con un grupo pequeño de tus compañeros y luego con el resto de la clase.

INTERCAMBIO CIUDADANO GLOBAL

En estas vacaciones ...

Escápate de la rutina y vive la experiencia que el mundo tiene para ti

Anímate a vivir

AIESEC Santa Marta

Diciembre diferente

Es un programa que ofrece oportunidades de intercambio para trabajar en el ámbito administrativo y cultural en temas como emprendimiento, cultura, recursos humanos, *marketing*, etc... En empresas u organizaciones sin ánimo de lucro en otros países.

Destinos: Europa del Este (Polonia, Ucrania, Rusia, Turquía, Rumania, entre otros), Asia y América Latina (Argentina, Brasil, Chile).

Requisitos: Estudiantes universitarios o recién egresados entre 18 y 30 años con inglés alcanzado y disponibilidad para llevar a cabo un intercambio de al menos 6 semanas.

Duración: de 6 a 12 semanas, ideal para el periodo de vacaciones.

¡Escápate de la rutina, haz parte de la red de jóvenes más grande del planeta y vive una experiencia única!

Y tú, ¿quieres ser un ciudadano del mundo?

Vive la experiencia que el mundo tiene para ti

COMPRA TU PIN EN EL STAND MÁS CERCANO

G Investigación en Internet: La raza humana

Albert Einstein dijo "Solo una raza, la raza humana". ¿Qué estaba tratando de comunicar Einstein? ¿Qué piensas de esta idea? ¿Cómo se relaciona con la ciudadanía global? Teniendo en cuenta la definición de la ciudadanía global en el ejercicio H (pág. 193), ¿cómo podemos todos los ciudadanos asegurarnos de lograr un mundo más equitativo? Usa ejemplos de tu experiencia personal en tu comunidad y en tu país y define los desafíos, así como las diferentes maneras en las que tú y tu comunidad pueden trabajar juntos para contribuir a un mundo más justo. Busca en Internet alguna información de una o varias organizaciones (como por ejemplo Intermón Oxfam entre otras) que estén trabajando con este fin. Haz una lista de palabras y expresiones para plantear tus ideas sobre el tema. Vas a discutirlo con un grupo pequeño de tus compañeros y luego con toda la clase. No te olvides de integrar otras ideas que hayas escuchado en tu grupo.

D Presentación oral: Un mundo más equitativo

Uno de los desafíos que los ciudadanos del mundo tienen que enfrentar es la desigualdad entre los habitantes de los diferentes países del mundo, principalmente con respecto a la pobreza. ¿Cómo piensas tú que podemos actuar para eliminar esta desigualdad? ¿Es esta situación más grave en ciertas partes del mundo? Explica por qué. Haz una lista de las ideas que te gustaría plantear sobre el tema. Luego, prepara tus apuntes de una manera lógica. Vas a usarlos para discutir el tema con toda la clase. Recuerda que no vas a poder leer un guion, solo vas a usar una guía para presentar tus ideas.

E Presentación escrita: Una explicación científica

Algunas de las preocupaciones de las personas involucradas en el proyecto que se discute en el artículo son el calentamiento global, la deforestación y las emisiones de dióxido de carbono. Usa los conocimientos que has obtenido en tus clases de ciencias para hacer una presentación sobre los efectos de cada uno de estos problemas.

1. Define lo que son, sus efectos y las posibles soluciones.

2. Escribe tres párrafos en los que expliques los diferentes desafíos que se mencionan.

3. No te olvides de escribir una introducción antes de dar los detalles.

4. Antes de entregar lo que escribiste, vas a reunirte con uno(a) de tus compañeros para que te ayude a revisar el contenido y la gramática.

F Presentación escrita: El liderazgo y el prestigio de un país

José Luis Rodríguez Zapatero (Presidente del Gobierno de España, 2004–2011) expresó los siguientes sentimientos: "Un país mide su liderazgo ante el mundo especialmente por su capacidad de ayudar a los que más lo necesitan; un país mide su prestigio en el mundo por defender los valores de la cooperación y de la solidaridad". ¿Estás de acuerdo con sus ideas? Explica por qué estás de acuerdo o no. ¿Piensas que la cita ayuda a definir a la ciudadanía global? ¿Por qué? Escribe dos párrafos en los que discutas el tema. Usa ejemplos concretos para apoyar tus opiniones. Antes de entregar tu trabajo, compártelo con un(a) compañero(a) de clase para que te dé algunas sugerencias para mejorarlo.

G Presentación escrita: Hacia "una mayor humanización"

Algunos creen que "nuestras distintas tradiciones religiosas y culturales no deben ser obstáculos que nos impidan trabajar juntos, activamente, contra cualesquiera formas de deshumanización y a favor de una mayor humanización". ¿Estás de acuerdo? En el contexto de ciudadanía global, ¿qué significan para ti las palabras "deshumanización" y "humanización"? ¿Conoces algunas situaciones en las que los obstáculos de las tradiciones religiosas y culturales se han podido superar en favor de una mayor humanización?

1. Describe detalladamente una situación, los efectos que ha tenido y lo que parece apuntar en el futuro.

2. Escribe dos párrafos en los que presentes tus ideas. Expresa también tu opinión sobre la situación.

3. Una vez que hayas terminado, vas a compartir lo que escribiste con un(a) compañero(a) para que te ayude a revisar el contenido y la gramática antes de entregárselo a tu profesor(a).

H Composición: Cómo encontrar la paz

La siguiente cita cuyo autor es desconocido encierra parte de la filosofía de la ciudadanía global: "Hasta que el ser humano no sea consciente de la igualdad, no encontrará la paz".

Vas a escribir un ensayo de por lo menos 200 palabras en el discutas la importancia de la cita.

1. Haz una lista de las ideas que te gustaría discutir en la composición y organiza tus ideas de una manera lógica.

2. Decide la información que vas a incluir en cada párrafo.

3. Escribe la tesis de tu composición.

4. Usa la lista de ideas que organizaste para desarrollar cada párrafo de la composición. Trata de incorporar por lo menos tres de las siguientes expresiones en tu composición.

por más que	*no matter how, however much*
al mismo tiempo	*at the same time*
una vez que	*once*
debido a	*owing to, because of*
de hecho	*in fact, in reality*

5. Antes de entregársela al (a la) profesor(a), revisa la gramática y aclara cualquier punto que necesite más información.

Preguntas del capítulo

Ahora que has discutido la lectura y tienes mejor conocimiento del tema, tu profesor(a) va a reanudar la discusión de las preguntas del capítulo. Repasa brevemente los apuntes y ejercicios que ya completaste.

- ¿Cuáles son algunos desafíos que resultan de la globalización?

- ¿Cómo contribuye la ciudadanía global al futuro bienestar mundial?

- ¿Cuáles son algunas maneras de lograr un mundo más equitativo y sostenible?

Introducción

El siguiente artículo presenta el fenómeno del éxodo de los ciudadanos a las ciudades. Apareció en el diario argentino *Clarín*.

Al leer

Mientras lees, ten en cuenta los siguientes puntos:

- los cambios en la migración en Argentina
- las razones de los cambios en los patrones de migración
- los efectos de los cambios en las comunidades

En Argentina el 92% de la gente ya vive en ciudades

por Fernando Soriano

Roma es el mundo. La Roma—metáfora del "centro", de la (re)unión, la del lugar hacia donde conducen todos los caminos y hacia donde van los caminantes° de la vida moderna. Para el catedrático en Geografía humana español Horacio Capel, la ciudad "es el mejor invento humano". Lo seguro es que se trata de la invención más habitada. Porque la población mundial crece ⁵ exponencialmente y todos los hombres y mujeres de este mundo marchan y se juntan° entre el cemento de los núcleos urbanos. Y Argentina es "pionera" en el fenómeno global de la concentración de gente en las ciudades. Aquí, según datos° del último censo, 9 de cada 10 habitantes vive en ciudades (92%), más que en países densamente poblados como Estados Unidos (82%), Francia ¹⁰ (85%) o Alemania (74%). En el mundo, por otra parte, la metrópoli con mayor cantidad de población es Tokio, con 36,7 millones de habitantes.

En un informe que presentó ayer la ONU en todo el mundo se resalta° entre otros temas el fenómeno de la migración hacia las ciudades: hoy, en promedio°, uno de cada dos habitantes del planeta vive en una ciudad, y se ¹⁵ espera que dentro de apenas° 35 años la proporción suba a dos de cada tres. "El equilibrio entre poblaciones rurales y poblaciones urbanas ha cambiado irreversiblemente hacia la preponderancia de las ciudades", sostiene° la ONU. Según sus datos, en América Latina el 79% de la población vive en ciudades, y se calcula que en 2050 lo hará el 90%. Es decir, que lo que se espera para dentro ²⁰

caminantes

juntan

datos

is highlighted

average
barely

states

unas décadas en el resto de la región ya ocurre en Argentina, con una evidente atracción hacia Buenos Aires, pero también a Córdoba, Rosario, Mar del Plata o Resistencia.

Las primeras grandes migraciones se dieron en la década del 50 por la
25 industrialización sustitutiva. "Se produce un proceso migratorio masivo en busca de empleos en las ciudades. Y Argentina tuvo otra particularidad: un campo de grandes extensiones y altamente tecnificado desde muy temprano, por lo que la gente no vivía en pequeños poblados° rurales", explica el [*?*] arquitecto Raúl Fernández Wagner, profesor del Área de Urbanismo de la
30 Universidad General Sarmiento.

Después de décadas de estancamiento°, el Área Metropolitana vive hoy el [*stagnation*] crecimiento de población más importante de las últimas décadas. "La ciudad de Buenos Aires registra el crecimiento más importante de los últimos 40 años, más de 115 mil nuevos habitantes, después de haber perdido casi 200 mil en la
35 década anterior", sostiene un informe elaborado por el Observatorio Urbano Local Buenos Aires Metropolitana de la UBA.

"Argentina es casi un imán° para el resto de América Latina, sobre todo [*magnet*] para trabajadores y estudiantes de países limítrofes° que buscan una mejor [*neighboring*] perspectiva de vida", remarca° Eleonor Faur, socióloga del Fondo de Población [*stresses*]
40 de las Naciones Unidas en el país.

"El campo sigue expulsando población, las nuevas explotaciones de la tierra y la soja° generan migración, pero también lo genera la nueva oferta de empleo [*soy*] de las pymes° e industrias que reactivaron su producción", deduce Artemio Abba, [*small- and medium-sized companies / ?*] integrante° del Consejo de Expertos de la Fundación Metropolitana.

45 Fernández Wagner sostiene que la migración a los centros urbanos se da porque "cambiaron las relaciones con la tierra: la gente ya no vive de lo que la tierra produce. Devenimos en bichos° urbanos. Las ciudades en los últimos 30 [*We become insects*] años cambiaron mucho, tienen otro tipo de rol, mucho más importante; son centros de información, de cultura en una escala mucho mayor. Somos otros
50 seres, no podríamos vivir sin esos soportes".

Y, sobre el futuro y las posibilidades de colapso, advierte°: "Lo que hoy se mira [*he warns*] es cómo podrían las ciudades contener o reducir la huella ecológica°, de ahí [*ecological footprint*] nace el concepto de ciudades sustentables: el transporte es crítico y también el uso de la energía, es necesario abandonar las torres°, hacer edificaciones° bajas, [*high rises / ?*]
55 sin ascensores, con terrazas verdes. Hay que cambiar los patrones". La ONU también advierte sobre estos riesgos en su informe.

land

?

nonsense

En ese sentido, un punto preocupante es el uso del suelo°. "En Buenos Aires hay 390 mil viviendas° vacías. Y el déficit de viviendas es de 130 mil hogares. Es un despropósito° social, de una inequidad absurda, por eso el futuro es un tema crítico", dice el urbanista.　60

highways

undertakings

Eso también inquieta a Abba. "Si bien estamos observando que hay un cambio en el modelo productivo, lo que se nota es que el proceso de urbanización sigue con el modelo de los años '90. Un predominio de inversiones en autopistas° y barrios cerrados y torres, que lo que hace es centralizar los recursos en estos emprendimientos° que forman una red de oferta muy selectiva. La Capital creció en población, sobre todo de bajos recursos, y hay que darles lugar".　65

Después de leer

For grammar support:

Abriendo paso: Gramática

Comprensión

C. Al punto. Contesta las siguientes preguntas.

1. ¿A qué se refiere el autor cuando dice "se trata de la invención más habitada"? ¿Por qué?

2. ¿Cuál es la diferencia entre Argentina y los otros países que se mencionan en el primer párrafo?

3. ¿Qué se espera de los habitantes del planeta en el futuro?

4. ¿Qué influyó en la migración argentina a las ciudades? Menciona dos factores.

5. ¿A qué otras personas atrae Argentina? ¿Qué desean?

6. ¿Cuál es la explicación que ofrece Raúl Fernández Wagner sobre la migración a las ciudades?

7. ¿Qué ha cambiado en las ciudades en los últimos treinta años?

8. ¿Qué recomendaciones hace la ONU en su informe?

9. ¿Por qué le alarma a Fernández Wagner el uso del suelo en Buenos Aires?

10. ¿Qué le preocupa a Artemio Abba?

Para ampliar el vocabulario

D. De la misma familia. Escribe una palabra de la misma familia, es decir, palabras que tengan la misma raíz que la palabra dada. Si es un sustantivo, escribe el artículo definido correspondiente.

los caminos   [2]   se produce (producirse)   [25]   reducir   [52]

los habitantes   [9]   buscan (buscar)   [38]   preocupante   [57]

poblados   [10]   contener   [52]

E. En contexto. ¿Cómo le explicarías las siguientes palabras a una persona que no sabe lo que quieren decir? Usa tus propias palabras, sinónimos o una situación para tu explicación.

el invento   [4]   el imán   [37]   las viviendas   [58]

el planeta   [15]   reducir   [52]   inquieta (inquietar)   [61]

los empleos   [26]   los ascensores   [55]

F. Sinónimos. Busca el sinónimo de las palabras que aparecen en la columna A en la columna B. Hay más palabras de las que necesitas.

A

_____ **1.** habitada [5]

_____ **2.** el informe [13]

_____ **3.** resalta (resaltar) [13]

_____ **4.** evidente [21]

_____ **5.** masivo [25]

_____ **6.** el estancamiento [31]

_____ **7.** el empleo [42]

_____ **8.** la huella [52]

B

a. el soporte   **i.** destacar

b. numeroso   **j.** indudable

c. aportar   **k.** el puesto

d. poblada

e. reducida

f. la documentación

g. la marca

h. la paralización

G. Antónimos. Busca el antónimo de las palabras que aparecen en la columna A en la columna B. Hay más palabras de las que necesitas.

A

_____ **1.** se juntan (juntarse) [7]

_____ **2.** el crecimiento [32]

_____ **3.** sigue (seguir) [41]

_____ **4.** el colapso [51]

_____ **5.** abandonar [54]

_____ **6.** vacías [58]

_____ **7.** absurda [59]

_____ **8.** inquieta (inquietar) [61]

B

a. amparar   **i.** tranquilizar

b. separarse   **j.** la disminución

c. integrantes   **k.** sensata

d. la reanimación

e. cesar

f. superada

g. ocupadas

h. estancarse

Reflexión

H. ¿Ha cambiado la relación entre los seres humanos y la tierra? Según Fernández Wagner, la migración a los centros urbanos ocurre porque "cambiaron las relaciones con la tierra: la gente ya no vive de lo que la tierra produce". ¿Piensas que es acertada la declaración del señor Wagner o es una opinión demasiado radical? ¿Por qué? Reflexiona sobre el tema y expresa tu opinión, tomando en consideración tus conocimientos adquiridos en otras clases o a través de tu experiencia personal. Prepara tus apuntes para discutir tus ideas con un pequeño grupo de tus compañeros.

Perspectivas culturales

I. El éxodo latinoamericano a las ciudades. Argentina es considerada "pionera global" con respecto a la cantidad de personas que vive en las ciudades. Este fenómeno no ocurre solamente en Argentina sino también en otros países latinoamericanos. Investiga en Internet otro país donde este fenómeno ocurre y escribe una corta composición en la que discutas la situación actual de las ciudades, la razón por la cual muchos se mudan a ellas y las consecuencias que ha tenido para el país. Si hay consecuencias positivas, discútelas también. Antes de entregar lo que escribiste, compártelo con un(a) compañero(a) para que te ayude a revisarlo y a hacer correcciones.

Abriendo paso

Contextos para la comunicación

For grammar support:
📝 *Abriendo paso: Gramática*

Ⓐ Texto auditivo: Ciudades amigables para personas mayores

Vas a escuchar una grabación. Primero, tienes un minuto para leer la introducción y las preguntas. Luego vas a escuchar la grabación dos veces. Mientras escuchas, puedes tomar apuntes. Después de escuchar por primera vez, tienes un minuto para contestar las preguntas. Después de escuchar por segunda vez, vas a tener dos minutos para terminarlas.

Introducción 🔊))

Esta grabación presenta una entrevista con Alfonso Contreras, asesor de la Organización Panamericana de la Salud (OPS), en la que se discute una iniciativa de la Organización Mundial de la Salud y cómo superar los obstáculos que se presentan para las personas mayores en las zonas urbanas. La grabación dura unos cuatro minutos.

1. ¿Con qué propósito se creó la Red Mundial de Ciudades Amigables para Personas Mayores?

2. En la generación anterior, ¿quién era responsable de la salud?

3. ¿Qué responsabilidad y cambios ve Alfonso Contreras por parte de los gobiernos y las políticas?

4. ¿Cuál es la obligación de una ciudad que se integra a la Red Mundial de Ciudades Amigables?

5. ¿Cuál es la importancia de la ciudad de La Plata en Argentina?

6. ¿Por qué es importante el tema del transporte para las personas mayores?

7. Con respecto al transporte, ¿qué hace falta para afrontar (*confront*) las necesidades de las personas mayores?

Ⓑ Presentación oral: Somos "bichos urbanos".

Algunos de los beneficios de vivir en las ciudades que presenta el artículo son el fácil acceso a la información y el acceso a más actividades culturales. Discute ejemplos específicos que demuestren estos beneficios. ¿Por qué crees que, como dice el artículo, el rol de las ciudades ha cambiado en los últimos treinta años? ¿Produce la ciudad seres diferentes a los habitantes de los pueblos? ¿En qué se diferencian? ¿Crees que al leer el artículo una persona que vive en el campo se animaría a mudarse a la ciudad? ¿Por qué? Haz una lista de palabras y expresiones que vas a necesitar para discutir el tema con un grupo pequeño de tus compañeros.

Ⓒ Presentación escrita: El impacto ecológico

Una de las consecuencias que no se puede perder de vista es el impacto que tiene la migración a las ciudades en la ecología. La idea de ciudades sustentables está cobrando popularidad. ¿Será posible impactar positivamente al medio ambiente a través de una mejor planificación de ciudades?

1. Busca en el artículo algunas de las ideas que se enumeran y haz una lista de ellas.

2. Reflexiona sobre estas preguntas: ¿Qué papel juega la construcción de ciudades sustentables? ¿Cómo se podrían aliviar los problemas de transporte? ¿Piensas que abandonar los rascacielos va a tener un gran impacto en la protección del medio ambiente?

3. Haz una lista de las cosas que se podrían hacer para aliviar los problemas del medio ambiente.

4. Usa tus apuntes para escribir dos párrafos explicando tu opinión sobre la situación.

5. Reúnete con un(a) compañero(a) de clase para discutir lo que escribiste y para recibir ideas de cómo mejorar tu escritura.

CAPÍTULO 19

Las redes sociales

LECTURA: Ser popular en Internet es un valor muy importante

En portada

Juanelo ® - www.juanelo.net - ©Marco Canepa

Las siguientes preguntas te servirán de guía y te ayudarán a comprender el tema más a fondo. Tenlas presentes a lo largo del capítulo.

- ¿Cómo influyen las redes sociales en la formación de la identidad de los jóvenes?

- ¿Cómo han cambiado las redes sociales la manera en que nos comunicamos hoy en día?

- ¿Cuáles son los beneficios y los daños de las redes sociales?

Describe detalladamente la tira cómica. Incluye la información de las preguntas a continuación en tu descripción.

1. ¿Cómo parece sentirse el personaje de la tira en las primeras tres viñetas (boxes)?

2. ¿Te sentirías de la misma manera?

3. La cuarta viñeta no tiene texto. ¿Qué nos trata de comunicar el dibujante?

4. ¿Cómo reacciona el personaje al final? Explica por qué se siente así.

5. ¿Te sentirías de la misma manera? Explica.

Lectura

Ser popular en Internet es un valor muy importante

Antes de leer

> **Estrategia:** *Usar los conocimientos que tienes sobre el tema*
>
> Una manera de disfrutar más de lo que lees y de comprender mejor la información que presenta el autor es pensar en los conocimientos que ya tienes sobre el tema. Al mismo tiempo, mientras piensas en lo que sabes, puedes hacer conexiones con otras áreas.
>
> - **¡Ponla en práctica!** El texto que vas a leer trata de la importancia de las redes sociales para los jóvenes. Haz una lista de todo lo que te venga a la mente sobre este tema. Usa los siguientes temas como guía.
>
>   –el impacto de las redes sociales en la vida de los jóvenes (positivo y negativo)
>
>   –la identidad en línea y la identidad en el mundo real
>
>   –la diferencia entre el uso de las redes sociales por los jóvenes y por los adultos
>
> Una vez que tengas la lista, compártela con un grupo pequeño de tus compañeros. Puedes añadir algunas de las ideas en las que tú no habías pensado. Al final de la lectura, lee de nuevo la lista para ver las semejanzas que tiene con la información del artículo.

A. **El no existir y la identidad.** En la entrevista que vas a leer la especialista en educación Roxana Morduchowicz dice: "Hoy, para un chico, no estar en Facebook, como dicen ellos, es no existir. Directamente. Pero eso tiene que ver con la construcción de la identidad". ¿Estás de acuerdo con esta declaración? ¿Piensas que Facebook contribuye a la construcción de tu identidad? Si eres usuario(a) de Facebook u otra red social, ¿qué importancia tiene para ti participar en ella? ¿Piensas que está moldeando tu identidad? Si no eres usuario(a), puedes expresar tus opiniones usando tu conocimiento del tema. Haz una lista de palabras y expresiones que te ayuden a plantear tus ideas. Primero vas a

For grammar support:

 Abriendo paso: Gramática

compartirlas con un grupo pequeño de tus compañeros y luego con el resto de la clase.

B. **Entre pantallas.** En la entrevista se describe a la generación que tiene menos de 18 años como una generación que "vive entre pantallas". ¿Qué significa para ti esta expresión? ¿A qué pantallas crees que se refiere? ¿Piensas que es acertado este comentario? ¿Por qué? Usa ejemplos específicos para explicar si coincides o no con el comentario. Toma algunos apuntes para que puedas expresarte con claridad. Vas a discutir el tema con un grupo pequeño de tus compañeros. Luego, van a usar las mejores ideas para discutir el comentario con el resto de la clase.

TEMA DE LA UNIDAD: LAS FAMILIAS Y LAS COMUNIDADES

Introducción

La siguiente entrevista apareció en el diario argentino *Página 12*. En ella, una especialista en educación examina el efecto de las redes sociales e Internet en la identidad de los jóvenes.

Al leer

Mientras lees, ten en cuenta los siguientes puntos:

- la importancia de las redes sociales para los jóvenes
- los principales usos de las redes sociales por parte de los jóvenes
- la función de los adultos
- la popularidad versus la privacidad

Ser popular en Internet es un valor muy importante

she analyzes thoroughly
she warns

Roxana Morduchowicz acaba de publicar *Los adolescentes y las redes sociales*, un libro donde desmenuza° la relación de chicos y jóvenes con las llamadas "nuevas" tecnologías. Y advierte° sobre los mitos y falsas creencias de los adultos.

No existe un mundo virtual y otro real. La idea de que una computadora aísla habla más de los adultos poco familiarizados con Internet que de lo que efectivamente sucede cuando un adolescente se conecta a la red. Eso dice en

5

Los adolescentes y las redes sociales: La construcción de la identidad juvenil en Internet (Ed. FCE) la especialista en educación Roxana Morduchowicz. Muy lejos de cualquier imagen de chicas y chicos que consumen de manera pasiva contenidos de distintos sitios, Morduchowicz plantea que el ingreso a Internet, que no es nuevo ni ajeno° sino perfectamente natural porque para las nuevas generaciones siempre estuvo ahí, convierte a chicas y chicos en productores activos: leen contenidos, sí, pero también producen los propios, interactúan con sus pares en situaciones de comunicación horizontales y ensayan°, en sus intervenciones, nuevos modos de algo tan tradicional como distintas formas de desarrollar y presentar sus propias identidades.

Quienes hoy son chicos y adolescentes nacieron en una escena tecnológica en pleno desarrollo, pero a la vez dotada° de cierta estabilidad. Control remoto, celular, Internet, TV por cable y de accesibilidad casi permanente, son cosas que siempre existieron en su mundo, o que al menos llegaron tan tempranamente en sus vidas que su aparición no implicó irrupción° alguna. Por eso, dice Morduchowicz, los adultos no solo deberían "conocer los consumos culturales de los chicos, de qué manera usan la tecnología y para qué", sino también comprender que las tecnologías ya no son nuevas. "Usar esa palabra, decir 'nuevas tecnologías' lo único que hace es revelar la edad de los adultos. Ya no hay medios tradicionales y nuevos. Todos coexisten."

—**¿Por qué pensar en la relación entre adolescentes y redes sociales?**

—Es inevitable, porque hoy la generación que tiene menos de 18 años es una que vive entre pantallas. Las tres más importantes en la vida de los adolescentes son la televisión, el celular y la computadora. Hoy la identidad juvenil no se puede entender si no se entiende la relación que tienen los chicos con las pantallas, y de ellas la que más está creciendo en los últimos años es la computadora. Y a eso hay que sumarle que el acceso a Internet se hace cada vez más accesible, ya sea a través de *netbooks* o celulares, con lo que los chicos están cada vez más conectados. Mi interés es entender la identidad de los adolescentes. Y hoy, si no se analiza qué vínculo° tienen ellos con Internet, se pierde una parte fundamental de su identidad.

—**En el libro sostiene que, en lugar de aislarse, la computadora se vuelve fundamental para la comunicación de chicos y adolescentes con sus pares.**

—Claro, es que el principal uso es comunicativo. En general, cuando los padres compran una computadora o la conectan a Internet, sus expectativas son educativas.

—**¿En un sentido tradicional?**

—Sí, como algo del estilo "quicro que lo ayude con la escuela", como una herramienta°.

unusual

they rehearse

equipped

sudden incursion

link

tool

—**¿Más bien unidireccional?** 45

—Claro. Pero todas las encuestas° y los estudios muestran que el principal uso
que hacen los chicos es comunicativo. Básicamente, se dedican a chatear, con
programas de mensajería instantánea o a través de alguna red social. Una de
las que más está creciendo°, una de las más populares, es Facebook. Debería ser
solamente para chicos de 14 años para arriba°, porque es lo que el sitio permite 50
legalmente, pero también la usan muchos preadolescentes, porque falsean
la edad y acceden a armar° su perfil. En todo caso, entre los adolescentes la
presencia en redes sociales es alta: el 80 por ciento está en una.

—**¿Esa cifra se modifica según las clases socio-económicas?**

—No reconoce fronteras sociales. La presencia ya atraviesa° todas las clases. 55
Hoy, para un chico, no estar en Facebook, como dicen ellos, es no existir.
Directamente. Pero eso tiene que ver con la construcción de la identidad.

—**¿Es un espacio de socialización, como en otra época fue un bar?**

—Claro, lo que para los adultos actuales era verse en un café, ahora es cruzarse
en Facebook. Antes, la visibilidad pasaba por el mundo, digamos, real: un 60
café, una esquina. Ahora, para los chicos eso pasa en un mundo virtual.
Pero atención, porque para los chicos el mundo *online* y el *offline* no son
antagónicos: hay continuidad. Pueden estar en su casa, hablando con la mamá
y a la vez chateando en una ventana con sus amigos, navegando para buscar
información o escuchando a su banda favorita. Los chicos abren y cierran 65
ventanas virtuales como los adultos abrimos y cerramos ventanas reales.

—**Coexisten los universos de lo *online* y lo *offline*, se superponen°.**

—Es una generación que en todo el mundo se llama multimedia, pero
no solamente por la oferta diversificada de medios y tecnología, sino
fundamentalmente por sus usos en simultáneo. Mientras ven televisión, 70
escuchan música y también hablan por celular, o hacen la tarea. No son
actividades excluyentes. También se superponen.

—**¿La actitud y los usos son los mismos para chicas que para chicos?**

—Podríamos decir que las chicas se comunican más, pero las diferencias
entre chicas y chicos son mínimas. Estar en Facebook no solo no reconoce 75
diferencias sociales sino tampoco de género. Eso demuestra también que la
presencia de las pantallas en la vida de los chicos no implica un aislamiento
o anular° su vida social. Por el contrario, las pantallas y la tecnología generaron
una nueva forma de sociabilidad juvenil. Antes, como decía, en el café; ahora,
aquí. Que el principal uso sea el comunicativo barre con° los prejuicios de 80
los adultos, que creemos que por la irrupción de las pantallas los chicos están
más aislados y menos conectados con su entorno°. Son nuevos soportes para

polls

?
?

?

cuts across

?

eliminating

sweeps away

?

lo social. Esta es la primera generación que dispone de° variedad de soportes. Cuando yo era chica, solo tenía el teléfono de línea. Y medido, porque era caro.

85 Ahora, los chicos tienen teléfono de línea, teléfono celular para hablar o para mandar mensajes, el blog, el chat, las redes sociales. En total, tienen cinco o seis soportes, modos de comunicarse. Eso demuestra que están muy lejos de ser una generación aislada. Al contrario.

—Son los adultos quienes creen eso pero por su propia distancia, voluntaria,
90 **con la tecnología. En cambio, los chicos tienen familiaridad con los**
dispositivos°, no temen usarlos.

—Como en casa, los chicos, sean adolescentes o más chicos, suelen ser quienes más manejo instrumental° tienen de la computadora, hay ciertos miedos en los adultos, sean madres, padres o docentes. Esto pasará a la historia pronto—
95 ya hay jóvenes cuyos padres no le tienen miedo a las computadoras. El chico tiene manejo instrumental. Solamente. En cambio, el criterio, el sentido de la experiencia, sigue siendo algo que tiene un adulto, y que por eso debe guiar el uso, el manejo instrumental, de esa computadora. Los adultos deben conocer los consumos culturales de los chicos, de qué manera usan la computadora, para
100 qué. Por más que tengamos filtros en la computadora, nada reemplaza° un buen diálogo. Pero claro: saber sus consumos, para qué los usan, no qué dice en el chat.

—Serían como los cuidados clásicos de "no hablar con extraños".

—Los mismos recaudos° de la vida real en la vida virtual. Algunos recaudos tienen que ver con el uso de la tecnología. Así como los chicos no salen solos
105 a las dos de la mañana por una calle oscura, también es preciso saber que Internet es un espacio público, y que cuando los chicos trasladan allí detalles de su intimidad, los puede ver cualquiera. Es como hablar a los gritos en una plaza: los oyen.

—En el libro, relaciona esa falta de comprensión de los límites de la
110 **intimidad con la construcción de la identidad, con algo que tienen que**
adquirir.

—Sobre todo los adolescentes. Para ellos, ser popular es un valor muy importante, tener muchos amigos en el sentido de las redes sociales. Entonces, el concepto de vida privada cede° ante el deseo de ser popular. Si para ser
115 popular tienen que contar a qué escuela van o dar su nombre real, lo hacen. La prioridad es tener amigos. Y los chicos no miden° el alcance° de Internet.

has at its disposal

devices

more practical proficiency

?

precautions

yields

measure / reach

Después de leer

For grammar support:

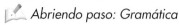 *Abriendo paso: Gramática*

Comprensión

C. **Al punto.** Contesta las siguientes preguntas.

1. ¿Por qué dice la especialista que el ingreso a Internet es una actividad natural?

2. ¿Qué les recomienda Roxana Morduchowicz a los adultos?

3. ¿Qué revela el uso de la frase "nuevas tecnologías"?

4. ¿Cómo se puede entender mejor la identidad de los jóvenes?

5. ¿Qué diferencia existe entre los padres y los hijos con respecto al uso de la computadora?

6. Describe con tus propias palabras las diferencias entre la manera en que socializan los adultos y los jóvenes.

7. ¿Cómo justifica la especialista su opinión que los jóvenes no están aislados cuando usan las computadoras?

8. ¿Por qué es importante tomar en consideración el criterio y la experiencia de los adultos?

9. ¿A qué se refiere la especialista cuando dice "Es como hablar a los gritos en una plaza: los oyen" (107–108)? Explica tu respuesta.

10. ¿Qué consecuencias tiene el uso de las computadoras en la vida privada?

Para ampliar el vocabulario

D. **De la misma familia.** Escribe una palabra de la misma familia, es decir, palabras que tengan la misma raíz que la palabra dada. Si es un sustantivo, escribe el artículo definido correspondiente.

las identidades [16]	se pierde (perderse) [37]	comunicarse [87]
la aparición [21]	creemos (creer) [81]	aislada [88]
los consumos [23]		

E. **En contexto.** ¿Cómo le explicarías las siguientes palabras a una persona que no sabe lo que quieren decir? Usa tus propias palabras, sinónimos o una situación para tu explicación.

ajeno [11]	las encuestas [46]	oscura [105]
ensayan (ensayar) [14]	el perfil [52]	los gritos [107]
las pantallas [29]	el aislamiento [77]	

F. Sinónimos. Busca el sinónimo de las palabras que aparecen en la columna A en la columna B. Hay más palabras de las que necesitas.

A

_____ **1.** los sitios [10]

_____ **2.** revelar [25]

_____ **3.** inevitable [28]

_____ **4.** antagónicos [63]

_____ **5.** excluyentes [72]

_____ **6.** mandar [86]

_____ **7.** la prioridad [116]

B

a. enviar   **h.** perjudiciales

b. necesario   **i.** los lugares

c. los alcances   **j.** manifestar

d. la precedencia

e. apartadas

f. incompatibles

g. la encuesta

G. Antónimos. Busca el antónimo de las palabras que aparecen en la columna A en la columna B. Hay más palabras de las que necesitas.

A

_____ **1.** ajeno [11]

_____ **2.** creciendo (crecer) [32]

_____ **3.** accesible [34]

_____ **4.** el interés [35]

_____ **5.** el aislamiento [77]

_____ **6.** los detalles [106]

B

a. la integración   **g.** inalcanzable

b. la apatía   **h.** las esquinas

c. falsear   **i.** propio

d. disminuir

e. el apoyo

f. las generalidades

Reflexión

H. Las fronteras sociales. Según las declaraciones sobre Facebook que aparecen en la entrevista, se encuentra "No reconoce fronteras sociales. La presencia ya atraviesa todas las clases". Considera esta aserción. ¿Estás de acuerdo? Por experiencia, ¿cómo se pone de manifiesto esta declaración? Usa ejemplos específicos para respaldar tus ideas. Haz una lista de las palabras y expresiones que vas a necesitar para discutir el tema y organiza tus ideas. Las vas a discutir con un grupo pequeño de tus compañeros y luego con toda la clase.

Conexiones interdisciplinarias

I. El comercio en Internet. El artículo que acabas de leer se concentra en los efectos que tienen las redes sociales en la construcción de la identidad de los jóvenes. Sin embargo, muchos creen que estas redes han tenido un impacto que va más allá de la identidad, principalmente en el comercio. Investiga en Internet cómo las empresas utilizan las redes sociales para su beneficio. Escribe una composición en la que describas lo que hacen, el impacto que han tenido y lo que se espera en el futuro.

Abriendo paso

Contextos para la comunicación

For grammar support:

Abriendo paso: Gramática

Ⓐ Texto auditivo: Una interesante red social

Vas a escuchar una grabación. Primero, tienes un minuto para leer la introducción y las preguntas. Luego vas a escuchar la grabación dos veces. Mientras escuchas, puedes tomar apuntes. Después de escuchar por primera vez, tienes un minuto para contestar las preguntas. Después de escuchar por segunda vez, vas a tener dos minutos para terminarlas.

Introducción 🔊))

La siguiente selección proviene de Radio Caracol de Colombia. Discute una interesante red social española. La selección dura unos tres minutos y medio.

1. ¿Cómo se llama la iniciativa?
2. Según Xurxo Torres, ¿por qué decidió crear esta red social?
3. ¿Por qué le pareció favorable el mes en el que empezaron la red social?
4. ¿Qué le ofrece el portal a los usuarios?
5. Qué epitafio ha tenido más comentarios?
6. ¿Qué ha encontrado Xurxo Torres en los epitafios que han contribuido los usuarios?

Ⓑ Presentación oral: La edad para chatear

Las redes sociales, como Facebook, generalmente no permiten la participación de jóvenes menores de catorce años. ¿Qué te parece esta regla? ¿Cómo se puede justificar? En tu opinión, ¿cuál es la edad ideal para que los jóvenes puedan participar en las redes sociales? Explica por qué. Prepara tus apuntes para que puedas discutir tus ideas con un grupo pequeño de tus compañeros.

Ⓒ Presentación escrita: *Multitasking*

Para muchos expertos, el hecho de que los jóvenes participen en varias actividades al mismo tiempo, tales como conversar con una persona al mismo tiempo que chatean con sus amigos en Internet, buscan información, escuchan música y hasta ven la televisión, es motivo de alarma. Para ellos, los jóvenes desarrollan mala memoria, peor rendimiento, etc. ¿Estás de acuerdo? ¿Qué efectos positivos o negativos puede tener esta costumbre en el desarrollo de una persona joven? ¿Les ayudará en el futuro o será perjudicial? Escribe un párrafo en el que discutas tus ideas sobre el tema. Comparte lo que escribiste con un(a) compañero(a). Él o ella te va a ayudar a mejorar lo que escribiste.

Ⓓ Presentación oral: Entre más amigos, mejor

Según la experta, muchos jóvenes ponen énfasis en la cantidad de amigos que tienen en las redes sociales. Piensa en lo que es un(a) verdadero(a) amigo(a). ¿Es posible tener cientos o miles de amigos? ¿Ves alguna diferencia entre los amigos virtuales y los amigos en la vida real? ¿Cuáles? ¿Valen más cientos de amigos que unos pocos? Comparte tus ideas con un grupo pequeño de tus compañeros. Prepara tus ideas por medio de una lista de palabras y expresiones que te ayuden a presentarlas.

Ⓔ Debate: ¿Qué forma es mejor para conocerse y comunicarse, la socialización virtual o la real?

A algunos jóvenes se les hace mucho más fácil aprender a socializar en línea que en persona. ¿Es esto una ventaja o una desventaja? ¿Qué forma crees tú que es mejor para un joven? Explica. ¿Has visto alguna consecuencia de tus actividades en línea que te ayude a tomar tu posición? ¿Te sientes incómodo(a) (*awkward*) cuando conoces a alguien en persona en comparación a conocer a una persona en línea? Piensa en estas preguntas y luego organiza tus ideas por medio de una lista de los puntos importantes que quieres expresar. Primero vas a compartir tu opinión en grupos pequeños y luego va a haber un debate con toda la clase. Un grupo va a defender la socialización virtual y el otro grupo defenderá la socialización real.

F Composición: Las redes sociales, ¿poderosas herramientas o frías y aislantes?

Según esta cita del sitio web de la Pontificia Universidad Católica del Ecuador (Sede Ibarra), "Las redes sociales pueden ser vistas por algunos como poderosas herramientas de interrelación, signos de los nuevos tiempos, y por otros, como una fría manera de comunicarse pero a la vez aislarse del mundo, configurando así una nueva cultura". Se oyen a menudo hoy día opiniones opuestas a la expresada por la cita. ¿Qué piensas tú? ¿Te parece que una de las opiniones es más acertada? ¿Cuál y por qué? Vas a escribir una composición de por lo menos 200 palabras en la que expreses tu opinión sobre el tema. No te olvides de incluir tu opinión acerca de la configuración de "una nueva cultura".

1. Haz una lista de todas las ideas que te vienen a la mente, positivas o negativas sobre el tema.

2. Organiza tus apuntes. Haz una lista de los aspectos positivos que escribiste y otra lista con los aspectos negativos.

3. Luego, piensa en la tesis de tu composición. En ella vas a expresar tu opinión sobre la cita.

4. Escribe tu ensayo. Trata de incorporar por lo menos tres de las siguientes expresiones en tu presentación.

con respecto a	*with respect to, regarding*
también viene al caso	*it is also relevant*
lo que importa es que	*what is important is that*
en definitiva	*in conclusion, definitively, finally*
en todo caso	*in any case*

5. Una vez que hayas terminado, recuerda que debes repasar lo que escribiste para mejorar tanto el contenido como la gramática de tu ensayo. Puedes trabajar también con un(a) compañero(a) para que te ayude a mejorar la composición.

G Presentación escrita: El uso de las redes sociales

En el artículo que has leído se habla solamente de las implicaciones personales de las redes sociales. Piensa en las ventajas y posibilidades positivas que las redes sociales pueden tener en nuestro mundo actual. Escoge un área que en tu opinión todavía no se ha desarrollado totalmente y que puede beneficiar a la sociedad. Luego, escribe dos párrafos expresando la razón por la cual te parece importante y los beneficios que traería. No te olvides que puedes compartir lo que escribiste con un(a) compañero(a) de clase para que te dé sugerencias para mejorar la escritura.

Preguntas del capítulo

Ahora que has discutido la lectura y tienes mejor conocimiento del tema, tu profesor(a) va a reanudar la discusión de las preguntas del capítulo. Repasa brevemente los apuntes y ejercicios que ya completaste.

- ¿Cómo influyen las redes sociales en la formación de la identidad de los jóvenes?

- ¿Cómo han cambiado las redes sociales la manera en que nos comunicamos hoy en día?

- ¿Cuáles son los beneficios y los daños de las redes sociales?

Integración

> **Más práctica:** Preparación para el examen, pp. 425–428

Preguntas fundamentales para la discusión

Ahora que tienes un conocimiento más amplio del tema de esta unidad, podrás contestar con más información a las siguientes preguntas y discutir tus ideas con el resto de la clase.

- ¿Cómo se define la familia en distintas sociedades?
- ¿Cómo contribuyen los individuos al bienestar de las comunidades?
- ¿Cuáles son las diferencias en los papeles que asumen las comunidades en las diferentes sociedades del mundo?

Presentación final

Vas a elaborar una presentación final en la que analizas el tema de la unidad más a fondo. Sigue los siguientes pasos. Te van a ayudar a examinar y organizar tus ideas.

1. Considera otras perspectivas

Además de los contextos que examinaste en esta unidad, ¿qué otros contextos se podrían incluir bajo el tema de "Las familias y las comunidades"? ¿Qué otras preguntas fundamentales te hubiera gustado investigar bajo este tema? Prepara tus ideas para discutirlas con la clase. No tienes que discutir a fondo los contextos o preguntas que apuntaste, solo prepárate para explicar por qué te parece importante incluir estos contextos o preguntas.

2. Explora tu perspectiva

Piensa en los contextos y perspectivas que discutiste con la clase. Escoge un aspecto del tema relacionado con ellos que te interesa analizar más a fondo.

- ¿Cuál es el problema?
- ¿Por qué crees que merece atención?

3. Desarrolla la presentación

Usa el problema para establecer la idea central que vas a usar como hilo conductor de tu presentación final sobre el tema de la unidad. Para más apoyo, consulta la *Guía para presentaciones* que se encuentra en el curso digital.

La belleza y la estética

Preguntas fundamentales para la discusión

Al final de esta unidad podrás contestar las siguientes preguntas:

- ¿Cómo se establecen las percepciones de la belleza y la creatividad?
- ¿Cómo influyen los ideales de la belleza y la estética en la vida cotidiana?
- ¿Cómo las artes desafían y reflejan las perspectivas culturales?

CAPÍTULO 20

La arquitectura

LECTURA: Arq. Santiago Calatrava: Genio de una nueva arquitectura

Las siguientes preguntas te servirán de guía y te ayudarán a comprender el tema más a fondo. Tenlas presentes a lo largo del capítulo.

- ¿Qué papel tienen la funcionalidad y la estética en la arquitectura?
- ¿Cómo ha afectado el movimiento ambiental a la arquitectura?
- ¿Cómo refleja la arquitectura las perspectivas culturales e históricas de una comunidad?

En portada

Describe detalladamente las fotos. Incluye la información de las preguntas a continuación en tu descripción.

1. ¿Qué ves? Da todos los detalles que puedas.
2. ¿En qué te hacen pensar estos edificios? ¿Se parecen a algo en particular?
3. ¿Qué elementos de los edificios te gustan o no? Explica tu respuesta.
4. ¿Crees que podrían encajar (*fit*) con la arquitectura de la ciudad donde vives? ¿Por qué?

Arq. Santiago Calatrava: Genio de una nueva arquitectura

Antes de leer

Estrategia: *Reactivar la información que tenemos del tema y tratar de aprender algo más antes de leer el texto*

A veces, especialmente si no sabemos mucho acerca del tema, es buena idea tratar de aprender algo de antemano para entender mejor lo que dice un texto. No se requiere ser un experto en el tema, sino pensar en las experiencias que se ha tenido con el tema.

- **¡Ponla en práctica!** ¿Qué sabes sobre la arquitectura? En general, ¿qué tratan de representar los arquitectos en su obra? (Hay muchas respuestas posibles.) ¿Cuáles son algunos ejemplos de arquitectura que consideras buenos o malos en el lugar donde vives? Si fueras arquitecto(a), ¿qué factores tendrías que considerar antes de comenzar a diseñar una obra?

Si piensas en las respuestas a estas preguntas, vas a reactivar algunos de los conocimientos que ya tienes sobre la arquitectura. Después de leer el artículo, puedes revisar de nuevo estas preguntas para que veas cómo te ayudaron a comprender mejor la lectura.

A. **¿Qué significa?** En el segundo párrafo del artículo que vas a leer, se dice que Calatrava "es reconocido como el gurú de la nueva arquitectura contemporánea". Busca información en Internet y apunta tres características de "la nueva arquitectura contemporánea". Vas a compartir la descripción de estas características con la clase.

B. **La arquitectura de Calatrava.** Si no sabes mucho acerca de la obra de Calatrava, vuelve a mirar las fotos que analizaste en la sección *En portada* en la página 220. Las dos son obras de Calatrava. Al mirar las fotos, piensa en cómo reflejan la siguiente cita del artista que aparece en el artículo: "El hombre es el centro de la arquitectura". Escribe algunos apuntes que te ayuden a compartir tus ideas con un(a) compañero(a). Piensa como un crítico y ten en cuenta distintos aspectos que apoyen la declaración de Calatrava.

For grammar support:
Abriendo paso: Gramática

TEMA DE LA UNIDAD: LA BELLEZA Y LA ESTÉTICA

Introducción

En este artículo se habla de la visión y filosofía del arquitecto español Santiago Calatrava. Apareció en la revista costarricense *Estilos y Casas*.

Al leer

Mientras lees, ten en cuenta los siguientes puntos:

- las características de la obra de Calatrava
- la filosofía arquitectónica de Calatrava
- los efectos que sus estudios y sus gustos han tenido en su obra
- las opiniones que se dan en el artículo acerca de su obra

Arq. Santiago Calatrava: Genio de una nueva arquitectura

por Lucrecia Alfaro

agent

Considerado por muchos como el gestor° de una nueva era en la historia de la arquitectura, el español Santiago Calatrava fue distinguido con la 61 medalla de oro otorgada por el Instituto Americano de Arquitectos (el AIA según sus siglas en inglés), en su convención anual, realizada recientemente en la ciudad de Las Vegas, y *Estilos & Casas* estuvo allí para ser testigo de tal honor, y a la vez para conocer, de boca del propio arquitecto, sobre su genialidad y su inigualable propuesta° y visión profesional, pues Calatrava, con su disertación, tuvo a cargo el cierre del congreso.   5

proposition

Graduado de la Escuela Técnica Superior de Arquitectura de Valencia, España, con un postgrado en urbanismo, a sus 54 años de edad, Santiago Calatrava es reconocido como el gurú de la nueva arquitectura contemporánea.   10

Su visión . . . su filosofía

they display

A primera vista, los monumentales proyectos de Santiago Calatrava resultan complejos, pero en esencia hacen alarde de° absoluta sencillez y maestría, pues según explicó su autor, los diseños siempre están inspirados en el ser humano y su entorno. "El hombre es el centro de la arquitectura", afirmó en su presentación. Aseveración° que de inmediato y sin palabras, con absoluta facilidad y displicencia°, a través de dibujos esquemáticos pero igualmente   15

Statement
offhandedness

elocuentes, mostraba cómo la estructura de determinado puente está basada en la figura de un hombre abriendo los brazos hacia los lados; cómo la de otro

20 semeja° un ave en pleno vuelo; o cómo un rascacielos hace referencia a una erguida° columna vertebral y cómo también un auditorio dedicado a las artes está motivado en un ojo humano, con todo y su movimiento de párpados°. Calatrava logra sublimar y abstraer estos bocetos a mano alzada° a un nivel tal°, antes inconcebible, hasta convertirlos más que en geniales proyectos

25 arquitectónicos, en magistrales obras de arte, con la ventaja de ser cien por ciento funcionales y vivenciales°.

resembles

upright

eyelids

freehand sketches

to such a level

able to be experienced

Obras con las que además quiere dejar claro que la suya busca ser, de alguna manera, arquitectura que logre hermanarse con el entorno inmediato. "La relación con el medio ambiente es trascendente, tanto como preservarlo y

30 enriquecer su presencia con la intervención de la arquitectura", expresó el arquitecto.

Esta visión profesional que bien se torna° filosófica y artística, muy probablemente esté influenciada por el hecho de que siempre le ha gustado y ha estado ligado° al arte, ya que a los ocho años ingresó a la Escuela de Artes y

35 Oficios en su ciudad natal de Valencia, y años después, en su juventud, en 1968, lo hizo en la École des Beaux-Arts° en París. Este acercamiento con la plástica° además de ayudarle a desarrollar su natural talento, lo convirtió en artista profesional en la materia y lo dotó° de una especial sensibilidad, que hoy día impregna de rica expresión poética sus obras arquitectónicas.

?

?

School of Fine Arts / plastic arts

?

40 Por otra parte, el movimiento es otro principio básico en la propuesta de Santiago Calatrava, pues afirma que "la vida significa movimiento, por ello mis proyectos están llenos de dinamismo". Además, agregó que "la ingeniería y la funcionalidad deben ir de la mano con la arquitectura", razones por las que sus obras arquitectónicas se presentan como la

45 organización dinámica de un espacio dado, en el que soluciones tecnológicas, racionales e inteligentes, logran° dar respuesta a demandas funcionales y programáticas, exhibiendo en el proceso, un derroche° absoluto de sus dotes° como ingeniero.

manage

display / gifts, abilities

En cuanto a los materiales, sobresale la presencia del vidrio° y el metal, por

50 lo que sus proyectos premian la transparencia, al tiempo que promueven la propagación de la luz natural en el interior de la edificación y por ende° la interacción visual con el entorno exterior.

glass

therefore

Entre sus obras más notables, edificadas recientemente se encuentran: la expansión del Museo de Arte de Milwaukee, en Wisconsin (2002); el Complejo

55 Deportivo Olímpico de Atenas (2004); la Casa de la Ópera en Tenerife, islas

Canarias (2003); la Ciudad de las Artes y las Ciencias en Valencia, España (2000); la Estación Aeroportuaria en Lyon, Francia (2000), [. . .], junto a otra buena cantidad de puentes y proyectos monumentales e impactantes en todo el mundo.

Todos y cada uno de estos proyectos cumplen retos y superan expectativas a todo nivel, económico, tecnológico, ambiental, social, cultural y artístico; mediados eso sí, por parte de su gestor, de su absoluta pasión de corte espiritual y su compromiso de mantener rigor profesional a lo largo de todo el proceso.
₆₀

Pero quizás el mayor logro de Santiago Calatrava a través de su singular propuesta es unir en su arquitectura dos variables que a esta escala era algo inconcebible para muchos, la tecnología y el arte, consiguiendo a la vez que lo edificado sea consecuente con la función que motivó su creación, y que para la gente que lo vive, utiliza y observa, resulte muy orgánico, muy humano y cercano, pero igualmente único; en fin, evocador y placentero.
₆₅

Por todo lo anterior, Santiago Calatrava con la bien merecida designación como genio de una nueva arquitectura, sin duda alguna ya tiene asegurado su sitio de privilegio en la historia de la arquitectura mundial. Prueba de ello es que el Instituto Americano de Arquitectos (AIA), además de haberlo distinguido con la medalla de oro, dejará su nombre grabado para la posteridad en una pared de granito, junto a otros destacados, en el vestíbulo de su sede° en Washington D.C.
₇₀
₇₅

Quienes deseen conocer más sobre Santiago Calatrava pueden visitar su página en Internet: www.calatrava.com o adquirir su más reciente libro *Santiago Calatrava, The Complete Works*, Rizzoli, New York, N.Y., U.S.A.

?

"Todos y cada uno de estos proyectos cumplen retos y superan expectativas a todo nivel, económico, tecnológico, ambiental, social, cultural y artístico..."

Después de leer

Comprensión

C. **Al punto.** Contesta las siguientes preguntas.

1. Según la autora, ¿cuál es la primera impresión que dan los proyectos de Calatrava?

2. Según Calatrava, ¿en qué está inspirada su obra?

3. Al recibir el premio, ¿qué usó Calatrava para explicar sus obras?

4. Según Calatrava, ¿qué tipo de relación debe haber entre sus obras y el medio ambiente?

5. ¿Qué efecto ha tenido en su obra la afición que siente Calatrava desde niño por las artes plásticas?

6. Por los materiales que usa, ¿cómo se podrían describir las obras de Calatrava?

7. Según la autora, ¿cómo se podría caracterizar la unión entre la tecnología y el arte en las obras de Calatrava?

8. Resumiendo la opinión de la autora, ¿qué podemos decir sobre Calatrava?

Para ampliar el vocabulario

D. **De la misma familia.** Escribe una palabra de la misma familia, es decir, palabras que tengan la misma raíz que la palabra dada. Si es un sustantivo, escribe el artículo definido.

la arquitectura [2]	reconocido [11]	los diseños [14]
el urbanismo [10]	la vista [12]	inspirados [14]

E. **En contexto.** ¿Cómo le explicarías las siguientes palabras a una persona que no sabe lo que quieren decir? Usa tus propias palabras, sinónimos o una situación para tu explicación.

el testigo [5]	el puente [18]	la plástica [36]
el cierre [8]	el rascacielos [20]	la edificación [51]

F. **Sinónimos.** Busca el sinónimo de las palabras que aparecen en la columna A en la columna B. Hay más palabras de las que necesitas.

A

_____ 1. inigualable [7]
_____ 2. la propuesta [7]
_____ 3. la sencillez [13]
_____ 4. la maestría [13]
_____ 5. el entorno [15]
_____ 6. hermanarse [28]
_____ 7. edificado [67]
_____ 8. la posteridad [75]

B

a. abrigarse
b. la lucidez
c. la proposición
d. el futuro
e. extraordinaria
f. el ambiente
g. la simplicidad
h. la habilidad
i. construido
j. la funcionalidad
k. unirse

G. Antónimos. Busca el antónimo de las palabras que aparecen en la columna A en la columna B. Hay más palabras de las que necesitas.

A

_____ **1.** el cierre [8]

_____ **2.** la facilidad [17]

_____ **3.** enriquecer [30]

_____ **4.** la presencia [30]

_____ **5.** la juventud [35]

_____ **6.** el acercamiento [36]

_____ **7.** placentero [69]

B

a. merecer   **h.** la dificultad

b. la separación   **i.** empobrecer

c. desagradable   **j.** la vejez

d. la hermandad

e. la apertura

f. complaciente

g. la ausencia

Reflexión

H. ¿Continuidad, renovación o cambio? Marco Lucio Vitruvio Polión fue un arquitecto e ingeniero romano del siglo I a. C. Se le conoce como el autor del único tratado de arquitectura de la antigüedad conservado hasta nuestros días, *De Architectura*. En él estableció tres condiciones que debe cumplir la arquitectura: firmeza, comodidad y hermosura.

1. Toma algunos apuntes acerca de lo que, en tu opinión, quieren decir estas tres palabras en relación a una estructura.

2. Luego usa lo que has aprendido acerca de la visión y la filosofía de Calatrava para contestar las siguientes preguntas: ¿Crees que Calatrava estaría de acuerdo? ¿Por qué? ¿Añadiría Calatrava otra cosa? ¿Qué añadiría?

3. Toma algunos apuntes que te ayuden a compartir tus ideas con la clase. Estos apuntes te servirán de guía. No escribas un guion.

Perspectivas culturales

I. La arquitectura urbana. Calatrava tiene un postgrado en urbanismo (planificación de ciudades). Estos conocimientos probablemente le han servido a la hora de diseñar sus obras.

1. Reflexiona sobre esta pregunta: ¿Cuáles son algunas consideraciones que debería tener un arquitecto al diseñar una estructura para que encaje y funcione en un centro urbano? Si no tienes suficiente información, búscala en Internet.

2. Luego explica por qué crees que esas consideraciones son importantes.

3. Busca en Internet otra vez para ver dos o tres fotos de obras de Calatrava que incluyan sus alrededores. ¿Piensas que se pueden ver estas consideraciones en sus obras?

4. Haz una lista de palabras y expresiones que te ayuden a expresar tu opinión. Si no tienes suficiente información, búscala en Internet. Prepárate para discutir el tema en grupos pequeños.

Abriendo paso

Contextos para la comunicación

For grammar support:
Abriendo paso: Gramática

A Texto auditivo: Entrevista con Cristián Undurraga

Vas a ver un video. Primero, tienes un minuto para leer la introducción y las preguntas. Luego vas a escuchar la grabación dos veces. Mientras escuchas, puedes tomar apuntes. Después de escuchar por primera vez, tienes un minuto para contestar las preguntas. Después de escuchar por segunda vez, vas a tener dos minutos para terminarlas.

Introducción ▶

En este video, el arquitecto chileno Cristián Undurraga habla de un proyecto urbano en el que trabajará su oficina. Apareció en el sitio web de Plataforma Urbana, una organización sin fines de lucro. La grabación dura unos cuatro minutos.

1. ¿Cómo es la oficina en que trabaja el arquitecto Cristián Undurraga?

2. ¿Cómo obtuvo su oficina el proyecto Eje Bulnes?

3. ¿Por qué considera Undurraga tan notable este proyecto?

4. ¿En qué condición se encuentra lo que está allí?

5. ¿Qué piensa hacer Undurraga para recuperar el espacio? Menciona al menos tres cosas.

6. ¿Qué nuevo elemento va a construir al final del paseo?

7. ¿Cuáles son algunos aspectos del Parque Almagro que piensa mejorar?

B Comparación cultural: ¿Calatrava en mi ciudad (pueblo)?

En tu interpretación de las fotos en *En portada* en la página 220, contestaste las preguntas: ¿Crees que podrían encajar las obras con la arquitectura de la ciudad donde vives? ¿Por qué?

1. Ahora contesta las siguientes preguntas: ¿Crees que es importante adaptar los diseños arquitectónicos a las realidades y a la cultura del lugar donde se van a construir? ¿Por qué? ¿Qué factores habría que considerar en tu pueblo o ciudad para que una estructura encajara bien?

2. Explica tus respuestas. Si vives en una ciudad, también puedes usar tus ideas del ejercicio I (pág. 226). Vas a compartir tus ideas con la clase.

C Investigación en Internet: Un(a) arquitecto(a) hispano(a)

Antonio Gaudí (1852–1926) es quizás el arquitecto español más conocido del siglo XX. Entre 1984 y 2005, siete de sus obras fueron nombradas Patrimonio de la Humanidad por la UNESCO. Vas a escribir un informe acerca de Gaudí (o cualquier otro(a) arquitecto(a) hispano(a) que te interese) en el que incluyas:

- de dónde era (es); cuándo nació; y si murió, cuándo
- dónde aprendió su arte
- algunas influencias que tuvo
- dónde trabajó (trabaja)
- su contribución al campo de la arquitectura
- el nombre de dos o tres obras representativas y dónde se encuentran

Sigue estos pasos para escribir el informe:

1. Busca información en Internet, organiza tus ideas en párrafos y escribe el informe.

2. Comparte tu informe con un(a) compañero(a) que te va a ayudar a revisar lo que escribiste.

3. Antes de entregárselo a tu profesor(a), haz los cambios necesarios teniendo en cuenta los comentarios de tu compañero(a).

D Presentación oral: Un monumento histórico de España

"La arquitectura es vida, o por lo menos, es la vida misma tomando forma y por lo tanto es el documento más sincero de la vida tal como fue vivida siempre." (Frank Lloyd Wright, arquitecto estadounidense)

Tu profesor(a) va a dividir la clase en grupos pequeños y asignarle a cada grupo uno de los monumentos de la lista. Vas a trabajar con tu grupo para preparar una presentación acerca del monumento que incluya:

- datos históricos
- la razón desde el punto de vista histórico por la que se construyó el monumento
- la arquitectura (descripción del interior y exterior)
- la manera en que el período histórico y cultural contribuyó a su diseño
- dos o tres cosas que comunica acerca de la vida en ese tiempo
- una foto del monumento

Los monumentos

La Alhambra (Granada)
La Mezquita de Córdoba (Córdoba)
La Catedral de Santiago (Santiago de Compostela)
La Catedral de Santa María de Burgos (Burgos)
Los Reales Alcázares de Sevilla (Sevilla)
La Giralda (Sevilla)

1. Busca información en Internet, toma apuntes y comparte la información con tus compañeros.

2. Juntos, organicen sus ideas, dividan la información entre los miembros del grupo y prepárense para la presentación en la que cada miembro del grupo debe participar. Recuerden que no podrán leer sus apuntes. Cada estudiante debe preparar una lista de ideas que le sirva de guía en su presentación.

A la derecha: (arriba) La Alhambra, (centro) La Mezquita, (abajo) La Catedral de Santa María de Burgos

E Composición: La arquitectura verde

Recientemente se ha vuelto muy popular el término "arquitectura verde" o "sostenible". Busca en Internet información que te ayude a escribir un ensayo de por lo menos 200 palabras que incluya:

- el propósito y el fin que se espera lograr con ese tipo de arquitectura en relación al medio ambiente
- los elementos que se deben tener en consideración para que la idea tenga éxito
- la relación entre el costo y los beneficios
- tus ideas acerca de este tipo de arquitectura

Sigue estos pasos para escribir la composición.

1. Organiza tus ideas sobre los puntos anteriores.

2. Luego, haz un breve esquema de cada párrafo y la información que vas a incluir en cada uno.

3. Escribe el ensayo y trata de incorporar por lo menos tres de las siguientes expresiones en tu presentación.

a fin de que	*so that, in order that*
sin embargo	*nevertheless, however*
ni siquiera	*not even*
una vez que	*once*
conviene indicar	*it is suitable to indicate*

4. No te olvides de revisar el contenido y la gramática antes de entregárselo a tu profesor(a).

Preguntas del capítulo

Ahora que has discutido la lectura y tienes mejor conocimiento del tema, tu profesor(a) va a reanudar la discusión de las preguntas del capítulo. Repasa brevemente los apuntes y ejercicios que ya completaste.

- ¿Qué papel tienen la funcionalidad y la estética en la arquitectura?
- ¿Cómo ha afectado el movimiento ambiental a la arquitectura?
- ¿Cómo refleja la arquitectura las perspectivas culturales e históricas de una comunidad?

CAPÍTULO 21

Definiciones de la belleza

LECTURA: La inmolación por la belleza

Marco Denevi

En portada

Describe detalladamente la foto. Incluye la información de las preguntas a continuación en tu descripción.

1. ¿Qué crees que ocurre en esta foto? ¿Dónde están? ¿Por qué? Da todos los detalles que puedas.

2. En tu opinión, ¿qué espera lograr el hombre? ¿Qué te hace pensar así?

3. ¿Crees que esta imagen comunica algo en cuanto a los valores de la sociedad? ¿Qué? ¿Cuál es tu opinión acerca de ello?

Preguntas del capítulo

Las siguientes preguntas te servirán de guía y te ayudarán a comprender el tema más a fondo. Tenlas presentes a lo largo del capítulo.

- ¿Qué factores contribuyen a establecer la percepción de belleza?

- ¿Cómo influyen los ideales de belleza en nuestra vida diaria?

- ¿Qué semejanzas y diferencias hay entre diferentes culturas con respecto a la belleza?

La inmolación por la belleza

Antes de leer

Acerca del autor

Marco Denevi (1922–1998)

Novelista y dramaturgo argentino que desde muy niño sintió una fuerte atracción por la música y la lectura. Alcanzó reconocimiento internacional a los 33 años con su novela *Rosaura a las diez* (1955). Recibió varios premios por sus obras. Se graduó como abogado y trabajó en el área legal de un organismo público. Desde 1980 practicó el periodismo político.

*La imagen es propiedad de la Academia Argentina de Letras.

Estrategia: *El uso del título para predecir lo que va a ocurrir en un relato*

A veces el título de un cuento nos da una idea de lo que va a ocurrir y una anticipación al tema. Trata de usar esta técnica cuando leas cualquier texto en español, ya sea un artículo de prensa o un texto literario.

- **¡Ponla en práctica!** El cuento que vas a leer se llama "La inmolación (*sacrifice*) por la belleza". Con ese título el autor nos da una idea clara de lo que va a ocurrir. Usa lo que dice el título para escribir una frase en la que contestes las siguientes preguntas: ¿De qué se trata el cuento? ¿Cuál crees que es el mensaje principal que quizás vaya a presentar el autor? Luego, cuando leas el cuento verás si has acertado.

A. ¿Feos o bonitos? Describe los siguientes animales que aparecen en el cuento, decide si son feos o bonitos y explica por qué piensas así.

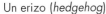
Un erizo (*hedgehog*)

Una luciérnaga (*firefly*)

Una mariposa (*butterfly*)

B. Elementos de la belleza. Muchos piensan que la percepción que cada persona tiene acerca de su propia belleza es algo que se aprende de los demás. ¿Estás de acuerdo? En tu opinión, ¿qué papel tienen los demás en la manera en que juzgamos nuestra propia belleza? ¿Qué factores crees que influyen para que una persona se considere a sí misma fea? Explica tus respuestas y da al menos tres ejemplos que ilustren tus ideas. Si una persona se considera fea, ¿cómo crees que esto afecta su manera de ser y de comportarse? Toma algunos apuntes que te ayuden a compartir tus ideas con la clase.

For grammar support:

 Abriendo paso: Gramática

Introducción

Este cuento es parte del libro *El emperador de la China y otros cuentos*. En él se ve al extremo que se puede llegar por lograr y tratar de conservar la belleza.

Al leer

Mientras lees, ten en cuenta los siguientes puntos:

- cómo se percibe el erizo a sí mismo
- el efecto que esta percepción tiene en él
- la reacción de la gente ante la transformación
- el efecto de la transformación en el erizo

La inmolación por la belleza

de Marco Denevi

thickets	El erizo era feo y lo sabía. Por eso vivía en sitios apartados, en matorrales° sombríos, sin hablar con nadie, siempre solitario y taciturno, siempre triste, él, que en realidad tenía un carácter alegre y gustaba de la compañía de los
others / dared	demás°. Sólo se atrevía a° salir a altas horas de la noche y, si entonces oía pasos,
he would raise / ?	rápidamente erizaba° sus púas° y se convertía en una bola para ocultar su 5
shame	rubor°.
prickly / pin cushion	Una vez alguien encontró una esfera híspida°, ese tremendo alfiletero°. En
sprinkling it / pouring smoke on it	lugar de rociarlo° con agua o arrojarle humo°—como aconsejan los libros de zoología—, tomó una sarta de perlas, un racimo de uvas de cristal, piedras
jingle bells / sequins	preciosas, o quizá falsas, cascabeles°, dos o tres lentejuelas°, varias luciérnagas, 10
charm / mother-of-pearl / velvet / threading	un dije° de oro, flores de nácar° y de terciopelo°, mariposas artificiales, un coral, una pluma y un botón, y los fue enhebrando° en cada una de las agujas del erizo, hasta transformar a aquella criatura desagradable en un animal fabuloso.
	Todos acudieron a contemplarlo. Según quién lo mirase, semejaba la corona 15
legendary bird of prey	de un emperador bizantino, un fragmento de la cola del Pájaro Roc° o, si las
lantern / decked out	luciérnagas se encendían, el fanal° de una góndola empavesada° para la fiesta
mythical creature; half-man, half-bull	del Bucentauro°, o, si lo miraba algún envidioso, un bufón.

El erizo escuchaba las voces, las exclamaciones, los aplausos, y lloraba de
20 felicidad. Pero no se atrevía a moverse por temor° de que se le desprendiera°
aquel ropaje miliunanochesco*. Así permaneció durante todo el verano.
Cuando llegaron los primeros fríos, había muerto de hambre y de sed. Pero
seguía hermoso.

? / ?

Después de leer

Comprensión

For grammar support:
 Abriendo paso: Gramática

C. **Al punto.** Pon las siguientes frases en orden cronológico.

_____ El erizo se transforma en un animal bello.

_____ Cuando se encuentra con alguien, eriza sus púas para ocultar su vergüenza.

_____ El erizo llora de felicidad.

_____ El erizo pasa el verano sin moverse.

_____ Mucha gente va a ver al erizo.

_____ La gente admira al erizo.

_____ El erizo muere.

_____ Alguien ve al erizo.

_____ El erizo se cree feo.

_____ Alguien adorna al erizo.

Para ampliar el vocabulario

D. **De la misma familia.** Escribe una palabra de la misma familia, es decir, palabras que
tengan la misma raíz que la palabra dada. Si es un sustantivo, escribe el artículo definido.

sombríos [2]   la compañía [3]   la felicidad [20]

triste [2]   transformar [13]   el temor [20]

alegre [3]

E. **En contexto.** ¿Cómo le explicarías las siguientes palabras a una persona que no sabe lo que
quieren decir? Usa tus propias palabras, sinónimos o una situación para tu explicación.

apartados [1]   la bola [5]   la cola [16]

taciturno [2]   la corona [15]   hermoso [23]

_____

*Se usa esta palabra para dar la idea de las cualidades maravillosas y fantásticas de los cuentos de
Las mil y una noches (Arabian Nights).

F. Sinónimos. Busca el sinónimo de las palabras que aparecen en la columna A en la columna B. Hay más palabras de las que necesitas.

A

_____ **1.** solitario [2]

_____ **2.** se atrevía (atreverse) [4]

_____ **3.** se convertía (convertirse) [5]

_____ **4.** arrojar [8]

_____ **5.** fabuloso [14]

_____ **6.** acudieron (acudir) [15]

_____ **7.** contemplar [15]

_____ **8.** permaneció (permanecer) [21]

B

a. verdadero   **i.** mantenerse

b. observar   **j.** extraordinario

c. lanzar   **k.** deficiente

d. ir

e. solo

f. fabricar

g. arriesgarse

h. transformarse

G. Antónimos. Busca el antónimo de las palabras que aparecen en la columna A en la columna B. Hay más palabras de las que necesitas.

A

_____ **1.** la compañía [3]

_____ **2.** ocultar [5]

_____ **3.** el rubor [6]

_____ **4.** arrojar [8]

_____ **5.** semajaba (semejar) [15]

_____ **6.** se encendían (encenderse) [17]

_____ **7.** lloraba (llorar) [19]

B

a. la rudeza   **h.** la desvergüenza

b. recoger   **i.** diferenciarse

c. la soledad   **j.** revelar

d. reír

e. apagarse

f. encerrar

g. desprender

Reflexión

H. ¿Por qué da Denevi tantos detalles? Este es un cuento breve, pero Denevi le dedica un largo párrafo, con muchos detalles, a la transformación del erizo. ¿Qué tipo de detalles incluye? ¿Cuál es la importancia de incluir tantos detalles? Si no incluyera este párrafo, ¿cómo cambiaría el cuento? Toma apuntes que te ayuden a compartir tus ideas con un(a) compañero(a).

Conexiones interdisciplinarias

I. Las matemáticas y la belleza. El número áureo (*golden number or ratio*) o divina proporción (1.61803...) es la explicación matemática de la belleza en el arte y en la naturaleza. Según las matemáticas, para que un todo dividido en dos partes desiguales parezca hermoso desde el punto de vista de la forma, debe presentar entre la parte menor y la mayor la misma relación entre esta y el todo. La proporción es la siguiente:

segmento total : parte mayor = parte mayor : parte menor

De esta proporción resultó el llamado rectángulo áureo (*golden rectangle*), un rectángulo que, al sustraer la imagen de un cuadrado igual al de su lado menor, resulta también en un rectángulo dorado.

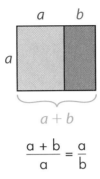

$$\frac{a+b}{a} = \frac{a}{b}$$

Los griegos y los artistas han usado esa proporción como modelo de armonía y belleza. En 1656, Diego de Velázquez la usó en su obra *Las Meninas* (*The Maids of Honor*). Mira la siguiente imagen de ese famoso cuadro en la que se han delineado algunos rectángulos áureos y decide si esa proporción lo hace más bello según tu forma de ver. Si te interesa saber más acerca del tema, habla con tu profesor(a) de matemáticas o de arte.

Las Meninas, c.1656, Diego Velázquez.

Abriendo paso

Contextos para la comunicación

For grammar support:

Abriendo paso: Gramática

A Texto auditivo: El éxito laboral y la belleza

Vas a ver un video. Primero, tienes un minuto para leer la introducción y las preguntas. Luego vas a escuchar la grabación dos veces. Mientras escuchas, puedes tomar apuntes. Después de escuchar por primera vez, tienes un minuto para contestar las preguntas. Después de escuchar por segunda vez, vas a tener dos minutos para terminarlas.

Introducción ▶️

En este video varias mujeres y un hombre dan su opinión acerca de la belleza y el éxito. Apareció en la revista digital *Aló Mujeres*. La grabación dura unos tres minutos.

Escribe dos de las ideas acerca de la belleza que presentan tres de las personas que aparecen en el video.

- Judith Sarmiento, periodista
- Ángela Benedetti, embajadora de Colombia en Panamá
- Gloria Zea, directora del MAMBO
- Samy Bessudo, secretario general, Aviatur
- Margarita Valencia, escritora

B Presentación escrita: Mi blog

Reflexiona sobre el cuento que acabas de leer y escribe una entrada en tu blog en la que incluyas tus ideas acerca...

- del mensaje que le comunica a la sociedad
- de la responsabilidad de cada individuo con respecto al problema
- de lo que se podría hacer para mejorar la situación

C Presentación oral: ¿Por qué nos sentimos partícipes en la tragedia?

La primera frase del cuento que acabas de leer, "El erizo era feo y lo sabía", es directa y objetiva. ¿Qué te viene a la mente cuando lees esa frase? En tu opinión, ¿por qué sabe el erizo que es feo? Durante el resto del relato, ¿qué efecto tiene en nosotros esa primera reacción? Comparte tus ideas con un grupo pequeño de tus compañeros.

D Presentación oral: La moraleja es...

Según la RAE, una fábula es un "breve relato ficticio, en prosa o verso, con intención didáctica frecuentemente manifestada en una moraleja final, y en el que pueden intervenir personas, animales y otros seres animados o inanimados". Sin duda, "La inmolación por la belleza" es una fábula.

1. Vas a trabajar con un grupo pequeño para preparar y presentar a la clase una escena de la vida (en forma de diálogo) que ilustre una de estas moralejas:

   - Las apariencias engañan.
   - Todo lo que brilla no es oro.
   - El hábito no hace al monje (*monk*).

2. Aunque decidan escribir un guion, cada miembro del grupo tiene que actuar según su papel, no leerlo. Luego, la clase hará comentarios sobre la validez de la moraleja.

E Comparación cultural: Los prototipos de belleza

Para cada individuo, grupo social, raza y época, la percepción de la belleza es única y diferente. La belleza, tanto la femenina como la masculina, ha sido comercializada y hasta explotada comercialmente.

1. Mira algunas imágenes de anuncios en inglés y escribe por lo menos cinco factores que, en tu opinión, la publicidad usa como prototipo de la belleza estadounidense hoy día.

2. Busca en Internet una revista hispana y compara los factores que has escrito sobre la belleza estadounidense con lo que aparece en esa revista o página de Internet.

3. Toma apuntes que te sirvan de guía para compartir lo que has determinado con un grupo pequeño de tus compañeros.

4. Una vez que hayan discutido sus opiniones, escogerán las mejores ideas para discutirlas con el resto de la clase.

F Presentación oral: La belleza, ¿ventaja social?

Más de 300 años antes de Cristo, el filósofo griego Aristóteles dijo: "La belleza vale más que cualquier carta de recomendación". Aunque esa idea es algo errónea, este filósofo no es el único que cree que la belleza es un elemento útil en las relaciones sociales. ¿Estás de acuerdo con que los "bellos" tienen ventajas en las relaciones sociales? ¿Crees que tienen alguna desventaja? ¿Te parece que hay más ventajas o más desventajas? Explica tus respuestas. Haz algunos apuntes que te ayuden a discutir tus ideas con tus compañeros.

G Composición: El efecto que tiene la superficialidad en la sociedad

Hay quienes creen que vivimos en una sociedad en que la apariencia es lo que más importa y en la que se mide a la gente por su aspecto, por lo que gana o lo que tiene. ¿Estás o no de acuerdo con este punto de vista? ¿Hasta qué punto estamos dispuestos a sacrificarnos por nuestra imagen? ¿Qué cosas se hacen en nombre de la belleza? ¿Qué efecto tiene esa superficialidad en la sociedad? Vas a escribir un ensayo de por lo menos 200 palabras acerca de este tema. Sigue estos pasos:

1. Escribe todo lo que te venga a la mente en cuanto al tema, usando las preguntas anteriores como guía.

2. Organiza tus ideas y prepara un bosquejo que incluya ejemplos concretos que las apoyen.

3. Escribe tu ensayo y trata de incorporar por lo menos tres de las siguientes expresiones en tu presentación.

en primer lugar	in the first place
a la misma vez	at the same time
para continuar	to continue
de lo contrario	otherwise
también viene al caso	it is also relevant

4. No te olvides de revisar el contenido y la gramática antes de entregárselo a tu profesor(a).

Preguntas del capítulo

Ahora que has discutido la lectura y tienes mejor conocimiento del tema, tu profesor(a) va a reanudar la discusión de las preguntas del capítulo. Repasa brevemente los apuntes y ejercicios que ya completaste.

• ¿Qué factores contribuyen a establecer la percepción de belleza?

• ¿Cómo influyen los ideales de belleza en nuestra vida diaria?

• ¿Qué semejanzas y diferencias hay entre diferentes culturas con respecto a la belleza?

CAPÍTULO 22

Definiciones de la creatividad

LECTURA: La hora de la creatividad

En portada

Las siguientes preguntas te servirán de guía y te ayudarán a comprender el tema más a fondo. Tenlas presentes a lo largo del capítulo.

- ¿Cuáles son algunas de las características de la creatividad?

- ¿Cómo influye la creatividad en la vida cotidiana?

- ¿Cuál es la influencia de los agentes sociales (por ej. la familia, la escuela, etc.) en la creatividad de las personas?

Describe detalladamente la imagen. Incluye la información de las preguntas a continuación en tu descripción.

1. ¿Qué crees que trata de comunicar esta imagen acerca de la creatividad? Explica.

2. Escoge tres de las áreas que aparecen en la imagen y explica el papel que, en tu opinión, tiene la creatividad en ellas. También da un ejemplo de la vida real del uso de la creatividad en cada una.

3. ¿Crees que la creatividad tiene la misma importancia en cada una de las áreas de la vida que aparecen en la imagen o hay algunas en las que es más importante que en otras? Explica tu respuesta.

La hora de la creatividad

Antes de leer

Estrategia: *El uso de la estructura externa del texto*

La organización física del texto (en párrafos, secciones con título, etc.) nos puede ayudar a identificar los puntos principales que quiere comunicar el (la) autor(a). Debes prestarles atención antes de empezar a leer.

- **¡Ponla en práctica!** El texto que vas a leer, *La hora de la creatividad*, está dividido en párrafos, cada uno de los cuales tiene su título. Mira los títulos de las diferentes secciones. Luego escoge tres de los títulos y, con tus propias palabras, escribe una o dos frases en las que describas lo que crees que será la idea principal del párrafo. Luego, cuando leas el artículo, podrás comprobar si acertaste o no.

A. **El entorno de los niños.** Muchos creen que el entorno (*surroundings, environment*) afecta la creatividad de los niños. En tu opinión, ¿qué importancia tiene el entorno en la creatividad de los niños? ¿Son importantes las acciones y palabras de los padres y maestros para promover la creatividad de los niños? ¿Pueden sus acciones reprimir (*stifle*) la creatividad? Da por lo menos tres ejemplos en los que hayas observado a padres y maestros haciendo cosas que, en tu opinión, afectaron o afectarán la creatividad de los niños. Incluye ejemplos positivos y negativos. Toma apuntes que te ayuden a compartir tus ideas con tus compañeros.

B. **El papel de las artes.** Las artes pueden contribuir enormemente a desarrollar la creatividad de las personas. ¿Crees que para fomentar la creatividad se les debería dar la misma importancia a las artes que a las otras asignaturas? En tu opinión, ¿contribuyen las artes interpretativas (el teatro, la música, la danza) a la creatividad de los estudiantes? ¿Cómo? ¿Qué impacto crees que tendría su eliminación en los estudiantes? ¿Y en la comunidad? Toma apuntes en los que expreses tus ideas acerca del impacto que tendría eliminar estas asignaturas en la creatividad de los alumnos y posteriormente en la comunidad. Luego vas a compartir tus ideas con la clase.

Ser creativo significa tomar riesgos. A veces, esos cambios no son aceptados fácilmente. Muchos artistas que fueron criticados por innovar y desafiar las reglas pasaron a ser reconocidos en todo el mundo. El pintor español Pablo Picasso cambió el concepto de la estética creando el cubismo, un estilo de figuras únicas. El argentino Astor Piazzolla fusionó el tango con música clásica y jazz, y hoy es conocido como el creador del nuevo tango. El catalán Ferran Adrià se destaca mundialmente por la gastronomía molecular, preparando platos exóticos y siendo considerado por algunos como el genio de la cocina. *¿Cómo compararías a estos innovadores con personas creativas de los Estados Unidos?*

For grammar support:

 Abriendo paso: Gramática

Introducción

En el siguiente artículo se habla del papel de la creatividad en la enseñanza. Apareció en Educa y Disfruta, un portal cuyo principal objetivo es "facilitar y promover el contacto entre padres y expertos".

Al leer

Mientras lees, ten en cuenta los siguientes puntos:

- las ideas de Ken Robinson
- la aplicación de las ideas a la enseñanza
- las maneras de optimizar la creatividad en cualquier actividad
- los efectos de la creatividad en el desarrollo personal

La hora de la creatividad

promoting

Los defensores de potenciar° la creatividad desde las aulas tienen un gurú. Se llama Ken Robinson. Es profesor, inglés, escritor y, además, es *Sir*. Su conferencia "Las escuelas matan la creatividad" es una de las más comentadas.

It stems from the
squander relentlessly

Parte del° siguiente argumento: "Todos los niños tienen un tremendo talento que nosotros despilfarramos despiadadamente°". 5

waste / ?
? / governing ourselves

La solución para evitar tanta fuga° sería otorgar° la misma importancia a la creatividad que a la alfabetización°. Llevamos décadas rigiéndonos° por un esquema pedagógico universalmente homogéneo, jerarquizado e inflexible

?

donde se priorizan° determinadas materias en detrimento de otras. Arriba, las matemáticas con la lengua y la literatura, le siguen las humanidades y en la 10 base, las artes.

Busca tu elemento

fail
on the rise
by any means
are pursued / emerge

Pero los predictores del éxito han vuelto a fallar°. Ahora resulta que la creatividad es un valor en alza°. Hay que desbloquear la situación como sea°. Hacen falta pensamientos divergentes, inteligencias múltiples. Aunque sean algo más rebeldes, se persiguen° talentos innovadores que surjan° de 15 una motivación intrínseca. Es lo que Ken Robinson denomina el elemento

comes easily
display

"aquello que se nos da bien° y que nos encanta hacer". Descubrir ese algo nos va a ayudar a alcanzar nuestro mayor grado de autorrealización y a desplegar° nuestro máximo nivel de contribución a la sociedad. Es la hora de las Artes.

"Apaga la música y ponte ya con los libros"

20 Es una frase que a todos nos suena°. Amablemente nos fueron alejando de
nuestras aficiones° y encarrilando° al futuro. Pero, ¿por dónde cae eso?° "La
mayoría de nuestros alumnos son personas adultas, ya colocadas, decididas
a hacer, por fin, lo que siempre han querido", dice Tom Hornsby, director
pedagógico de la Escuela de Música Creativa de Madrid. Averiguar° si
25 un chaval° tiene o no talento musical es fácil. "Todos lo tienen—afirma
Hornsby—. Es rara la excepción de un niño que destaque° muy por encima o
por debajo. Es casi un instinto. Si se enfoca° bien, la música es una herramienta°
tremendamente potente para el desarrollo° personal. Otorga° responsabilidad,
autocontrol y capacidad de superarse° a sí mismo. Además, nuestra experiencia
30 revela que los chavales que estudian música suelen° ir bien en todas las
asignaturas. Por lo general son bastante despiertos°".

sounds familiar
interests / putting us on track / how has that turned out?

To ascertain
kid
stands out
one approaches / tool
development / It bestows
improve
tend
bright

Gestión° del talento

Francisco José Cuadrado, profesor en la Universidad de Sevilla y responsable
del proyecto "Música y talento", considera un error reducir el aprendizaje de la
música a mera funcionalidad. Sin embargo, reconoce que la música sí es capaz
35 de fortalecer° la adquisición de otros conocimientos. Apoyado en un proyecto
de investigación en el campo de la neurología y la psicología cognitiva, "Música y
talento" "tiene como objetivo aportar°, desde la música, algo tan necesario como
la transformación de la educación: una educación que potencie el desarrollo
cognitivo del niño y amplíe sus conocimientos, pero que también ponga en valor
40 sus destrezas° y habilidades naturales y permita que esa creatividad y ese talento
con el que todos venimos de serie° no se pierdan en el proceso de escolarización°".

Management

strengthening

to contribute

skills
that is innate in all of us / ?

Salirse de la línea

"Aprender a pintar como los pintores del Renacimiento me llevó unos años, pintar
como los niños me llevó toda la vida". La misma espontaneidad, sin miedo a
equivocarse, que cortejó° Pablo Picasso, es la que intenta trasladar° a las aulas Alba
45 Franco de la Mata, profesora de Artes Plásticas. "En el colegio aprendimos a pintar
primero uniendo puntos para hacer trazos° preconcebidos, luego coloreando sin
salirnos de la línea. El niño que mejor pintaba era el del dibujo más historiado°
y más próximo a la realidad. Los que se alejaban de los cánones ellos mismos se
retiraban con tal convicción que no han vuelto a coger un lapicero° en la vida.
50 Habrá° mejores y peores, pero todos somos capaces de expresarnos a través de
la pintura si nos dan las herramientas necesarias". Héctor Luezas Hernández,

courted / to transfer

strokes
elaborate

?
There may be

profesor y fundador de la Academia GuiArte comparte con Alba algunas de
las actitudes que potencia la práctica del dibujo y la pintura: "Desarrolla la
imaginación, la curiosidad por descubrir, de experimentar, la capacidad de
reflexionar, de relajación, de concentrarte, de expresarte y comunicarte con los   55
demás° y a buscar soluciones por tu cuenta°". ¿Qué más queremos?

others / on your own

El arte de la empatía

pleasant

Una de las experiencias más gratas° de Maya Malonda Monreal, profesora de
interpretación en Bululú 2120*, es haber visto a una joven combatir la anorexia a

Putting oneself / ?

través del teatro. "Meterse° en la piel° de otros es un buen método para aceptarse

?

a sí mismo, de tolerar las frustraciones, para socializarnos y para superar° la   60
timidez que, en muchos casos de adolescencia, es casi enfermiza". "En el teatro
y en la interpretación en general, el actor es el instrumento y el instrumentista°.

?

La herramienta de trabajo es uno mismo. Te tienes que gustar para luego salir
y darlo todo, transmitir eso que llevas dentro. Es el arte de la empatía y de la
inteligencia emocional por excelencia porque conviertes en realidad personajes   65
ficticios y pones en acción viva un texto literario".

Cómo enfocarlo°

How to approach it

?

Dice Francisco José Cuadrado que uno de los motivos° por los que muchos

is due

abandonan el aprendizaje artístico obedece° al hecho de no verse especialmente

gifted / practice / to present it

dotados° para su ejercicio°. "Es el primer error, plantearlo° como una profesión

job opportunities / Do we not

con salidas°. ¿Acaso no° hacemos todos fotografías sin ser fotógrafos?   70
Pues aquí lo mismo, no tenemos que dedicarnos necesariamente a ello

give up / entail

para renunciar a° todas las ventajas que estas enseñanzas conllevan°". Otra

mistake

equivocación° es "establecer rutas inevitables" para su aprendizaje, dice

music theory / essential / to become / sketch / ad nauseam

Hornsby. El solfeo° es útil, pero no imprescindible° para llegar a ser° un gran
músico. Tampoco es preciso repetir el mismo boceto° hasta la saciedad°   75
si nuestro objetivo es, por ejemplo, la abstracción. Buscar vías alternativas

obtaining / sources

y procurarse° sus propias fuentes° es precisamente una de las virtudes
creativas. Hay, sin embargo, dos puntos que se repiten en todas las personas
consultadas para este artículo. Haber recibido siempre un mensaje positivo
del entorno—curiosamente todos tenían antecedentes familiares en las ramas   80
cultivadas—y el trabajo. Porque eso sí, "la inspiración llega, pero te tiene que
encontrar trabajando" (*Pablo Picasso*).

———————

*Bululú 2120 es una escuela de cine y teatro ubicada en Madrid, España.

Después de leer

Comprensión

C. **Al punto.** Contesta las siguientes preguntas.

1. En tu opinión, ¿por qué dice el autor que Ken Robinson es el gurú de los que quieren potenciar la creatividad en las escuelas?

2. ¿Qué critica Robinson del sistema educativo?

3. Según el autor del artículo, ¿qué es necesario para alcanzar una creatividad innovadora?

4. Según Tom Hornsby, ¿por qué es fácil saber si un joven tiene talento musical?

5. Según Hornsby, ¿cuáles son algunos beneficios que puede aportar la música al desarrollo personal?

6. ¿Cómo busca contribuir a la educación Francisco José Cuadrado a través de su proyecto de investigación?

7. ¿Qué trata de enfatizar el autor cuando pregunta retóricamente "¿Qué más queremos?" [línea 56]?

8. Con tus propias palabras, explica detalladamente lo que se dice en el artículo acerca de cómo participar en teatro puede ayudar a las personas.

9. ¿Cómo explicarías tú lo que quiere decir Francisco José Cuadrado con la pregunta "¿Acaso no hacemos todos fotografías sin ser fotógrafos?" [línea 70]?

10. ¿Cuáles son las dos cosas que parecen esenciales para tener éxito en la rama artística cultivada?

Para ampliar el vocabulario

D. **De la misma familia.** Escribe una palabra de la misma familia, es decir, palabras que tengan la misma raíz que la palabra dada. Si es un sustantivo, escribe el artículo definido correspondiente.

la creatividad [título]	los pensamientos [14]
los defensores [1]	la contribución [19]
comentadas [3]	el aprendizaje [33]
la literatura [10]	preconcebidos [46]

E. **En contexto.** ¿Cómo le explicarías las siguientes palabras a una persona que no sabe lo que quieren decir? Usa tus propias palabras, sinónimos o una situación para tu explicación.

innovadores [15]	amplíe (ampliar) [39]
las aficiones [21]	inevitables [73]
destaque (destacar) [26]	repetir [75]
las asignaturas [31]	las fuentes [77]

F. **Sinónimos.** Busca el sinónimo de las palabras que aparecen en la columna A en la columna B. Hay más palabras de las que necesitas.

A

_____ **1.** el argumento [4]

_____ **2.** homogéneo [8]

_____ **3.** el éxito [12]

_____ **4.** el alza [13]

_____ **5.** averiguar [24]

_____ **6.** aportar [37]

_____ **7.** equivocarse [44]

_____ **8.** conviertes (convertir) [65]

B

a. contribuir   **i.** igual

b. dotar   **j.** el aumento

c. el razonamiento   **k.** errar

d. enfermizo

e. investigar

f. transformar

g. capaz

h. el triunfo

G. **Antónimos.** Busca el antónimo de las palabras que aparecen en la columna A en la columna B. Hay más palabras de las que necesitas.

A

_____ **1.** el detrimento [9]

_____ **2.** el éxito [12]

_____ **3.** fallar [12]

_____ **4.** el alza [13]

_____ **5.** rara [26]

_____ **6.** potente [28]

_____ **7.** reducir [33]

B

a. colocada   **h.** traspasar

b. el beneficio   **i.** débil

c. el fracaso   **j.** común

d. rebelde   **k.** aumentar

e. superar

f. la bajada

g. acertar

Reflexión

H. **La escuela y la creatividad.** Hoy día se dice mucho que el aspecto más importante del talento es la creatividad y que la educación debe enseñarnos a desarrollarla. Sin embargo, Ken Robinson dice que actualmente "las escuelas matan la creatividad". ¿Estás de acuerdo? ¿Crees que se le da suficiente importancia a la creatividad en las escuelas?¿Piensas que la escuela ha ayudado o que ha impedido el desarrollo de tu creatividad? Da un ejemplo de una situación que ilustre tu punto de vista. ¿Qué crees que se podría hacer en la escuela para promover un desarrollo más libre de la creatividad y de los talentos naturales que poseen los alumnos? Anota por lo menos tres ideas. Vas a compartir tus ideas con un grupo pequeño de tus compañeros. Juntos van a preparar una breve presentación de las mejores ideas para compartirlas con la clase.

Perspectivas culturales

I. **La pintura según Picasso.** "Aprender a pintar como los pintores del Renacimiento me llevó unos años, pintar como los niños me llevó toda la vida." El autor del artículo cita estas palabras de Pablo Picasso.

1. Mira la primera obra, un cuadro del pintor español renacentista Alonso Sánchez Coello. ¿Qué caracteriza la pintura renacentista? Si necesitas más ideas, busca información en Internet.

2. Ahora mira la segunda obra, un cuadro de Picasso. ¿En qué se diferencia la pintura renacentista de la "pintura infantil"? En tu opinión, ¿qué quería decir Picasso con esta cita?

3. En el artículo, ¿cómo se relaciona lo que dice Picasso con lo que dice la profesora Alba Franco de la Mata [líneas 42–51]? ¿Estás de acuerdo con lo que se quiere expresar?

4. Toma algunos apuntes que te ayuden a compartir tus ideas con tus compañeros. Recuerda que no podrás leer tus apuntes.

The Banquet of the Monarchs, c.1596, Alonso Sanchez Coello.

Les Jeux (The Games), c.1950, Pablo Picasso. © ARS NY.

G Presentación oral: Los seres humanos, ¿inventores del futuro?

"La mejor manera de predecir el futuro es inventarlo." Así dijo el famoso informático estadounidense Alan Kay.

1. ¿Qué quiere decir Kay? ¿Qué opinas tú? ¿Crees que los seres humanos podemos "inventar" nuestro futuro? ¿Qué papel tiene la creatividad en la invención del futuro? ¿Qué futuro inventarías tú para ti mismo?

2. Una persona que "inventó" el futuro fue el presidente de los Estados Unidos John F. Kennedy. ¿Sabes lo que hizo? Si no lo sabes, busca en Internet su discurso ante el Congreso el 25 de mayo de 1961 y sus resultados. ¿Conoces a otra persona (aunque no sea famosa) que tú consideres que "ha inventado" el futuro? ¿Cómo ilustran Kennedy y la persona que escogiste las palabras de Kay?

3. Toma apuntes para compartir tus ideas con un grupo de tus compañeros. Van a escoger las mejores ideas para compartirlas con la clase.

H Composición: El Greco y su obra

El Renacimiento se considera una de la épocas históricas de mayor creatividad. En España la gran figura del Renacimiento español es Doménikos Theotokópoulos, conocido como El Greco (1541–1614). Algunos creen que este gran artista logró "crear un universo estilístico propio".

1. Busca información en Internet que te permita escribir un informe acerca de El Greco y su obra en el que incluyas:
   - una breve biografía
   - la aceptación de su obra por sus contemporáneos
   - algunas de sus obras maestras
   - la contribución de su obra a las artes
   - la descripción de una obra (con una imagen)

2. Organiza tus ideas y haz un esquema de la información que vas a incluir en cada párrafo.

3. Escribe el informe. Tu informe debe tener una extensión de por lo menos 200 palabras.

4. Trata de incorporar por lo menos tres de las siguientes expresiones en tu presentación.

antes de que	*before*
en cuanto	*as soon as*
para empezar	*to begin*
de lo contrario	*otherwise*
sino que	*but rather*

5. No te olvides de revisar el contenido y la gramática varias veces.

Preguntas del capítulo

Ahora que has discutido la lectura y tienes mejor conocimiento del tema, tu profesor(a) va a reanudar la discusión de las preguntas del capítulo. Repasa brevemente los apuntes y ejercicios que ya completaste.

- ¿Cuáles son algunas de las características de la creatividad?

- ¿Cómo influye la creatividad en la vida cotidiana?

- ¿Cuál es la influencia de los agentes sociales (por ej. la familia, la escuela, etc.) en la creatividad de las personas?

CAPÍTULO 23

La moda y el diseño

LECTURA: La vestimenta es identidad

En portada

Las siguientes preguntas te servirán de guía y te ayudarán a comprender el tema más a fondo. Tenlas presentes a lo largo del capítulo.

- ¿Cómo afecta la vestimenta (*clothing*) la percepción de la identidad?

- ¿Qué factores culturales afectan al código de la moda?

- ¿Cómo refleja y desafía la moda los códigos culturales de una sociedad?

Describe detalladamente las fotos. Incluye la información de las preguntas a continuación en tu descripción.

1. En tu opinión, ¿qué comunica el estilo de ropa que lleva cada hombre acerca de su ocupación? Da todos los detalles que puedas y explica lo que te hace pensar así.

2. Si intercambiaran la ropa y fueran a su lugar de empleo, ¿qué reacción recibirían de sus compañeros y jefes?

3. ¿Crees que se pueden percibir otras características sociales en estas imágenes? ¿Cuáles? Explica.

Lectura

La vestimenta es identidad

Antes de leer

Estrategia: *El uso del título y de la nota publicitaria para determinar el tema*

Frecuentemente, antes de empezar a escribir un artículo, el (la) autor(a) escribe una nota publicitaria (*blurb*) para darnos por anticipado (*in advance*) un resumen de lo que va a desarrollar en el artículo. A veces podemos predecir algunas de las ideas que va a elaborar.

- **¡Ponla en práctica!** Lee la nota publicitaria que aparece en "La vestimenta es identidad". ¿Cuál es la idea principal que va a desarrollar la autora? Haz una lista de por lo menos tres cosas (países, épocas, estilos . . .) que crees que va a mencionar para apoyar su tesis y explica por qué los escogiste. Luego, cuando leas el artículo, podrás comprobar si tus ideas fueron acertadas o no.

A. ¿Somos lo que vestimos? En la sección *En portada*, usaste la ropa que llevan las personas de las fotos para hacer algunas predicciones. En la nota publicitaria que leíste en *¡Ponla en práctica!*, la autora da una lista de características que, según ella, se pueden establecer "con mayor o menor precisión", simplemente observando la ropa que lleva una persona. ¿Crees que somos lo que vestimos? ¿Hasta qué punto crees que es posible predecir las características que menciona la autora? ¿Qué puede dificultar la predicción? No olvides incluir algunos ejemplos concretos para apoyar tus ideas. Vas a compartirlas con un grupo pequeño de tus compañeros. Luego compartirán las mejores ideas con la clase.

B. ¿Y tú? ¿Cómo te vistes? En el ejercicio anterior discutiste cómo la apariencia puede establecer ciertas características de una persona. Ahora, piensa en la manera en que te vistes tú. ¿Por qué te vistes así? Cuando escoges tu vestimenta, ¿lo haces para satisfacer tus gustos o hay otros factores que afectan tu manera de vestir? ¿Cuáles son? ¿Qué aspectos de tu personalidad te gustaría que representara la ropa que llevas? ¿Hasta qué punto crees que lo logras? ¿Por qué? Escribe un párrafo en el que expreses tus ideas acerca de estas preguntas.

> **For grammar support:**
> *Abriendo paso: Gramática*

Introducción

El siguiente artículo trata de la relación que existe entre la identidad de una persona o de una sociedad y la ropa que se lleva. Apareció en la revista *Mujer*, del diario chileno *La Tercera*.

Al leer

Mientras lees, ten en cuenta los siguientes puntos:

- la relación entre la ropa y la identidad
- la moda a través del tiempo y la moda hoy día
- la influencia de factores culturales en la moda

La vestimenta es identidad

por Florencia Sañudo

La ropa es una forma visual de comunicación. Antes de que dos personas crucen una palabra ya han intercambiado información. A través de la ropa se pueden establecer, con mayor o menor precisión, sexo, edad, origen étnico, posición económica, estatus social, grado, ocupación, pertenencia°, *belonging (to a group)*
5 **personalidad, opiniones, gustos, intereses y estado de ánimo°.** *mood*

"Cada generación se ríe de la moda antigua pero sigue religiosamente la nueva",
Henry David Thoreau
"La moda cambia, el estilo permanece", Coco Chanel

Ya en la prehistoria los hombres buscaban marcar su pertenencia o su
10 diferencia a través de signos exteriores, por ejemplo, símbolos pintados
sobre la piel°. "Uno de los objetivos era demostrar su pertenencia a un grupo *skin*
(inscripciones sobre el cuerpo, un cierto tipo de maquillaje, un cierto peinado).
Otro, subrayar la jerarquía: el jefe tenía derecho a una vestimenta más
importante. Un tercero, la diferenciación del hombre y la mujer. ¿Por qué? El
15 hombre, por ser el cazador°, era quien repartía° la comida y es posible que las *hunter / distributed*
mujeres se pintaran de rojo para demostrar su fertilidad y atraer así su favor…",
explica la antropóloga Elisabeth Azoulay, directora editorial de la enciclopedia
100.000 Años de Belleza. Pero ya entonces existía una concepción de la estética
y el *homo sapiens*, que ya tenía una firme idea de lo que era bello, utilizaba
20 colorantes, ornamentos, trabajaba el marfil° y el nácar° y hacía bordados° *marble / mother-of-pearl /*
con caracoles°. "Así lo demuestran los restos° hallados cerca de Moscú de un *embroidery / shells / ?*
hombre de 33 años, de 25.000 a. C., cubierto por una constelación de perlas

sewn / verify
?
garment

que estuvieron cosidas° sobre su ropa. Lo que podemos constatar° es que detrás
de esto había centenas° de horas de trabajo con el único propósito de producir
una prenda° bella", explica.   25

La ropa, una segunda piel

lack, shortage
?
?

Con relación a otros animales, el hombre nace con una carencia°: no tiene
pelos ni plumas° para protegerse del frío, la lluvia o el calor. Ya desde su
nacimiento° solo permanece desnudo un breve instante y rápidamente se
cubre. Para los humanos la ropa es nuestra segunda piel, tan indispensable
como la primera. Y la moda, una consecuencia casi inevitable.   30

determined

season

Coco Chanel era categórica: "Nada pasa tanto de moda como la moda". La
idea de moda como una renovación incesante surgió en el siglo XVII con Luis
XIV, rey de Francia, empeñado en° dar ímpetu a las industrias textiles locales
para financiar los costos de su reinado. El rey mismo, terrible fashionista,
imponía a su corte nuevos modelos y colores cada temporada° para incitar   35
al consumo. La corte, sumisa al paroxismo, alineó el concepto del 'ridículo'
con el de 'pasado de moda'. En el siglo XVIII, con los filósofos 'iluminados'
que comenzaron a promover la novedosa idea de la libertad, se establecieron
relaciones más personalizadas con la individualidad, la modernidad, la cultura
y, en consecuencia, con la ropa. Las nuevas modas ya no salían solamente de   40
los salones aristocráticos sino también de la calle. Por ejemplo, la Revolución de
1789 impuso los pantalones de los *sans culottes*. En el siglo XIX, la revolución
industrial daría un empujón a la democratización de la moda.

Moda e identidad en diferentes países: ¿Todos iguales?

Seguir la moda, respetar sus códigos, por más absurdos que sean, sirve
como factor de integración social y de transmisión de un mensaje, desde los   45

?

French, meaning "as it
  should be"
accessibility / ?

adolescentes con sus jeans que dejan ver su calzoncillo° a las burguesas que
llevan su cartera Birkin abierta, *comme il faut*°.

A la popularización y asequibilidad° de la moda se agregan° ahora la
globalización y la fascinación por las marcas. Los consumidores ya no buscan
solamente una prenda sino un logo, una fantasía (*sex-appeal, cool,* felicidad,   50
juventud), canalizada simultáneamente a través de los medios en todo el
mundo, lo que da como resultado un 'estilo global', que atraviesa fronteras
y culturas. El modelo jeans-camiseta-zapatillas-gorra de béisbol puede

villages

insignias

encontrarse tanto en las calles de Manhattan como en las aldeas° de África.
Los centros comerciales en todo el mundo tienen las mismas enseñas°.   55

Aun así, hay signos particulares que perduran°: tras las penurias° *endure / hardships*
vestimentarias sufridas por tres generaciones, las mujeres rusas, herederas de
una tradición de bellas materias y de ricos bordados, tienden a 'sobrevestirse'
(por ejemplo, usan tacos° altos todos los días, para todo tipo de trabajo). *?*

60 Con el surgimiento de la clase media en China, esta dispone de más dinero
que nunca para gastar en ropa (se calcula en alrededor de 15.700 yuanes, o
aproximadamente 2.500 dólares por año), lo que ha alentado° el desarrollo *has encouraged*
de un mercado de *fast fashion*. En pocos países se ha producido un cambio
tan radical como allí, de los uniformizados trajes mao en telas toscas° y la *rough*

65 camisa blanca obligatoria para los estudiantes, a la superproducción de hoy
en día. Y por supuesto, la obsesión enfermiza por ciertas marcas. Los Estados
Unidos, fundados por severos protestantes en el siglo XVII, que cubrían
cada centímetro de su cuerpo, inspiran la moda joven y libre por excelencia.
Ciertamente, fue allí donde en los años 50 y 60 se incubó el fenómeno *teenager*,

70 donde surgieron el movimiento *hippie* y la cultura pop en los 60. Es además
el país donde nació el jeans y, sobre todo, donde se transformó su identidad,
de prenda de trabajo a uso cotidiano. Es asimismo el país de las subculturas
(latina, asiática, afroamericana), todas ellas profundamente enraizadas en su
propia identidad y fieles a sus propios códigos. En Francia la moda es un

75 modo de vida, una industria fundamental desde el siglo XVII y la cuna° de *cradle*
la alta costura°: el país de Chanel, Dior, Givenchy, Hermès, Lanvin, Rochas, *?*
Vuitton e Yves Saint Laurent vive su reputación con orgullo. En Italia las
mujeres prestan particular atención a los accesorios y al pelo, resabios° de la *traces*
Antigua Roma donde la ropa más vistosa° estaba destinada a los hombres. *eye-catching*

80 La moda australiana está profundamente influenciada por su tradición de
surf y deportes al aire libre; en España predomina el negro, herencia de una
severa tradición católica; el perfeccionismo y la sutileza caracterizan la moda
japonesa; la mezcla de África y América se evidencia en la moda sexi de
las brasileñas; los brillantes colores del continente africano y su naturaleza

85 salvaje se reflejan en sus originales estampados°, y las mujeres de Medio *prints*
Oriente desarrollaron un triste recato° bajo el yugo de las culturas machistas *reserve*
dominantes.

La moda y el vestir guardan una compleja relación con la identidad: la ropa que
elegimos usar representa un compromiso entre las exigencias del mundo social,
90 el medio al que pertenecemos y nuestros deseos individuales. Lo fundamental,
para hacerlo con ligereza° de espíritu, es conocerse y saber escuchar esos deseos. *lightness*

Elogio de la lectura y la ficción (fragmentos)

Antes de leer

Acerca del autor

Mario Vargas Llosa (1936–)

Mario Vargas Llosa nació en Arequipa, Perú, pero también cuenta con nacionalidad española desde 1993. Su padre era muy partidario de la disciplina, algo que, según muchos, lo llevó a descubrir su ansia de libertad y a incluir ese tema en sus obras. Su primera novela, *La ciudad y los perros* (1963), obtuvo un éxito inmediato. Se desarrolla en una escuela militar y se cree que el argumento se basa en sus experiencias como cadete en un colegio militar en Lima. A esta novela le siguieron *La casa verde* (1966) y *Conversación en La Catedral* (1969). Vargas Llosa sigue escribiendo ficción, ensayos y una que otra obra de teatro hasta hoy día. A lo largo de su carrera ha recibido un sinnúmero de premios por sus obras.

Estrategia: *El uso del título de un discurso y la ocasión para predecir su contenido*

A veces si sabemos el título de un discurso y además sabemos la ocasión en que se pronuncia, podemos formular una idea bastante clara de lo que se trata en él. Al mismo tiempo, si conocemos a la persona que pronuncia el discurso, se nos hará más fácil saber de lo que probablemente va a hablar.

- **¡Ponla en práctica!** En 2010, el escritor peruano Mario Vargas Llosa recibió el Premio Nobel de Literatura. El 7 de diciembre de ese año pronunció el discurso "Elogio de la lectura y la ficción" en la Academia Sueca en Estocolmo. ¿Qué elementos crees que habrá incluido en su discurso? Seguramente has oído algunos de los discursos que dan los que reciben el premio Oscar. Aunque no tiene la misma importancia que el Premio Nobel, quizás te ayude a contestar la pregunta. Anota por lo menos tres cosas que crees que Vargas Llosa incluyó en su discurso. Da todos los detalles que puedas. Vas a compartir tus ideas con la clase. Cuando leas el discurso, podrás comprobar tus ideas.

A. **Personajes famosos de la ficción.** En su discurso, Vargas Llosa menciona a algunos personajes que todavía recuerda de unas novelas que leyó durante su juventud: el capitán Nemo, d'Artagnan, Athos, Portos y Aramís, y Jean Valjean y Marius.

1. Contesta las siguientes preguntas:

   - ¿Conoces a alguno de estos personajes? ¿Sabes en qué novela aparecen? Si no lo sabes, busca información en Internet.
   - ¿Crees que te gustaría leer alguna de esas novelas? ¿Por qué? Si has leído alguna, explica por qué te gustó o no.
   - Entre las novelas que has leído hasta ahora, ¿qué personajes crees que recordarás dentro de muchos años? ¿Qué es lo que los hace memorables para ti?

> **For grammar support:**
> *Abriendo paso: Gramática*

2. Vas a compartir tus ideas con un grupo pequeño de tus compañeros. Luego compartan las mejores ideas con la clase.

B. Los escritores y la censura. En su discurso, Vargas Llosa habla de la especial importancia de la literatura en momentos de opresión y nos pide que nos preguntemos "por qué todos los regímenes empeñados (*determined*) en controlar la conducta de los ciudadanos de la cuna (*cradle*) a la tumba, la temen tanto que establecen sistemas de censura para reprimirla (*repress it*) y vigilan con tanta suspicacia (*suspicion*) a los escritores independientes".

1. Reflexiona sobre esa idea y escribe un párrafo en el que des tus ideas acerca de ella.

2. Vas a compartir tu párrafo con un(a) compañero(a) quien te dará consejos para mejorarlo.

3. Antes de entregárselo a tu profesor(a), escribe el párrafo de nuevo, teniendo en cuenta las ideas de tu compañero(a) en cuanto a la gramática y el contenido. Luego, cuando leas el párrafo en que aparece la cita, podrás comprobar si tus ideas acerca del tema coinciden con las de Vargas Llosa.

Reflexión

H. ¿Son la escritura y la lectura buenas maneras de protestar? En su discurso, Vargas Llosa dice: "Igual que escribir, leer es protestar contra las insuficiencias de la vida" (líneas 63–64). ¿Cuáles son algunas cosas que tú consideras "insuficiencias de la vida"? ¿Crees que tanto leer como escribir son maneras de protestar contra ellas? Vuelve a leer la explicación que da Vargas Llosa y luego explica por qué estás de acuerdo con lo que él dice o no. Da un ejemplo de algo que hayas leído que consideres una protesta "contra las insuficiencias de la vida". Toma algunos apuntes que te ayuden a compartir tus ideas con un grupo pequeño de tus compañeros.

Comparaciones culturales

I. La "buena literatura" y los estereotipos. En una parte del discurso que no leíste, Vargas Llosa menciona a algunos escritores que ayudaron a los lectores a descubrir que "América Latina no era solo el continente de los golpes de Estado (*coups*), los caudillos de opereta (*make-believe leaders*), los guerrilleros barbudos y las maracas del mambo y el chachachá, sino también ideas, formas artísticas y fantasías literarias que trascendían lo pintoresco y hablaban un lenguaje universal". Contesta las siguientes preguntas para analizar esta idea con más detalle.

1. ¿Piensas que esa es la idea que tiene la gente sobre América Latina? ¿Por qué? ¿Hay razones para llegar a esa conclusión? ¿Cuáles son?

2. Ahora, piensa en los Estados Unidos y la impresión que mucha gente tiene del país. ¿Cuáles son algunas de las "imágenes" que usa la gente para referirse a los Estados Unidos? ¿Te parecen justas? ¿Es justo crear este tipo de ideas sobre un país?

3. ¿Crees, como Vargas Llosa, que la "buena literatura" informa a los lectores acerca de aspectos culturales que son universales? Explica.

4. Toma algunos apuntes que te ayuden a compartir tus ideas con la clase.

Abriendo paso

Contextos para la comunicación

For grammar support:

Abriendo paso: Gramática

A Texto auditivo: Los indígenas y las barreras del idioma

Vas a ver un video. Primero, tienes un minuto para leer la introducción y las preguntas. Luego vas a escuchar la grabación dos veces. Mientras escuchas, puedes tomar apuntes. Después de escuchar por primera vez, tienes un minuto para contestar las preguntas. Después de escuchar por segunda vez, vas a tener dos minutos para terminarlas.

Introducción ▶️

En este video algunas inmigrantes indígenas hablan de una dificultad especial que ellas enfrentan al llegar a los Estados Unidos. El video proviene de CNN México. La grabación dura aproximadamente tres minutos.

1. ¿Qué está aprendiendo la mexicana Marta Basurto?

2. ¿Qué son el mixteco, el chiapaneco y el náhuatl?

3. ¿Cuáles son dos lugares públicos en los que existe la barrera de comunicación?

4. Dentro de la casa, ¿qué problema ocasiona el no saber la lengua?

5. ¿Qué hacen algunas de estas personas en lugar de integrarse en la comunidad latina o en la sajona?

6. ¿Por qué es difícil saber el número de personas que hablan lenguas indígenas?

B Presentación escrita: La literatura crea lazos entre la diversidad humana

En su discurso, Vargas Llosa dice: "La literatura crea una fraternidad dentro de la diversidad humana y eclipsa las fronteras que erigen entre hombres y mujeres la ignorancia, las ideologías, las religiones, los idiomas y la estupidez". También menciona varios ejemplos de textos que él cree que logran hacerlo. Vuelve a leer esa parte del discurso. ¿Conoces algunas de las obras que menciona? Piensa en al menos dos ejemplos de obras literarias que tú has leído (en cualquier lengua) que crees que ilustran esta afirmación de Vargas Llosa. Explica por qué piensas que "crean fraternidad" y "eclipsan fronteras" entre la diversidad humana. Vas a escribir una breve composición en la que expongas tus ideas.

C Investigación en Internet: La obra más destacada

Según el filántropo sueco Alfred Nobel, el Premio Nobel de Literatura debe entregarse anualmente "a quien haya producido en el campo de la literatura la obra más destacada, en la dirección ideal". Además de Mario Vargas Llosa, unos cuantos escritores hispanos han sido reconocidos por su obra. Entre ellos se encuentran:

1990 - Octavio Paz
1989 - Camilo José Cela
1982 - Gabriel García Márquez
1977 - Vicente Aleixandre
1971 - Pablo Neruda
1967 - Miguel Ángel Asturias
1956 - Juan Ramón Jiménez
1945 - Gabriela Mistral
1922 - Jacinto Benavente
1904 - José Echegaray

1. Escoge a uno(a) de ellos e investiga en Internet todo lo que puedas sobre él o ella.

2. Escribe un informe en el que incluyas algo de su biografía (país de origen, fecha de nacimiento, ocupaciones), la importancia de su vida en su obra, los géneros en que escribió y algunas de sus obras más conocidas.

3. No te olvides de revisar lo que has escrito antes de entregárselo a tu profesor(a).

D Presentación oral: "Siempre imaginé que el Paraíso sería algún tipo de biblioteca."

Piensa en esta cita del escritor argentino Jorge Luis Borges. Imagina que él tiene razón y haz una lista de al menos cinco textos que a ti te gustaría encontrar en esa biblioteca. No tienen que ser novelas, pueden ser cuentos, poesías, etc. Explica en detalle la importancia que, en tu opinión, tienen estos textos. Es decir, ¿por qué crees que merecen estar en la biblioteca del Paraíso? Vas a compartir tus ideas con un grupo pequeño de tus compañeros. Luego, van a presentarle las mejores ideas a la clase.

E Composición: ¿Humaniza la literatura al ser humano?

Vas a escribir un ensayo de por lo menos 200 palabras en el que uses al menos dos de las siguientes obras (o cualquier otra obra hispana que ya hayas leído) para ilustrar lo que dice Vargas Llosa acerca del papel de la literatura en alentarnos "contra toda forma de opresión" y en hacer que "el ser humano sea de veras humano".

"Naranjas", Ángela McEwan-Alvarado, pág. 5
"Tres héroes" (fragmentos), José Martí, pág. 15
"Apocalipsis", Marco Denevi, pág. 326
"Nosotros, no", José Bernardo Adolph, pág. 341
"No queremos inmigrantes" (anónimo), pág. 353

1. Antes de empezar a escribir, repasa los apuntes que hayas tomado en los ejercicios relacionados con estos textos y escoge los textos que te gustaría usar.
2. Dale un vistazo a los textos y haz una lista de ideas acerca del tema en cada uno de los textos.
3. Luego, organiza tus ideas y haz un breve esquema de cada párrafo con la información que vas a incluir en cada uno.
4. Finalmente escribe el ensayo. Trata de incorporar por lo menos tres de las expresiones a la derecha en tu presentación.

de modo que	so, so that, in such a way that
mientras que	while, so long as, as long as
puesto que	since, inasmuch as, seeing that
de lo contrario	otherwise
por otro lado	on the other hand

5. No te olvides de revisar el contenido y la gramática antes de entregárselo a tu profesor(a).

F Presentación oral: El uso literario del lenguaje

En general, la lengua literaria es la misma que la lengua común. Sin embargo, en un texto literario, la forma es tan importante como el contenido. Lee las siguientes estrofas del poema "Paisajes de los Estados Unidos" de Luis Alberto Ambroggio, poeta argentino que vive en los Estados Unidos, y luego contesta las preguntas a continuación.

Si cada ladrillo hablara;
si cada puente hablara;
si hablaran los parques, las plantas, las flores;
si cada trozo de pavimento hablara,
hablarían en español.

Si las torres, los techos,
los aires acondicionados hablaran;
si hablaran las iglesias, los aeropuertos, las fábricas,
hablarían en español.

Si los sudores florecieran con un nombre,
se llamarían González, García, Rodriguez o Peña.

Pero no pueden hablar.
Son manos, obras, cicatrices,
que por ahora callan.

1. ¿Qué quiere comunicar el poeta? Escribe dos o tres frases en "lengua común", es decir no literaria, que expresen la misma idea.
2. ¿Prefieres o no la manera en que el poeta lo expresa? ¿Por qué?

3. ¿Qué te llama la atención en cuanto al uso del lenguaje? El autor usa por lo menos dos figuras retóricas (*figures of speech*). ¿Las reconoces? Sin nombrarlas, describe las que utiliza el poeta.

4. Vas a compartir tus ideas con un grupo pequeño de tus compañeros. Luego compartirán las mejores ideas con la clase.

G Comparación cultural: Varias lenguas vernáculas

Aunque en América Latina y en España la lengua principal es el español, en ambos lugares se hablan otras lenguas vernáculas. En España, por ejemplo, hay cuatro idiomas cooficiales: el catalán, el gallego, el euskera y el aranés. En América Latina hay un sinnúmero de lenguas indígenas. Las lenguas principales (por número de hablantes) son el quechua, el guaraní, el aimara, el náhuatl y el maya.

1. Busca información acerca de una de las lenguas vernáculas de España y una de Latinoamérica y prepara un informe que incluya:

   - el lugar o los lugares geográficos donde se habla
   - algo de su historia
   - el lugar que ocupa dentro de la sociedad
   - su escritura o literatura, si la tiene

- los problemas que podrían surgir cuando hay más de una lengua dentro de un país
- resume tus ideas comparando las dos lenguas que escogiste

2. Vas a compartir tus ideas y los resultados de tu investigación con un grupo pequeño de tus compañeros.

H Debate: La invasión digital destruirá los libros de papel

Hay quienes creen que el futuro de los libros de papel está en peligro. ¿Qué opinas tú?

1. Toma algunos apuntes que te ayuden a debatir el tema. Las siguientes preguntas te ayudarán.

   - ¿Crees que estos nuevos medios finalmente van a reemplazar a los libros de papel?
   - ¿Lees libros electrónicos? ¿Los prefieres en lugar de leer libros de papel? ¿Por qué? ¿Piensan igual tus abuelos u otras personas mayores que conoces?
   - ¿Qué opinas de las bibliotecas virtuales? ¿Tienen algunas ventajas o desventajas? ¿Cuáles son?

2. Tu profesor(a) va a dividir la clase en dos grupos: uno a favor, otro en contra. Usa tus apuntes para exponer tus ideas claramente. Recuerda que no debes leer lo que escribiste sino usar tus apuntes para guiarte.

Preguntas del capítulo

Ahora que has discutido la lectura y tienes mejor conocimiento del tema, tu profesor(a) va a reanudar la discusión de las preguntas del capítulo. Repasa brevemente los apuntes y ejercicios que ya completaste.

- ¿Qué papel tiene la literatura en la vida cotidiana?
- ¿Cuál es la contribución de la ficción a la humanidad?
- ¿Cómo reflejan las lenguas y la literatura las perspectivas culturales de una comunidad?

CAPÍTULO 25

Las artes visuales y escénicas

LECTURA: Jordi Mollá

Las siguientes preguntas te servirán de guía y te ayudarán a comprender el tema más a fondo. Tenlas presentes a lo largo del capítulo.

- ¿Cómo influyen la creatividad y los ideales de belleza en las artes visuales y escénicas?

- ¿Cómo se reflejan las perspectivas culturales de una comunidad en las artes visuales y escénicas?

- ¿Qué papel tienen las artes visuales y escénicas en la vida de los individuos y de la comunidad?

En portada

Describe detalladamente la foto. Incluye la información de las preguntas a continuación en tu descripción.

1. Describe la escena en detalle. ¿Qué tipo de arte escénica representa esta foto?

2. ¿Has visto en persona este tipo de espectáculo? ¿Y en el cine? ¿Y en la televisión?

3. ¿Te gusta verlo o participar en él? ¿Por qué?

4. ¿Es popular donde vives? ¿Se ofrecen espectáculos de algunas compañías de danza a menudo?

5. ¿Crees que una foto es buena manera de comunicar este tipo de arte? ¿Por qué?

Jordi Mollá

Antes de leer

> **Estrategia:** *El uso de las preguntas del (de la) entrevistador(a) para aprender algo sobre la persona entrevistada*
>
> A veces podemos aprender más acerca de la persona entrevistada por las preguntas que le hace el (la) entrevistador(a) que por las respuestas que se dan.
>
> - **¡Ponla en práctica!** En las páginas 274–276 lee las preguntas de la entrevista en negrita y, sin leer las respuestas, escribe por lo menos tres cosas acerca del entrevistado, el artista español Jordi Mollá, que puedes deducir de las preguntas. Luego, cuando leas toda la entrevista, podrás confirmar tus predicciones.

A. **La creatividad y la enseñanza.** Mollá se considera autodidacta (*self-taught*) y dice que la enseñanza escolar podría frenar (*hold back*) la creatividad. Aunque algunas personas exitosas han sido autodidactas, muchas de ellas enfatizan que una educación formal es de gran beneficio. ¿Qué crees tú? ¿Piensas que ser autodidacta es un buen camino para tener éxito en la vida? ¿Crees que posible ser completamente autodidacta? ¿Se necesita de la ayuda de otros para desarrollar un talento innato? ¿Conoces a algún (alguna) profesor(a) que te ha ayudado a ti o a alguno de tus compañeros a desarrollar la creatividad? Prepárate para compartir tus ideas acerca del tema con un grupo pequeño de tus compañeros.

B. **Comparación de culturas.** Acerca de las influencias culturales en su obra, Mollá dice que lo que tiene de europeo es más elegante y que le gusta lo americano porque "es caótico y colorido, busca el shock". ¿Consideras "elegante" la cultura europea? ¿Crees que Mollá capta bien la cultura americana? ¿Cómo describirías tú la cultura americana? Da algunos ejemplos que te ayuden a explicar tu respuesta. Vas a compartir tus ideas con un grupo pequeño de tus compañeros. Luego compartirán las mejores ideas con la clase.

For grammar support:
 Abriendo paso: Gramática

Introducción

En esta entrevista el artista español Jordi Mollá habla de su carrera, su obra y sus planes futuros. Apareció en *AR, La Revista de Ana Rosa Quintana*.

Al leer

Mientras lees, ten en cuenta los siguientes puntos:

- su trabajo en diferentes áreas artísticas
- las características de su obra
- las influencias en su obra
- lo que quiere comunicar con su obra

Jordi Mollá

unstoppable / screenwriter

he exhibited / shyness

Desde pequeño, su cabeza creaba "mundos maravillosos o terroríficos, a veces". Pero el niño creció y su imaginación sigue imparable°. Director, guionista°, escritor, fotógrafo, actor—por supuesto—, Jordi Mollá ha encontrado en la pintura un refugio para su espíritu inquieto y autodidacta. Y aunque la primera vez que expuso° sintió el pudor° de desnudar su alma, coleccionistas como 5 Miguel Bosé ya tienen en casa sus obras, que oscilan entre los 1.200 y los 5.000 euros. Abstractos, papel y formatos de videoarte que se han paseado por ARCO y muestras como la que la E8 Galería ha recogido en Madrid. De título, Orden.

? / canvas / moods

Los críticos dicen que parece que trasladas° al lienzo° tus estados de ánimo°. 10

A veces, describir las cosas es un error. Yo, en el arte y en las películas, no persigo la descripción. En mis cuadros hay sensaciones.

¿Desde cuándo pintar es algo serio en tu vida?

Para mí, la pintura es un espacio, un lugar de diversión, o debería serlo. Llevo pintando 15 años, y siempre ha sido un lugar de exploración; no pienso 15 demasiado en el resultado. Realmente veo el cuadro cuando me separo de él.

Es inevitable mirar un cuadro y ver tus emociones, parecen golpes de efecto...

captured

it amuses me

¿Sí? [ríe]... Eso es lo que me interesa: las emociones plasmadas°, en colores, en composición, en ritmo... Llevo pintando en Los Ángeles tres meses y me hace gracia° ver cómo han ido cambiando los cuadros en ese tiempo. Tiene que ver 20 mucho con cómo me he encontrado yo aquí. Empecé muy europeo, luego más americano.

¿Y cómo te sientes ahora?

Más europeo de nuevo, más elegante. La elegancia es una cualidad muy
25 necesaria. Yo tuve un amigo que murió con elegancia y me marcó mucho.

**Y a la hora de pintar, ¿quiénes pueden presumir° más de esa cualidad: los   *boast*
europeos o los americanos?**

Los europeos. Lo americano es caótico y colorido, busca el shock. Y a mí eso
me gusta, ¿qué le voy a hacer?

30 **¿Qué te atrae de Estados Unidos?**

Su juventud. Su disponibilidad° para tantas cosas sin pensarlo. Y mira que el   *availability*
americano es un pueblo aterrorizado... Pero aun así tienen todavía un espíritu
muy *teenager*, como un tío° que se va a la discoteca abierto a todo. El español   *guy*
es solar, un tipo que, aunque las cosas vayan mal, confía° en que irán bien. Es   *trusts*
35 más de chiringuitos°, más mediterráneo, gracias a Dios.   *snack bars*

**En tus pinturas recurres° a menudo al uso de números y letras. También   *you turn to*
usas cintas°. ¿Tienen algún significado para ti?**   *ribbons*

¿Sinceramente? Me gustan estéticamente. Son fronteras, delimitaciones... Todo
lo que son los fragmentos tiene mucho que ver con la sociedad de hoy. Ahora
40 estoy haciendo como unas ventanas, como si fueran un mar de posibilidades.

Lo de ser un autodidacta debe de ser un orgullo°.   *be a source of pride*

Mira, los profesores, a no ser° que sean muy buenos, me dan miedo. A mí   *unless*
me han ofrecido dar clases, pero es demasiada responsabilidad... Una vez le
preguntaron a Francis Bacon si era autodidacta y dijo: "Sí, gracias a Dios". Una
45 escuela le hubiera frenado.

¿De quién has aprendido tú?

Mi campo de inspiración es todo lo que me pasa en la vida. Cuando era
jovencillo, me distraía con todo, pero desde que decidí ser actor, el acelerador
no ha parado. Y es superintenso. Recuerdo que un profesor me dijo que tenía
50 buena escucha°. Aunque a veces no me gustaría escucharme ni a mí mismo.   *I was a good listener*

¿Te queda algún *hobby* por explorar?

La música... Para mí, explorar es una necesidad. He tenido muchas cosas en
contra para expresarme, pero entiendo que, por una extraña razón, la gente
debe de pensar que para mí es más fácil. Una vez escuché a alguien en un
55 laboratorio fotográfico que decía: "Aquí está el intruso°". Bueno, me sonreí.   *intruder*
Me duele porque soy una persona sensible, pero de eso también aprendes y
lo importante es no parar.

A tu edad has conseguido un buen currículum.

Tengo 41 años, es la mejor edad. Aunque desde chavalín° ya era un alma un poco vieja. De hecho, tengo algunos amigos que me llaman "abuelo" [ríe]... 60

A veces escribes mensajes en inglés en tus obras.

Es para marcar distancia. De hecho, a veces escribo incluso con la mano izquierda, para que no parezca que lo hago yo. Incluso escojo frases al azar°. Es como las películas, se cruzan en mi vida.

¿Por qué escribiste: 'Everybody wants to go to heaven but I just see people 65
trying to go to hell'?

Esta es mía. Porque una vez leí en un libro que todo el mundo quería ser feliz, pero siempre tenemos una queja°. Es la condición humana. Lo bueno es que la frase no tiene nada que ver con el cuadro.

Eres un provocador°, ¿te gusta? 70

Me gusta provocarme a mí. Igual me tachas° de infantil, pero siempre he sido así. Querer pensar y que los demás piensen también es estimulante.

¿Crees en el cielo, en el infierno?

Creo en el destino. Hay un plan y lo que haces en esta vida es seguirlo.

Tienes ocho estrenos° en 2010. Este mes te vemos en *Noche y día,* con 75
Cruise y Cameron Díaz. ¿Cómo son?

Tom es amable y disponible, muy profesional. Cameron es una tía estupenda, una mujer muy cercana. La conozco desde hace diez años; te ríes mucho con ella.

Los tres protagonistas de *Jamón, jamón,* Penélope Cruz, Javier Bardem y 80
tú, os habéis hecho muy grandes fuera de España; ¿lo comentáis, a veces?

No, es más una mirada con la que nos decimos, no lo que hemos conseguido, sino que estamos los tres juntos ahí después de tantos años… Muy cambiados, pero manteniendo la esencia. Y es un esfuerzo, porque lo más fácil es cambiar.

¿En qué no has cambiado? 85

Básicamente intento estar despierto. Me siento descansado, tranquilo, aunque me exijo° bastante a nivel vital y profesional. Y no soy caótico. Necesito una disciplina. Pero sí intento ser libre, aunque me cuesta muchísimo.

Siempre tienes un aire muy serio…

¿Serio? Sí y no. Es mi forma de ser. Mi mejor amigo dice que tengo la ironía 90
más brillante que ha visto nunca.

¿Vas a vivir entre Madrid y Los Ángeles?

Depende del trabajo: como una azafata o una pizza.

youngster (gloss for line 59)

at random (gloss for line 62)

complaint (gloss for line 67)

instigator (gloss for line 70)

you label me (gloss for line 71)

premieres (gloss for line 75)

I demand of myself (gloss for line 86)

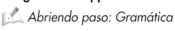
Comprensión

C. **Al punto.** Contesta las siguientes preguntas.

1. ¿En qué áreas ha usado Mollá su espíritu creativo? Menciona al menos tres.

2. Según él, en lugar de descripción, ¿qué hay en sus cuadros?

3. ¿En qué momento puede él apreciar lo que ha pintado?

4. Resume los comentarios de Mollá sobre los cambios en su obra desde que llegó a Los Ángeles.

5. ¿Qué cualidades considera Mollá europeas y cuáles considera americanas?

6. ¿Cómo se ha preparado Mollá? ¿Ha recibido educación formal en el arte? Explica.

7. Menciona por lo menos un área artística que, según Mollá, le gustaría explorar.

8. Cuando usa elementos que provocan, ¿qué quiere lograr Mollá?

9. ¿Qué tiene en común Mollá con Penélope Cruz y Javier Bardem?

Para ampliar el vocabulario

D. **De la misma familia.** Escribe una palabra de la misma familia, es decir, palabras que tengan la misma raíz que la palabra dada. Si es un sustantivo, escribe el artículo definido.

terroríficos   [1]   la inspiración   [47]   comentáis (comentar)   [81]

imparable   [2]   la necesidad   [52]   me siento (sentirse)   [86]

atrae (atraer)   [30]   el provocador   [70]

E. **En contexto.** ¿Cómo le explicarías las siguientes palabras a una persona que no sabe lo que quieren decir? Usa tus propias palabras, sinónimos o una situación para tu explicación.

el guionista   [2]   infantil   [71]   los protagonistas   [80]

autodidacta   [4]   los estrenos   [75]   la esencia   [84]

caótico   [28]

F. **Sinónimos.** Busca el sinónimo de las palabras que aparecen en la columna A en la columna B. Hay más palabras de las que necesitas.

A	B	
_____ **1.** persigo (perseguir) [12]	**a.** levantar	**h.** detenerse
_____ **2.** el miedo [42]	**b.** buscar	**i.** sentimental
_____ **3.** la responsabilidad [43]	**c.** el espíritu	
_____ **4.** la razón [53]	**d.** el temor	
_____ **5.** sensible [56]	**e.** independiente	
_____ **6.** parar [57]	**f.** la obligación	
_____ **7.** libre [88]	**g.** el motivo	

G. **Antónimos.** Busca el antónimo de las palabras que aparecen en la columna A en la columna B. Hay más palabras de las que necesitas.

A

_____ **1.** inquieto [4]

_____ **2.** serio [13]

_____ **3.** abierto [33]

_____ **4.** demasiada [43]

_____ **5.** hubiera frenado (frenar) [45]

_____ **6.** izquierda [63]

_____ **7.** comentáis (comentar) [81]

_____ **8.** juntos [83]

B

a. separados   **i.** crear

b. derecha   **j.** acelerar

c. callar   **k.** insuficiente

d. tranquilo

e. amable

f. informal

g. precisos

h. cerrado

Reflexión

H. **¿Es la comunicación la finalidad del arte?** Se dice que todas las formas de arte han tenido siempre como finalidad principal la comunicación y, por consiguiente, tienen su propio lenguaje.

1. ¿Qué piensas tú? ¿Piensas que todos los artistas quieren comunicar algo? ¿Cómo responde el público? ¿Cómo definirías tú la relación entre el artista y el público? ¿Crees que Mollá estaría de acuerdo con que la comunicación es la finalidad principal del arte?

2. Piensa en un artista que conoces bien y explica lo que trata de comunicar. ¿Lo hace bien? ¿Tiene éxito en lo que quiere comunicar? ¿Por qué? Puedes traer una imagen de la obra a la clase para que tus compañeros puedan apreciar su mensaje. Usa lo que aprendiste en la entrevista para apoyar tu respuesta. Vas a compartir tus ideas con un grupo pequeño de tus compañeros. Luego, compartirán las mejores ideas con la clase.

Comparaciones culturales

I. **¿Arte inconsciente?** El artista estadounidense Jackson Pollock dijo: "Cuando estoy en mi pintura, no soy consciente de lo que estoy haciendo".

1. Compara estas palabras con las de Mollá que aparecen en la entrevista que acabas de leer. "Realmente veo el cuadro cuando me separo de él" [línea 16]. ¿Crees que hay algunas semejanzas entre estas dos declaraciones? ¿Cuáles? Explica lo que, en tu opinión, quieren expresar estos dos artistas con sus palabras. ¿Qué piensas tú de lo que dicen?

2. Busca en Internet unos cuadros de cada uno de estos artistas. ¿Crees que ayudan a comprender sus palabras? ¿Se reflejan mejor en la obra de uno o del otro? ¿Hay algunas semejanzas en sus obras? ¿Algunas diferencias? Menciona al menos tres cosas. Vas a compartir tus ideas con un grupo pequeño de tus compañeros.

Abriendo paso

Contextos para la comunicación

For grammar support:
📝 *Abriendo paso: Gramática*

A Texto auditivo: Españoles en el mundo— Puerto Rico

Vas a escuchar una grabación. Primero, tienes un minuto para leer la introducción y las preguntas. Luego vas a escuchar la grabación dos veces. Mientras escuchas, puedes tomar apuntes. Después de escuchar por primera vez, tienes un minuto para contestar las preguntas. Después de escuchar por segunda vez, vas a tener dos minutos para terminarlas.

Introducción 🔊))

El prestigioso coreógrafo flamenco Antonio Santaella habla de su vida y obra en Puerto Rico. La grabación apareció en el programa *Españoles en el mundo* de Radio y Televisión Española. La grabación dura unos tres minutos.

1. ¿De quiénes aprendió a bailar flamenco Antonio Santaella?

2. Según él, ¿en qué se parecen los puertorriqueños a los españoles de Andalucía? Menciona dos cosas.

3. Cuando llegó de Nueva York, ¿qué lo ayudó a decidir quedarse en Puerto Rico?

4. ¿Qué hace todos los años?

5. ¿Qué tienen en común el flamenco y la salsa?

6. Según su amigo Antonio, ¿quién es la mejor bailadora de flamenco?

7. Según él, ¿qué características tienen en común los puertorriqueños con los andaluces?

B Presentación oral: El cuadro mejor vendido

En el cuento "El cuadro mejor vendido", escrito por Gerardo Murillo, aparece la siguiente conversación. Tiene lugar entre un pintor y la dueña de la casa en que él vive, cuando ella admira uno de sus cuadros. Lee la conversación y toma algunos apuntes acerca de las preguntas a continuación. Vas a compartir tus ideas con un grupo pequeño de tus compañeros.

Cuando el cuadro estuvo terminado, la dueña de la casita se le acercó poco a poco, preguntando:
—¿Puedo mirarlo?
—Sí, cómo no.
La mujer lo miró con profundo interés, comparándolo con el paisaje real.
—No es lo mismo—comentó—pero es más bonito aquí en la pintura que allá donde lo hizo Dios Nuestro Señor. Será que usted ha puesto en ella la inteligencia que Él le dio.
—Gracias. ¿Le gusta?
—Mucho, sí. ¡Quién pudiera tenerlo!
—¿Por qué no me lo compra?
—¿Yo?…¡Imposible, yo soy tan pobre!
—Pues, como a usted le gusta, yo se lo doy por cinco pesos.

El cuento termina de la siguiente manera…

El artista puso los cinco pesos en el bolsillo, le dio las gracias, y se fue silbando, seguro de que en aquella casita de adobes grises, su cuadro quedaba más honrado y lleno de gloria que en la galería de arte más famosa del mundo…

1. Con tus propias palabras, explica lo que dice la mujer acerca del cuadro.

2. ¿Piensas que el pintor hizo bien en venderle el cuadro por cinco pesos? ¿Por qué?

3. ¿Te parece apropiado el título del cuento? ¿Por qué?

4. Pablo Picasso dijo: "Un pintor es un hombre que pinta lo que vende. Un artista, en cambio, es un hombre que vende lo que pinta". ¿Crees que Picasso consideraría al pintor de este cuadro "un pintor" o "un artista"? ¿Por qué?

C Debate: ¿Es arte el cine?

Todo el mundo considera el teatro una de las "verdaderas artes". Sin embargo, no todos están de acuerdo cuando se habla del cine. Algunos piensan que sí es arte y otros que no. ¿Y tú? ¿Qué piensas? ¿Hay alguna película que consideres una obra de arte? Explica con ejemplos por qué lo es. Si no crees que exista ninguna película que lo sea, explica lo que te hace pensar así. Toma apuntes que te ayuden a defender tu opinión. Incluye una definición de "arte" que apoye tu opinión. Vas a compartir tu opinión con un grupo pequeño de tus compañeros. Luego van a compartir las mejores ideas a favor o en contra con la clase.

D Presentación oral: El idioma que todos sienten

En su canción *Música es,* el cantante Eros Ramazzotti, refiriéndose a la música, dice: "Óyela, es el idioma que todos sienten". ¿Estás de acuerdo? ¿Crees que la música puede expresar sentimientos que las palabras no pueden? ¿Qué tipo de música te parece el mejor "idioma"? Escoge una composición musical que, en tu opinión, expresa los sentimientos mejor que las palabras y prepárate para compartir tus ideas con un grupo pequeño de tus compañeros. Si quieres escuchar la canción *Música es,* puedes encontrarla fácilmente en Internet.

E Presentación oral: ¿Qué pintor me gusta más?

Cuando se habla de los grandes pintores españoles, hay tres que nunca dejan de mencionarse: Diego Velázquez, Francisco de Goya y Pablo Picasso.

1. Busca en Internet una selección representativa de la obra de estos tres pintores y escoge al pintor cuya obra te impresione más. Escribe algunos apuntes que te ayuden a preparar una presentación en la que expliques lo que te hizo escoger a ese artista. ¿Qué sentiste al ver su obra? ¿Qué crees que te hizo sentir así?

2. Comparte tus ideas con un(a) compañero(a). Él o ella te hará algunas sugerencias que te ayuden a mejorar tu presentación.

3. Usa sus sugerencias y haz cualquier corrección o añade cualquier información que sea necesaria.

4. Finalmente, comparte tus ideas con la clase.

F Investigación en Internet: La pintura como autorretrato

"Me pinto a mí misma, porque soy a quien mejor conozco", dijo Frida Kahlo, una de las pintoras mexicanas más queridas y admiradas.

1. Busca en Internet algunos de los autorretratos de Frida Kahlo y toma algunos apuntes acerca de las siguientes preguntas: ¿Crees que fue una persona feliz? ¿Le interesan sus raíces culturales? ¿Qué detalles ves en sus autorretratos que te hacen pensar así?

2. Lee algo acerca de la vida de Kahlo y busca algunos detalles que confirmen tus ideas.

3. Vas a compartir tus ideas con un grupo pequeño de tus compañeros.

G Composición: Un gran artista español

Tres grandes artistas visuales españoles, Luis Buñuel (cine), Federico García Lorca (teatro) y Salvador Dalí (pintura) asistieron al mismo colegio (la Residencia de Estudiantes) y fueron amigos.

1. Busca información en Internet acerca de uno de ellos y escribe un ensayo de por lo menos 200 palabras en el que incluyas:

   - su juventud y su tiempo en la Residencia de Estudiantes
   - las influencias que hubo en su obra
   - algunas de sus obras más importantes y su influencia en el mundo artístico
   - sus últimos años

2. Escribe tu ensayo. Trata de incorporar por lo menos tres de las siguientes expresiones en tu presentación.

a pesar de que	*in spite of*
en cuanto	*as soon as*
mientras tanto	*meanwhile*
al + infinitivo	*upon (+ gerund)*
por el contrario	*on the contrary*

3. Antes de entregar el ensayo, revisa con cuidado el contenido y asegúrate de que has corregido cualquier error gramatical.

H Presentación escrita: La necesidad de explorar las artes

Jordi Mollá dice que para él "explorar es una necesidad" y que "lo importante es no parar". Explica lo que crees que quiere decir Mollá.

1. Toma algunos apuntes acerca del efecto que podría tener el explorar las artes en:

   - la perspectiva de la belleza y de la creatividad
   - la creatividad individual
   - la vida diaria
   - el conocimiento de la cultura de otras comunidades

2. Escribe una composición en la que expliques tus ideas acerca de estas preguntas. Apóyalas con ejemplos concretos.

3. Comparte lo que has escrito con un(a) compañero(a) quien te va a ayudar a revisar lo que escribiste. Antes de entregarlo a tu profesor(a), haz los cambios necesarios, teniendo en cuenta los comentarios de tu compañero(a).

Preguntas del capítulo

Ahora que has discutido la lectura y tienes mejor conocimiento del tema, tu profesor(a) va a reanudar la discusión de las preguntas del capítulo. Repasa brevemente los apuntes y ejercicios que ya completaste.

- ¿Cómo influyen la creatividad y los ideales de belleza en las artes visuales y escénicas?
- ¿Cómo se reflejan las perspectivas culturales de una comunidad en las artes visuales y escénicas?
- ¿Qué papel tienen las artes visuales y escénicas en la de vida de los individuos y de la comunidad?

La belleza y la estética: Un paso más

Integración

> **Más práctica:** Preparación para el examen, pp. 429–432

Preguntas fundamentales para la discusión

Ahora que tienes un conocimiento más amplio del tema de esta unidad, podrás contestar con más información las siguientes preguntas y discutir tus ideas con el resto de la clase.

- ¿Cómo se establecen las percepciones de la belleza y la creatividad?
- ¿Cómo influyen los ideales de la belleza y la estética en la vida cotidiana?
- ¿Cómo las artes desafían y reflejan las perspectivas culturales?

Presentación final

Vas a elaborar una presentación final en la que analizas el tema de la unidad más a fondo. Sigue los siguientes pasos. Te van a ayudar a examinar y organizar tus ideas.

1. Considera otras perspectivas

Además de los contextos que examinaste en esta unidad, ¿qué otros contextos se podrían incluir bajo el tema de "La belleza y la estética"? ¿Qué otras preguntas fundamentales te hubiera gustado investigar bajo este tema? Prepara tus ideas para discutirlas con la clase. No tienes que discutir a fondo los contextos o preguntas que apuntaste, solo prepárate para explicar por qué te parece importante incluir estos contextos o preguntas.

2. Explora tu perspectiva

Piensa en los contextos y perspectivas que discutiste con la clase. Escoge un aspecto del tema relacionado con ellos que te interesa analizar más a fondo.

- ¿Cuál es el problema?
- ¿Por qué crees que merece atención?

3. Desarrolla la presentación

Usa el problema para establecer la idea central que vas a usar como hilo conductor de tu presentación final sobre el tema de la unidad. Para más apoyo, consulta la *Guía para presentaciones* que se encuentra en el curso digital.

La ciencia y la tecnología

Preguntas fundamentales para la discusión

Al final de esta unidad podrás contestar las siguientes preguntas:

- ¿Qué impacto tienen el desarrollo científico y tecnológico en nuestras vidas?

- ¿Qué factores han impulsado el desarrollo y la innovación en la ciencia y la tecnología?

- ¿Qué papel cumple la ética en los avances científicos?

CAPÍTULO 26

El acceso a la tecnología

LECTURA: Aulas con alma digital

En portada

Preguntas del capítulo

Las siguientes preguntas te servirán de guía y te ayudarán a comprender el tema más a fondo. Tenlas presentes a lo largo del capítulo.

- ¿Qué se está haciendo para que más personas tengan acceso a las computadoras?

- ¿Cuáles son algunos de los beneficios que se pueden ver ya?

- ¿Cuáles son algunos de los retos que han surgido?

Describe detalladamente las fotos. Incluye la información de las preguntas a continuación en tu descripción.

1. ¿Qué hacen los niños?

2. ¿Cómo parecen sentirse los niños? Usa por lo menos tres adjetivos para describir cómo se sienten.

3. ¿Cómo son las computadoras que usan en cada foto?

4. ¿Cuál parece ser el estado socioeconómico de las personas que se ven en las fotos?

5. ¿Qué nos dicen las fotos sobre nuestro mundo hoy día?

Lectura

Aulas con alma digital

Antes de leer

> **Estrategia:** *Hacer conexiones entre la información que ya sabes y la nueva información*
>
> El uso de conocimiento previo es una habilidad que tú usas cada vez que miras una revista o un periódico. Cuando ves un artículo que habla sobre el aumento de precios en los supermercados, ya sabes qué tipo de información vas a encontrar en el artículo.
>
> - **¡Ponla en práctica!** Lee el título del artículo que vas a leer y haz una lista de por lo menos cinco ideas que tú piensas que va a contener el artículo. Luego, una vez que hayas leído el artículo, puedes leer de nuevo tus apuntes para ver si lo que predijiste fue correcto.

A. **Una laptop por niño.** ¿Has oído hablar sobre el programa Una laptop por niño? ¿Qué sabes sobre el programa? Si no sabes mucho sobre el programa, busca información en Internet y prepárate para presentarles lo que encontraste a tus compañeros de clase. Incluye cómo funciona, los países que participan, los resultados que ha obtenido hasta la fecha, etc.

B. **La brecha (*gap*) digital.** Una de las críticas que existe sobre las computadoras e Internet es que muchas personas en el mundo no tienen los medios para usarlas. ¿Piensas tú que es un problema serio? Además del programa que se discute en el ejercicio anterior, ¿conoces algún otro programa que sea parecido? Si no conoces ningún otro programa, explica en tus propias palabras cómo tú tratarías de mejorar la situación. Vas a compartir la información en pequeños grupos y luego presentar las mejores ideas del grupo al resto de la clase.

C. **Una escuela rural.** Piensa en una escuela rural donde los estudiantes y maestros nunca han tenido acceso a computadoras ni a otra tecnología. ¿Cuáles son algunos de los retos que tú crees que van a tener? Haz una lista de por lo menos tres de estos retos y explica cómo tú piensas que se pueden superar. Prepárate para discutir tus ideas en pequeños grupos o con toda la clase.

> **For grammar support:**
> *Abriendo paso: Gramática*

Introducción

El siguiente artículo examina algunos de los retos que enfrentan los docentes (*teachers*) al integrar las computadoras en el aprendizaje. Fue publicado en el periódico *El Peruano*.

Al leer

Mientras lees, ten en cuenta los siguientes puntos:

- la diferencia entre estudiantes y maestros en cuanto al uso de la tecnología
- lo que se espera de los profesores
- el efecto de la tecnología en los estudiantes
- los planes para el futuro

Aulas con alma digital

por Karina Garay R.

Se busca integrar las laptops en sistema de aprendizaje de alumnos. Educación trabaja para que los docentes alejen el temor al cambio.

an inkling

"El Perú, a nivel de masificación de uso de tecnologías en las aulas, debe ser uno de los primeros países en el mundo, juntamente con Uruguay", sostiene, enfático y sin atisbo° de duda, Víctor Manuel Castillo Ríos, director pedagógico de la Dirección General de Tecnologías Educativas del Ministerio de Educación. 5 10

Agrega que no obstante que el Perú es un país complejo, social, lingüística y geográficamente, el uso masivo de tecnologías en las aulas, con el programa Una laptop por niño, es el número uno. 15 20

El experto destaca° que mientras en el resto de países los esfuerzos se orientan a la creación de aulas informáticas°, a las que maestros y niños acudan° a aprender cómo se usan las nuevas herramientas° tecnológicas, en el Perú se 25 busca integrarlas de manera real en el aprendizaje de los menores.

La tarea, por supuesto, no está exenta de algunos obstáculos, como lo hacen notar los involucrados°.

Cuidados

Cuando de tecnología se trata, los chicos son los primeros en apuntarse° y los docentes, los últimos, afirma María Antonieta Mendoza, coordinadora del 30 programa Una laptop por niño, del Ministerio de Educación.

La experta en tecnologías educativas señala° que, pese a que el temor juega en contra de los docentes—piensan que la computadora se va a malograr°—al que se suma una gran resistencia al cambio, el Ministerio de Educación no se rinde y decidió fortalecer este acercamiento°: de un maestro motivado, depende la 35 respuesta positiva de los alumnos.

"El profesor es como un niño que aprende lo que le gusta, lo que le facilita las cosas. La tecnología debe llegar al docente como algo que satisfará sus necesidades y no llegará a darle más trabajo. Lograr que lo entiendan toma tiempo; pero lo estamos consiguiendo", refiere por su parte Carmita Jiménez 40 Prado, docente capacitadora del colegio 22754, ubicado° en Chincha.

Ella, al igual que el profesor Walter Arribasplata Chávarri, del colegio 82019 de Cajamarca, representó recientemente al país en el Tercer Foro de Docentes Innovadores, realizado en Panamá.

Hasta ese escenario llevó un proyecto revolucionario, desarrollado de forma 45 conjunta por expertos del Ministerio de Educación y de Microsoft.

"Las computadoras del programa Una laptop por niño, con las que se trabajan en primaria, funcionan de manera natural con sistema Linux. La novedad es que se logró que corran también con Windows", explica.

Comenta que, cuando da capacitaciones°, busca que los profesores descarten° 50 aquello que todo tiempo pasado fue mejor.

"El mundo va cambiando. Todo es un proceso y la educación debe ir a la par°. No podemos estar detrás porque comienzan los problemas de subdesarrollo. El mundo cambia de la mano de la tecnología, así que hay que conocerla sin miedo", sostiene.

emphasizes

computer labs / go

tools

involved

to enroll

points out

stop working

?

?

training / dismiss

hand in hand

Visión

María Antonieta Mendoza sostiene que gracias al programa tecnológico emprendido° en las aulas, los chicos cambiaron su manera de ver las cosas.

"Tengo tantas anécdotas. Por ejemplo, recuerdo mucho lo que me dijo Alex, un niño de provincia, de 8 años. Que ahora ya no era importante ir a Lima porque ya tiene su computadora, que había decidido estudiar en su localidad y quedarse en ella."

Con más de 20 años trabajando en la educación, la experta manifiesta que el ministerio procura° buscar salidas a la falta de conectividad que padecen° muchos docentes.

"Queremos despertar en ellos el bichito° de la investigación, sobre todo en los maestros rurales, que no poseen Internet, pero sí conectividad malla°, es decir entre las computadoras de su aula."

A ellos—revela—se les ha hecho llegar un USB con 2 gigas de contenidos pedagógicos, a fin de que puedan "navegar" junto a sus alumnos, y no perderse esa experiencia.

A la fecha se entregaron° estos dispositivos° a cerca de 40 mil colegios a escala nacional. Se comenzó por las escuelas de primaria y se espera llegar a las de secundaria el próximo año.

El gran salto educativo

Para el titular de la Dirección General de Tecnologías Educativas, Víctor Manuel Castillo, el uso de la tecnología para desarrollar ciencia y mejorar la calidad de los aprendizajes es un imperativo.

"La tecnología puede hacer la diferencia, ya que permite que día a día el estudiante vaya mejorando su calidad de vida social y cultural."

Afirma que si bien° esta revolución digital se inició con el proyecto Huascarán, el desarrollo del programa Una laptop por niño, en 2008, dio el gran salto.

"El proyecto atendía tres mil aulas; pero ahora en primaria estamos hablando de 129 mil profesores y 28 mil instituciones educativas. La meta° es distribuir 550 mil computadoras en todas las instituciones públicas del país."

Se ha empezado con las escuelas unidocentes. Cada niño y cada docente tiene una. A la fecha se repartieron 320 mil. La meta es concluir con todos los colegios primarios para fines de este año.

undertaken

? / suffer

little bug
network connection

were given / devices

although

?

"Se está elaborando un proyecto para aplicarlo en secundaria. Se utilizarán las computadoras XO verdes, pero con una capacidad mayor. En primaria utilizamos 1.0 y en secundaria será 1.5", detalla el experto.

Mientras eso llega, se implementan centros de recursos tecnológicos en los colegios emblemáticos de Lima, donde se combina el uso de las XO con *netbooks*.

"El programa de secundaria debe entrar en vigencia° el próximo año. Ya se presentó el anteproyecto y ahora veremos qué suerte tiene a fin de año, cuando se dé la ley. Se piensa comprar otras 500 mil computadoras."

come into force

Hay que incentivar

"Empiezo con las innovaciones tecnológicas en 2004. No sabía mucho, pero fui investigando y como siempre digo, echando a perder° se aprende."

making mistakes

Alianza por la Educación llegó a Cajamarca de la mano de Empresarios por la educación. Antes de eso no había recibido capacitación.

"En este momento soy el profesor encargado° del aula de innovación, hasta donde llegan los alumnos con sus profesores para desarrollar sus clases. Allí, en vez de usar el papelógrafo, utilizan la computadora.

?

Hay que incentivar mucho a los docentes, porque tienen miedo de malograr las computadoras. Les digo que no esperen a que sus chicos les enseñen cómo usarlas.

Junto a la Alianza desarrollé un proyecto para mejorar la comprensión lectora. Usé el Visual Basic. Puse tres videos de cuentos infantiles y a todos les gustó, incluso los profesores se quejaban° de que los alumnos querían entrar a cada rato al programa."

complained

La comprensión lectora se requiere para todo, incluso para las matemáticas.

"El profesor debe ver a la computadora como una herramienta para enseñar mejor, no como algo malo. Debe esforzarse por integrarla en sus clases, porque tiene cosas muy interesantes. Nuestra meta es capacitar a 4 mil docentes en Cajamarca."

"No sabía mucho, pero fui investigando y como siempre digo, echando a perder se aprende."

Después de leer

Comprensión

D. Al punto. Contesta las siguientes preguntas.

1. Según el señor Castillo Ríos, ¿qué características tiene Perú?

2. ¿Cuál es la diferencia entre Perú y otros países con respecto a las aulas informáticas?

3. ¿Qué les ocurre a los maestros que empiezan a usar la tecnología?

4. ¿Qué se trata de infundir en los docentes durante los entrenamientos?

5. ¿Qué decidió hacer Alex? ¿Por qué?

6. ¿Cómo se puede beneficiar un estudiante con el uso de la tecnología?

7. ¿Qué les recomienda el señor Castillo a los docentes?

8. ¿Por qué se quejaban los docentes?

9. ¿Qué proyecto desarrolló él para mejorar la comprensión lectora?

Para ampliar el vocabulario

E. De la misma familia. Escribe una palabra de la misma familia, es decir, palabras que tengan la misma raíz que la palabra dada. Si es un sustantivo, escribe el artículo definido correspondiente.

juntamente   [7]

fortalecer   [34]

funcionan (funcionar)   [47]

manifiesta (manifestar)   [61]

revela (revelar)   [67]

perderse   [68]

encargado   [99]

esforzarse   [111]

F. En contexto. ¿Cómo le explicarías las siguientes palabras a una persona que no sabe lo que quieren decir? Usa tus propias palabras, sinónimos o una situación para tu explicación.

las aulas   [5]

afirma (afirmar)   [29]

el miedo   [54]

despertar   [64]

la ley   [94]

las innovaciones   [95]

G. Sinónimos. Busca el sinónimo de las palabras que aparecen en la columna A en la columna B. Hay más palabras de las que necesitas.

A

_____ **1.** el temor [2]

_____ **2.** agrega (agregar) [15]

_____ **3.** el acercamiento [34]

_____ **4.** recientemente [42]

_____ **5.** recuerdo (recordar) [57]

_____ **6.** quedarse [60]

B

a. permanecer

b. acordarse

c. el tratamiento

d. desgraciadamente

e. el miedo

f. añadir

g. la aproximación

h. últimamente

i. el dolor

H. Antónimos. Busca el antónimo de las palabras que aparecen en la columna A en la columna B. Hay más palabras de las que necesitas.

A

_____ **1.** complejo [17]

_____ **2.** la experta [31]

_____ **3.** el acercamiento [34]

_____ **4.** detrás [52]

_____ **5.** recuerdo (recordar) [57]

_____ **6.** quedarse [60]

_____ **7.** mejorar [74]

B

a. la propuesta

b. el distanciamiento

c. olvidar

d. sencillo

e. el reconocimiento

f. empeorar

g. arriesgarse

h. la aprendiza

i. delante

j. ausentarse

Reflexión

I. **Otra manera de ver las cosas.** En el artículo que leíste aparece la siguiente declaración, parte de una cita: ". . . los chicos cambiaron su manera de ver las cosas". ¿Qué piensas tú que significa esta cita en el contexto del acceso a la tecnología por niños en las escuelas aisladas? Explica tu respuesta, describiendo por lo menos dos disciplinas en las que tú piensas que los niños cambiaron su manera de ver las cosas. También explica con detalles cómo cambiaron. Tu propia experiencia te ayudará con la respuesta, pero recuerda que estos chicos asisten a escuelas en lugares bastante aislados. Haz una lista de palabras y expresiones para discutir el tema en grupos pequeños o con toda la clase según las instrucciones de tu profesor(a).

Conexiones interdisciplinarias

J. **El impacto de la tecnología en diferentes instituciones de la sociedad.** En tu opinión, ¿cómo se podrían beneficiar los países en vías de desarrollo si la mayoría de la población tuviera acceso a la tecnología? Algunas áreas que puedes considerar son: la salud, la economía, la política, la familia, la religión (o cualquier otra área que te interese que no sea la educación). Escoge dos áreas y haz una lista de palabras y expresiones para que puedas discutir tus ideas acerca del beneficio que resultaría del acceso a la tecnología con el resto de la clase.

Contextos para la comunicación

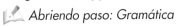
A Texto auditivo: La brecha digital

Vas a escuchar una grabación. Primero, tienes un minuto para leer la introducción y las preguntas. Luego vas a escuchar la grabación dos veces. Mientras escuchas, puedes tomar apuntes. Después de escuchar por primera vez, tienes un minuto para contestar las preguntas. Después de escuchar por segunda vez, vas a tener dos minutos para terminarlas.

Introducción

Esta grabación trata de la brecha digital en España. En la grabación participan Manu Martínez y Marta Pastor, locutores del programa de la Radio Nacional de España *5.0*. Ellos entrevistan a Luis Álvarez, presidente de la red social SigoJoven. La grabación dura aproximadamente siete minutos.

1. Según el señor Álvarez, ¿qué fomenta la red social SigoJoven?

2. ¿Hay requisitos para participar en la red social? Explica tu respuesta.

3. ¿Cómo ve la brecha digital el señor Álvarez? ¿Cómo han estado muchas de las personas "antiguas" o del "mundo de los mayores"?

4. ¿Qué están promoviendo a través de la red social?

5. ¿Qué han puesto en marcha muchas asociaciones? ¿Cuál es el propósito de lo que han hecho?

6. ¿Qué edad debe tener la persona para participar en la página? ¿Qué representa cuatro punto cero?

B Presentación oral: La tecnología en mis estudios

Piensa en tu experiencia en la escuela secundaria. Escoge por lo menos dos asignaturas en las que la tecnología te ha ayudado a investigar, aprender y tener éxito. Explica en detalle, con ejemplos concretos:

- cómo te ha ayudado
- las dificultades que habrías tenido si no tuvieras acceso a la tecnología

Prepara tus apuntes para que puedas discutir tu experiencia con tus compañeros de clase.

C Investigación en Internet: Para reducir las brechas digitales y educativas

En Argentina existe un programa llamado "Conectar Igualdad". Busca información sobre el programa y prepárate para discutirlo en clase. Debes describir el programa, en qué estado se encuentra, cómo ha sido recibido, lo que queda por hacer, etc. En grupos pequeños, vas a compartir la información con otros estudiantes. Luego, van a discutir el programa con el resto de la clase.

CAPÍTULO 27

Los efectos de la tecnología en el individuo y en la sociedad

LECTURA: La interacción en línea tiene efectos positivos en la vida real

Preguntas del capítulo

Las siguientes preguntas te servirán de guía y te ayudarán a comprender el tema más a fondo. Tenlas presentes a lo largo del capítulo.

- ¿Cuáles han sido algunos impactos tanto positivos como negativos de la tecnología en la sociedad?

- ¿Qué factores afectan la reacción a favor o en contra del uso de la tecnología en la vida diaria?

- ¿Cómo se ve afectada por la tecnología la información que recibe la gente?

Describe detalladamente la tira cómica. Incluye la información de las preguntas a continuación en tu descripción.

1. ¿Cuál es la idea principal que el autor está tratando de comunicar? ¿Te has encontrado en una situación similar?

2. ¿Piensas que es una exageración? Explica tu respuesta con detalles y usa un ejemplo de tu vida diaria para apoyar lo que dices.

3. ¿Piensas que la mayoría de las personas ve la tecnología como algo muy positivo? Explica por qué y da algunos ejemplos.

4. ¿Existen situaciones en las que la tecnología puede tener un efecto negativo? ¿Cuáles? Da ejemplos específicos que apoyen tu opinión.

Lectura

La interacción en línea tiene efectos positivos en la vida real

Antes de leer

> **Estrategia:** *El uso del título y de los subtítulos para predecir el contenido de un artículo*
>
> Leer el título y los subtítulos de un artículo nos ayuda a tener una idea general del tema que trata un texto.
>
> - **¡Ponla en práctica!** Lee las dos primeras líneas del artículo y los dos subtítulos que aparecen en él. Además de resaltar los efectos positivos en la vida real, ¿qué otros temas piensas que va a tratar el artículo? Si tienes dificultad en adivinar el tema, puedes leer rápidamente el primer párrafo. Luego, escribe dos frases en las que expliques lo que crees que contiene el artículo.

A. **La adicción tecnológica.** Mucha gente dice que las personas que constantemente usan la computadora se convierten en adictos y que, en general, esta actividad le causa problemas al individuo. ¿Estás de acuerdo? ¿Por qué? ¿Conoces a alguien que haya cambiado su personalidad o que actúe de manera diferente a causa del uso de las computadoras? Usa uno o dos casos específicos para apoyar tus ideas. Vas a compartir tus casos con un grupo pequeño de tus compañeros.

B. **Un escape.** Algunas personas usan la computadora como un escape de la realidad y constantemente se encuentran navegando, jugando, chateando o haciendo compras. ¿Te has encontrado en alguna situación en la cual uses la computadora para evitar enfrentar los problemas que tienes o las tareas que tienes que cumplir? Escribe un corto resumen de la situación. La situación puede ser personal o de alguien que conoces. (No debes mencionar su nombre.)

C. **El periodismo ciudadano.** En el artículo, se menciona "el periodismo ciudadano". ¿Qué piensas tú que es el periodismo ciudadano? ¿Cuál será su propósito? Si no sabes la respuesta, búscala en Internet. Prepara unos apuntes para discutir en clase tus ideas acerca del impacto que el periodismo ciudadano ha tenido a nivel mundial.

> **Nota cultural**
>
> En la actualidad las comunidades de todo el mundo se están viendo afectadas por el uso de las redes sociales. Y este fenómeno se puede ver claramente en América Latina. Un estudio reciente reveló que esta región es la que más usa redes sociales en todo el mundo. Más de 127 millones de latinoamericanos mayores de 15 años utilizan la interacción en línea aproximadamente 8 horas al mes. Entre los países que más utilizan redes sociales están México, Argentina y Brasil. Facebook es la red social favorita, seguida por Twitter. *¿De qué manera las redes sociales pueden tener un impacto en la identidad y los hábitos de la gente en estos países?*

> **For grammar support:**
> *Abriendo paso: Gramática*

Introducción

Un nuevo estudio declara que la interacción en línea, además de servir de pasatiempo, también cumple otros propósitos. El artículo apareció en la revista electrónica *Tendencias 21*.

Al leer

Mientras lees, ten en cuenta los siguientes puntos:

- los efectos de la interacción a través de las redes sociales en las comunidades de la vida real
- la opinión de los críticos acerca de la interacción en línea
- lo que Internet provee a las personas que en el pasado estaban aisladas
- las consecuencias que tiene la abundancia de las páginas web para las editoriales (*publishing houses*) tradicionales

La interacción en línea tiene efectos positivos en la vida real

por Catalina Franco R.

La relación entre las tecnologías de la información y la vida diaria va mucho más allá de un simple pasatiempo.

Un nuevo estudio de dos profesoras del Graduate School of Library and Information Science de Illinois reveló que la interacción en línea a través de la red y las redes sociales tienen efectos positivos en las comunidades de la vida real y se han convertido en una plataforma de participación, opinión, integración, investigación y establecimiento de nuevas relaciones sociales. Además, las autoras afirman que la intersección entre la comunicación en línea y el mundo desconectado forma dos mitades° de un mecanismo de apoyo° para las comunidades.

halves
support

5

10

Mientras tantos critican los efectos de los medios sociales y de Internet en general en la sociedad de hoy, argumentando que solo se pierde el tiempo y que ya no hay contacto físico, existen otros que estudian la parte positiva de esta poderosa° tendencia que ha cambiado la forma de vivir de millones de personas en el mundo.

powerful

15

Es el caso de Caroline Haythornthwaite y Lori Kendall, profesoras del Graduate School of Library and Information Science, quienes realizaron° una investigación acerca de las interacciones en línea que fue publicada en la edición de abril de 2010 de *American Behavioral Science*.

carried out

20   Las autoras del estudio revelaron que, contrario a lo que los críticos de la
      Internet suelen° argumentar, la interacción en línea a través de la gran red y de   *tend to*
      los crecientemente° poderosos medios sociales como Facebook y Twitter tiene   *increasingly*
      efectos positivos en las comunidades de la vida real.

      Además, las investigadoras aseguran° que la intersección entre la comunicación   *?*
25 en línea y el mundo desconectado forma dos mitades de un mecanismo
      de apoyo para las comunidades. En palabras de Haythornthwaite, "Lo que
      ha crecido a través de los años es una más fuerte conexión que la Internet
      posibilita con las comunidades ubicadas° en un lugar geográfico determinado.   *?*
      Hemos evolucionado de la comunicación de uno a uno o de pequeños grupos,
30 a la comunicación de comunidades completas".

Comunidades conectadas

      Y es que las autoras del reporte explican que ya no hay que hablar de Internet
      como algo aislado, como esas posibilidades en línea que constituyen algo
      novedoso y apartado de la vida real, sino que hay que asumirlo como una parte
      que hoy en día se integra y se funde° con la vida diaria, ya que la red se ha   *merges*
35 convertido en una plataforma de información y comunicación indispensable
      en el mundo actual.

      Los últimos años han demostrado que Internet no es solo una enorme y muy
      rica fuente° de investigación y conocimiento, sino que es también un espacio   *source*
      de comunicación a través del cual los ciudadanos del mundo pueden opinar,
40 participar, compartir información y contenidos, organizar movilizaciones,
      denunciar situaciones que violan sus derechos°, hacer periodismo ciudadano   *rights*
      entre muchas otras cosas que sin la red hubieran sido impensables y que hoy
      constituyen un inmenso mar de posibilidades, un espacio público que permite
      oír las voces que antes hubieran permanecido° aisladas.   *?*

45 Las autoras explican que el espacio de la red y de los medios sociales no es
      solo un lugar en el que se encuentran personas que quieren conocer gente
      por Internet y establecer relaciones superficiales, sino que se trata de algo
      mucho más poderoso que fortalece° los vínculos° que hay entre las mismas   *? / ties, bonds*
      comunidades de la vida real, convirtiéndose incluso en una forma de
50 comunicación entre personas y grupos locales.

      Según Haythornthwaite, "La investigación sobre con quién se comunican las
      personas cuando están en línea muestra mucha actividad local. Entonces la
      comunicación en línea siempre refuerza° las relaciones y las identidades locales   *reinforces*
      que construyen redes de individuos que interactúan y que son conscientes de la

attachment

existencia del otro. Esto demuestra un cambio continuo en cómo mantenemos   55
las comunidades locales, y a la vez enfatiza la importancia y el significado de
nuestro apego° a lugares y espacios locales".

Una tendencia importante

Una parte fundamental de la investigación es la que se refiere a una tendencia
importantísima para los ámbitos° social y económico, y es la que tiene que ver
con la cultura participativa que ha nacido y tanto se ha fortalecido en la red: 60
no se pueden desconocer el periodismo ciudadano y el hecho de que tantas
personas trabajen gratis voluntariamente a través de sus blogs, colaborando
con temas y contenidos° para distintos medios, etc.

"Socialmente, la Internet ofrece una plataforma para que casi cualquiera
contribuya, y todo el mundo se beneficia al contar con° muchos ángulos   65
diferentes sobre una noticia o tema. Económicamente, la facilidad de publicar
una página web constituye un reto° para las editoriales tradicionales, el cual se
evidencia en la batalla entre los medios tradicionales de noticias y los blogs, los
agregadores de noticias° y Twitter", explica Haythornthwaite.

Se trata entonces de analizar la red y el espacio virtual como un mundo de   70
infinitas posibilidades que está cada vez más integrado en nuestro día a día y
a través del cual pueden establecerse verdaderas relaciones de diversos tipos;
lazos de unión entre comunidades, tanto locales como globales; y distintas
formas de comunicación y de información que buscan diversos objetivos y que,
según vemos hoy, parecen lograrlos°.   75

attachment

circles

?

by counting on

challenge

news aggregators

to achieve them

"Socialmente, la Internet ofrece una plataforma para que casi cualquiera contribuya, y todo el mundo se beneficia al contar con muchos ángulos diferentes sobre una noticia o tema."

Después de leer ✓ 🌐 📝 💬

Comprensión

For grammar support:
📝 *Abriendo paso: Gramática*

D. Al punto. Lee las siguientes frases y decide si la información es correcta o incorrecta. Si no es correcta, corrige la información.

1. La relación entre la comunicación en línea y la comunicación fuera de línea causa un conflicto en las comunidades.

2. El estudio que se discute trata de comprobar que los medios sociales e Internet son una pérdida de tiempo.

3. La comunicación en línea permite la comunicación no solo de individuos sino de comunidades enteras.

4. El uso de Internet en la vida diaria se ha convertido en una necesidad hoy día.

5. El poder expresarse en Internet ha posibilitado la libre expresión de opiniones.

6. Internet crea fuertes conexiones entre diferentes grupos.

7. Los participantes en blogs y el periodismo ciudadano contribuyen a estos medios sin recompensa monetaria.

8. Internet ofrece la posibilidad de informarse sobre varios aspectos y opiniones de una cuestión.

9. No se ha visto ningún conflicto entre las editoriales tradicionales y las nuevas formas de comunicación.

10. Las relaciones que se establecen a través de la red son, en general, muy superficiales.

Para ampliar el vocabulario

E. De la misma familia. Escribe una palabra de la misma familia, es decir, palabras que tengan la misma raíz que la palabra dada. Si es un sustantivo, escribe el artículo definido correspondiente.

reveló (revelar)   [4]

desconectado   [9]

aseguran (asegurar)   [24]

los ciudadanos   [39]

el periodismo   [41]

aisladas   [44]

fortalece (fortalecer)   [48]

integrado   [71]

F. En contexto. ¿Cómo le explicarías las siguientes palabras a una persona que no sabe lo que quieren decir? Usa tus propias palabras, sinónimos o una situación para tu explicación.

el pasatiempo   [2]

poderosa   [14]

ubicadas   [28]

las voces   [44]

fortalece (fortalecer)   [48]

enfatiza (enfatizar)   [56]

contribuya (contribuir)   [65]

G. Sinónimos. Busca el sinónimo de las palabras que aparecen en la columna A en la columna B. Hay más palabras de las que necesitas.

A	B
_____ **1.** ubicadas [28]	**a.** el castigo
_____ **2.** el reporte [31]	**b.** imprescindible
_____ **3.** aislado [32]	**c.** el informe
_____ **4.** novedoso [33]	**d.** alcanzar
_____ **5.** indispensable [35]	**e.** localizadas
_____ **6.** compartir [40]	**f.** distribuir
_____ **7.** refuerza (reforzar) [53]	**g.** impresionable
	h. aseguradas
	i. innovador
	j. apartado
	k. fortalecer

H. Antónimos. Busca el antónimo de las palabras que aparecen en la columna A en la columna B. Hay más palabras de las que necesitas.

A	B
_____ **1.** desconectado [9]	**a.** la caridad
_____ **2.** poderosa [14]	**b.** la incapacidad
_____ **3.** aisladas [44]	**c.** separado
_____ **4.** distintos [63]	**d.** atados
_____ **5.** la facilidad [66]	**e.** estrechas
_____ **6.** integrado [71]	**f.** incluidas
	g. débil
	h. enlazado
	i. idénticos

Reflexión

I. **Las nuevas "editoriales" (*publishing houses*).** Un acontecimiento que menciona el artículo es la batalla que ha surgido entre las editoriales tradicionales, los blogs y Twitter (líneas 67–69). ¿Te parece que es legítima esta preocupación? ¿Tiene consecuencias económicas u otras consecuencias? ¿Existe alguna manera de evitar esta batalla? Haz una lista de palabras clave y frases para expresar tus ideas. Vas a compartir tus ideas con tus compañeros de clase.

Conexiones interdisciplinarias

J. **Las voces que impactan.** Según el artículo que acabas de leer, Internet ofrece "un espacio público que permite oír las voces que antes hubieran permanecido aisladas". En los últimos años, han ocurrido grandes cambios políticos en varios países. Investiga cómo las redes sociales impactaron estos cambios. Busca en Internet, escoge un país donde haya ocurrido esta situación y explica:

- la situación antes de los cambios
- cómo se vio afectado el poder político
- el impacto que tuvieron las redes sociales

Escribe un ensayo de por lo menos tres párrafos expresando tus ideas. Antes de entregarle tu escritura a tu profesor(a), compártela con un(a) compañero(a) quien te ayudará a revisarla y haz los cambios necesarios, teniendo en cuenta sus comentarios.

Abriendo paso

Contextos para la comunicación

For grammar support:

Abriendo paso: Gramática

A Texto auditivo: El periodismo ciudadano

Vas a escuchar una grabación. Primero, tienes un minuto para leer la introducción y las preguntas. Luego vas a escuchar la grabación dos veces. Mientras escuchas, puedes tomar apuntes. Después de escuchar por primera vez, tienes un minuto para contestar las preguntas. Después de escuchar por segunda vez, vas a tener dos minutos para terminarlas.

Introducción

La siguiente entrevista proviene del programa *5.0* de Radio y Televisión Española. El programa está dirigido por Manu Martínez y Marta Pastor y entrevistan a Óscar Espiritusanto, autor de un libro reciente sobre el periodismo ciudadano. La grabación dura aproximadamente siete minutos.

1. ¿Por qué ve Óscar Espiritusanto el periodismo ciudadano como una evolución muy positiva?

2. ¿Por qué están en un gran momento para el periodismo?

3. ¿En qué se diferencia el periodismo digital del periodismo ciudadano?

4. ¿Qué ha permitido la democratización de Internet?

5. ¿En qué países cobra valor el periodismo ciudadano?

6. ¿Para qué usa el señor Espiritusanto el ejemplo de los atentados y de las revueltas en Londres?

7. ¿Cómo ayuda la distribución global y el informar en inglés a las personas que informan sobre las atrocidades en un país?

B Presentación escrita: Mi blog

Imagina que quieres comenzar un blog.

1. Escribe una descripción del blog. Incluye:
   - el nombre del blog
   - el tema o los temas que piensas incluir
   - la publicidad que vas a usar para darlo a conocer
   - cómo vas a mantener la información al día
   - cualquier otra información que pienses que sea pertinente

2. Escribe tu primera entrada en el blog.

3. Puedes reunirte con un(a) compañero(a) para que él o ella te dé algunas sugerencias para mejorar el trabajo. Luego revisa lo que escribiste antes de entregárselo a tu profesor(a).

C Debate: La edad ideal para empezar a usar las redes sociales

Una de las ventajas de Internet es la capacidad de poder comunicarse con personas de todo el mundo. Al mismo tiempo, existen grandes peligros, principalmente para los jóvenes.

1. Vas a defender tu opinión en cuanto a la edad ideal para empezar a usar las redes sociales. ¿Piensas que hay una edad ideal a la que los jóvenes están listos para usar las redes sociales? ¿A qué edad piensas tú que un(a) joven debe poder usar las redes sociales de Internet? Explica por qué.

2. Además, haz una lista de los pasos que se deben tomar para evitar o disminuir el peligro de ciertos sitios en Internet. Tus apuntes te van a ayudar a defender tus ideas en un debate entre todos los alumnos de la clase.

D Presentación oral: Internet—¿Información confiable?

Según el artículo, "Socialmente, la Internet ofrece una plataforma para que casi cualquiera contribuya, y todo el mundo se beneficia al contar con muchos ángulos diferentes sobre una noticia o tema".

A primera vista, la idea puede parecer muy atractiva pero, si se piensa bien, pueden surgir algunos problemas. ¿Cuáles son los peligros del hecho de que cualquier persona puede contribuir en la plataforma que ofrece Internet? ¿Has usado en alguna de tus clases información encontrada en Internet y que luego descubrieras que no era fidedigna (*reliable*)? Si tú no has sido víctima, investiga entre tus amigos para que puedas compartir con el resto de la clase el problema que esa persona tuvo. También incluye cualquier idea que tengas para solucionar el problema. Vas a discutir tus ideas con tus compañeros de clase en pequeños grupos y luego las vas a discutir con el resto de la clase.

E Presentación oral: La reputación en línea

En el artículo que acabas de leer, la autora solo discute los aspectos positivos de la interacción en línea, pero existen algunos peligros también. Muchas personas no tienen en cuenta su reputación en línea cuando usan las redes sociales y "publican" información que eventualmente les puede hacer daño.

1. Vas a discutir el tema de la reputación en línea con un grupo pequeño de tus compañeros. Reflexiona sobre los siguientes puntos:
   - El tipo de información que es adecuada para una entrada en un blog o en una página de la red.
   - Un caso en el que la reputación de una persona fue afectada por su comportamiento o por algo que había escrito. Si no conoces ningún caso, piensa en una situación en la que una persona se podría ver afectada por la manera en que actúa.
   - Cómo la situación afectó a la persona.

2. Haz una lista de palabras y expresiones que te ayudarán a expresar tus ideas. En un grupo pequeño de tus compañeros, vas a discutir tus ideas y luego van a escoger dos situaciones que sean las más interesantes.

3. Una vez que todos hayan compartido sus ideas, discutan las siguientes preguntas: ¿Cuál fue el caso más extremo? ¿Escuchaste algún caso sobre el cual no habías pensado antes y que quizás te pueda afectar? Explica.

F Presentación oral: Las contraseñas (*passwords*)

Últimamente las universidades, las empresas, y hasta los departamentos de policía exigen que la persona que quiere ser admitida a la universidad o conseguir un puesto presente la contraseña de sus páginas tales como Facebook, Twitter, etc. ¿Por qué piensas que hacen esto? ¿Es justo? Explica tu respuesta dando casos específicos para apoyar tu opinión. Prepara una lista de ideas, palabras y expresiones que te ayuden a expresar tus ideas.

G Investigación en Internet: El reto legal

Uno de los problemas que enfrentan muchos gobiernos es la falta de leyes que protejan a los ciudadanos en cuanto a sus actividades en línea. La tecnología avanza precipitosamente, pero no las leyes. Vas a compartir un caso de este tipo con un grupo pequeño de tus compañeros.

1. Busca en Internet algún caso en el que las autoridades tuvieron que enfrentar una situación para la cual no existían leyes para juzgar las acciones de la gente involucrada en la situación. ¿Cómo se resolvió el problema?

2. Haz algunos apuntes acerca del caso y organiza tus ideas de una manera lógica, pero recuerda que no vas a poder leer tus comentarios. Usa una lista de palabras y expresiones que te ayuden a discutir el caso.

Composición: El impacto de la interacción en línea

Una de las ideas que presenta el artículo que acabas de leer es que "la comunicación en línea siempre refuerza las relaciones y las identidades locales que construyen redes de individuos que interactúan y que son conscientes de la existencia del otro". Vas a escribir un ensayo de por lo menos 200 palabras en el que discutas las ventajas y las desventajas de esta interacción.

1. Incluye una discusión de los efectos positivos que la interacción puede tener en la vida real, principalmente en una comunidad. Luego añade por lo menos tres efectos negativos. Puedes usar los apuntes de los ejercicios anteriores sobre el mismo tema. Usa ejemplos específicos para ilustrar tus ideas. Las siguientes áreas te pueden ayudar: la educación, la política, la economía y la sociología.

2. Organiza tus ideas y decide cuál va a ser la tesis de tu ensayo.

3. Luego, haz un breve esquema de cada párrafo y la información que vas a incluir en cada uno. Es aquí donde vas a seleccionar los ejemplos que mejor apoyen tu tesis, entre todos los que has enumerado.

4. En el último párrafo, no te olvides de resumir las ideas que expresaste, teniendo en cuenta la tesis que expresaste en el primer párrafo.

5. Trata de incorporar por lo menos tres de las siguientes expresiones en tu composición.

a la (misma) vez	*at the same time*
para ilustrar	*to illustrate*
a fin de cuentas	*in the end, after all*
por consiguiente	*therefore*
a pesar de que	*in spite of*

6. Antes de entregar tu trabajo, revísalo y trata de mejorar la manera en que expresas tus ideas.

Preguntas del capítulo

Ahora que has discutido la lectura y tienes mejor conocimiento del tema, tu profesor(a) va a reanudar la discusión de las preguntas del capítulo. Repasa brevemente los apuntes y ejercicios que ya completaste.

- ¿Cuáles han sido algunos impactos tanto positivos como negativos de la tecnología en la sociedad?

- ¿Qué factores afectan la reacción a favor o en contra del uso de la tecnología en la vida diaria?

- ¿Cómo se ve afectada por la tecnología la información que recibe la gente?

El cuidado de la salud y la medicina

LECTURA: #médicostuiteros

En portada

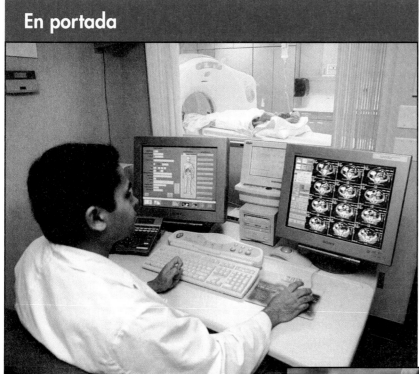

Las siguientes preguntas te servirán de guía y te ayudarán a comprender el tema más a fondo. Tenlas presentes a lo largo del capítulo.

- ¿Cómo se ven impactadas la salud y la medicina por las nuevas tecnologías?

- ¿Con qué desafíos sociales se enfrentan las comunidades debido al uso de la tecnología en la medicina?

- ¿Qué se puede esperar en el futuro con respecto al cuidado de la salud y la medicina?

Describe detalladamente las fotos. Incluye la información de las preguntas a continuación en tu descripción.

1. Las fotos tratan de mostrar el vínculo entre la medicina y la tecnología. ¿Cómo piensas que se pueden complementar ambas áreas? Ten presente los adelantos en la investigación del ADN, la creación de órganos humanos, los aparatos para observar el cuerpo humano, etc.

2. Trata de imaginar el mundo en el siglo XXII. ¿Qué podemos esperar en el futuro? Recuerda que todo puede ser posible.

Lectura

#médicostuiteros

Antes de leer

> **Estrategia:** *El núcleo de la frase*
>
> Una estrategia que te ayudará a comprender la lectura mejor es prestar atención al núcleo de la frase, en otras palabras, los verbos. Una vez que identifiques los verbos, podrás identificar el sujeto. Ten cuidado con frases que tienen más de un verbo porque pueden referirse a uno u otro de los sujetos. No te olvides de identificar los pronombres de complementos directos e indirectos.
>
> - **¡Ponla en práctica!** Lee el primer párrafo y haz una lista de todos los verbos. Luego, identifica el sujeto al que cada verbo se refiere.
>
>   "Cuando llega un paciente nuevo a mi consulta le doy mi e-mail, mi blog y mi twitter y le digo que puede seguirme donde quiera", explica a ELMUNDO.es Salvador Casado, especialista en Medicina de Familia y uno de los galenos (*physicians*) españoles con más influencia en las redes sociales. Su cuenta @doctorcasado, que tiene más de 1.400 seguidores, es su último intento de "crear vías de comunicación fuera de la consulta". Una aventura que empezó, como la de casi todos sus colegas de Twitter y profesión, con una bitácora (*blog*).
>
> En el siguiente párrafo, hay pronombres reflexivos, verbos y complementos subrayados. Identifica a quién o a qué se refieren. Ahora escribe un resumen en tus propias palabras de los dos párrafos.
>
>   A base de seguir<u>se</u> unos a otros, <u>se</u> están creando "redes profesionales muy importantes; equipos de trabajo virtuales que <u>mejoran</u> los resultados", subraya Salvador Casado. "Hace unos días <u>tuve</u> en la consulta a una persona con tendinopatía compleja en la rodilla y no sabía cómo manejar<u>la</u>. Me puse en contacto con un fisioterapeuta a través de Twitter y en 10 minutos <u>tenía</u> cinco artículos sobre el tema. Sin su ayuda, <u>habría tardado</u> dos o tres horas en hacer<u>lo</u>".

For grammar support:

 Abriendo paso: Gramática

A. **¿Consulta, correo electrónico o Twitter?** Imagina que te quieres comunicar con tu médico(a). Si él (ella) te diera su dirección electrónica o de Twitter, ¿te sentirías cómodo(a) con enviarle un tuit? ¿Qué preferirías, ir a su consulta o comunicarte a través de Twitter o un correo electrónico? En tu opinión, ¿cuáles serían las ventajas y las desventajas de cada método de comunicación, tanto para ti como para tu médico(a)? Escribe una lista de palabras y expresiones que te ayuden a expresar tu opinión. Piensa en la situación cuidadosamente. Luego vas a compartir tus ideas en pequeños grupos.

B. **Información, por favor . . .** Hoy en día existen muchas páginas en Internet que sirven de fuente de información sobre la salud para muchas personas. Según el artículo " . . . Internet se ha convertido en la principal fuente de información sobre la salud". ¿Has buscado información sobre la salud en la red para ti o para otra persona? Si este no es el caso, busca una persona que lo haya hecho y pregúntale sobre la experiencia, incluyendo si la experiencia fue positiva o negativa, si la información fue útil o no y si la persona confió en (*trusted*) la información. ¿Piensas que existe algún peligro en usar Internet para informarse acerca de la salud? Haz una lista de palabras y expresiones para expresar tus ideas en clase.

TEMA DE LA UNIDAD: LA CIENCIA Y LA TECNOLOGÍA

Introducción

El siguiente artículo se basa en el uso de la tecnología en el campo de la medicina. Fue publicado en el diario *El Mundo*.

Al leer

Mientras lees, ten en cuenta los siguientes puntos:

- el impacto de Twitter y los problemas que podrían resultar
- lo que están haciendo los médicos y los beneficios que reciben ellos
- la reacción de los pacientes
- la crítica y las implicaciones éticas

#médicostuiteros

por Cristina de Martos

- **Las redes sociales tienen aplicaciones útiles en el campo de la medicina.**
- **Algunas las empiezan a usar para buscar ayuda en un diagnóstico difícil.**
- **También se utilizan para organizar la consulta o "prescribir información".**

to measure / reach

El impacto real de Twitter es imposible de medir° pero su alcance° no tiene límites. Esta red—que tiene más de informativa y menos de social que otras— 5 está cambiando, a base de mensajes de 140 caracteres, el periodismo, la política o la forma de ver la televisión. Pero esta herramienta° se ha colado° también en otros ámbitos más ortodoxos como la ciencia y la medicina.

tool / has slipped

has caught on

Su influencia ha calado° en estos sectores porque muchos profesionales han encontrado en Twitter una vía para comunicarse con sus colegas, una forma 10 rápida de llegar a los pacientes y un altavoz° con el que hacerse oír. Aunque en España es un fenómeno incipiente, ya hay médicos que se hacen notar en la red.

megaphone

"Cuando llega un paciente nuevo a mi consulta le doy mi e-mail, mi blog y mi twitter y le digo que puede seguirme donde quiera", explica a ELMUNDO. es Salvador Casado, especialista en Medicina de Familia y uno de los galenos 15 españoles con más influencia en las redes sociales. Su cuenta @doctorcasado, que tiene más de 1.400 seguidores, es su último intento de "crear vías de comunicación fuera de la consulta". Una aventura que empezó, como la de casi todos sus colegas de Twitter y profesión, con una bitácora.

20 La forma de relacionarnos en la red cambia constantemente (el mail, el blog, las redes sociales . . .) y navega hacia un flujo° de información cada vez más inmediato y globalizado. Un escenario en el que el tiempo es una variable clave°. Esta es una de las razones por las que Twitter gana adeptos° en las consultas y los hospitales. "Se puede lanzar° un mensaje en muy poco 25 tiempo, entre paciente y paciente, y para leer la información que te interesa no tienes que estar siempre conectado", señala Eduardo Puerta (@melmack2k), especialista en Medicina de Familia en un centro de salud de Tenerife.

Tras dos años y medio en la 'twitteresfera', no sabe aún si este nuevo medio de comunicación va a tener un impacto real sobre el ejercicio de la medicina 30 aunque se muestra optimista: "Lo que llevamos vivido con los blogs es que funciona. Yo he pasado de 400 visitas a 80.000 en un año; y la gente lee y comenta. Quiere saber".

Los estudios señalan dos tendencias. Por un lado, Internet se ha convertido en la principal fuente de información sobre salud. Ocho de cada 10 usuarios 35 utilizan la red para saber más sobre este tema, según un informe elaborado por Pfizer. Además, al menos en Estados Unidos, un tercio de ellos lo hace en las redes sociales, en donde buscan, sobre todo, a otros pacientes con los que compartir experiencias. Y parece que en España también. Una pequeña encuesta° realizada por ELMUNDO.es reveló que al 68% de los que respondieron le 40 gustaría que su médico fuese accesible a través de Facebook o Twitter. Pero Internet es un arma de doble filo° y no todas las páginas que hay son de calidad. Ahí es donde muchos médicos han encontrado un nicho que ocupar.

"La situación demanda nuestra presencia porque los ciudadanos necesitan información y consejo", subraya° Salvador Casado. Además, "el sistema sanitario° 45 público está cada vez más saturado y tenemos menos tiempo para comunicar". Esta idea la comparten° otros colegas de Casado que se dedican, como él, a la Medicina de Familia y que forman el núcleo principal de los médicos blogueros y tuiteros.

"Hay unos 500 médicos con blog y de ellos el 90% es de familia", asegura 50 Eduardo Puerta. "Lo veo lógico—continúa—porque nosotros estamos más cerca de la población en todos los sentidos y para la gente es más fácil leer y entender lo que decimos porque empleamos un lenguaje más sencillo".

De ahí que buena parte del tiempo que invierten estos profesionales en Twitter lo dediquen a lo que ellos llaman prescribir información, que consiste en 55 "compartir noticias o páginas con contenidos médicos de buena calidad que puedan ser útiles para los pacientes", señala Fernando Casado (@drcasado). Desde su consulta en Madrid, esta herramienta le sirve para "estar en contacto

flow

key / devotees

shoot

?

double-edged sword

emphasizes / health

is shared by

no presencial con los pacientes" pero también "para hacer algo de labor social, de educación en salud".

echo chamber

Las redes sociales funcionan como una caja de resonancia° que muchos médicos utilizan para transmitir mensajes importantes a la población. 60

promoting

Desde fomentar° un buen uso de los antibióticos hasta cómo dejar de fumar. La iniciativa Mi Vida sin Ti es un buen ejemplo de las nuevas formas de colaboración que permite Internet. El objetivo es "apoyar al paciente para que deje de fumar", explica Puerta. Y para eso los médicos lanzan mensajes a través 65 de un blog, una página de Facebook y una cuenta de Twitter. La diferencia es

set up

que "para montar° esta campaña no hemos mantenido ni una sola reunión física. Todo se ha coordinado a través de estas redes", añade Fernando Casado.

transfer
dares

Pero más allá del apoyo a la población y la prescripción de información, el traslado° de la relación médico-paciente a las redes sociales es un tema muy 70 cuestionado en el que casi ninguno se atreve° a entrar dadas las implicaciones éticas que tiene compartir o publicar datos de una persona. "Prefiero parecer antipático que tratar casos clínicos", reconoce Fernando Casado. "Nada que requiera una mínima exploración se debe tratar en Twitter".

causes

El tema suscita° tanto interés que la Academia de Medicina de Estados Unidos 75 (AMA) editó a finales de 2010 unas guías para orientar a los facultativos en el

stress / ?

uso de las redes sociales. Estas hacen especial hincapié° en la salvaguardia° de la privacidad de los pacientes.

Equipos virtuales

Los médicos también han encontrado en esta herramienta de microblogging un espacio en el que interactuar con otros colegas de profesión. "Twitter 80 ha ido ganando valor propio porque es muy fácil recibir información de las instituciones, revistas o personas que te interesan. Es un teletipo continuo",

points out

apunta° Vicente Baos, autor del blog El Supositorio, que tuitea desde @vbaosv. "Para nosotros tiene una potencia enorme como plataforma de formación continuada e independiente", añade Fernando Casado. 85

A base de seguirse unos a otros, se están creando "redes profesionales muy importantes; equipos de trabajo virtuales que mejoran los resultados", subraya Salvador Casado. "Hace unos días tuve en la consulta a una persona con tendinopatía compleja en la rodilla y no sabía cómo manejarla. Me puse en contacto con un fisioterapeuta a través de Twitter y en 10 minutos tenía 90 cinco artículos sobre el tema. Sin su ayuda, habría tardado dos o tres horas en hacerlo".

Entre los proyectos de colaboración más llamativos está la retransmisión vía
Twitter de dos intervenciones quirúrgicas. La primera se realizó en el Centro
95 Médico Middle Tennessee (EE.UU.) y la segunda en el Hospital Clínico San
Carlos de Madrid. La operación "tuvo mucho seguimiento y *feedback*", explica
Julio Mayol (@juliomayol), el cirujano que la dirigió. "Esto —continúa—, que
podría parecer trivial, puede ser muy útil, especialmente si se emplean técnicas
quirúrgicas innovadoras, porque puedes obtener en tiempo real consejos sobre
100 lo que estás haciendo o recibir preguntas. Es muy enriquecedor".

Educación tecnológica

La incipiente medicina 2.0 es, sin embargo, una gran desconocida para muchos
profesionales y usuarios del sistema sanitario. "La formación del médico,
que es muy larga, va dirigida al papel y no a esto. Hay cierto analfabetismo
tecnológico", subraya Salvador Casado. Lo mismo sucede entre la población.
105 Solo el correo electrónico se empieza a popularizar y es que "hay muchas
barreras para la comunicación a través del Twitter", indica Eduardo Puerta.

Aún hay bastantes españoles que no tienen una cuenta de e-mail y qué decir
de las redes sociales. Por eso, "hay quien nos acusa de dar cuidados inversos° o   *reverse*
atención a los que menos la necesitan", explica Salvador Casado. Eso es lo que
110 se hace normalmente a través de las nuevas herramientas de comunicación ya
que los usuarios suelen ser más jóvenes, de nivel educativo más alto, etc. Gente,
en definitiva, menos susceptible de necesitar atención médica continua. "Pero
eso es ahora —se defiende—. En un futuro no será así".

Esta brecha tecnológica es la que está dificultando el uso de Twitter como
115 herramienta organizativa. "Nosotros, los médicos de familia, dominamos la
consulta. Somos autogeneradores y sabemos cómo va, si hay huecos° . . .   *gaps*
—explica Puerta—. Va a tener una utilidad directa con el paciente". Pero la
iniciativa solo está funcionando en unos pocos sitios, como en la consulta de
Fernando Casado, pionero en la idea.

120 Sus pacientes saben gracias a sus tuits si es un día bueno para pedir cita, si
va con retraso° o si ha tenido que salir a una visita a domicilio°. "Los jóvenes   *delay / home visit*
me dicen —señala Casado— que se conectan para verlo y algunos de los
mayores que me siguen a través de sus hijos". Es evidente que la tecnología
está cada vez más presente en nuestras vidas y, como advierte° Vicente Baos,   *warns*
125 "los profesionales que se mantengan alejados° de estas herramientas se van   ?
a perder muchas cosas y no van a tener la agilidad necesaria para gestionar°   *manage*
la información".

Después de leer

For grammar support:

Abriendo paso: Gramática

Comprensión

C. **Al punto.** Contesta las siguientes preguntas.

1. Según el artículo, ¿qué impacto ha tenido Twitter en los diferentes campos?

2. ¿Cómo están usando Twitter los médicos?

3. En cuanto a su utilidad, ¿qué aspecto de Twitter atrae a más médicos y hospitales?

4. ¿Cuál parece ser el futuro de Twitter?

5. ¿Cómo están reaccionando los pacientes? Menciona las dos preferencias de los usuarios.

6. ¿Cuál es un posible dilema con Twitter?

7. ¿Por qué se ve como natural que haya aumentado el número de médicos con blogs?

8. ¿Cómo ve el doctor Fernando Casado el uso de Twitter?

9. ¿Qué es "Mi Vida sin Ti"? ¿Cómo funciona?

10. ¿Cuáles son los dos aspectos que se debaten con respecto al uso de Twitter?

11. ¿Cómo ayuda a los profesionales el uso de Twitter?

12. ¿Cómo son los conocimientos tecnológicos de muchos profesionales y de muchos españoles?

Para ampliar el vocabulario

D. **De la misma familia.** Escribe una palabra de la misma familia, es decir, palabras que tengan la misma raíz que la palabra dada. Si es un sustantivo, escribe el artículo definido correspondiente.

navega (navegar) [21]   los cuidados [108]

demanda (demandar) [43]   dominamos (dominar) [115]

el consejo [44]   advierte (advertir) [124]

asegura (asegurar) [49]

E. **En contexto.** ¿Cómo le explicarías las siguientes palabras a una persona que no sabe lo que quieren decir? Usa tus propias palabras, sinónimos o una situación para tu explicación.

el altavoz [11]   el cirujano [97]

la encuesta [38]   la cita [120]

la reunión [67]   el domicilio [121]

F. **Sinónimos.** Busca el sinónimo de las palabras que aparecen en la columna A en la columna
B. Hay más palabras de las que necesitas.

A

_____ **1.** buscar [2]

_____ **2.** demanda (demandar) [43]

_____ **3.** el consejo [44]

_____ **4.** asegura (asegurar) [49]

_____ **5.** orientar [76]

_____ **6.** las barreras [106]

_____ **7.** suelen (soler) [111]

B

a. el temor   **h.** acostumbrar

b. guiar   **i.** garantizar

c. avanzar   **j.** los obstáculos

d. requerir

e. las carreteras

f. la recomendación

g. averiguar

G. **Antónimos.** Busca el antónimo de las palabras que aparecen en la columna A en la
columna B. Hay más palabras de las que necesitas.

A

_____ **1.** lanzar [24]

_____ **2.** reveló (revelar) [39]

_____ **3.** accesible [40]

_____ **4.** apoyar [64]

_____ **5.** habría tardado (tardar) [91]

_____ **6.** útil [98]

_____ **7.** bastantes [107]

B

a. encubrir   **h.** oponerse

b. apenas   **i.** adelantar

c. inalcanzable   **j.** insuficientes

d. recoger

e. ligeramente

f. disponibles

g. inadecuado

Reflexión

H. **Un arma de doble filo.** La siguiente cita proviene del artículo que acabas de leer: "Pero
Internet es un arma de doble filo y no todas las páginas que hay son de calidad". ¿Qué
significa la expresión "un arma de doble filo" con respecto a este tema? ¿Estás de acuerdo
con la autora? Explica. Lee de nuevo los apuntes que hiciste para el ejercicio B de la sección
Antes de leer. ¿Hay semejanza entre lo que contestaste y la información del artículo?
Prepárate para compartir tus ideas en grupos pequeños.

Conexiones interdisciplinarias

I. **¿Conflictos éticos?** Aunque aprovecharse de los servicios que proveen los médicos tuiteros
puede ayudar a muchas personas, debemos considerar el dilema ético que podría causar
con respecto a la información personal, a la privacidad, etc. Ahora tienes la oportunidad de
pensar en un dilema ético que podría surgir. Explica detalladamente el dilema. Expresa si
las ventajas que se exponen en el artículo compensan los problemas éticos. Ofrece algunas
sugerencias para evitar posibles conflictos. Vas a discutir tus ideas con tus compañeros.

Abriendo paso

Contextos para la comunicación

For grammar support:
Abriendo paso: Gramática

A Texto auditivo: medico.com

Vas a escuchar una grabación. Primero, tienes un minuto para leer la introducción y las preguntas. Luego vas a escuchar la grabación dos veces. Mientras escuchas, puedes tomar apuntes. Después de escuchar por primera vez, tienes un minuto para contestar las preguntas. Después de escuchar por segunda vez, vas a tener dos minutos para terminarlas.

Introducción

Esta grabación es un *podcast* de la Radio 5. Este segmento del programa *A su salud* discute uno de los portales sobre información médica con su asesor médico Jesús Sánchez Martos. La grabación dura aproximadamente cuatro minutos.

1. ¿Quiénes participan en el portal medico.com?
2. ¿Por qué pone el doctor Sánchez Martos énfasis en la palabra *rigor*?
3. ¿Por qué no se puede asegurar de que la información en Internet sea cierta?
4. Según la selección, ¿de qué se aprovechan ciertas páginas web?
5. ¿Qué **no** es medico.com?
6. ¿Cuál es el papel de la Biblioteca Adams?
7. ¿Contra qué lucha medico.com?

B Presentación oral: El intercambio de información

Aunque los doctores del artículo parecen tener una buena opinión sobre el uso de las redes sociales, ¿piensas que todo el mundo (ambos médicos y pacientes) aceptaría este intercambio de información a través de Internet? ¿Por qué? ¿Se prestaría a abusos? ¿Cuáles? Usa situaciones concretas para ilustrar tu punto de vista. Vas a discutir tus ideas con el resto de la clase.

C Presentación escrita: La relación médico-paciente

Reflexiona sobre la información del artículo. Es obvio que la relación médico-paciente ha evolucionado mucho y que seguirá cambiando. ¿Cómo piensas que va a cambiar en los próximos diez o veinte años? ¿Es el cambio que prevés positivo o negativo? Usa un ejemplo específico para apoyar tu opinión. Escribe un párrafo expresando tus ideas.

D Composición: El futuro de la medicina

Ahora que has obtenido información sobre el cuidado de la salud y la medicina, vas a escribir un ensayo de por lo menos 200 palabras en el que discutas lo que podemos esperar en el futuro con respecto a este tema.

1. Para elaborar tu ensayo, puedes usar datos e información que obtuviste en los ejercicios de este capítulo o buscar más información en Internet.
2. Recuerda que debes plantear tu tesis, desarrollar tus ideas con ejemplos específicos y resumir tus ideas en la conclusión.
3. Trata de incorporar por lo menos tres de las siguientes expresiones en tu composición.

como punto de partida	*as a point of departure*
de manera que	*so, so that, in such a way that*
por lo tanto	*therefore, consequently*
en cuanto a	*regarding*
además	*furthermore, in addition*

4. Antes de entregar tu trabajo, revisa lo que escribiste y trata de mejorar la manera en que expresas tus ideas.

Ⓔ Presentación oral: ¿Se benefician todos?

En el artículo que leíste, se dice que lo más probable es que las personas que más necesitan la información y la comunicación con los médicos no se podrán beneficiar porque no todos, y principalmente las personas con pocos recursos económicos, poseen la tecnología o el interés en navegar por la red. ¿Qué piensas de esta afirmación? ¿Estás de acuerdo? ¿Crees que debe existir alguna manera de asegurar que estas personas se beneficien? ¿Cuál sería? Explica por qué piensas de esa manera y prepara unos apuntes para discutir tus ideas con los otros estudiantes.

Ⓕ Investigación en Internet: La brecha digital

En todo el mundo existen organizaciones que están tratando de disminuir la brecha digital con respecto a la información sobre la salud.

Busca en Internet una organización que trabaja en Latinoamérica y toma apuntes para hacerle una presentación a tu clase. En ella, debes incluir el nombre de la organización, su propósito, los éxitos y/o los fracasos que ha tenido y sus planes para el futuro.

A la derecha hay algunas organizaciones posibles, pero no vaciles en buscar otras. Recuerda también que puedes usar la prensa escrita para tu investigación.

Asociación Española de Fundaciones
Fundación Salud de la Argentina
Fundación Telefónica
Salud Sin Daño
Proyecto Luminarias
Organización Mundial de la Salud
Organización Panamericana de la Salud
Banco Interamericano de Desarrollo

Ⓖ Presentación escrita: El Premio Nobel

El aporte de varios hispanos ha contribuido a los avances en la salud y la medicina.

1. Escoge a uno de los ganadores del Premio Nobel de Fisiología o Medicina e investiga todo lo que puedas sobre él.

   Santiago Ramón y Cajal
   Bernardo Alberto Houssay
   Severo Ochoa
   Baruj Benacerraf
   César Milstein
   Luis Federico Leloir

2. Luego, escribe por lo menos dos párrafos en los que describas la razón por la cual él recibió el premio. Incluye su país de origen así como el año en que recibió el premio.

Preguntas del capítulo

Ahora que has discutido la lectura y tienes mejor conocimiento del tema, tu profesor(a) va a reanudar la discusión de las preguntas del capítulo. Repasa brevemente los apuntes y ejercicios que ya completaste.

- ¿Cómo se ven impactadas la salud y la medicina por las nuevas tecnologías?
- ¿Con qué desafíos sociales se enfrentan las comunidades debido al uso de la tecnología en la medicina?
- ¿Qué se puede esperar en el futuro con respecto al cuidado de la salud y la medicina?

CAPÍTULO 29
Las innovaciones tecnológicas

LECTURA: No innovar aceleraría la extinción de la raza humana

En portada

Preguntas del capítulo

Las siguientes preguntas te servirán de guía y te ayudarán a comprender el tema más a fondo. Tenlas presentes a lo largo del capítulo.

• ¿Cómo se ha visto afectada nuestra vida por las innovaciones tecnológicas?

• ¿Han logrado los innovadores lo que se proponían al desarrollar los avances tecnológicos?

• ¿Cuáles son algunos efectos no esperados de las innovaciones tecnológicas?

Describe detalladamente las fotos. Incluye la información de las preguntas a continuación en tu descripción.

1. ¿Qué te viene a la mente cuando miras la primera foto? ¿Cómo es la expresión del hombre? ¿Por qué crees que ha reaccionado así? Describe tus ideas sobre esta foto. Usa tu experiencia personal para respaldar (*to support*) tus ideas.

2. ¿Quién es el hombre en la segunda foto? Si no tienes mucha información sobre su vida y sus logros, búscala en Internet y prepara un breve informe sobre ellos. ¿Piensas que la compañía que fundó ha podido continuar los logros tan satisfactoriamente como cuando él estaba vivo? Explica.

Lectura

No innovar aceleraría la extinción de la raza humana

Antes de leer

Estrategia: *Leer las preguntas del entrevistador*

Para tener una idea general de lo que trata una entrevista, es buena idea leer las preguntas que hace el entrevistador. Esta información te anima a querer saber lo que responde la persona entrevistada.

- **¡Ponla en práctica!** Ya sabes que el título de la entrevista es "No innovar aceleraría la extinción de la raza humana". Mira las páginas 320–322 y lee las preguntas o declaraciones (señaladas con **P**) que hace la entrevistadora en el artículo. Luego responde a las siguientes preguntas.

  1. Haz una lista del tipo de innovación que sugiere la entrevistadora.
  2. ¿Qué parece preocupar a la entrevistadora?
  3. ¿Cuál es una manera de evitar la avalancha de tecnología?
  4. ¿Puedes adivinar la información que trata de obtener la entrevistadora? Explica tu respuesta.

A. **Aproximación a la lectura.** Ahora lee el título de la entrevista. ¿Estás de acuerdo con esa idea? Explica tu respuesta, teniendo en cuenta no solo la situación actual de la medicina, sino también las posibilidades de nuevos retos en el campo de la medicina. Prepara tus apuntes para discutir tus ideas.

B. **El costo del tratamiento médico.** Un tema que se discute muy a menudo es el costo del tratamiento médico. ¿Piensas que hay una solución al alto costo del cuidado de la salud? ¿Quién debería ser responsable de que todos los ciudadanos reciban buen cuidado médico? ¿Qué papel desempeñan las compañías de seguro en esta situación? ¿Son ellas parte del problema? Explica tus respuestas. Si no conoces ningún ejemplo concreto para apoyar tus ideas, habla con alguien que te pueda ayudar (un familiar, un vecino, un amigo etc.) Vas a discutir tus ideas con el resto de la clase.

> **For grammar support:**
> *Abriendo paso: Gramática*

Introducción

La siguiente entrevista es con el doctor Alejandro Jadad, fundador del Centro para la Innovación Global de eSalud del Hospital General de Toronto (Canadá). Apareció en el diario *El Mundo*.

Al leer

Mientras lees, ten en cuenta los siguientes puntos:

- cómo el doctor Jadad intenta implementar las antiguas ideas acerca del propósito de la medicina
- las innovaciones en los países pobres
- el uso de los adelantos o las herramientas que el hombre crea

No innovar aceleraría la extinción de la raza humana

por María Sainz

- **Los humanos somos geniales creando herramientas.**
- **Hay un alto riesgo de dejar pasar las oportunidades de las redes sociales.**

?

wise

squeezing out

advances

It's about taking the next step

setting

"Curar a veces, aliviar° a menudo y consolar siempre." Alejandro Jadad, fundador del Centro para la Innovación Global en eSalud del Hospital General de Toronto (Canadá), evoca este pensamiento antiguo y sabio° sobre 5
el propósito esencial de la medicina. Él pretende lograrlo exprimiendo°
todo el potencial que ofrecen las nuevas tecnologías de la información y la comunicación. Ahora más que nunca, los adelantos° están física y virtualmente presentes. Se trata de dar la vuelta de tuerca° adecuada para poder ponerlos al servicio de la salud. Porque, al fin y al cabo, de eso se trata: de vivir más y 10
sentirse mejor sin destruir la economía.

Pregunta.- Tabletas, teléfonos inteligentes, Internet, redes sociales . . . ¿Cómo pueden ayudar a nuestra salud?

Respuesta.- Existen múltiples posibilidades. Podemos distinguir, por lo menos, entre tres tipos no tradicionales de *eHealth* dependiendo del entorno°: 15
industrial o institucional, social o comunitario y "glocal" (global y local). La primera se está desarrollando muy bien en la India.

P.- ¿Nuevas tecnologías en la India? ¿Cómo es posible con el coste que suponen?

20 **R.**- La forma con la que está cayendo el coste de la tecnología ha permitido la llamada innovación en vía contraria. Muchos países pobres están convirtiéndose° en focos de creatividad. En la India hay ejemplos que ilustran *(?)* cómo se puede propiciar° la eficiencia. Han aceptado que los hospitales *(bring about)* deberían comportarse° como fábricas, con una clara división del trabajo y con *(behave)*

25 dispositivos° que optimizan el flujo de pacientes y de actos médicos. Como *(mechanisms)* no se desperdician recursos°, es más rentable°. Están ofreciendo el trío ideal: *(resources are not wasted / profitable)* mayor cobertura, con mejores resultados y a menor precio. Algunos están agregando° un cuarto elemento: buen servicio hotelero, para evitar que se *(adding)* deshumanice la atención.

30 **P.**- Cuantos más ordenadores, robots y demás tecnologías implicadas en el cuidado de la salud, ¿más riesgo de deshumanizar?

 R.- Sí, y no debería ser así. Los humanos somos geniales creando herramientas que pueden ofrecer grandes beneficios pero también solemos acabar° haciendo *(we usually end up)* un mal uso de las mismas. En la mayoría de los casos las convertimos en armas

35 de autodestrucción muy pronto.

 P.- ¿Y cómo se puede evitar°? *(avoid)*

 R.- Esa es la función social de la eSalud. Que las nuevas tecnologías movilicen a la familia y a la comunidad para aliviar y consolar a los pacientes. Eso es esencial, sobre todo porque hemos ganado en esperanza de vida. Ahora los

40 españoles pueden vivir más de 80 años. Sin embargo, este incremento no se ha reflejado en una mayor calidad de vida.

 P.- Es lo que les ocurre a los enfermos crónicos . . .

 R.- Sí, es como si estuviéramos sufriendo la maldición° de Títono, un personaje *(curse)* de la mitología a quien Júpiter hizo inmortal pero no impidió que envejeciera

45 y que sufriera las enfermedades propias de la edad. En España, por lo menos el 60% de los recursos del sistema sanitario° se emplea para pacientes *(health)* crónicos, con diabetes, demencia o artritis, que sufren pero no pueden curarse. Desafortunadamente, la mayoría de los programas de formación para profesionales sanitarios continúan enfocándose en el diagnóstico y la curación

50 de enfermedades.

 P.- ¿Las redes sociales podrían ser una buena ayuda?

 R.- Nuestros estudios en Canadá indican que las dos razones más importantes para el uso de herramientas como Facebook, Tuenti o Twitter es el intercambio de información y los consejos° sobre el control de síntomas o el manejo° de los *(advice / handling)*

55 efectos secundarios de medicamentos.

 P.- La telemonitorización suele ser una alternativa muy recomendada en estos casos.

R.- Es mucho más que las consultas virtuales. Nosotros, por ejemplo, estamos formando a jóvenes para que puedan ayudar a estas personas más dependientes. Hemos creado una red social de apoyo y de navegación del sistema sanitario (*Youth4Health*) con la que se accede° a servicios médicos o sociales. En otra iniciativa pretendemos° activar a los propios pacientes, sobre todo a los más jóvenes. Es el caso de Bant, una aplicación para el *iPhone* que permite a los diabéticos monitorizarse con un teléfono móvil inteligente.

P.- ¿Y cuál es ese tercer uso de la eSalud que enumeraba antes?

R.- ¿El "glocal"? Surge de unir las palabras *global* y *local*. Básicamente, consiste en aprovechar° el potencial de Internet y los nuevos dispositivos para unir esfuerzos. Se trata de ayudar a nuestra comunidad beneficiándonos de los mejores recursos disponibles en el ámbito global°. De igual forma, innovaciones creadas a nivel local pueden compartirse° con otras regiones del mundo.

P.- ¿Y de quién depende poner todos estos engranajes° a punto°?

R.- De todos nosotros. Aun así, es como si estuviésemos en un proceso de negación de la realidad. Debemos convertirnos en humanodos, nodos humanos comprometidos a colaborar para transformar no solo el sistema sanitario, sino también el trabajo y el aprendizaje°. Asimismo°, es básica nuestra convivencia° con el resto del planeta. Si no innovamos aceleraremos la extinción de la raza humana.

P.- ¿No tiene la sensación de que esta avalancha de tecnología es difícil de asumir° y, en el fondo, se termina recurriendo a los métodos de siempre?

R.- Es cierto, no acabamos de dar el salto°. Llevo 20 años dedicado a la eSalud. Comencé en 1991, en Reino Unido, comunicándome con pacientes por correo electrónico, haciendo consultas virtuales. Sin embargo, en estas dos décadas no deja de sorprenderme cómo no hemos acabado de sacar verdadero provecho° de lo que nos puede ofrecer aún una tecnología tan vieja como el teléfono fijo. Todavía queda mucho camino por recorrer y hay un alto riesgo de dejar pasar las oportunidades que ahora están brindando°, por ejemplo, las redes sociales.

P.- Aprovechar el potencial está en la mano de los expertos pero ¿también de los ciudadanos?

R.- Exacto. Juntos y con el apoyo de las herramientas que tenemos, y las que están por inventarse, debemos hacer todo lo que esté a nuestro alcance° para lograr una vida larga y feliz, sin remordimientos°, para nosotros y para muchas de las generaciones que espero nos sigan.

Después de leer

Comprensión

C. **Al punto.** Contesta las siguientes preguntas.

1. ¿Qué va a tratar de lograr el doctor Jadad? ¿Cómo lo va a hacer?

2. ¿Qué opinión tiene el doctor sobre la creatividad de los humanos?

3. ¿Cómo se puede evitar la deshumanización del cuidado médico?

4. ¿Qué realidad ilustra el doctor con el mito de Títono?

5. Menciona por lo menos tres maneras en las que el Centro para la Innovación Global de eSalud está usando las nuevas tecnologías?

6. ¿Qué quiere decir el doctor Jadad cuando usa la palabra "glocal"?

7. ¿Quién es responsable de llevar a cabo el uso de las innovaciones que están a nuestra disposición?

8. ¿Qué parece preocupar al doctor Jadad?

9. ¿Para qué debemos de usar las herramientas que tenemos?

Para ampliar el vocabulario

D. **De la misma familia.** Escribe una palabra de la misma familia, es decir, palabras que tengan la misma raíz que la palabra dada. Si es un sustantivo, escribe el artículo definido.

geniales [1]	ha permitido (permitir) [20]	agregando
distinguir [14]	ilustran (ilustrar) [22]	(agregar) [28]
desarrollando (desarrollar) [17]	la cobertura [27]	inventarse [91]

E. **En contexto.** ¿Cómo le explicarías las siguientes palabras a una persona que no sabe lo que quieren decir? Usa tus propias palabras, sinónimos o una situación para tu explicación.

el riesgo [2]	se deshumanice (deshumanizar) [29]	los consejos [54]
consolar [3]	movilicen (movilizar) [37]	sorprenderme (sorprender) [84]
destruir [11]	se emplea (emplearse) [46]	

F. **Sinónimos.** Busca el sinónimo de las palabras que aparecen en la columna A en la columna B. Hay más palabras de las que necesitas.

A	B	
_____ 1. se desperdician (desperdiciar) [26]	**a.** malgastar	**g.** la ayuda
_____ 2. agregando (agregar) [28]	**b.** alcanzar	**h.** utilizables
_____ 3. el apoyo [60]	**c.** inigualables	**i.** juntar
_____ 4. unir [66]	**d.** el beneficio	
_____ 5. disponibles [69]	**e.** añadir	
_____ 6. el provecho [84]	**f.** el nivel	

G. Antónimos. Busca el antónimo de las palabras que aparecen en la columna A en la columna B. Hay más palabras de las que necesitas.

A

_____ **1.** consolar [3]

_____ **2.** sabio [5]

_____ **3.** los adelantos [8]

_____ **4.** contraria [21]

_____ **5.** envejeciera (envejecer) [44]

_____ **6.** aprovechar [67]

_____ **7.** juntos [90]

B

a. igual   **h.** arriesgado

b. rejuvenecer   **i.** separados

c. desanimar   **j.** desperdiciar

d. los gustos

e. sabios

f. los atrasos

g. ignorante

Reflexión

H. Los efectos de la innovación. Las declaraciones del Dr. Jadad son bastante positivas. ¿Piensas que él no ha considerado algunos de los puntos negativos que los avances tecnológicos podrían ocasionar? Por ejemplo, algo que preocupa a otros expertos es la superpoblación. ¿Qué otros problemas podrían surgir si se lograra alargar aún más la vida de las personas? ¿Crees que daría lugar a más problemas que beneficios? ¿Cómo te sentirías tú si pudieras tener una vida más larga? Explica tu opinión teniendo en cuenta la información del artículo y tu experiencia personal.

Perspectivas culturales

I. La sanidad pública. Uno de los hechos citados en la entrevista es la creatividad que usan algunos países como la India para ser más eficientes. Busca en Internet la situación de un país latinoamericano con respecto a la sanidad pública. Describe los medios creativos que han usado para solucionar o disminuir los problemas de la medicina y la salud en el país. ¿Están dando buenos resultados? ¿Cuál es tu opinión acerca de los medios que usan? ¿Cómo se podrían mejorar? Escribe un resumen de tu investigación en el que contestes las preguntas de manera completa.

Abriendo paso

Contextos para la comunicación

For grammar support:
Abriendo paso: Gramática

A Texto auditivo: La telemedicina

Vas a escuchar una grabación. Primero, tienes un minuto para leer la introducción y las preguntas. Luego vas a escuchar la grabación dos veces. Mientras escuchas, puedes tomar apuntes. Después de escuchar por primera vez, tienes un minuto para contestar las preguntas. Después de escuchar por segunda vez, vas a tener dos minutos para terminarlas.

Introducción 🔊

Esta grabación de la Radio 5 es un segmento del programa *A su salud*. En la grabación se discute el uso de la telemedicina con el doctor Modoaldo Garrido, Director Gerente del Hospital Fundación Alcorcón. La grabación dura aproximadamente cuatro minutos.

1. ¿Qué es la telemedicina?

2. Según el doctor Garrido, ¿cuáles son los propósitos del espacio de Internet que discute? Menciona por lo menos tres.

3. ¿Para qué sirve la información que se almacena (*is stored*) en los servidores?

4. ¿Cómo ha cambiado el trabajo del médico al pasar el tiempo?

5. Teniendo en cuenta toda la información de la selección, ¿a qué se refiere "la formación continuada médica"? Explica con detalles.

B Composición: Los adelantos que he visto

Las ideas que se exploran en el artículo son bastante extremas.

1. Piensa en los adelantos tecnológicos que han ocurrido desde que tú estabas en la escuela primaria. Haz una lista de estos adelantos.

2. Revisa la lista cuidadosamente y piensa en cómo esos adelantos te han afectado a ti y a la sociedad en general.

3. Escribe un ensayo de por lo menos 200 palabras en el que discutas el tema.

4. Trata de incorporar por lo menos tres de las siguientes expresiones en tu presentación.

en caso de que	*in case that*
con respecto a	*with respect to, regarding*
también viene al caso	*it is also relevant*
mientras	*while*
para terminar	*to end*

5. No te olvides de revisar el ensayo y corregir cualquier error una vez que lo hayas terminado.

C Presentación oral: La innovación

La idea de la innovación es vista por el doctor Jadad como algo esencial para el futuro de la humanidad. ¿Existen peligros en la innovación? ¿Qué deben tener en mente los científicos para evitar estos peligros? ¿Hay posibilidad de que con demasiada innovación se deshumanice el cuidado médico? Haz una lista de palabras y expresiones que vas a necesitar para expresarle tus ideas al resto de la clase.

D Investigación en Internet: El fin del mundo

A través de los años, algunas personas han pronosticado el fin del mundo y, en algunos casos, hasta han previsto una fecha en particular. Busca información en Internet acerca de algunos pronósticos. ¿Qué opinión tienes sobre estos pronósticos? ¿Piensas que podrían ocurrir estas predicciones? En tu opinión, ¿cómo sería el fin del mundo? ¿Qué lo causaría? ¿Tendrán los avances tecnológicos algo que ver con el fin? Prepara una breve presentación sobre el tema. En pequeños grupos van a discutir las diferentes ideas y seleccionar las mejores para presentárselas al resto de la clase.

E Presentación oral: "Apocalipsis"

El libro del *Nuevo Testamento* que se llama "Apocalipsis" manifiesta el fin de la humanidad. En su cuento "Apocalipsis", Marco Denevi (Argentina, 1922–1998), revela sus ideas acerca del efecto de los avances tecnológicos en los seres humanos.

1. Antes de leer el cuento, dale un vistazo a las preguntas a la derecha para prepararte para la lectura.

2. Lee el cuento y contesta las preguntas para poder discutir las ideas del autor con tus compañeros.

3. Discute tus respuestas y las de tus compañeros con la clase.

- ¿Qué comentario social está tratando de hacer el autor? ¿Piensas que es positivo o negativo? Explica detalladamente el mensaje del autor y cómo reaccionaste al terminar de leer el cuento.

- Cuando las máquinas del cuento alcanzaron la perfección, ¿qué impacto tuvieron en la vida diaria de las personas? ¿Qué importancia tiene?

- ¿Qué trata de decir el autor cuando enumera las cosas que desaparecerán? ¿Qué representan estas cosas? ¿Tienen alguna característica en común? Explica.

- Piensa en las dos últimas frases del cuento. ¿Qué se le olvidó al último hombre? ¿Qué resultado tuvo? Explica lo que el autor nos está comunicando, teniendo presente todo el cuento.

Apocalipsis

La extinción de la raza de los hombres se sitúa aproximadamente a fines del siglo XXXII. La cosa ocurrió así: las máquinas habían alcanzado (*had reached*) tal perfección que los hombres ya no necesitaban comer, ni dormir, ni leer, ni hablar, ni escribir, ni hacer el amor, ni siquiera pensar. Les bastaba (?) apretar (*to push*) botones y las máquinas lo hacían todo por ellos. Gradualmente fueron desapareciendo las biblias, los Leonardo da Vinci, las mesas y los sillones, las rosas, los discos con las nueve sinfonías de Beethoven, las tiendas de antigüedades, el vino de Burdeos, las oropéndolas (*orioles*), los tapices flamencos (*Flemish tapestries*), todo Verdi, las azaleas, el palacio de Versalles. Sólo había máquinas. Después los hombres empezaron a notar que ellos mismos iban desapareciendo gradualmente, y que en cambio las máquinas se multiplicaban. Bastó poco tiempo para que el número de los hombres quedase reducido a la mitad y el de las máquinas aumentase al doble. Las máquinas terminaron por ocupar todo el espacio disponible. Nadie podía moverse sin tropezar (?) con una de ellas. Finalmente los hombres desaparecieron. Como el último se olvidó de desconectar las máquinas, desde entonces seguimos funcionando.

Preguntas del capítulo

Ahora que has discutido la lectura y tienes mejor conocimiento del tema, tu profesor(a) va a reanudar la discusión de las preguntas del capítulo. Repasa brevemente los apuntes y ejercicios que ya completaste.

- ¿Cómo se ha visto afectada nuestra vida por las innovaciones tecnológicas?

- ¿Han logrado los innovadores lo que se proponían al desarrollar los avances tecnológicos?

- ¿Cuáles son algunos efectos no esperados de las innovaciones tecnológicas?

Los fenómenos naturales

LECTURA: ¿Pueden realmente los animales presentir la ocurrencia de ciertos fenómenos naturales?

En portada

Describe detalladamente las fotos. Incluye la información de las preguntas a continuación en tu descripción.

1. ¿Se pueden prevenir los fenómenos naturales desastrosos? Explica por qué.

2. ¿Cuáles son las consecuencias de estos fenómenos (terremotos, tsunamis, inundaciones, etc.)?

3. ¿Puede la ciencia o la tecnología ayudar con la prevención o el pronóstico de estos fenómenos? ¿Qué esfuerzos se están haciendo para pronosticar los fenómenos?

Preguntas del capítulo

Las siguientes preguntas te servirán de guía y te ayudarán a comprender el tema más a fondo. Tenlas presentes a lo largo del capítulo.

- ¿Cuál es el papel de la tecnología en la predicción y la prevención de los fenómenos naturales?

- ¿Qué se sabe sobre los animales y los fenómenos naturales?

- ¿Cómo se enfrentan los seres humanos a los fenómenos naturales desastrosos?

¿Pueden realmente los animales presentir la ocurrencia de ciertos fenómenos naturales?

Antes de leer

Estrategia: *El uso de la predicción y los conocimientos previos para adivinar el contenido de una lectura*

Cuando leemos el título de una lectura, podemos hacer predicciones sobre su contenido, o sea de la información que contiene. De esta manera, decidimos si queremos leerla o no.

- **¡Ponla en práctica!** Lee el título del artículo (pág. 330) y haz una lista de las palabras o expresiones que te vengan a la mente. Una vez que hayas completado tu lista, escribe por lo menos tres frases sobre lo que tú piensas que el autor va a discutir en el texto. Comparte tu lista de palabras, expresiones y frases en un grupo pequeño. Luego, toda la clase va a compartir sus predicciones. Cuando termines el artículo, puedes leer tus apuntes de nuevo para ver si tu predicción fue correcta.

A. **Los fenómenos naturales.** Algunos de los fenómenos naturales que ocurren en el planeta incluyen:

- fenómenos geológicos: volcanes, terremotos
- fenómenos meteorológicos: huracanes, tornados, tormentas eléctricas
- fenómenos oceanográficos: tsunamis, corrientes del océano, olas

Escoge por lo menos tres de estos fenómenos y busca información en Internet sobre ellos. Describe las causas, así como las consecuencias de estos fenómenos. Investiga si han ocurrido en Latinoamérica y cuáles de los que han ocurrido han causado más daño. Vas a compartir la información en pequeños grupos y añadir más información a tus apuntes. El (La) profesor(a) escogerá a varios estudiantes para que le presenten la información al resto de la clase.

Nota cultural

Las civilizaciones antiguas de las Américas estaban expuestas a fenómenos naturales, como erupciones volcánicas, eclipses, tormentas y huracanes. Para explicar estos fenómenos, creaban historias, frecuentemente relacionadas con creencias religiosas y muchas veces con la presencia de personajes que eran animales. Muchas de estas historias, hoy convertidas en leyendas, se mantienen vivas hoy día y forman parte de la cultura y tradición prehispánica de América. La palabra *huracán* es de origen taíno y significa "dios de las tormentas", y el nombre del templo de Tajín en México, significaba "lugar de las tempestades" en la cultura totonaca. *¿Por qué las culturas antiguas interpretaban los fenómenos naturales a través de historias?*

For grammar support:

 Abriendo paso: Gramática

B. **El comportamiento (*behavior*) de los animales.** ¿Has oído hablar de animales que actúan de manera diferente cuando presienten que un fenómeno natural va a ocurrir? Si no has tenido este tipo de experiencia, habla con tus amigos o familiares o busca la información en Internet. ¿Cómo actúan? ¿Se ha comprobado científicamente que los animales pueden predecir lo que va a ocurrir? ¿Piensas que es solo una leyenda que no tiene base científica? ¿Por qué opinas de esa manera? Prepara tus apuntes para discutir la información con el resto de la clase.

TEMA DE LA UNIDAD: LA CIENCIA Y LA TECNOLOGÍA

Introducción

El siguiente artículo trata de la posibilidad de que los animales puedan presentir la llegada de ciertos fenómenos naturales. El autor discute algunas ideas que parecen tener mérito aunque todavía se necesita prueba definitiva. Este artículo apareció en el portal digital *Tiempo*.

Al leer

Mientras lees, ten en cuenta los siguientes puntos:

- cómo la conducta de los animales ha contribuido a las declaraciones del autor
- los ejemplos que da el autor para justificar sus afirmaciones
- los seres humanos y sus experiencias
- a lo que nos exhorta el autor

¿Pueden realmente los animales presentir la ocurrencia de ciertos fenómenos naturales?

por Wilson A. Vallejo R.

Desde hace algún tiempo los científicos han venido convenciéndose con mayor vehemencia que algunos animales pueden presentir, con suficiente anticipación, la ocurrencia de ciertos eventos que pueden resultar catastróficos para todos los seres vivos°. De hecho, ya son innumerables los casos comprobados° en los que los animales han adoptado ciertas conductas, nada corrientes°, frente a la inminencia de terremotos, inundaciones, incendios o tormentas eléctricas.

Por ejemplo, se ha observado que animales domésticos como las aves, los gatos, los perros y el ganado° en general, parecen sentirse inusualmente nerviosos y tensos, justo momentos antes de ocurrir un temblor° o terremoto. Es más, en ciertos casos, e incluso hasta con días de anticipación, se ha observado que las cucarachas abandonan sus escondites° de manera precipitada antes de un fuerte temblor. Lo mismo parece que ocurre con otros insectos como las hormigas°, por ejemplo. Recordemos además el viejo dicho marinero de que las ratas abandonan el barco justo cuando presienten que este se va a ir a pique°.

¿Cómo puede ser esto posible? La verdad es que aún no se conoce a ciencia cierta el mecanismo fisiológico que les permite a estos animales prever tales eventos. Sin embargo, sabemos que el ser humano ha venido perdiendo ciertas capacidades sensitivas°, en la medida° en que muchas de sus tareas se han vuelto cada vez más rutinarias, mecánicas y realizadas° por máquinas. Es más; según el punto de vista de algunos científicos, la telepatía es un don que está presente en casi todos los animales, pero que el hombre perdió cuando desarrolló° el habla.

En el caso de los terremotos, hoy sabemos, gracias a los estudios hechos por los científicos y con base en los datos de los sismógrafos, que pequeños tremores anteceden siempre a un terremoto, los que no son percibidos por ninguno de nuestros cinco sentidos°, aunque según parece sí son captados por los demás animales, lo cual causa en ellos ese estado de alarma y malestar. En este sentido, resultaría formidable que la ciencia de la sismología diera un poco más de atención a esta otra potencial rama° de la predicción de eventos telúricos, realizando estudios más cerrados sobre el comportamiento de los animales en los momentos pretéritos° al evento. ¡Cuántas vidas podrían salvarse° en todo caso con la ayuda de nuestros siempre incondicionales amigos los animales!

?
proven
common

livestock
tremor

hiding places
ants

to sink

sensory / at the same time
?

developed

?

branch

? / ?

Por otra parte, son muchos los animales que pueden presentir la llegada de las
35 lluvias, las tormentas, las inundaciones y las tormentas eléctricas. El ganado
vacuno° por ejemplo, en ciertas ocasiones suele tenderse° ante la inminencia de   *cattle / tends to lie down*
una tormenta eléctrica. Es posible que a través de sus cuernos°, estos animales   *horns*
puedan captar las descargas° primarias o parásitos eléctricos que anteceden   *discharge*
a las potentes descargas eléctricas. Sin ir más lejos, al sintonizar una radio en
40 AM justo antes de una tormenta, escuchamos bastante interferencia: ello es
producto de tales parásitos eléctricos.

En el centro de investigación de Las Gaviotas, en El Vichada (Colombia),
un excelente entomólogo ya fallecido°, el señor Rafael Cortés, estudiando el   *?*
comportamiento matutino° de las abejas° podía predecir no solo la ocurrencia   *morning behavior / bees*
45 de lluvias, sino, asombrosamente°, la hora de las mismas con una pasmosa°   *amazingly / incredible*
precisión. Lamentablemente el señor Cortés parece que no dejó nada escrito y
sus valiosos estudios y descubrimientos se marcharon con él a la tumba°.   *?*

En cierto pueblo de Estados Unidos, la emisora local basa su pronóstico del
tiempo en el comportamiento de unas cabras° que suelen pastar° en una colina   *goats / usually graze*
50 cercana al pueblo. Si las cabras están en la mañana en la parte alta de la colina,
con seguridad no lloverá. Si están a media montaña, son posibles algunas
lluvias ligeras. Mientras que, si se encuentran en la parte baja de la colina, se
producirán lluvias fuertes. Por supuesto, el pronóstico del tiempo en ese sitio es
conocido como "el pronóstico de las cabras". El acierto en este caso específico
55 es muy alto. ¿Cómo pueden estos animales presentir tal o cual fenómeno
atmosférico? La respuesta sigue siendo un misterio. Quizá ciertos sensores
biológicos, totalmente desconocidos hasta ahora para nosotros, sean la clave°   *key*
de tan acertadas predicciones.

De cualquier manera, cuando de prever ciertos eventos de carácter probabilista
60 se trata, como pronosticar el tiempo por ejemplo, bien vale la pena echar
mano° de cuanta herramienta° tengamos a mano, incluso del estudio del   *to take advantage of / tool*
comportamiento de los animales. Así mismo, resultaría muy saludable recurrir
también a nuestros siempre sabios° por naturaleza, campesinos. Ellos tienen   *?*
un elevado conocimiento pragmático de la naturaleza y su comportamiento.
65 De hecho, muchos de nosotros somos testigos de la sabiduría de nuestros
indígenas para curar ciertas enfermedades, y para prever los cambios
climáticos y otros acontecimientos de la naturaleza igualmente importantes
para su supervivencia°.   *?*

Voy a citarles un sencillo ejemplo de cómo pueden ayudarnos algunos
70 animales, a predecir el posible estado futuro del tiempo en nuestra siempre
complicada atmósfera tropical: cuando en la mañana uno observa a aquellos

discredited / slandered /
    mistreated / going around /
    taking advantage of

?

? / making

swallows
cute

mating / beetles

endure / harsh
one can't

there is no way

culminate

desprestigiados°, difamados° y tantas veces maltratados° gallinazos*, chulos,
zopilotes, guales o buitres americanos, dando vueltas° en círculos y a grandes
alturas, es porque estos están aprovechando° las térmicas o movimientos
convectivos de masas de aire que ascienden por efecto del calentamiento   75
matutino, para planear como cualquier planeador, y poder así detectar
desde tales alturas° algún cadáver en descomposición. Si estas térmicas o
convecciones de masas de aire están prevaleciendo sobre las advecciones, y si
se cuenta con una atmósfera con una humedad superior al 60% por lo menos,
podremos prever, con una alta probabilidad, que se tendrán fuertes lluvias y   80
tormentas eléctricas durante las horas de la tarde. Si las térmicas no son muy
importantes, veremos a nuestros gallinazos volar° más bien bajo y sin realizar°
prácticamente vuelos en círculos.

Ni qué decir del caso de las golondrinas° y otras aves de pequeñas dimensiones
corporales. Parece que estos agraciados° animalitos son muy sensibles a   85
los cambios de presión, razón por la cual deben bajar o subir, según las
circunstancias, y al igual que lo hace un avión con base en el ajuste altímetro,
para lograr estabilizar su frágil metabolismo interno. No sin razón la sabiduría
popular suele asociar a estas avecillas con la presencia inminente de lluvias.
Otros animales, por el contrario, posiblemente pueden detectar cambios en   90
la humedad del aire, lo que les podría alertar sobre la llegada de la temporada
de apareamiento°, por ejemplo. Los escarabajos°, las termitas y otros insectos,
quizá obedezcan a este patrón meteorológico.

La hibernación, mecanismo biológico utilizado por muchos animales para
sobrellevar° las duras° condiciones del invierno, es un proceso que todavía no   95
se logra° explicar con suficiencia por parte de los científicos. ¿Cómo saben
los animales que la utilizan cuándo entrar y salir de ese estado cataléptico?
¿Qué mecanismo o patrón de la naturaleza les indica a las aves migratorias
el momento de partir en sus largos viajes hacia otros lugares del planeta con
clima más benigno? Hasta el presente, cualquier tipo de explicación a estos   100
comportamientos no es del todo completa, y más bien se sitúa en el plano de la
mera especulación.

Por supuesto, ni más faltaba° que el ser humano estuviese exento de notar
algunos cambios en su metabolismo ante ciertos eventos atmosféricos. Algunas
personas suelen experimentar dolores articulares, musculares o de cabeza,   105
ante la presencia de altas presiones, o cuando se presentan cambios bruscos de
temperatura y humedad del aire que pueden desembocar° en lluvias fuertes y

---

*Las palabras *gallinazos, chulos, zopilotes, guales* y *buitres americanos* se refieren a varios tipos de
  pájaros similares—*vultures* o *buzzards* en inglés.

tormentas eléctricas. Ciertos accesos° de asma están altamente relacionados   *?*
con la cantidad de vapor de agua presente en la atmósfera; la humedad resulta
110 pues mortal para un asmático. Es más: parece que algunos estados depresivos
o de euforia descontrolada° están fuertemente condicionados por las   *?*
condiciones atmosféricas reinantes° o por venir.   *prevailing*

Sea cual fuere° la razón de todos estos casos citados anteriormente, lo   *Whatever*
verdaderamente importante es que la ciencia debe volver los ojos hacia esta
115 directriz° de investigación, toda vez que, según lo que se ha podido determinar   *course*
hasta la fecha, nuestros siempre fieles amigos los animales podrían echarnos
una mano° valiosa en la predicción de muchos de estos fenómenos, los que   *give us a hand*
hasta la fecha no pueden ser previstos con la certeza ni antelación° suficientes,   *advance notice*
como para reducir a su mínima expresión las pérdidas en bienes y vidas
120 humanas y animales.

Después de leer

Comprensión

For grammar support:
Abriendo paso: Gramática

C. Al punto. Contesta las siguientes preguntas.

1. Según el artículo, ¿qué opinan los científicos sobre la idea de que los animales pueden prever ciertas ocurrencias desastrosas?

2. ¿Qué ejemplos existen que parecen comprobar la idea del presentimiento por parte de los animales? Menciona por lo menos dos.

3. ¿Qué les ha sucedido a los seres humanos con el paso del tiempo? ¿Cuál es la causa?

4. ¿Qué capacidad perdió el hombre como resultado del desarrollo de la lengua?

5. ¿Por qué no puede presentir una persona los temblores de tierra?

6. ¿Qué hipótesis plantea el autor del artículo sobre el ganado vacuno?

7. ¿Qué hacen las abejas que parece increíble?

8. Explica en tus propias palabras "el pronóstico de las cabras".

9. Además de los animales, ¿quiénes podrían ayudar a prever ciertos eventos?

10. ¿Cuál es el efecto de los cambios de presión en ciertas aves pequeñas?

11. ¿Cómo pueden algunas personas detectar ciertos fenómenos naturales?

12. ¿A qué conclusión llega el autor al final del artículo?

Para ampliar el vocabulario

D. De la misma familia. Escribe una palabra de la misma familia, es decir, palabras que tengan la misma raíz que la palabra dada. Si es un sustantivo, escribe el artículo definido correspondiente.

el temblor   [10]

marinero   [14]

salvarse   [32]

la seguridad   [51]

la sabiduría   [65]

la humedad   [79]

la certeza   [118]

las pérdidas   [119]

E. En contexto. ¿Cómo le explicarías las siguientes palabras a una persona que no sabe lo que quieren decir? Usa tus propias palabras, sinónimos o una situación para tu explicación.

presentir   [2]

los terremotos   [6]

las inundaciones   [6]

los incendios   [6]

la telepatía   [21]

suele (soler)   [36]

las abejas   [44]

los campesinos   [63]

los testigos   [65]

F. Sinónimos. Busca el sinónimo de las palabras que aparecen en la columna A en la columna B. Hay más palabras de las que necesitas.

A	B
_____ **1.** las conductas [5]	**a.** liberar
_____ **2.** abandonan (abandonar) [12]	**b.** cercano
_____ **3.** los escondites [12]	**c.** los comportamientos
_____ **4.** valiosos [47]	**d.** desleales
_____ **5.** sensibles [85]	**e.** dejar
_____ **6.** inminente [89]	**f.** las claves
_____ **7.** fieles [116]	**g.** los refugios
	h. apreciados
	i. susceptibles
	j. templado
	k. leales

G. **Antónimos.** Busca el antónimo de las palabras que aparecen en la columna A en la columna B. Hay más palabras de las que necesitas.

A

_____ 1. fuertes [53]

_____ 2. acertadas [58]

_____ 3. la sabiduría [65]

_____ 4. sencillo [69]

_____ 5. frágil [88]

_____ 6. duras [95]

_____ 7. valiosa [117]

B

a. desconocidas

b. tolerables

c. resistente

d. capacitado

e. la ignorancia

f. rutinarias

g. débiles

h. equivocadas

i. complejo

j. la tumba

k. insignificante

Reflexión

H. **Más vale ser prudente.** Teniendo en cuenta las ideas que nos presenta el autor del artículo, ¿qué podemos hacer los seres humanos para estar preparados para un fenómeno natural desastroso? ¿Existen pautas (*guidelines*) para estar preparados? Además de las ideas que tienes gracias a tu sentido común, ¿qué pautas ha creado el gobierno? Busca información en Internet acerca de las pautas para dos o tres desastres naturales para que puedas participar en una animada discusión. No te olvides de expresar también tu opinión sobre estas pautas.

Conexiones interdisciplinarias

I. **La telepatía.** Una de las ideas que discute el autor es la telepatía. Según él, los seres humanos han perdido esta habilidad. Busca información en Internet sobre la telepatía, sus orígenes y cómo se ve desde el punto de vista psicológico o parapsicológico. Organiza la información y prepara tus apuntes para discutirlos con la clase. Recuerda que debes hablar espontáneamente. No prepares un guion.

Contextos para la comunicación

A Texto auditivo: Un evento en México

Vas a escuchar una grabación. Primero, tienes un minuto para leer la introducción y las preguntas. Luego vas a escuchar la grabación dos veces. Mientras escuchas, puedes tomar apuntes. Después de escuchar por primera vez, tienes un minuto para contestar las preguntas. Después de escuchar por segunda vez, vas a tener dos minutos para terminarlas.

Introducción 🔊))

Este *podcast* fue trasmitido en *Trending Podcast*, un portal de Internet donde individuos con interés en las noticias pueden exponer las noticias y sus opiniones. El *podcast* fue producido por Tamara León, quien se identifica como "comunicadora de profesión". La grabación dura unos cuatro minutos.

1. ¿Qué le tocó vivir a Tamara León? ¿En qué año sucedió? ¿Cómo fue y cuánto duró?

2. ¿Cuál fue la razón por la que se arruinaron tantos edificios?

3. Describe lo que hacía la familia esa mañana antes de salir al jardín.

4. ¿Qué pudo ver desde su jardín?

5. ¿Qué sucede una vez que has pasado por ese tipo de experiencia?

6. ¿Qué encontraron cuando regresaron a casa?

7. ¿Qué sucedió cuando llegaron al colegio? Explica por qué.

8. ¿Por qué se sintió orgullosa de ser mexicana?

B Presentación oral: La tecnología y los fenómenos naturales

No hay duda de que la tecnología ha hecho contribuciones significativas a la predicción y prevención de los fenómenos naturales. Al mismo tiempo, hay otros tipos de fenómenos naturales que la tecnología no ha conseguido pronosticar.

1. Busca información en Internet sobre los últimos adelantos tecnológicos y el papel que desempeñan en asesorar (*advise*) cuando estos fenómenos son inminentes.

2. Comparte esa información con un grupo pequeño de tus compañeros. En tu discusión, también incluye por lo menos dos de estos fenómenos desastrosos que preocupan mucho a los científicos, pero para los cuales no han podido desarrollar la tecnología que detecte su llegada.

C Presentación oral: Un reportaje en vivo

En el ejercicio A (pág. 328) buscaste información sobre los desastres naturales que han ocurrido en Latinoamérica. Escoge uno de ellos e imagina que eres un(a) reportero(a) para un noticiario y tienes que informar sobre este fenómeno. Investiga a fondo uno de estos desastres y prepara tus apuntes para tu reportaje. Recuerda que los reporteros que presentan la noticia en vivo solo usan apuntes, no un guion. Prepárate para dar el reporte al resto de la clase. Si quieres, puedes usar un gráfico para dar más información.

D Investigación en Internet: El Niño y La Niña

Algunos de los fenómenos que preocupan mucho a los científicos son los fenómenos denominados El Niño y La Niña. Busca en Internet toda la información necesaria para escribir por lo menos dos párrafos presentando información sobre cada fenómeno. Incluye qué son, sus causas, sus efectos y la investigación que todavía es necesaria. Puedes compartir tu trabajo con otro(a) estudiante para que él (ella) te ayude con algunas sugerencias.

E Composición: El barco se va a pique.

Un dicho que usa el autor para ilustrar una de sus ideas es "las ratas abandonan el barco justo cuando presienten que este se va a ir a pique". Este dicho se puede aplicar a muchas situaciones. Piensa en una situación imaginaria o real para ilustrar lo que significa el dicho. Vas a escribir un ensayo de por lo menos 200 palabras en el que discutas la validez del dicho y en el que uses un ejemplo para apoyar tus ideas.

1. Escribe todas las palabras y expresiones que te vengan a la mente cuando piensas en el tema.

2. Luego, organiza las palabras de una manera lógica y haz un bosquejo (*outline*) de tu ensayo. Recuerda que debes expresar la tesis, desarrollar tus ideas y resumir el ensayo.

3. Trata de incorporar por lo menos tres de las siguientes expresiones en tu presentación.

al parecer	*apparently, seemingly*
lo que importa es que	*what is important is that*
hasta el momento / la fecha	*until now*
mientras tanto	*meanwhile*
cada vez que	*each time that*

4. Antes de entregárselo al (a la) profesor(a), revisa la gramática y aclara o da más información donde sea necesario.

F Investigación en Internet: Las profecías mayas

Los mayas, uno de los grupos indígenas más importantes de las Américas, hicieron una serie de profecías que a muchas personas les parecen muy reales. Muchos aseguran que ellos podían predecir lo que sucedería en el futuro con respecto a los desastres naturales y sus consecuencias. Busca en Internet todo lo que puedas encontrar sobre las profecías de los mayas que se relacione con los fenómenos naturales. Prepara un informe breve sobre la información que encontraste. Vas a compartir la información en pequeños grupos y luego con el resto de la clase.

G Debate: La telepatía

La telepatía es un tema bastante polémico. En el ejercicio I (pág. 335) tuviste la oportunidad de investigar la telepatía. Ahora, el (la) profesor(a) va a dividir la clase en varios grupos. Unos grupos van a defender la telepatía y otros van a tratar de desmentir su existencia. Una vez que te pongas de parte de una de estas ideas, vas a preparar tus apuntes para defender tu punto de vista. Trata de usar ejemplos que apoyen tus ideas, aunque sean un poco exagerados.

Preguntas del capítulo

Ahora que has discutido la lectura y tienes mejor conocimiento del tema, tu profesor(a) va a reanudar la discusión de las preguntas del capítulo. Repasa brevemente los apuntes y ejercicios que ya completaste.

- ¿Cuál es el papel de la tecnología en la predicción y la prevención de los fenómenos naturales?

- ¿Qué se sabe sobre los animales y los fenómenos naturales?

- ¿Cómo se enfrentan los seres humanos a los fenómenos naturales desastrosos?

La ciencia y la ética

LECTURA: **Nosotros, no**

José Bernardo Adolph

En portada

Preguntas del capítulo

Las siguientes preguntas te servirán de guía y te ayudarán a comprender el tema más a fondo. Tenlas presentes a lo largo del capítulo.

- ¿Cuáles son algunas de las áreas que tenemos que tener en cuenta con respecto a los avances tecnológicos y científicos y sus consecuencias?

- ¿Cuál es la responsabilidad de los seres humanos con respecto a los avances científicos?

- ¿Se debe tener en consideración la ética cuando un avance tecnológico parece beneficiar a los seres humanos?

Describe detalladamente la imagen. Incluye la información de las preguntas a continuación en tu descripción.

1. Siempre se ha hablado sobre la posibilidad de que los seres humanos viajen a otros planetas y hasta de que vivan allí. ¿Qué te parece esta idea? ¿Te gustaría poder vivir en otro planeta? ¿Piensas que será posible algún día? Explica.

2. ¿Cuáles serían algunas razones por las cuales los seres humanos vivirían en otros planetas? Menciona por lo menos tres razones.

3. ¿Cuáles serían las ventajas y las desventajas de vivir en otros planetas?

Nosotros, no

Antes de leer

Acerca del autor

José Bernardo Adolph
(1933–2008)

José Bernardo Adolph nació en Stuttgart, Alemania, pero residió en Perú desde su niñez. Fue escritor y periodista. En 1983, recibió el Primer Premio de la Municipalidad de Lima por su obra *Mañana, las ratas,* una novela que tiene lugar en el siglo XXI y en la cual se puede apreciar su gran interés por la ciencia ficción. Sus cuentos han sido traducidos a una docena de lenguas.

Estrategia: *Crear imágenes de lo que lees*

Una manera de comprender un texto es crear imágenes de las descripciones que aparecen en él. Si lo que lees fuera una película, ¿qué verías en la pantalla? Si usas la descripción que hace el autor para crear imágenes, podrás visualizar la escena.

- **¡Ponla en práctica!** Lee la siguiente selección del cuento que vas a leer. Luego, visualiza lo que el autor describe y responde a las preguntas que aparecen después de la selección. Todos los estudiantes van a compartir sus ideas con el resto de la clase.

  Nosotros, no. Marginados (*Marginalized*) de pronto, como los últimos abuelos de pronto nos habíamos convertido en habitantes de un asilo para ancianos (*nursing home*), confusos conejos asustados (*frightened rabbits*) entre una raza de titanes. Estos jóvenes [los titanes], súbitamente, comenzaban a ser nuestros verdugos (*executioners*) sin proponérselo. Ya no éramos sus padres. Desde ese día éramos otra cosa; una cosa repulsiva y enferma, ilógica y monstruosa. Éramos Los Que Morirían. Aquellos Que Esperaban la Muerte. Ellos derramarían (*would shed*) lágrimas, ocultando su desprecio (*contempt*), mezclándolo con su alegría. Con esa alegría ingenua (*naïve*) con la cual expresaban su certeza (*certainty*) de que ahora, ahora sí, todo tendría que ir bien.

  ¿Son estas imágenes espantosas? Si vieras estas imágenes proyectadas en una pantalla, ¿cómo te sentirías? ¿Por qué?

A. Una esperada noticia. Los primeros párrafos del cuento presentan su tema muy claramente.

1. Lee los párrafos a continuación (pág. 340). Luego contesta las preguntas al final.

For grammar support:

 Abriendo paso: Gramática

Aquella tarde, cuando tintinearon las campanillas (*small bells*) de los teletipos (*tele-typewriters*) y fue repartida la noticia como un milagro, los hombres de todas las latitudes se confundieron (*were fused*) en un solo grito de triunfo. Tal como había sido predicho (*Exactly as had been predicted*) doscientos años antes, finalmente el hombre había conquistado la inmortalidad en 2168.

Todos los altavoces (*loudspeakers*) del mundo, todos los transmisores de imágenes (*image transmitters*), todos los boletines destacaron (*emphasized*) esta gran revolución biológica. También yo me alegré, naturalmente, en un primer instante.

¡Cuánto habíamos esperado este día!

2. Escribe una frase que describa, con tus propias palabras, la idea principal de cada párrafo.

3. Prepara tus apuntes para que puedas compartir tus ideas con el resto de la clase. ¿Cuál crees que sea la relación entre el título del cuento y el tema de la inmortalidad?

B. **La inmortalidad.** Imagina que pudieras escoger entre vivir para siempre o morir a una edad normal. ¿Qué escogerías? Haz una lista de todas las ventajas y desventajas que te vengan a la mente para cada situación. Dado todo eso, ¿te gustaría vivir para siempre o no? Luego, compara tu lista con las de tus compañeros en grupos pequeños. ¿A qué opinión llegaste una vez que escuchaste a tus compañeros? ¿Cambiaste de idea o no? ¿Cuál es la razón principal para tu decisión?

C. **Los marginados.** En todas las sociedades, siempre hay un grupo de personas que se siente marginado. Piensa en un grupo sobre el cual has leído, estudiado u observado. Describe el grupo, sus antepasados (si sabes cuáles son), la razón por la cual se sienten marginados y tu opinión sobre ellos. Incluye por lo menos dos ideas sobre cómo la sociedad podría mejorar la manera en que se sienten estas personas. Prepara tus apuntes para discutir tus ideas primero en un grupo pequeño y luego con toda la clase.

Introducción

En el cuento "Nosotros, no", el autor nos presenta la posible realidad de un descubrimiento muy deseado y las espantosas consecuencias que tal descubrimiento podría causar.

Al leer

Mientras lees, ten en cuenta los siguientes puntos:

- la reacción de todo el mundo a la primera noticia
- la reacción de los mayores de veinte años a la segunda noticia
- la reacción de los mortales después de oír lo que le sucedió a un chico

Nosotros, no

de José Bernardo Adolph

Aquella tarde, cuando tintinearon las campanillas de los teletipos y fue repartida la noticia como un milagro, los hombres de todas las latitudes se confundieron en un solo grito de triunfo. Tal como había sido predicho doscientos años antes, finalmente el hombre había conquistado la inmortalidad
5   en 2168.

Todos los altavoces del mundo, todos los transmisores de imágenes, todos los boletines destacaron esta gran revolución biológica. También yo me alegré, naturalmente, en un primer instante.

¡Cuánto habíamos esperado este día!

10   Una sola inyección, de cien centímetros cúbicos, era todo lo que hacía falta°   *?*
para no morir jamás. Una sola inyección, aplicada cada cien años, garantizaba
que ningún cuerpo humano se descompondría nunca. Desde ese día, sólo un
accidente podría acabar con° una vida humana. Adiós a la enfermedad, a la   *?*
senectud°, a la muerte por desfallecimiento° orgánico.   *old age / weakness*

15   Una sola inyección, cada cien años.

Hasta que vino la segunda noticia, complementaria de la primera. La inyección
sólo surtiría efecto° entre los menores de veinte años. Ningún ser humano que   *would take effect*
hubiera traspasado la edad del crecimiento podría detener su descomposición
interna a tiempo. Sólo los jóvenes serían inmortales. El gobierno federal se
20   aprestaba° ya a organizar el envío, reparto° y aplicación de la dosis a todos   *? / ?*
los niños y adolescentes de la tierra. Los compartimentos de medicina de
los cohetes° llevarían las ampolletas° a las más lejanas colonias terrestres del   *rockets / small vials*
espacio.

Todos serían inmortales.

Menos nosotros, los mayores, los adultos, los formados, en cuyo organismo la *semilla°* de la muerte estaba ya definitivamente implantada.

Todos los muchachos sobrevivirían° para siempre. Serían inmortales, y de hecho° animales de otra especie. Ya no seres humanos; su psicología, su visión, su perspectiva, eran radicalmente diferentes a las nuestras. Todos serían inmortales. Dueños del universo para siempre. Libres. Fecundos. Dioses.

Nosotros, no. Nosotros, los hombres y las mujeres de más de 20 años, éramos la última generación mortal. Éramos la despedida, el adiós, el pañuelo° de huesos y sangre que ondeaba°, por última vez, sobre la faz de la tierra.

Nosotros, no. Marginados de pronto, como los últimos abuelos de pronto nos habíamos convertido en habitantes de un asilo para ancianos, confusos conejos asustados entre una raza de titanes. Estos jóvenes, súbitamente, comenzaban a ser nuestros verdugos sin proponérselo. Ya no éramos sus padres. Desde ese día éramos otra cosa; una cosa repulsiva y enferma, ilógica y monstruosa. Éramos Los Que Morirían. Aquellos Que Esperaban la Muerte. Ellos derramarían lágrimas, ocultando su desprecio, mezclándolo con su alegría. Con esa alegría ingenua con la cual expresaban su certeza de que ahora, ahora sí, todo tendría que ir bien.

Nosotros sólo esperábamos. Los veríamos crecer, hacerse hermosos, continuar jóvenes y prepararse para la segunda inyección, una ceremonia —que nosotros ya no veríamos— cuyo carácter religioso se haría evidente. Ellos no se encontrarían jamás con Dios. El último cargamento de almas rumbo al más allá°, era el nuestro.

¡Ahora cuánto nos costaría dejar la tierra°! ¡Cómo nos iría carcomiendo° una dolorosa envidia! ¡Cuántas ganas de asesinar nos llenaría el alma, desde hoy y hasta el día de nuestra muerte!

Hasta ayer. Cuando el primer chico de quince años, con su inyección en el organismo, decidió suicidarse. Cuando llegó esa noticia, nosotros, los mortales, comenzamos recientemente a amar y a comprender a los inmortales.

Porque ellos son unos pobres renacuajos° condenados a prisión perpetua en el verdoso estanque° de la vida. Perpetua. Eterna. Y empezamos a sospechar que dentro de 99 años, el día de la segunda inyección, la policía saldrá a buscar a miles de inmortales para imponérsela.

Y la tercera inyección, y la cuarta, y el quinto siglo, y el sexto; cada vez menos voluntarios, cada vez más niños eternos que implorarán la evasión, el final, el rescate°. Será horrenda la cacería°. Serán perpetuos miserables.

Nosotros, no.

Después de leer

Comprensión

For grammar support:
Abriendo paso: Gramática

D. Al punto. Lee las siguientes frases y decide si la información es correcta o incorrecta. Si no es correcta, corrige la información.

1. El narrador se sintió alegre al principio del cuento.

2. Para no morir, era necesario recibir una inyección después de cumplir los veinte años.

3. Una persona solamente podía morir a causa de un accidente.

4. La inyección solamente ayudaría a las personas mayores de veinte años.

5. El reparto de la inyección sería coordinado por las autoridades.

6. El narrador no consideraba seres humanos a los jóvenes que recibían la inyección.

7. Los jóvenes que recibían la inyección tendrían la oportunidad de encontrarse con Dios al final.

8. Cuando un joven se suicidó, los adultos empezaron a sentir lástima por los jóvenes.

9. Los jóvenes tendrían la opción de negarse a recibir la inyección.

10. En la opinión del narrador, como consecuencia de la inyección los jóvenes serían miserables.

Para ampliar el vocabulario

E. De la misma familia. Escribe una palabra de la misma familia, es decir, palabras que tengan la misma raíz que la palabra dada. Si es un sustantivo, escribe el artículo definido correspondiente.

la inmortalidad [4]	los habitantes [35]
el crecimiento [18]	la certeza [41]
terrestres [22]	dolorosa [48]
la despedida [32]	horrenda [59]

F. En contexto. ¿Cómo le explicarías las siguientes palabras a una persona que no sabe lo que quieren decir? Usa tus propias palabras, sinónimos o una situación para tu explicación.

el grito [3]	los dueños [30]
la inmortalidad [4]	los conejos [35]
los cohetes [22]	la envidia [48]
la semilla [26]	el rescate [59]

G. Sinónimos. Busca el sinónimo de las palabras que aparecen en la columna A en la columna B. Hay más palabras de las que necesitas.

A

_____ **1.** predicho (predecir) [3]

_____ **2.** el reparto [20]

_____ **3.** lejanas [22]

_____ **4.** la despedida [32]

_____ **5.** los verdugos [37]

_____ **6.** ingenua [40]

_____ **7.** la envidia [48]

B

a. intentar

b. la distribución

c. inocente

d. los ejecutores

e. pronosticar

f. distantes

g. el adiós

h. los celos

i. los conejos

j. crecida

H. Antónimos. Busca el antónimo de las palabras que aparecen en la columna A en la columna B. Hay más palabras de las que necesitas.

A

_____ **1.** el grito [3]

_____ **2.** el instante [8]

_____ **3.** jamás [11]

_____ **4.** libres [30]

_____ **5.** ingenua [40]

_____ **6.** perpetua [53]

_____ **7.** sospechar [54]

_____ **8.** miserables [59]

B

a. ardua

b. pasajera

c. confiar

d. la eternidad

e. el silencio

f. apoyar

g. dichosos

h. maliciosa

i. fecundos

j. presos

k. siempre

Reflexión

I. Los problemas éticos de la inmortalidad. Piensa en las consecuencias que el descubrimiento de una inyección que conquiste la inmortalidad causaría. ¿Debería haber condiciones para ponerle la inyección a las personas que prefieren la mortalidad? ¿Qué problemas éticos podrían surgir? ¿Cuáles serían algunos de ellos? Prepárate para discutir tus ideas con tus compañeros.

Conexiones interdisciplinarias

J. La ciencia y la ética. La ciencia está avanzando a una velocidad vertiginosa. La mutación de genes, la selección del sexo de un feto, etc., son algunos de los avances. Piensa en estos adelantos y en otros que conoces. Si no conoces otros, busca información en Internet. ¿Presentan estos avances algunos problemas éticos? ¿Cuáles? Haz una lista de palabras y expresiones para discutir tus ideas con el resto de la clase.

Abriendo paso

Contextos para la comunicación

For grammar support:

✍ *Abriendo paso: Gramática*

Ⓐ Texto auditivo: El maltrato a la vejez

Vas a escuchar una grabación. Primero, tienes un minuto para leer la introducción y las preguntas. Luego vas a escuchar la grabación dos veces. Mientras escuchas, puedes tomar apuntes. Después de escuchar por primera vez, tienes un minuto para contestar las preguntas. Después de escuchar por segunda vez, vas a tener dos minutos para terminarlas.

Introducción 🔊))

La siguiente grabación fue difundida en la Radio 5 en su programa *A su salud*. En ella, el doctor José Manuel Rivera Casado, geriatra, discute la situación de las personas mayores como parte del Día Mundial de Toma de Conciencia del Abuso y Maltrato de la Vejez. La grabación dura aproximadamente tres minutos.

1. ¿Por qué menciona el doctor Rivera Casado al profesor Robert Butler?

2. ¿Cómo trata la sociedad a las personas mayores?

3. ¿Qué no se tiene en cuenta con respecto a las personas mayores? Menciona dos ejemplos que él da para apoyar su declaración.

4. ¿Cómo ve la sociedad actual a la juventud y a la vejez?

5. ¿Por qué debe tomar conciencia la sociedad, según el doctor?

6. ¿Cómo va cambiando el perfil de la persona mayor? Explica.

7. Para el doctor Rivera Casado, ¿qué deben hacer las personas mayores?

Ⓑ Presentación oral: Excepciones para la inmortalidad

Imagina que vives en el año 2168. La inyección está disponible para los menores de veinte años, pero te han dado la oportunidad de escoger a cinco personas mayores que podrán recibir la inyección y vivir para siempre. ¿A quién escogerías? Aquí tienes una lista para que empieces a pensar.

- familiares
- amigos
- un(a) doctor(a) experto(a) en medicina general
- un(a) experto(a) en estrategias militares
- un rabino, un sacerdote, un ministro
- un(a) científico(a) con muchos conocimientos del universo
- otras personas que no están en la lista

Una vez que escojas a las cinco personas, explica por qué escogiste a cada una. Toma algunos apuntes para que puedas hablar sobre los elegidos en grupos pequeños y luego con el resto de la clase.

Ⓒ Investigación en Internet: La eutanasia

Piensa en la carga (*burden*) que llevan los jóvenes en el cuento. En el mundo de hoy ha habido mucha discusión sobre la eutanasia. En tu opinión, ¿debería ser legal? ¿Cuáles son los problemas éticos de tal acción? ¿Existen casos en que la eutanasia es razonable? Explica tu respuesta con ejemplos específicos. Puedes buscar en Internet cómo algunos países manejan este dilema. Haz una lista de palabras y frases para discutir tu opinión con toda la clase.

D Presentación oral: Los adelantos del futuro

Se ha comentado en la prensa sobre personas que esperan que su cuerpo sea congelado una vez que mueran. Lo hacen con el propósito de que si algún día se descubre una cura para su enfermedad o una manera de revivir su cuerpo, podrán volver a vivir. ¿Qué te parece esta idea? ¿Crees que existe la posibilidad de que esto se pueda hacer? ¿Qué te hace pensar así? Haz una lista de las ideas que te gustaría discutir con tus compañeros en pequeños grupos. Luego, a discreción de tu profesor(a) podrán discutir las ideas con toda la clase.

E Presentación oral: Los trasplantes y la ética

Sin duda el trasplante de órganos es un área de mucha polémica. El número de personas en espera de un órgano de un cadáver es mucho más alto que los órganos disponibles. No todas las personas que necesitan un órgano pueden recibirlo.

1. A la derecha, tienes una lista de personas que podrían estar en la lista de espera. Escoge por lo menos cuatro y justifica la razón por la cual la persona debe o no recibir un trasplante de órgano. Si esto ocurriera en la vida real, ¿quién piensas tú que debe tomar la decisión? Explica por qué.

   - una persona que necesita un órgano a causa de su estilo de vida (la persona ha fumado, ha usado drogas, ha bebido demasiado, etc.)
   - una persona que tiene pocas posibilidades de que el trasplante tenga éxito
   - una persona que ya ha recibido un trasplante y necesita otro
   - una persona que tiene hijos pequeños
   - una persona de edad avanzada
   - una persona que no puede pagar las medicinas que previenen el rechazo del órgano
   - una persona que no tiene seguro médico
   - una persona que está en la cárcel

2. Haz una lista de las razones y prepárate para discutir tus ideas en pequeños grupos.

3. Una vez que todos hayan participado en la discusión, propongan una lista final para discutir con el resto de la clase. Todos tienen que participar en la discusión.

El **futuro** de otros está en **tus manos.**
Dona tus órganos.

F Composición: El consentimiento informado

Hoy día la medicina puede alargar la vida por una serie de medios artificiales. En muchos países, existen leyes que le dan el derecho al paciente de tomar decisiones informadas sobre el futuro de su atención médica. Esto ha creado razones para cuestionar la ética de estas decisiones. Vas a escribir un ensayo persuasivo de por lo menos 200 palabras en el que defiendas o ataques la idea de que la persona tenga el derecho de decidir si quiere seguir viviendo por medios artificiales. Recuerda que vas a tratar de convencer a tus lectores e incitarlos a que piensen seriamente en el tema.

1. Antes de empezar a escribir, piensa en los siguientes puntos:
   - el valor de la vida de un ser humano
   - la importancia de la calidad de vida
   - la reacción de los familiares

2. No te olvides de planear tu ensayo con una tesis clara, párrafos organizados y un buen resumen.

3. Trata de incorporar por lo menos tres de las siguientes expresiones en tu ensayo.

por el / al contrario	*on the contrary*
dentro de poco	*shortly, in a short while*
de hecho	*in fact, as a matter of fact*
en todo caso	*in any case*
sin embargo	*nevertheless, however*

4. Una vez que hayas terminado, recuerda que debes repasar lo que escribiste para mejorar tanto el contenido como la gramática.

Preguntas del capítulo

Ahora que has discutido la lectura y tienes mejor conocimiento del tema, tu profesor(a) va a reanudar la discusión de las preguntas del capítulo. Repasa brevemente los apuntes y ejercicios que ya completaste.

- ¿Cuáles son algunas de las áreas que tenemos que tener en cuenta con respecto a los avances tecnológicos y científicos y sus consecuencias?

- ¿Cuál es la responsabilidad de los seres humanos con respecto a los avances científicos?

- ¿Se debe tener en consideración la ética cuando un avance tecnológico parece beneficiar a los seres humanos?

La ciencia y la tecnología: Un paso más

Integración

Más práctica: *Preparación para el examen*, pp. 433–436

Preguntas fundamentales para la discusión

Ahora que tienes un conocimiento más amplio del tema de esta unidad, podrás contestar con más información a las siguientes preguntas y discutir tus ideas con el resto de la clase.

- ¿Qué impacto tiene el desarrollo científico y tecnológico en nuestras vidas?
- ¿Qué factores han impulsado el desarrollo y la innovación en la ciencia y la tecnología?
- ¿Qué papel cumple la ética en los avances científicos?

Presentación final

Vas a elaborar una presentación final en la que analizas el tema de la unidad más a fondo. Sigue los siguientes pasos. Te van a ayudar a examinar y organizar tus ideas.

1. Considera otras perspectivas

Además de los contextos que examinaste en esta unidad, ¿qué otros contextos se podrían incluir bajo el tema de "La ciencia y la tecnología"? ¿Qué otras preguntas fundamentales te hubiera gustado investigar bajo este tema? Prepara tus ideas para discutirlas con la clase. No tienes que discutir a fondo los contextos o preguntas que apuntaste, solo prepárate para explicar por qué te parece importante incluir estos contextos o preguntas.

2. Explora tu perspectiva

Piensa en los contextos y perspectivas que discutiste con la clase. Escoge un aspecto del tema relacionado con ellos que te interesa analizar más a fondo.

- ¿Cuál es el problema?
- ¿Por qué crees que merece atención?

3. Desarrolla la presentación

Usa el problema para establecer la idea central que vas a usar como hilo conductor de tu presentación final sobre el tema de la unidad. Para más apoyo, consulta la *Guía para presentaciones* que se encuentra en el curso digital.

Los desafíos mundiales

Preguntas fundamentales para la discusión

Al final de esta unidad podrás contestar las siguientes preguntas:

- ¿Cuáles son los desafíos sociales, políticos y del medio ambiente que enfrentan las sociedades del mundo?

- ¿Cuáles son los orígenes de esos desafíos?

- ¿Cuáles son algunas posibles soluciones a esos desafíos?

CAPÍTULO 32

Los temas económicos

LECTURA: **No queremos inmigrantes**

Anónimo

Las siguientes preguntas te servirán de guía y te ayudarán a comprender el tema más a fondo. Tenlas presentes a lo largo del capítulo.

- ¿Cuáles son algunos de los desafíos económicos con que se enfrentan las sociedades hoy día?

- ¿Qué impacto tienen los inmigrantes en la situación económica de diferentes comunidades por todo el mundo?

- ¿Cuáles son algunos pasos que se pueden tomar individualmente para desarrollar responsabilidad económica en el futuro?

En portada

ESPAÑA
EL PAIS DE LA
GENTE SIN CASA.

Y LAS CASAS
SIN GENTE

Describe detalladamente las fotos. Incluye la información de las preguntas a continuación en tu descripción.

1. ¿Qué deduces sobre el país por los temas que aparecen en las pancartas? ¿Es esta situación común hoy día?

2. ¿Cómo compararías la situación en las fotos con la de los EE.UU.?

3. ¿Qué pondrías tú en una pancarta para ilustrar un problema económico que no aparece en las fotos?

Lectura

No queremos inmigrantes

Antes de leer

> **Estrategia:** *El uso del contexto para adivinar el significado de palabras desconocidas*
>
> Recuerda que no es necesario comprender todas las palabras de un texto para comprender de qué se trata. Cuando lees en inglés, ¿hay palabras que no conoces? Claro que sí. En este caso, a menudo usas el contexto para adivinar el significado. Debes hacer lo mismo cuando lees un texto en español.
>
> - **¡Ponla en práctica!** Lee el siguiente párrafo del cuento de este capítulo y usa el contexto para adivinar el significado de las palabras subrayadas.
>
> Era la noche de Navidad y en todas las casas se disponían las familias para celebrar la Nochebuena. De pronto, en el silencio de la noche, se oyó un <u>fuerte</u> ruido en la calle. Algunas personas <u>se asomaron</u> con miedo a sus ventanas y vieron a un grupo de hombres … [que] pintaban con una <u>brocha</u> en la pared "¡Fuera extranjeros!" . . . "¡España para los españoles!"
>
> - **En otras palabras.** Usa tus propias palabras para escribir el párrafo de nuevo, sin usar las palabras subrayadas.

A. La opinión de un lector. Lee el siguiente prólogo que incluyó una persona en Internet junto con el cuento.

Cuando los prejuicios se instalan en el imaginario social, difícilmente se pueden erradicar. Eso es lo que está sucediendo por desgracia (*unfortunately*) en nuestro país con respecto a los inmigrantes: mucha gente los hace culpables (*guilty*) de casi todo lo malo que pasa aquí. Son personas que casi siempre comienzan sus argumentos diciendo: "Yo no soy racista, pero es que . . .". Y comienzan a lanzar (*to throw*) un rosario de "peros" que solo son estereotipos y frases hechas que repiten sin contrastar con la realidad y sin el sentido común más elemental. También hay dirigentes políticos y del mismo Gobierno y escritores de

> **For grammar support:**
> *Abriendo paso: Gramática*

reconocido nombre que repiten los mismos prejuicios, aunque de una manera más elaborada y con una clara intencionalidad contra la inmigración. Culpabilizar y criminalizar a los extranjeros pobres (les llaman "los ilegales") está en su discurso frecuentemente. Grave riesgo ese de hacer política con la inmigración en lugar de hacer una política de inmigración justa, solidaria y acorde con los Derechos Humanos de los que tanto nos vanagloriamos (*about which we boast so much*). En este ambiente enrarecido (*tense*) puede venirnos bien un cuento que oí narrar hace unos días. Y no olvidemos que es un cuento, una parábola de la vida y no un análisis económico lleno de rigor. Se trata de una narración simbólica para extraer una reflexión positiva.

1. En tus propias palabras, haz una lista de lo que, según este lector, piensan la gente y los dirigentes políticos acerca de los inmigrantes. También contesta las siguientes preguntas, presentando tu opinión. ¿Piensas que esa introducción podría haber sido escrita por alguien en los Estados Unidos? ¿Por qué? Prepárate para compartir tus ideas con tus compañeros. En pequeños grupos, vas a presentar tus ideas y luego compartir las mejores ideas con el resto de la clase.

2. El autor de estas palabras es de Sevilla, España. ¿Has oído hablar de la situación de los inmigrantes en España? Busca información en Internet sobre la situación de los inmigrantes en España y prepara un breve comentario por escrito sobre la situación. Incluye lo siguiente: ¿De qué países vienen los inmigrantes? ¿Vienen en grandes números? ¿Está aumentando el número? ¿Cómo ve la población española a los inmigrantes?

Introducción

Este cuento, de autor desconocido, aparece en varios sitios de Internet. Trata de un grupo de inmigrantes que tiene una experiencia inesperada el día de Nochebuena, un día de gran importancia en los países hispanos.

Al leer

Mientras lees, ten en cuenta los siguientes puntos:

- el incidente que ocurre
- la reacción de las familias y de los comerciantes
- las consecuencias del incidente
- cómo el cuentista usa la personificación y su efecto en la narración

No queremos inmigrantes

Anónimo

Era la noche de Navidad y en todas las casas se disponían las familias para celebrar la Nochebuena. De pronto, en el silencio de la noche, se oyó un fuerte ruido en la calle. Algunas personas se asomaron con miedo a sus ventanas y vieron a un grupo de hombres encapuchados° que habían tirado varios   *hooded*
5 adoquines° contra el escaparate° de un bazar, y pintaban con una brocha en la   *paving stones / shop window*
pared "¡Fuera extranjeros!" . . . "¡España para los españoles!" . . .

El bazar era propiedad de un inmigrante marroquí, que se había instalado en el barrio siete años atrás y vivía en un piso° cercano con su mujer y tres hijos que   *apartment*
estudiaban en el colegio de allí mismo.

10 La gente, muy asustada°, corrió las cortinas° o cerró sus ventanas. Al poco   *scared / ?*
rato, siguieron con sus preparativos de la cena de Navidad. Nadie se atrevió° a   *dared*
llamar a la policía. Los asaltantes se marcharon tan tranquilos y con grandes
risotadas°.   *hearty laughs*

Al poco rato dentro de la tienda se oyeron algunas voces: "¡Vámonos a nuestra
15 tierra!" . . . "Pero ¿te has vuelto loco? ¿Cómo nos vamos a ir?" . . . "¿Es que no te
das cuenta que acá no nos quieren? . . . Ea°, vámonos ahora mismo".   *Come on*

Y el bazar empezó a bullir° como si fuese un hormiguero°. El café se marchó   *bustle / ant's nest*
enseguida para Colombia y Brasil de donde había venido hacía muchísimos
años. El té cogió un vuelo charter para India, Camerún y Ruanda. Los collares
20 de diamantes sacaron vuelo para Sudáfrica, Sierra Leona y Congo. Los anillos°   *rings*

jewelry	y otras prendas° de oro se fueron, muy irritados, también a Sudáfrica y Latinoamérica.
cloths	Las telas° de algodón prepararon su pasaporte a Egipto, y las sedas a China. Toda la ropa vaquera se fue a Estados Unidos. La carne, muy enojada, hizo sus maletas a Uruguay y Argentina, y las bananas partieron a Guatemala, Colombia, Nicaragua y Ecuador. El maíz y las patatas se repartieron por todos
great-great-grandparents	los países de Latinoamérica, donde habían nacido sus tatarabuelos°. El cobre se fue a Chile y el níquel a Nigeria…

y otras prendas° de oro se fueron, muy irritados, también a Sudáfrica y
Latinoamérica.

Las telas° de algodón prepararon su pasaporte a Egipto, y las sedas a China.
Toda la ropa vaquera se fue a Estados Unidos. La carne, muy enojada, hizo
sus maletas a Uruguay y Argentina, y las bananas partieron a Guatemala,   25
Colombia, Nicaragua y Ecuador. El maíz y las patatas se repartieron por todos
los países de Latinoamérica, donde habían nacido sus tatarabuelos°. El cobre se
fue a Chile y el níquel a Nigeria…

Y así, poco a poco, cada cosa se marchó a su país de origen. El bazar se iba
quedando° casi vacío°. La gente del barrio volvió a asomarse a sus ventanas   30
al sentir tanto movimiento en la calle, de extranjeros que se largaban° tan
enfadados. Se reían de ellos y se encogían de hombros° diciendo: "¡Bueno, que
se vayan! Aquí tenemos de sobra° y nuestras fábricas producen de todo" . . . En
ese mismo momento, el fuego de sus cocinas se apagó: la comida se estropeó°
y sus hornos dejaron crudo° el pavo, pues el gas se marchó volando a Argelia.   35
Así que tuvieron que pedir, en todos los hogares, urgente una pizza, pero les
contestaron que el servicio había quebrado°: ¡Todas las pizzas se habían ido a
Italia sin avisar°!

Dispuestas a no quedarse sin cena navideña, muchas familias cogieron° sus
coches para ir a algún restaurante que quedase abierto, pero . . . ¡no había   40
gasolina en sus depósitos ni en las estaciones de servicio! . . . El petróleo se
fue a Venezuela y al Golfo Pérsico. Además los coches habían quedado hechos
una birria°: el caucho° de las ruedas, también, se había ido a su país y las
carrocerías° parecían de chicle, pues el aluminio, el hierro, el plástico, etc., ya
no estaban, tampoco.   45

¡Vaya Navidad! . . . Casi desesperados, con mucha hambre y aburridos, unos
conectaron el ordenador para pasar el tiempo con un videojuego, otros
marcaron mensajes en sus teléfonos móviles. Pero tampoco pudieron hacerlo:
nadie sabía que esos mecanismos funcionan con un mineral llamado coltán,
que fue el primero en irse al Congo, de donde lo habían traído recientemente.   50
Además, estos utensilios tan modernos, ya habían reservado billete para Japón,
Taiwán y Tailandia.

"¡Bueno, no pasa nada!" Encendamos° la chimenea y cantemos "Noche de Paz" . . .
se dijeron unos a otros para animarse°. Mas ni siquiera eso pudieron cantar:
el villancico° había regresado a Austria a vivir en casa de su compositor.   55

Entonces, aquella gente de aquel barrio, miró con lágrimas de arrepentimiento°
la pintada del bazar: "¡Fuera extranjeros!" . . . y pensaron que no debieron
haber permitido a aquellos brutos° hacer tal barbaridad.

Glosses (left margin):
? / empty
were splitting
shrugged their shoulders
more than enough
was spoiled
uncooked

had gone bankrupt
without warning

?

rubbish / rubber
bodywork

?
cheer up
Christmas carol

regret

ignorant people

Después de leer ✓ 🖊️ 💬

For grammar support:
🖊️ *Abriendo paso: Gramática*

Comprensión

B. Al punto. Contesta las siguientes preguntas.

1. ¿Qué causa el ruido en la calle? Da por lo menos dos detalles.

2. Cuando se oye el ruido, ¿qué hace la gente que está dentro de las casas? ¿Por qué lo hace?

3. ¿Qué piensa hacer la gente para reemplazar los productos que desaparecen?

4. Resume lo que ocurre cuando la gente trata de preparar la cena navideña.

5. ¿Por qué no puede la gente usar sus aparatos tecnológicos?

6. ¿Qué ocurre cuando tratan de cantar "Noche de Paz"?

Para ampliar el vocabulario

C. De la misma familia. Escribe una palabra de la misma familia, es decir, palabras que tengan la misma raíz que la palabra dada. Si es un sustantivo, escribe el artículo definido correspondiente.

fuerte [2]	las risotadas [13]	desesperados [46]
la propiedad [7]	el movimiento [31]	animarse [54]
los preparativos [11]	las cocinas [34]	

D. En contexto. ¿Cómo le explicarías las siguientes palabras a una persona que no sabe lo que quieren decir? Usa tus propias palabras, sinónimos o una situación para tu explicación.

el escaparate [5]	asustada [10]	los hornos [35]
los extranjeros [6]	las cortinas [10]	aburridos [46]
el piso [8]	los tatarabuelos [27]	

E. Sinónimos. Busca el sinónimo de las palabras que aparecen en la columna A en la columna B. Hay más palabras de las que necesitas.

A

_____ 1. se asomaron (asomarse) [3]

_____ 2. el miedo [3]

_____ 3. habían tirado (tirar) [4]

_____ 4. se atrevió (atreverse) [11]

_____ 5. se marcharon (marcharse) [12]

_____ 6. se apagó (apagarse) [34]

_____ 7. avisar [38]

_____ 8. el ordenador [47]

B

a. irse

b. saltar

c. informar

d. arriesgarse

e. extinguirse

f. la computadora

g. el temor

h. lanzar

i. el temblor

j. el sentimiento

k. dar un vistazo

F. **Antónimos.** Busca el antónimo de las palabras que aparecen en la columna A en la columna B. Hay más palabras de las que necesitas.

A

_____ **1.** el silencio [2]

_____ **2.** cercano [8]

_____ **3.** los asaltantes [12]

_____ **4.** tranquilos [12]

_____ **5.** enojada [24]

_____ **6.** vacío [30]

_____ **7.** crudo [35]

B

a. lejano

b. los cantantes

c. lleno

d. el ruido

e. simpática

f. nerviosos

g. graciosos

h. contenta

i. los defensores

j. cocido

Reflexión

G. **La falta de acción.** Hablando de la revolución francesa (1789–1799), Edmund Burke (filósofo irlandés) dijo: "Para que triunfe el mal, solo es necesario que los buenos no hagan nada". ¿Estás de acuerdo con lo que dice Burke? Escribe un párrafo en el que expliques cómo el cuento ilustra esta cita.

Perspectivas culturales

H. **El petróleo y la economía: ¿soluciones?** En el cuento que acabas de leer, se menciona el efecto que tiene en una comunidad la falta de algunos productos importantes para la vida diaria. Hoy día, uno de los productos de mayor importancia para la economía mundial es el petróleo. Usa tu experiencia personal y los medios de comunicación para hacer una lista de tres o cuatro problemas económicos y políticos que resultan de la escasez de petróleo y lo que se está haciendo para mejorar la situación. Menciona el impacto positivo y negativo de las innovaciones. Vas a compartir tus ideas con un grupo pequeño de tus compañeros. Luego, cada grupo va a presentarle sus mejores ideas a la clase.

Contextos para la comunicación

For grammar support:

Abriendo paso: Gramática

A Texto auditivo: El desempleo del antiguo Egipto

Vas a escuchar una grabación. Primero, tienes un minuto para leer la introducción y las preguntas. Luego vas a escuchar la grabación dos veces. Mientras escuchas, puedes tomar apuntes. Después de escuchar por primera vez, tienes un minuto para contestar las preguntas. Después de escuchar por segunda vez, vas a tener dos minutos para terminarlas.

Introducción

En la siguiente grabación se habla del efecto de la economía en la construcción de las pirámides de Egipto. Este *podcast* apareció en el sitio web de Onda Cero, una emisora de radio española. La grabación dura aproximadamente tres minutos.

1. Según recientes investigaciones, ¿quiénes trabajaron en la construcción de las pirámides de Egipto?

2. ¿Cuál es una de las circunstancias que aumentaba el desempleo en Egipto?

3. ¿Por qué mandaron a construir los faraones las pirámides?

4. ¿Cómo aplicaron los faraones la teoría de Keynes acerca del gasto público?

5. ¿Cuál es la teoría más probable acerca de la razón de que haya solo tres grandes pirámides en Egipto?

6. ¿Por qué se cree que el faraón Micerino dejó de construir pirámides?

7. ¿Dónde está enterrado Micerino?

B Presentación escrita: Mi comunidad sin . . .

Imagina que han echado (*have expelled*) de tu estado a un grupo de inmigrantes (no hispanos). Escribe una composición titulada: "Mi comunidad sin…". Primero, piensa en lo que sucedió en el cuento que acabas de leer. Después, escoge al grupo de tu comunidad acerca del cual vas a escribir y haz una lista de los elementos que este grupo ha introducido en tu comunidad. ¿Qué efecto tendría, en tu vida personal, el echar a este grupo de tu comunidad? ¿Qué faltaría? ¿Qué echarías de menos? Luego, organiza tus ideas y finalmente, escribe la composición.

C Presentación oral: En escena—La moraleja es . . .

Hoy día las personas alrededor del mundo se han convertido en grandes consumidores. Vas a trabajar con un grupo pequeño de tus compañeros de clase. Juntos van a preparar y presentar a la clase una escena de la vida (en forma de diálogo) que ilustre una de las moralejas a continuación.

- El dinero se gana, no nos lo regalan.
- No se debe gastar lo que no se tiene.
- "Un centavo ahorrado, es un centavo ganado." (Benjamin Franklin)
- "Amistad es compartir, no competir."

Aunque decidan escribir un guion, cada miembro del grupo tiene que representar su papel, no leerlo. Después de la presentación, el resto de la clase tendrá la oportunidad de adivinar cuál de las cuatro posibilidades es la moraleja. Tus compañeros también podrán hacer preguntas y comentarios acerca de la validez de la moraleja.

D Presentación escrita: Un presupuesto (*budget*) ideal

Vas a trabajar con un grupo pequeño de tus compañeros de clase para formular un presupuesto "ideal" para jóvenes de tu edad.

1. Piensa en cómo administras tu dinero. Luego imagina que trabajas a tiempo parcial y ganas un sueldo de $100,00 semanales. Escribe un presupuesto basado en ese sueldo. ¿Cómo distribuyes tu dinero para tus necesidades (por ejemplo, para diversiones, para comprar ropa, etc.)? No uses cantidades, sino porcentajes.

2. Compara tu presupuesto con el de tus compañeros y juntos escriban un presupuesto "ideal". Prepárense para explicar por qué han distribuido el dinero de esa manera.

3. Comparen su "presupuesto ideal" con el de los otros grupos, escojan (por voto de mayoría) el mejor presupuesto y expliquen por qué lo consideran el mejor.

E Presentación oral: Cómo los medios de comunicación afectan a los niños

Muchos creen que los mensajes de los medios de comunicación afectan a los niños de manera negativa y los hacen materialistas.

1. Toma algunos apuntes para darle a la clase una corta descripción sobre un anuncio publicitario de un canal hispano que incluya: el nombre del canal en que viste el anuncio, el tipo de producto que es (por ejemplo, un juguete, una comida, etc.), el nombre del producto y los métodos que usa el anuncio para incitar a que compren el producto.

2. Vas a compartir tu opinión acerca de la reacción que tendrá un niño al ver el anuncio y acerca del efecto que tendrán este y otros anuncios que hayas visto en la actitud de los niños ante las cosas materiales.

F Composición: Los retos de una economía débil

Como consecuencia de una economía débil, los ciudadanos de cualquier país tienen que enfrentar muchos retos. Vas a escribir una composición de por lo menos 200 palabras en la que compares los retos de una economía débil en los Estados Unidos con los de otro país en la misma situación. El país para la comparación puede ser España o un país latinoamericano. Incluye al menos tres de los siguientes retos en tu ensayo.

- el desempleo
- la falta de vivienda adecuada
- el aumento en el precio de los comestibles
- la disminución de beneficios para los trabajadores
- el alto costo de la matrícula universitaria
- la falta de transporte público adecuado

1. Haz una lista de ideas con todas las palabras y expresiones que te vengan a la mente acerca de cada uno de los temas que escojas.

2. Busca más información en Internet o cualquier otra fuente que esté a tu disposición y añádela a tus apuntes.

3. Selecciona la información pertinente y organiza tus ideas de una manera lógica.

4. Empieza a escribir. No te olvides de incluir las semejanzas y diferencias que existan entre tu comunidad y el país hispano que escogiste.

5. Trata de incorporar por lo menos tres de las siguientes expresiones en tu presentación.

a partir de	*as of/from… this moment, that date, etc.*
en la actualidad	*presently*
a pesar de	*in spite of*
en cambio	*on the other hand*
para concluir	*to conclude*

6. Recuerda que debes revisar varias veces el contenido y también la organización y la gramática de tu trabajo.

G Presentación oral: Para aprender el valor del dinero

Vas a discutir tus ideas sobre la manera en que los niños aprenden el valor del dinero. Para prepararte, reflexiona y toma algunos apuntes sobre los siguientes temas:

- lo que se le debe decir al niño y a qué edad
- algunos métodos que los padres usan para enseñarles a sus hijos esta importante lección, por ejemplo, asignarles tareas (*chores*) remuneradas. ¿Son eficaces? ¿Por qué lo son o no lo son?
- la relación entre aprender el valor del dinero y el desarrollo de la responsabilidad en los niños

Escribe una lista de palabras y expresiones que te ayuden a presentar tus ideas. Luego comparte tus ideas con un grupo de tus compañeros. Preparen un resumen de las ideas principales que resultaron de la discusión y compartan esas ideas con la clase.

Durante la discusión en clase, toma unos apuntes acerca de lo siguiente: ¿Llegaron todos a conclusiones similares? ¿Hubo algunas diferencias notables? ¿Cuáles?

H Debate: ¿Deben los jóvenes tener una tarjeta de crédito o una chequera personal?

En algún momento los jóvenes deben aprender a tener más control sobre los asuntos económicos de su vida. Reflexiona sobre lo que esta responsabilidad implica. Decide tu posición acerca de la pregunta y la edad que consideras apropiada para asumir esta responsabilidad. Luego, prepárate para defender tu opinión en clase.

1. Haz una lista de todo lo que te viene a la mente que apoye tu posición. No escribas frases completas ni trates de aprender de memoria lo que has escrito. Lo importante es que sepas las palabras que necesitas para defender tu posición.

2. Organiza tus ideas de una manera lógica y, si es necesario, añade algunos ejemplos concretos.

Preguntas del capítulo

Ahora que has discutido la lectura y tienes mejor conocimiento del tema, tu profesor(a) va a reanudar la discusión de las preguntas del capítulo. Repasa brevemente los apuntes y ejercicios que ya completaste.

- ¿Cuáles son algunos de los desafíos económicos con que se enfrentan las sociedades hoy día?

- ¿Qué impacto tienen los inmigrantes en la situación económica de diferentes comunidades por todo el mundo?

- ¿Cuáles son algunos pasos que se pueden tomar individualmente para desarrollar responsabilidad económica en el futuro?

CAPÍTULO 33
Los temas del medio ambiente

LECTURA: GEO Juvenil para América Latina y el Caribe: Abre tus ojos al medio ambiente (fragmentos)

En portada

Preguntas del capítulo

Las siguientes preguntas te servirán de guía y te ayudarán a comprender el tema más a fondo. Tenlas presentes a lo largo del capítulo.

- ¿Cuáles son los principales problemas del medio ambiente que afectan a las comunidades y localidades del mundo?

- ¿Cuáles son los orígenes y las consecuencias del problema ambiental?

- ¿Cuáles son algunas estrategias posibles para que todos puedan disfrutar de un medio ambiente sano en el futuro?

Describe detalladamente la tira cómica. Incluye la información de las preguntas a continuación en tu descripción.

1. ¿Qué ocurre en la tira?

2. ¿Qué sentimientos expresa la cara de la niña a lo largo de la tira?

3. ¿De qué problema del medio ambiente trata esta tira?

4. ¿Cuál es el mensaje? ¿Te parece que la tira lo comunica de una manera efectiva? ¿Qué elementos ayudan a comunicarlo? Explica tu respuesta.

GEO Juvenil para América Latina y el Caribe: Abre tus ojos al medio ambiente (fragmentos)

Antes de leer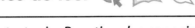

> **Estrategia:** *Reactivar los conocimientos que tienes sobre el tema*
>
> Antes de leer, debes pensar en el contenido general de la lectura y tratar de recordar todo lo que sepas sobre ese tema. Eso te ayudará a anticipar el contenido y otros detalles que la lectura puede tratar.
>
> - **¡Ponla en práctica!** Vas a compartir tus conocimientos sobre los problemas del medio ambiente en tu comunidad con un grupo pequeño de tus compañeros. En preparación, usa lo que sabes para escribir una lista de:
>
>   –problemas del medio ambiente que existen en tu comunidad. Pueden ser desastres naturales, desastres causados por descuido por parte de los seres humanos, problemas de desechos (*waste, garbage*), de contaminación, de salud, etc.
>
>   –algunas cosas que se hacen en la comunidad para mejorar la situación.
>
>   –palabras y expresiones relacionadas al medio ambiente.
>
> En un grupo pequeño, vas a compartir con tus compañeros lo que sabes sobre los problemas ambientales en tu comunidad. Luego, el grupo debe escoger las mejores ideas para presentárselas a la clase.

A. **Tu comportamiento y el medio ambiente.** Desde que empezaste la escuela secundaria, ¿cuánto ha cambiado tu comportamiento para proteger el medio ambiente?

1. Completa el sondeo en la página 362.

> ### Nota cultural
>
> Desde hace varios años el ecoturismo se ha popularizado mucho en América Central. El ecoturismo tiene como finalidad entretener y a su vez educar en el cuidado del medio ambiente. Por ejemplo, Costa Rica cuenta con una gran diversidad de fauna y flora, haciendo de ella una región preferida para turistas de todo el mundo. Este país sostiene con éxito su economía por medio del ecoturismo, e invierte ese dinero en conservar su bosque tropical y enseñar a producir menos contaminación. Recientemente otros países, como Honduras y Nicaragua, han puesto en práctica importantes programas de ecoturismo. *¿Por qué piensas que Honduras y Nicaragua querrían seguir el modelo de Costa Rica?*

For grammar support:

 Abriendo paso: Gramática

Actividades	Sí	No
reciclar (por ej., latas, botellas, papel)		
dejar de comprar agua embotellada		
cerrar el caño (*faucet*) mientras te jabonas o cepillas los dientes		
apagar la luz cuando un cuarto está vacío		
desenchufar los aparatos eléctricos que no se están usando		
reemplazar las pilas (*batteries*) por recargables		
usar menos aerosoles		
llevar bolsas de tela o material reciclado al mercado		
usar más el transporte público		
comprar productos "verdes"		
deshacerte de productos electrónicos debidamente		

2. Reflexiona y decide si tu comportamiento ha cambiado mucho, poco o nada.

3. En un grupo pequeño, van a compartir sus respuestas y discutir las siguientes preguntas: ¿Qué los hizo cambiar? ¿Hay otros comportamientos que no aparecen en la lista que algunos de los miembros del grupo hacen regularmente? ¿A qué se puede atribuir el hecho de que ciertos comportamientos ocurren más o menos que otros? ¿Qué se puede hacer para que la gente sienta la obligación de cambiar su comportamiento?

B. **GEO Juvenil: Los jóvenes y el medio ambiente.** Los jóvenes frecuentemente se rebelan contra el mundo legado (*handed down*) por los adultos. Algunos se sienten obligados a actuar para mejorarlo. Tal grupo de jóvenes trabaja con GEO Juvenil, el grupo que publicó el texto que vas a leer. Busca información en Internet (bajo "perspectivas del medio ambiente mundial GEO") acerca de GEO Juvenil y escribe un párrafo en el que incluyas lo siguiente:

- lo que representa la sigla (*acronym*) GEO
- lo que hace GEO
- los países en los que hay iniciativas nacionales y locales de GEO

Introducción

El texto que vas a leer proviene del documento *GEO Juvenil para América Latina y el Caribe* y forma parte del Programa de las Naciones Unidas para el Medio Ambiente (PNUMA). En este texto, la juventud de la región expresa su visión, sus preocupaciones y esperanzas en lo que se refiere al medio ambiente.

Al leer

Mientras lees, ten en cuenta los siguientes puntos:

- los problemas ambientales del área que se describe
- la evolución de estos problemas a través del tiempo
- lo que quieren lograr los jóvenes con su trabajo

GEO Juvenil para América Latina y el Caribe: Abre tus ojos al medio ambiente (fragmentos)

Nuestra región: el estado del medio ambiente

Los jóvenes de América Latina y el Caribe queremos dar a conocer nuestra opinión sobre el estado actual del medio ambiente. Deseamos expresar nuestras preocupaciones e identificar los principales problemas que afectan a nuestras comunidades y localidades, así como determinar la interrelación que existe
5 entre los problemas que aquí tratamos. Pretendemos° motivar a la sociedad para que actúe y se sensibilice° sobre la importancia de detener y revertir el proceso de degradación de los recursos° naturales y, como meta° final, buscamos las ideas y las aportaciones° de todos para generar soluciones.

América Latina y el Caribe constituyen una región que alberga° la mayor parte
10 de los ecosistemas conocidos, y algunas de sus regiones tienen más variedad y riqueza natural que continentes enteros. Nuestra región incluye desiertos extensos, bosques tropicales como el Amazonas, humedales° como los de Paraguay y Brasil, amplias llanuras°, zonas frías y ecosistemas marinos de gran riqueza°. Algunos países de la región (Brasil, Colombia, Ecuador y México) son
15 considerados megadiversos. Es tan grande la riqueza natural que muchas de las especies animales y vegetales aún no han sido clasificadas por la ciencia.

En esta región se han desarrollado diversas culturas (algunas de ellas muy destacadas°, como la inca, la maya, la olmeca o la azteca), las cuales

We are trying to
becomes aware
? / goal
contributions

is home to

wetlands
plains
?

?

surroundings

belong
has taken to heart

rights

?
?
basin

? / ?

challenges / ?
?

?
as a result

will happen

development

comenzaron a modificar su entorno° para su beneficio. Con la llegada de
los conquistadores, la explotación de los recursos se volvió más intensa y se   20
acentuó a partir de la Revolución Industrial.

Durante décadas la degradación ambiental ha sido una constante en la región;
hasta hace algunos años, los gobiernos y las corporaciones comerciales tomaban
la mayor parte de las decisiones sobre los recursos que nos pertenecen° a todos.
Pero la sociedad está mejor organizada y ha cobrado conciencia° de que somos   25
nosotros, los ciudadanos y las ciudadanas, quienes debemos exigir cambios y
obligar a quienes toman decisiones a que respeten nuestros derechos°, entre los
que se incluye el de disfrutar de un medio ambiente sano.

Tres son los principales problemas ambientales de la región. En primer lugar,
75% de la población vive en zonas urbanas, en donde la contaminación del   30
aire representa una amenaza° para la salud y la falta de agua es común. El
segundo problema es la destrucción y el decremento° de los recursos forestales,
especialmente en la cuenca° del Amazonas, y la consecuente amenaza a la
biodiversidad. En tercer lugar está el posible impacto regional del proceso
global de cambio climático, a través de fenómenos como los incendios   35
forestales, los desastres originados por huracanes e inundaciones y la tendencia
al aumento del nivel del mar, que pone en peligro muchas de las metrópolis
regionales ubicadas° en zonas costeras, así como estados isleños°.

Ante estas realidades, presentamos el pensamiento de los jóvenes.

Perspectivas para el futuro

Integrar el tema del medio ambiente en las dinámicas políticas y económicas   40
de la sociedad es uno de los mayores retos° que enfrenta° la humanidad en el
inicio° del siglo XXI.

Cada vez somos más los jóvenes que nos preocupamos por la problemática
ambiental y promovemos° la defensa del medio ambiente. Es importante que
desarrollemos una conciencia ambiental para actuar en consecuencia°, así como   45
unificar acciones y reconocer que somos los responsables de los problemas
ambientales y sociales que generan nuestras actitudes y estilos de vida.

En este capítulo queremos exponer nuestra visión del futuro y tres escenarios
en los que la humanidad podría estar dentro de 25 años: con las tendencias
actuales, una visión pesimista y otra optimista.   50

El primer escenario muestra qué sucederá° en nuestra región según
estimaciones realizadas con base en las tendencias actuales. El escenario
pesimista nos muestra qué sucederá en la región si no se consideran los
aspectos ambientales y sociales en el desarrollo°. Finalmente, el escenario

55　optimista trata de mostrar que es posible lograr un desarrollo sostenible° si
　　integramos el tema ambiental en todos los aspectos sociales y revertimos el
　　deterioro° del medio.

　　Uno de estos tres escenarios será nuestra realidad al cabo de° algunos años.
　　Hoy, nosotros podemos decidir en cuál viviremos.

Escenario pesimista

60　Si la mentalidad destructiva de la humanidad continúa y seguimos actuando
　　como si los recursos naturales fuesen inagotables°, la Tierra estará a punto de
　　su colapso y nuestro futuro será una pesadilla°.

Contexto

　　En el 2025 seremos en el mundo más de 8.000 millones de habitantes. La
　　población de la región aumentará 85% y se habrá excedido el pronóstico de
65　alcanzar una tasa de crecimiento° de solo 37% para ese año, según cálculos del
　　Fondo de Población de las Naciones Unidas. Ciudades como la de México, San
　　Pablo y Buenos Aires tendrán un crecimiento excesivo. La pobreza también
　　seguirá en aumento. Si en el año 2000 la región tenía más de 200 millones de
　　pobres, en el 2025 serán 450 millones y el hambre se convertirá en° la principal
70　consecuencia de esta pobreza.

　　Debido a las grandes presiones ejercidas° sobre los recursos naturales, la
　　demanda de alimentos no podrá ser satisfecha; habrá más hambre, pero no más
　　tierras cultivables porque el ritmo de urbanización se acelerará.

　　La gran degradación de los recursos naturales generará graves conflictos
75　sociales y políticos. La posesión de recursos específicos originará problemas
　　políticos entre los países y hará más difícil la legislación internacional.

El impacto en las zonas urbanas

　　Vivir en las ciudades será un caos. La violencia estará presente en las casas
　　y las calles. Los niveles de contaminación del aire serán inadmisibles debido
　　a la actividad industrial, al aumento del parque vehicular° y la falta de
80　conciencia ambiental. Los sistemas de salud no serán capaces de atender la
　　creciente demanda y las enfermedades más comunes serán causadas por el
　　estrés, los ataques cardiacos y otras "enfermedades urbanas". Los sistemas
　　de abastecimiento° de agua, gas y alcantarillado° ocasionarán problemas y
　　desastres; por ejemplo, habrá grandes explosiones provocadas por fugas°
85　de gas y las redes de alcantarillado no soportarán el crecimiento urbano y

	?
	?
	after
	endless
	nightmare
	reach a rate of growth
	will turn into
	exerted
	number of vehicles
	supply / sewer system
	leaks

se romperán. No habrá agua ni alimentos, y la población tendrá que buscar comida fuera de las ciudades.

El exceso de basura° generado por la población será alarmante. No habrá áreas que cumplan los requisitos para ser rellenos sanitarios° y los desechos serán comunes en zonas habitadas.

La contaminación acústica será tan extrema que la gente tendrá que usar protectores para los oídos° y habrá grandes índices de sordera°. Las personas olvidarán qué es el silencio.

Escenario optimista

Si actuamos pronto y de manera acertada°, quizá en el año 2025 vivamos en un planeta en donde el respeto y el amor serán los principios° más valiosos de una sociedad comprometida con° el presente y el futuro de la Tierra. Si promovemos el uso responsable de los recursos naturales, será posible asegurar° una larga existencia para la humanidad y el bienestar de todas las especies.

La población se estabilizará porque bajarán las tasas de natalidad debido a la planificación familiar. La gente vivirá en lugares dignos° y recibirán alimento saludable. Sus hijos se educarán en el respeto al entorno°, y las necesidades básicas serán satisfechas sin comprometer° el medio ambiente.

La formación escolar tendrá como una de sus materias° más importantes la del medio ambiente; además, propiciará° el desarrollo de las habilidades personales especiales y el crecimiento integral del ser humano.

Los medios de comunicación estarán muy comprometidos con la sociedad e incluirán una perspectiva ambiental en todas sus aportaciones.

El sector empresarial° contribuirá a la protección ambiental. Todas las industrias usarán tecnologías adecuadas y no contaminantes para generar su producción; sus productos serán de gran calidad y no dañarán° el planeta. El manejo de residuos se hará en forma responsable y se tratarán para que cuando sean devueltos al entorno natural no afecten negativamente los ecosistemas.

El impacto en las zonas urbanas

La migración a las ciudades disminuirá, y con ella las presiones sobre los recursos en las urbes°. Las metrópolis tendrán una buena administración y su infraestructura permitirá contar con° agua limpia y mejores medios de transporte público. La contaminación del aire se reducirá porque gracias a la tecnología diseñaremos mejores automóviles. Los reglamentos que rigen° en

garbage
landfills

? / deafness

correct
?
committed to

?

fitting
environment
?
subjects
it will bring about

business

will not harm

large cities
?

govern

90

95

100

105

110

115

las industrias serán más estrictos para que sus emisiones no contaminen el
120 ambiente.

Además de las multas° severas, los empresarios tendrán mayor conciencia   *fines*
ambiental. Habrá programas de reciclaje en toda la región y la aplicación
de programas educativos permitirá aminorar la acumulación de residuos.
Se castigará° con severidad a quienes tiren basura en lugares inadecuados   ?
125 y los tiraderos° serán mejor administrados, por lo que afectarán menos a la   ?
población y al medio ambiente.

La tecnología estará al servicio del cuidado del medio ambiente y nos ayudará a
crear opciones para mejorar la situación ambiental.

Después de leer

Comprensión

For grammar support:
Abriendo paso: Gramática

C. Al punto. Contesta las siguientes preguntas.

1. En el primer párrafo, los jóvenes mencionan tres cosas que quieren lograr. ¿Cuáles son?

2. Identifica dos aspectos ambientales característicos de América Latina y el Caribe que se mencionan en el artículo.

3. A través de los siglos, la explotación de los recursos naturales de América Latina y el Caribe ha ido aumentando. Cita uno de los momentos históricos en que ocurrió esto que se menciona en el documento.

4. Según los jóvenes, ¿a qué tipo de medio ambiente tienen derecho los ciudadanos?

5. ¿Cuál es un resultado ambiental de que el 75% de la población viva en zonas urbanas?

6. ¿Cuáles son dos fenómenos que resultan del proceso global de cambio climático en la región?

7. ¿Con qué propósito debemos desarrollar una conciencia ambiental?

8. Indica dos cambios negativos que se mencionan en el escenario pesimista como resultado de no proteger los recursos naturales.

9. Haz una lista de por lo menos tres problemas con los que se enfrentarán las zonas urbanas, según el escenario pesimista.

10. En el escenario optimista, ¿qué cambios habrá en la educación?

11. ¿Cuál será el papel de los medios de comunicación en este escenario?

12. Haz una lista de por lo menos tres problemas de las zonas urbanas cuyo impacto disminuirá a causa de la disminución de la migración a las ciudades.

Para ampliar el vocabulario

D. De la misma familia. Escribe una palabra de la misma familia, es decir, palabras que tengan la misma raíz que la palabra dada. Si es un sustantivo, escribe el artículo definido correspondiente.

la importancia   [6]

diversas   [17]

obligar   [27]

ambientales   [29]

la destrucción   [32]

económicas   [40]

los alimentos   [72]

E. En contexto. ¿Cómo le explicarías las siguientes palabras a una persona que no sabe lo que quieren decir? Usa tus propias palabras, sinónimos o una situación para tu explicación.

los recursos   [7]

las décadas   [22]

los derechos   [27]

sano   [28]

urbanas   [30]

la contaminación   [30]

F. Sinónimos. Busca el sinónimo de las palabras que aparecen en la columna A en la columna B. Hay más palabras de las que necesitas.

A

_____ **1.** el estado [2]

_____ **2.** las preocupaciones [3]

_____ **3.** detener [6]

_____ **4.** el entorno [19]

_____ **5.** exigir [26]

_____ **6.** disfrutar [28]

_____ **7.** los incendios [35]

B

a. requerir

b. acertar

c. parar

d. los acontecimientos

e. el ambiente

f. las inquietudes

g. los alrededores

h. resistir

i. la condición

j. gozar

k. los fuegos

G. **Antónimos.** Busca el antónimo de las palabras que aparecen en la columna A en la columna B. Hay más palabras de las que necesitas.

A

_____ **1.** actual [2]

_____ **2.** principales [3]

_____ **3.** la degradación [7]

_____ **4.** destacadas [18]

_____ **5.** respeten (respetar) [27]

_____ **6.** el aumento [37]

B

a. secundarios

b. tropezar

c. insignificantes

d. pasado

e. el envejecimiento

f. la mejora

g. la reducción

h. despreciar

i. devastadas

Reflexión

H. **Posibles soluciones a los problemas ambientales.** En el texto que acabas de leer, los jóvenes dicen que su meta final es buscar "las ideas y las aportaciones de todos para generar soluciones". En el ejercicio A de *Antes de leer,* tú y tus compañeros intercambiaron ideas acerca de los problemas ambientales de la comunidad en que viven y de lo que se ha hecho para mejorar la situación. Vuelvan a reunirse y usen lo que han aprendido para generar algunas ideas sobre otras posibles soluciones a los problemas de su comunidad. Finalmente, compartan sus posibles soluciones con la clase y entre todos escojan las mejores.

Perspectivas culturales

I. **La Amazonia peruana.** En la lectura se mencionan varios ecosistemas que se encuentran en América Latina y el Caribe. La Amazonia es una vasta región en la parte norte y central de América del Sur. La constituye la selva tropical de la cuenca del río Amazonas. El Brasil y el Perú poseen la mayor extensión de la Amazonia. El gobierno del Perú ha declarado varias áreas de la Amazonia como zonas de protección. Investiga en Internet una de las siguientes áreas naturales protegidas en el Perú y escribe un párrafo en el que incluyas: el clima, lo que se encuentra allí y su importancia ecológica.

La Reserva Nacional Matsés

El Parque Nacional del Río Abiseo

La Reserva Nacional Pacaya Samiria

El Parque Nacional del Manú

Contextos para la comunicación

For grammar support:

 Abriendo paso: Gramática

A Texto auditivo: El Día Mundial del Medio Ambiente

Vas a escuchar una grabación. Primero, tienes un minuto para leer la introducción y las preguntas. Luego vas a escuchar la grabación dos veces. Mientras escuchas, puedes tomar apuntes. Después de escuchar por primera vez, tienes un minuto para contestar las preguntas. Después de escuchar por segunda vez, vas a tener dos minutos para terminarlas.

Introducción

La siguiente grabación viene de Radio ONU (la Organización de las Naciones Unidas) e incluye una entrevista con Margarita Astrálaga, la Directora Regional y Representante del Programa de la ONU para el Medio Ambiente para América Latina y el Caribe. El tema de la entrevista es el Día Mundial del Medio Ambiente. La grabación dura unos cinco minutos.

1. En 2011, ¿cuál fue el lema (*slogan*) del Día Mundial del Medio Ambiente?

2. El Día Mundial del Medio Ambiente busca celebrar acciones medioambientales positivas. Menciona dos de las iniciativas que quieren que la gente adopte.

3. Margarita Astrálaga, directora del programa de la ONU para América Latina y el Caribe, menciona varios servicios que proporcionan los bosques y que ayudan a la gente de la región. Menciona dos de estos servicios.

4. La directora del programa dice que los que tienen interés en el medio ambiente han hecho muchos esfuerzos, pero están "en desventaja en una carrera contra el tiempo". ¿Qué quiere decir con esta declaración?

5. En 2011, ¿por qué tuvo lugar en la India la celebración mundial?

6. Da un ejemplo que menciona la directora de la degradación del medio ambiente relacionado con el cambio climático.

B Composición: El agua embotellada

Escribe un ensayo persuasivo de por lo menos 200 palabras titulado "El agua embotellada, ¿es necesaria?". En tu ensayo debes presentar los diferentes puntos de vista de sobre el tema, expresar tu propio punto de vista y apoyarlo con ejemplos concretos.

1. Haz una lista de las palabras o expresiones que te vienen a la mente sobre el tema.

2. Busca en Internet información acerca del uso y del costo económico y ambiental de la producción del agua embotellada y toma apuntes que te ayuden a presentar tus ideas.

3. Organiza tus ideas de una manera lógica. Recuerda que en un ensayo persuasivo estás tratando de convencer a otra persona con hechos específicos.

4. Trata de incorporar por lo menos tres de las siguientes expresiones en tu presentación.

aun cuando	*even when*
de lo contrario	*otherwise*
a pesar de que	*in spite of*
siempre que	*whenever, provided that*
como si	*as if*

5. No olvides que tendrás que revisar varias veces no solo el contenido y la gramática, sino también la organización de tu trabajo.

C Investigación en Internet: De la conciencia a la acción

Trabaja con un grupo pequeño de tus compañeros para diseñar una actividad para promover el Día de la Tierra en tu escuela.

1. Busca información acerca del Día de la Tierra en Internet (cuándo, dónde y por qué se empezó a celebrar el día, cuándo empezó a expandirse internacionalmente, la participación de las Naciones Unidas y los diferentes temas ambientales tratados desde el año 2000).

2. Juntos diseñen una actividad comunitaria que aumente la conciencia del medio ambiente de los alumnos y que ayude a convertir esa conciencia en acción.

Ⓓ Comparación cultural: Los parques nacionales

En este ejercicio vas a comparar un parque nacional en los Estados Unidos con uno en América Latina o en España. Primero, escoge un parque de cada una de las siguientes listas. Si lo deseas, puedes escoger otro parque pero debes consultarlo con tu profesor(a).

Parques nacionales estadounidenses	Parques nacionales hispanos
Cañón Bryce	Teide
El Gran Cañón	Iguazú
Los Everglades	Manú
Yellowstone	Isla del Coco
Zion	Sangay
Yosemite	Las Cavernas Río Camuy

1. Incluye esta información en tu presentación:

- las razones para establecer los parques
- el estado (o el país) donde se encuentran
- el año en que se designó cada uno
- las características de cada parque y su importancia para el medio ambiente
- las semejanzas o diferencias que notes entre el parque estadounidense y el hispano

2. Comparte lo que has aprendido con la clase.

Ⓔ Presentación oral: La economía contra el medio ambiente

Vas a compartir tu opinión con un(a) compañero(a). Imagina que eres ecologista y él (ella) te ha dicho que los daños medioambientales son el precio que se debe pagar como consecuencia del desarrollo económico. ¿Qué le contestarías? ¿Crees que es necesario que sigamos actuando como si ese dilema fuera inevitable? ¿Qué resultados negativos se pueden ver ya a causa del comportamiento de algunos individuos y de algunas empresas? ¿Cómo podemos evitarlos?

- Usa lo que has aprendido y, si es necesario, investiga el tema un poco más.
- Haz una lista de por lo menos cinco puntos que te ayuden a defender el medio ambiente ante un(a) compañero(a) que cree que, para progresar, los daños son inevitables.

Preguntas del capítulo

Ahora que has discutido la lectura y tienes mejor conocimiento del tema, tu profesor(a) va a reanudar la discusión de las preguntas del capítulo. Repasa brevemente los apuntes y ejercicios que ya completaste.

- ¿Cuáles son los principales problemas del medio ambiente que afectan a las comunidades y localidades del mundo?

- ¿Cuáles son los orígenes y las consecuencias del problema ambiental?

- ¿Cuáles son algunas estrategias posibles para que todos puedan disfrutar de un medio ambiente sano en el futuro?

CAPÍTULO 34

El pensamiento filosófico y la religión

LECTURA: Un estudio revela el "ingrediente secreto" de las religiones

En portada

Describe detalladamente la foto. Incluye la información de las preguntas a continuación en tu descripción.

1. ¿Qué te sugiere esta foto? ¿Qué emociones sientes al mirarla?

2. ¿Qué aspecto de la realidad muestra? ¿Te hace pensar en algo más allá de la realidad? Menciona algunas cosas o algunas preguntas que te vienen a la mente.

3. ¿Crees que la foto se puede relacionar con el pensamiento filosófico o la religión? ¿De qué manera?

Preguntas del capítulo

Las siguientes preguntas te servirán de guía y te ayudarán a comprender el tema más a fondo. Tenlas presentes a lo largo del capítulo.

- ¿De qué manera afectan la religión y la filosofía a las comunidades tanto locales como nacionales y mundiales?

- ¿Cómo afectan las perspectivas y prácticas religiosas a la vida diaria?

- ¿Cómo ha cambiado y cómo cambiará en el futuro el panorama de las religiones?

Lectura

Un estudio revela el "ingrediente secreto" de las religiones

Antes de leer

> **Estrategia:** *El uso de la letra negrita para adivinar de qué se trata el texto*
>
> A menudo aparecen unas frases en negrita (*boldface*) en un artículo que nos ayudan a tener una idea de lo que vamos a leer. Además, es común que los autores usen las negritas a lo largo del texto para resaltar sus puntos principales, frecuentemente en los "subtítulos".
>
> - **¡Ponla en práctica!** Lee todo lo que está escrito en letra negrita al principio del artículo (pág. 374) y, junto con el título, úsalo para predecir el tema. Luego, en tus propias palabras, escribe una frase en la que resumas el tema. Una vez que hayas leído el artículo, podrás comprobar si acertaste.

A. ¿Qué es la felicidad? Vas a compartir con un grupo pequeño de tus compañeros tus ideas acerca de lo que constituye la felicidad.

1. Haz una lista de cinco situaciones en las que te sientes feliz. ¿Qué es lo que tienen en común estas situaciones? Luego, escribe tu propia definición de la palabra "felicidad".

2. Comparte tu definición con un grupo pequeño de tus compañeros y luego discute con ellos las siguientes preguntas: ¿Qué tienen en común las definiciones de los miembros del grupo? ¿Hay algún elemento importante que no se incluyó en ninguna de las definiciones? ¿Cuál es?

B. El bienestar. Hay mucha gente que no se siente satisfecha con la vida que tiene. Prepárate para compartir con un(a) compañero(a) tus ideas acerca de este problema, sus causas y algunas soluciones.

1. Haz unos apuntes en los que incluyas por lo menos tres cosas que crees que contribuyen a esta situación y también algunas cosas que podrían aumentar el bienestar de la gente. Incluye las palabras y expresiones que vas a necesitar para expresar tus ideas.

2. Luego, toda la clase va a compartir sus observaciones.

> **For grammar support:**
> *Abriendo paso: Gramática*

Introducción

Hay unos cuantos estudios que analizan la relación entre la religiosidad y el sentimiento de bienestar de la gente. En el artículo que vas a leer, se habla de un estudio en el cual se sugiere una causa de esta relación. El artículo apareció en la sección "Tendencias de las religiones" en *Tendencias 21,* una revista electrónica.

Al leer

Mientras lees, ten en cuenta los siguientes puntos:

- la relación entre la religiosidad y el bienestar de una persona
- la causa que se sugiere para esta relación
- la relación entre el bienestar y la amistad
- la manera en que esta información se puede usar para mejorar la vida de las personas

Un estudio revela el "ingrediente secreto" de las religiones

por Yaiza Martínez

in life / they encourage

Pueden aumentar la satisfacción vital°, si fomentan° las relaciones sociales íntimas

degree

link

promote

would strengthen / belonging

En los últimos años, diversos estudios han revelado que existe una relación positiva entre la religiosidad y el grado° de satisfacción vital. Sin embargo, hasta ahora, no se había establecido la causa de este vínculo°. Científicos estadounidenses han descubierto que las religiones aumentarían el bienestar psicológico de los individuos gracias a que promueven° las relaciones sociales íntimas. Según ellos, serían los amigos que se hacen en las congregaciones los que conferirían a estas un valor real y tangible, los que fortalecerían° el sentimiento individual de pertenencia° a una comunidad. 5

10

La relación entre la religiosidad y la satisfacción vital ha sido ampliamente estudiada. Por ejemplo, en 2006 una investigación realizada por científicos del Departamento de Psicología del Albion College de Estados Unidos reveló que la religiosidad puede aumentar el bienestar psicológico.

15

conducted

?

Por otro lado, este mismo año, un estudio llevado a cabo° por especialistas del Rush University Medical Center de Chicago estableció que las creencias religiosas podían proteger° contra los síntomas de la depresión. Sin embargo,

hasta el momento, no se había analizado el porqué del efecto positivo de
20 la religión en quienes la profesan. Ahora, científicos de la Universidad
Wisconsin-Madison, en Estados Unidos, han descubierto una posible causa de
dicho° efecto.   *?*

Satisfacción vital y amistades

En un artículo publicado por la American Sociological Review, los autores del
estudio, Chaeyoon Lim, profesor de sociología de la Universidad de Wisconsin
25 Madison, y Robert D. Putnam de la Universidad de Harvard, explican que el
"ingrediente secreto" de la religión podría radicar en° los aspectos sociales de   *lie in*
las prácticas religiosas, más que en la teología (las creencias personales o la
religión a la que se pertenece°), la espiritualidad o aspectos como la frecuencia   *belong*
de la oración o la sensación de la presencia de Dios en la propia vida.

30 Según ellos, serían las relaciones° cultivadas en las congregaciones religiosas lo   *?*
que propiciaría° la satisfacción vital de los creyentes°.   *would bring about / ?*

Para su estudio, los investigadores utilizaron datos de una encuesta° llamada   *survey*
"Faith Matters Study", que fue realizada a una muestra° representativa de   *sample*
adultos norteamericanos entre los años 2006 y 2007.

35 A partir de esta encuesta, Lim y Putnam establecieron que el 33% de las
personas que afirmaron acudir° a servicios religiosos semanalmente tenía entre   *?*
tres y cinco amigos íntimos en sus respectivas congregaciones.

Todas ellas afirmaron sentirse "extremadamente satisfechas" con sus vidas (la
satisfacción vital extrema fue señalada con un 10, en una escala del uno al 10).

Redes sociales íntimas

40 En comparación con este primer grupo, solo el 19% de aquellos individuos
que asistían a servicios religiosos semanalmente, pero que en ellos no
habían encontrado amistades cercanas°, informaron de ese mismo grado de   *?*
satisfacción vital.

Por otra parte, el 23% de las personas que acudían a servicios religiosos solo
45 varias veces al año, pero que en sus congregaciones sí contaban con entre tres
y cinco amigos íntimos, también afirmaron encontrarse "extremadamente
satisfechas" con sus vidas.

Por último, el 19% de las personas que no asistían nunca a servicios religiosos
también señalaron° sentirse extremadamente satisfechas con sus vidas.   *?*

Según declaraciones de Lim recogidas por EurekAlert, estos resultados señalan 50
que no serían la asistencia a las iglesias ni los sermones ni la oración lo que
hace a la gente feliz, sino las redes sociales íntimas que se tejen° dentro de los
grupos religiosos.

are developed

Lim afirma que a las personas les gusta sentir que pertenecen a algo y que
"una de las funciones más importantes de la religión es aportar° a la gente el 55
sentimiento de pertenencia a una comunidad moral basada en la fe religiosa".

?

Esta comunidad, sin embargo, puede convertirse° en algo remoto o abstracto
a no ser que° las personas que pertenezcan a ella desarrollen un círculo de
amigos con los que compartir° una identidad similar.

?
unless
?

Los amigos que un individuo hace en cualquier congregación son los que le 60
dan a esta un valor real y tangible, los que fortalecen el sentimiento individual
de pertenencia a la comunidad.

Iniciativas sociales

Según Lim, los resultados del estudio serían aplicables a las tres tradiciones
cristianas principales (la protestante, la católica y la evangélica protestante),
aunque patrones° similares fueron encontrados también en judíos y mormones 65
(de los que se analizó una muestra mucho menor de adultos).

patterns

Entre los individuos estudiados no había los suficientes musulmanes o budistas
para comprobar° el efecto beneficioso de otras religiones, como consecuencia
de la formación de redes sociales, explican los investigadores.

?

Lim y Putnam concluyen que sería el apoyo social y moral que aportan las 70
comunidades religiosas lo que propicia° la satisfacción vital de las personas
que pertenecen a ellas y que, por tanto, los líderes religiosos deberían invertir
más tiempo, recursos° y talento en el desarrollo de la dimensión social de sus
congregaciones, con iniciativas como la formación de grupos de apoyo o de
oración, la organización de encuentros y la formación de coros. 75

brings about

?

De esta forma, podrían hacer más felices a sus seguidores°, y conseguir que
estos sean miembros más activos dentro de sus propias congregaciones.

?

Anteriormente, ya se habían relacionado las relaciones sociales con el grado
de satisfacción vital de los humanos. Un estudio llevado a cabo en el año
2006, en Bangladesh, por científicos de la Universidad inglesa de Bath, reveló 80
que la felicidad está relacionada directamente con el cultivo de las relaciones
personales, con la calidad de las relaciones familiares, y con el hecho de sentirse
respetado e influyente en la comunidad a la que se pertenece.

Después de leer

Comprensión

C. Al punto. Contesta las siguientes preguntas.

1. Según varios estudios, ¿qué efecto puede tener la religiosidad en el sentimiento de bienestar de la gente?

2. Según los investigadores, ¿cuál es una posible causa de ese efecto?

3. En el artículo publicado por la American Sociological Review, ¿a qué conclusión principal llegaron sobre por qué las religiones contribuyen a que las personas se sientan contentas?

4. Según los investigadores, ¿qué otros elementos religiosos contribuyen, pero con menos efecto, al bienestar de los creyentes?

5. Completa el siguiente esquema con los datos que resultaron del estudio "Faith Matters".

Asistencia a servicios religiosos:	semanalmente	varias veces al año	ninguna
Número de amistades en la congregación	3–5	3–5	_____
Porcentaje de "extremadamente satisfechas"	_____	_____	_____

6. Según Lim, considerando los resultados de este estudio, ¿cuál es una de las misiones más importantes de la religión? ¿Por qué la considera tan valiosa?

7. ¿Por qué no se pudieron confirmar los efectos beneficiosos de las redes sociales entre los musulmanes o los budistas?

8. Según Lim y Putnam, ¿qué deben hacer los líderes religiosos para mejorar el sentimiento de satisfacción de su congregación?

9. Si los líderes religiosos ponen en práctica las sugerencias de Lim y Putnam, según los investigadores, ¿qué resultados tendrán?

10. ¿Qué se sabía acerca de las relaciones sociales como resultado de un estudio anterior hecho en Bangladesh?

Para ampliar el vocabulario

D. De la misma familia. Escribe una palabra de la misma familia, es decir, palabras que tengan la misma raíz que la palabra dada. Si es un sustantivo, escribe el artículo definido correspondiente.

diversos   [3]

los científicos   [5]

las creencias   [17]

los investigadores   [32]

representativa   [33]

la asistencia   [51]

feliz   [52]

concluyen (concluir)   [70]

E. **En contexto.** ¿Cómo le explicarías las siguientes palabras a una persona que no sabe lo que quieren decir? Usa tus propias palabras, sinónimos o una situación para tu explicación.

las congregaciones   [9]   semanalmente   [36]

el estudio   [16]   las amistades   [42]

la oración   [29]   compartir   [59]

los creyentes   [31]   felices   [76]

F. **Sinónimos.** Busca el sinónimo de las palabras que aparecen en la columna A en la columna B. Hay más palabras de las que necesitas.

A

_____ **1.** aumentar [1]

_____ **2.** diversos [3]

_____ **3.** conferirían (conferir) [9]

_____ **4.** el sentimiento [10]

_____ **5.** utilizaron (utilizar) [32]

_____ **6.** acudir [36]

_____ **7.** aportar [55]

B

a. divididos   **h.** conceder

b. cándidos   **i.** el pensamiento

c. la sensación   **j.** contribuir

d. incrementar

e. usar

f. diferentes

g. asistir

G. **Antónimos.** Busca el antónimo de las palabras que aparecen en la columna A en la columna B. Hay más palabras de las que necesitas.

A

_____ **1.** aumentar [1]

_____ **2.** íntimas [2]

_____ **3.** últimos [3]

_____ **4.** revelado (revelar) [3]

_____ **5.** fortalecerían (fortalecer) [10]

_____ **6.** secreto [26]

_____ **7.** afirmaron (afirmar) [36]

B

a. predecir   **h.** superficiales

b. astutas   **i.** debilitar

c. negar   **j.** reducir

d. ocultar

e. evidente

f. entero

g. primeros

Reflexión

H. **Tu opinión sobre el tema.** Piensa en lo que has leído y en tu propia experiencia. Escribe un párrafo corto en el que resumas los resultados del estudio de Lim y Putnam y otro párrafo explicando tu opinión acerca de los resultados. Si lo deseas, puedes usar ejemplos de tu experiencia personal o de la de una persona que conoces o de quien has oído hablar (no debes mencionar su nombre) para apoyar tus ideas. Antes de escribir los párrafos, haz una lista de los puntos más importantes. Esto te va a ayudar a organizar tus ideas.

Conexiones interdisciplinarias

I. **Las religiones más numerosas.** En el mundo existen un sinnúmero de creencias religiosas que ayudan a los seres humanos a explicar los misterios de la vida y la muerte. Todas ellas conviven en los distintos continentes y países, algunas de manera pacífica y otras en conflicto. Mira el siguiente mapa en el que se encuentra el mayor número de creyentes de las religiones enumeradas y completa el ejercicio que lo sigue.

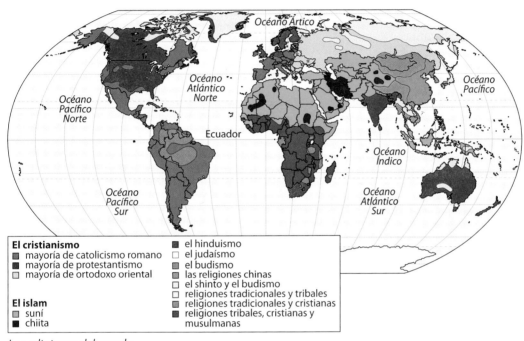

Las religiones del mundo

1. Contesta las siguientes preguntas.
   - ¿Cuál es la religión que tiene más creyentes en los países hispanos? ¿En los Estados Unidos? ¿En los países europeos?
   - ¿Puedes adivinar por qué es así?

2. Menciona otro dato que te llamó la atención mientras estudiabas el mapa. ¿Por qué te parece interesante? Vas a compartir tus ideas con la clase.

Abriendo paso

Contextos para la comunicación

A Texto auditivo: La iglesia y la ciencia

Vas a ver un video. Primero, tienes un minuto para leer la introducción y las preguntas. Luego vas a escuchar la grabación dos veces. Mientras escuchas, puedes tomar apuntes. Después de escuchar por primera vez, tienes un minuto para contestar las preguntas. Después de escuchar por segunda vez, vas a tener dos minutos para terminarlas.

Introducción ▶

Este video apareció en la sección de noticias de BBC Mundo. En él se presenta una iniciativa para modernizar la relación entre la iglesia católica y la ciencia. La grabación dura unos dos minutos.

1. ¿Qué han tratado de hacer la iglesia y la ciencia a través de los años?

2. Durante siglos, ¿cómo fue la relación entre la iglesia y la ciencia?

3. ¿Qué tipo de material estará incluido en el proyecto?

4. ¿Cuál es el objetivo de la nueva página de Internet?

5. ¿Qué tratan de explicar el Vaticano y la Agencia Espacial Italiana?

6. ¿Qué datos se pueden encontrar en el sitio?

7. ¿Qué le sucedió a Giordano Bruno? ¿Por qué?

B Presentación oral: Las religiones menos extendidas

Vas a trabajar con un grupo para aprender más acerca de una de las religiones menos extendidas. El (La) profesor(a) va a asignarles una de las siguientes religiones: el budismo, el confucianismo, el hinduismo, el islamismo o el judaísmo.

1. Para prepararte, busca información en Internet acerca de la religión que le asignaron a tu grupo. También puedes consultar con un(a) amigo(a) que practique esa religión.

2. En la presentación incluyan:
   - información acerca del inicio de la religión (dónde, cuándo, quién…)
   - las creencias principales que tiene
   - el número de personas que la profesan
   - los países en los que hay mayor número de practicantes y el porcentaje de la población que la practica
   - el número de practicantes en el mundo hispanohablante y en los Estados Unidos y cómo ha cambiado este número en los últimos diez años

3. Cada grupo tiene que preparar una lámina con los puntos principales dc la presentación y cada persona tiene que comunicar parte de la información. Escribe en una ficha los datos principales y las palabras y expresiones que necesites para tu segmento. No podrás leer la información.

C Investigación en Internet: Los creyentes en el futuro

Busca información en Internet acerca de lo que se proyecta en cuanto al aumento o la disminución de creyentes en el futuro para cada uno de estos grupos religiosos: los católicos, los budistas, los hindúes, los judíos y los musulmanes. Vas a compartir tu información con un grupo pequeño de tus compañeros y juntos van a resumirla y preparar un gráfico que ilustre las proyecciones. Luego, usen el gráfico para presentarle la información a la clase. Usa tus apuntes como guía.

D Composición: El pensamiento filosófico y la religión

La filosofía y la religión son dos de las maneras por las cuales las personas buscan entender la realidad y la conducta de los seres humanos. Muchos filósofos piensan que la filosofía siempre ha sido una constante búsqueda de la mejor forma de vida humana, de la excelencia en la armonía con la naturaleza y de la coincidencia de ideas u opiniones entre las personas. ¿Crees que se podría decir eso acerca de la religión? ¿Por qué? ¿Qué semejanzas y diferencias hay entre la filosofía y la religión en cuanto a su búsqueda de entender la realidad y la conducta de los seres humanos?

1. Escribe una composición de por lo menos 200 palabras en la que contestes las preguntas y des tu opinión acerca de las ideas expresadas.

2. Trata de incorporar por lo menos tres de las siguientes expresiones en tu presentación.

sino que	but, but rather
en primer lugar	in the first place
con respecto a	with respect to, regarding
por lo tanto	therefore
me parece que	it seems to me that

3. Recuerda que debes revisar varias veces el contenido y también la organización y la gramática de tu trabajo.

E Presentación escrita: La religión cristiana y las creencias indígenas americanas

En el catolicismo de Latinoamérica se han incorporado algunas creencias indígenas que se han conservado hasta hoy en día.

1. Escribe un informe sobre uno de los siguientes temas:

   - el Día de los Muertos (especialmente en México y Guatemala)
   - la santería (especialmente en Cuba, la República Dominicana, Puerto Rico y Venezuela)

2. Busca información en Internet y en otros medios y toma apuntes sobre: sus orígenes prehispánicos, su incorporación al cristianismo y las celebraciones y los rituales en el mundo hispánico de hoy. Luego, organiza tus ideas y escribe el informe.

3. Comparte tu informe con un(a) compañero(a) quien te dará consejos para mejorarlo.

4. Antes de entregárselo a tu profesor(a), haz las correcciones necesarias teniendo en cuenta las ideas de tu compañero(a) en cuanto a las sugerencias y el contenido.

F Presentación oral: La libertad de religión

Vas a compartir tus ideas sobre el tema de la libertad de religión con un grupo pequeño de tus compañeros. ¿Qué sabes acerca de la libertad de religión en los Estados Unidos? ¿Qué dice la Constitución de los Estados Unidos en cuanto a la religión? ¿Conoces algún abuso de la libertad de religión que ha ocurrido recientemente en tu comunidad, en el país o en el mundo? ¿Cuál es?

1. Haz una lista de todo lo que te viene a la mente cuando piensas en el tema y en las preguntas anteriores.

2. Busca en Internet información acerca de esa libertad y haz algunos apuntes que te ayuden a discutir tus ideas sobre lo siguiente:

   - la importancia que tiene en la vida diaria lo que se dice en la Constitución
   - la importancia general de la libertad de religión en la vida diaria de un país
   - la importancia de tener leyes que protejan la libertad de religión
   - los resultados de no tener esas protecciones
   - un ejemplo de violación de esa libertad

3. Usa tus apuntes para discutir tus ideas con tu grupo.

4. Finalmente, compartan los puntos principales acerca de los temas anteriores con la clase.

G Comparación cultural: Maneras de celebrar la Semana Santa

Distintos grupos de fieles celebran la Semana Santa de maneras diferentes.

1. Busca información en Internet y toma algunos apuntes acerca de cómo uno de los grupos de descendencia hispana que vive en los Estados Unidos (mexicanos, cubanos, puertorriqueños, colombianos, dominicanos u otros) celebra la Semana Santa.

2. Luego, compara la manera en la que la celebran en los EE.UU. con la celebración en su país de origen.

3. Añade también la manera en que los que no son hispanos celebran la Semana Santa en los EE.UU.

4. Usa esta información para escribir una composición en la que incorpores las semejanzas y diferencias, así como las actividades familiares, comunitarias y religiosas que tienen lugar durante esta semana. No te olvides de plantear tus ideas de manera organizada y de revisar tu ensayo una vez que lo hayas escrito.

H Presentación oral: Las misiones españolas en los Estados Unidos

Al llegar al continente americano, los españoles trataron de propagar la religión católica mediante una amplia labor misionera. Busca en Internet información sobre las misiones religiosas que todavía existen en el suroeste de los Estados Unidos y diseña un mapa en el que aparezcan dos de las misiones y la información que encontraste acerca de ellas, por ejemplo:

- el estado en que se encuentran
- algo sobre su fundación (quiénes, cuándo, propósito)
- cuánto tiempo se usaron
- la función de la misión hoy día

Vas a usar el mapa y la información para hacerle una breve presentación oral a la clase. Recuerda que vas a usar tus apuntes. No podrás leer la presentación.

Preguntas del capítulo

Ahora que has discutido la lectura y tienes mejor conocimiento del tema, tu profesor(a) va a reanudar la discusión de las preguntas del capítulo. Repasa brevemente los apuntes y ejercicios que ya completaste.

- ¿De qué manera afectan la religión y la filosofía a las comunidades tanto locales como nacionales y mundiales?

- ¿Cómo afectan las perspectivas y prácticas religiosas a la vida diaria?

- ¿Cómo ha cambiado y cómo cambiará en el futuro el panorama de las religiones?

La población y la demografía

LECTURA: Somos 7.000 millones

En portada

Preguntas del capítulo

Las siguientes preguntas te servirán de guía y te ayudarán a comprender el tema más a fondo. Tenlas presentes a lo largo del capítulo.

- ¿Cuáles son algunos de los hechos o las circunstancias que afectan la demografía* de una sociedad?

- ¿Cómo ha cambiado a través de los años la población mundial y qué resultados ha tenido este cambio?

- ¿Qué pueden hacer los individuos y los gobiernos para asegurar una población educada, saludable y bien alimentada?

Describe detalladamente las fotos. Incluye la información de las preguntas a continuación en tu descripción.

1. ¿Qué mensaje comunican las fotos?

2. ¿Crees que lo comunican bien? Explica tu respuesta.

3. ¿Te parece importante el mensaje?

4. Haz una lista de por lo menos tres desafíos mundiales que podrían resultar del problema que se comunica en estas imágenes. Describe su impacto en la población mundial.

---

*La demografía es el estudio de las características sociales de cierta población y de su desarrollo a través del tiempo. Para el estudio se recogen y analizan datos como la población por edades, la migración, la esperanza de vida, los efectos sociales y económicos, etc.

Lectura

Somos 7.000 millones

Antes de leer

> **Estrategia:** *El uso de la nota publicitaria para determinar el tema*
>
> A veces, al principio de un artículo de periódico aparece una nota publicitaria (*blurb*) en la que se resume el tema del artículo.
>
> - **¡Ponla en práctica!** La nota publicitaria del artículo que vas a leer aparece en la próxima página. Léela con cuidado para entender mejor el tema.
>
> Luego, escribe tres frases en las que incluyas: tres retos que piensas que el autor del artículo va a incluir y tu opinión acerca de si estamos o no preparados para afrontarlos. Después de leer el artículo, podrás comprobar si tus ideas coinciden con las del autor.

A. **Los retos de los 7.000 millones.** Usa lo que escribiste en **¡Ponla en práctica!** y contesta estas preguntas. ¿Te alarma que ya haya más de 7.000 millones de habitantes? ¿Crees que hay manera de prevenir los retos que enumeraste? ¿Qué se podría hacer? Usa ejemplos para apoyar tus ideas. Luego, vas a participar en una discusión.

B. **Nuestra comunidad.** Vas a compartir algunos datos demográficos de tu comunidad. Antes de discutirlos, busca información en Internet que te ayude a contestar estas preguntas.

- ¿Cuántas personas viven en tu ciudad o pueblo?
- ¿Ha aumentado o disminuido la cantidad de personas en los últimos 20 años?
- ¿Cuál es la edad promedio de las personas que viven allí?
- Recientemente, ¿se han ido algunos de tus familiares, vecinos, compañeros a otro país, estado, ciudad o pueblo?
- En tu escuela, ¿hay alumnos recién llegados de otros lugares?

Cada grupo va a para preparar un resumen demográfico de su comunidad que incluya un análisis de la población por edad y patrones de inmigración y emigración. Van a compartir su resumen con la clase.

> **For grammar support:**
> *Abriendo paso: Gramática*

Introducción

En el artículo que vas a leer, se examina si estamos preparados para una población mundial que ya sobrepasó los 7.000 millones y sigue creciendo. El artículo apareció en una edición especial del periódico *El País*.

Al leer

Mientras lees, ten en cuenta los siguientes puntos:

- los retos (alimentarios, energéticos o laborales) que podrían resultar del aumento de la población
- algunas posibles soluciones a los retos
- lo que se necesita para poner esas soluciones en acción

Somos 7.000 millones

por María Sainz

El planeta tiene ya 7.000 millones de habitantes y en 2050 probablemente superará° los 9.000 millones. ¿Estamos preparados para afrontar° los retos° que se esconden detrás de estas cifras°?

? / ? / challenges
figures

El incremento de la población nos obliga a enfrentarnos a problemas complejos
5 *en el ámbito° de la alimentación, los recursos energéticos, el medio ambiente o*
la política de migraciones. Un panorama para el que no tenemos precedentes
normativos° o institucionales. ¿Debemos limitar el crecimiento de la población o
aprender a gestionar° los recursos de manera más eficiente y sostenible? ¿Es un
problema de cuántos o es un problema de cómo? ¿Tenemos planeta para tanta
10 *gente?*

arena

statutory
manage

La idea de una población que podría superar los 9.000 millones de personas en
2050 plantea retos en ámbitos tan fundamentales como la producción agraria°,
el abastecimiento° energético o la conformación de los mercados globales de
trabajo. Cada uno de ellos está sujeto a un complejo equilibrio de necesidades
15 y limitaciones físicas y políticas. En palabras de Alex Evans, director del
programa de la Universidad de Nueva York sobre Globalización y Escasez°: "La
globalización ha mejorado los estándares de vida de millones de personas, pero
la creciente escasez de recursos implica que [el sistema] corre el riesgo de ser
víctima de su propio éxito°".

?
supply

Shortage

success

20 Pensemos, por ejemplo, en la alimentación. Aunque en este momento
el número de personas que pasa hambre se acerca a los mil millones, los

expertos coinciden en que el planeta todavía produce alimentos suficientes para abastecer a la población mundial. El futuro, sin embargo, sugiere un panorama más sombrío°. De acuerdo con los datos de la FAO [Organización de las Naciones Unidas para la Alimentación y la Agricultura], las necesidades alimentarias de la población en 2050 podrían incrementarse en un 70% con respecto a las actuales, lo que supone un verdadero reto para un sistema productivo que ha empezado a tantear° sus límites. La extensión de tierra disponible para la producción agraria tocó techo° a principios de la pasada década, mientras que el crecimiento del rendimiento medio° de los cultivos° ha caído a la mitad desde 1960 como consecuencia del agotamiento° de los recursos y los efectos del calentamiento global. En otras palabras, en el futuro estaremos obligados a producir más con menos, lo que ya ha convertido a muchas regiones pobres en el escenario de una competición internacional por el control de recursos estratégicos como la tierra o el agua.

?
reach
reached its peak
average yield / crops
exhaustion

Pero la variable poblacional que posiblemente despierte más recelos° sociales y políticos es la que se refiere al futuro de los mercados globales de trabajo, cuya composición escapa a menudo al control de los gobiernos. Un influyente estudio realizado en 2008 por la Universidad de Harvard y el Center for Global Development establecía que un inmigrante medio que llega a los EE.UU. multiplica por tres su capacidad adquisitiva°, además de acceder a redes de protección impensables° en su país de origen. Los datos con respecto a Europa no son muy diferentes. Mientras tanto, las tendencias presentadas esta semana por el Fondo de Población de las Naciones Unidas siguen mostrando un planeta en el que las generaciones más jóvenes se concentran en los países pobres y las más ancianas en el mundo desarrollado°; un mundo cuyo sistema de protección social necesita una pirámide de población* de base ancha. Lant Pritchett, profesor de Harvard y uno de los autores del estudio, nos expresaba el dilema en estos términos: "La fuerza de los inevitables cambios demográficos que crean demanda en los países ricos y oferta en los países pobres va a ser demasiado poderosa para la capacidad coercitiva° de las barreras fronterizas°".

distrust
purchasing power
?
?
coercive / border barriers

No hay balas de plata°. Los expertos e informes consultados para elaborar este reportaje sugieren que la respuesta a la superpoblación es el camino largo del desarrollo y las soluciones cooperativas. Por un lado, solo de este modo podemos garantizar la sostenibilidad social y ecológica del planeta; por otro, la prosperidad económica y el acceso a oportunidades como la educación han demostrado ser el modo más eficaz de reducir las tasas de fecundidad°. Preguntado por la posibilidad de establecer 'islas de prosperidad', Ignacio Pérez

silver bullets
fertility

---

*Una pirámide de población es la representación gráfica de la distribución por edad y sexo de la población.

Arriaga, profesor del MIT y de la Universidad de Comillas, recurre al ejemplo
60 de la lucha contra el cambio climático: "Si el objetivo es reducir las emisiones
globales, una Europa aislada solo controla el 20% del problema. Lo que importa
es lo que hagan los demás".

Pérez Arriaga es parte de un grupo de expertos que asesoran° a la Comisión   *advise*
Europea en la elaboración de una hoja de ruta energética° para el período   *energy plan*
65 2020–2050. En su opinión, no hay nada imposible en la idea de un planeta
que cuente con un abastecimiento energético estable y dentro de los límites
ecológicos. Pero eso exigirá un doble esfuerzo°: el del ahorro y la eficiencia,   *?*
"con los que se puede llegar muy lejos", y el de la transformación de nuestras
fuentes de suministro°, que pasa por "renovables, renovables y renovables hasta   *supply sources (of energy)*
70 hacerlas competitivas frente a unos combustibles contaminantes que serán cada
vez más caros".

Una de las claves es la desvinculación° de los modelos de crecimiento   *separation*
económico del uso intensivo de recursos como el agua o la energía,
garantizando una distribución más justa del reparto° de cuotas de consumo.   *distribution*
75 El Panel Internacional de Recursos de Naciones Unidas mostró recientemente
que un canadiense medio utiliza cuatro veces más recursos que un indio.
Esta brecha en las huellas° ecológicas está derivada, por ejemplo, de una dieta   *footprint*
basada en el consumo habitual de carne, cuya producción exige doce veces más
agua que el trigo° y genera veinte veces más emisiones de CO_2.   *wheat*

80 Robert Bailey, investigador sénior del *think-tank* británico Chatham House,
explicaba para este periódico en términos similares los retos del sistema
alimentario: "las escaladas° en los precios de los alimentos de 2008 y 2011   *rises*
fueron llamadas de atención. No sé cuál puede ser el peor escenario, pero tengo
la certeza° de que en el futuro veremos *shocks* más graves. ¿Qué ocurriría si se   *?*
85 produjese una sucesión rápida de eventos similares a los que ya hemos visto,
como una ola° de calor en Rusia o la alteración del monzón en Asia del este?   *?*
¿Qué ocurriría si los gobiernos reaccionasen bloqueando las exportaciones
y agravando la escalada de precios de alimentos, como ya hicieron en 2008?
Podemos alimentar a un planeta de 9.000 millones de habitantes, pero va a
90 requerir mucho más de lo que estamos haciendo ahora".

Organizaciones internacionales como Oxfam y la FAO han coincidido
recientemente en la necesidad de reformar los mercados agroalimentarios
si queremos evitar un futuro marcado por la volatilidad de los precios y la
recurrencia de las hambrunas°. Su estrategia está basada en la protección legal   *famines*
95 de recursos esenciales como la tierra, el fin de la competencia desleal° de los   *unfair*
países ricos y el apoyo° a la agricultura familiar de las regiones más vulnerables, *support*
empezando por África subsahariana.

Después de leer

Comprensión

For grammar support:

Abriendo paso: Gramática

C. **Al punto.** Contesta las siguientes preguntas.

1. Según Alex Evans, ¿qué efecto (positivo y negativo) ha causado la globalización?

2. Con respecto a la alimentación, ¿cómo es la situación actual y cómo será en el año 2050?

3. ¿Por qué ha disminuido el rendimiento de los cultivos?

4. ¿Cómo se beneficia una persona que inmigra a los EE.UU.?

5. Según Pérez Arriaga, ¿qué ayudaría a mantener un abastecimiento de energía estable?

6. ¿Por qué es más ecológica la producción de trigo que la de carne?

7. ¿A qué le teme el señor Robert Bailey? ¿Qué le preocupa?

8. Usa la información del artículo para describir, en tus propias palabras, los problemas (alimentarios, energéticos y laborales) que podrían surgir, si la población aumenta como se espera.

Para ampliar el vocabulario

D. **De la misma familia.** Escribe una palabra de la misma familia, es decir, palabras que tengan la misma raíz que la palabra dada. Si es un sustantivo, escribe el artículo definido correspondiente.

sombrío   [24]

el calentamiento   [32]

influyente   [38]

adquisitiva   [41]

impensables   [42]

fronterizas   [51]

alimentar   [89]

E. **En contexto.** ¿Cómo le explicarías las siguientes palabras a una persona que no sabe lo que quieren decir? Usa tus propias palabras, sinónimos o una situación para tu explicación.

las cifras   [3]

los recursos   [5]

la escasez   [16]

actuales   [27]

global   [32]

poderosa   [51]

las hambrunas   [94]

F. **Sinónimos.** Busca el sinónimo de las palabras que aparecen en la columna A en la columna B. Hay más palabras de las que necesitas.

A

_____ **1.** los retos [2]

_____ **2.** el incremento [4]

_____ **3.** sostenible [8]

_____ **4.** la competición [34]

_____ **5.** los recelos [36]

_____ **6.** la distribución [74]

_____ **7.** habitual [78]

B

a. el reparto

b. sustentable

c. disponible

d. la alimentación

e. los desafíos

f. acostumbrado

g. la desconfianza

h. el aumento

i. la competencia

j. los avances

G. **Antónimos.** Busca el antónimo de las palabras que aparecen en la columna A en la columna B. Hay más palabras de las que necesitas.

A

_____ **1.** el crecimiento[7]

_____ **2.** ancianas [46]

_____ **3.** inevitables [49]

_____ **4.** la respuesta [53]

_____ **5.** reducir [57]

_____ **6.** las escaladas [82]

_____ **7.** la certeza [84]

_____ **8.** evitar [93]

B

a. jóvenes

b. la duda

c. la verdad

d. accesible

e. eludibles

f. la pregunta

g. aumentar

h. afrontar

i. los descensos

j. la disminución

k. profundos

Reflexión

H. **¿Somos víctimas de nuestro propio éxito?** Imagina que hablas con un(a) amigo(a). En tus propias palabras, explícale lo que, en tu opinión, significan las siguientes palabras de Alex Evans: "La globalización ha mejorado los estándares de vida de millones de personas, pero la creciente escasez de recursos implica que [el sistema] corre el riesgo de ser víctima de su propio éxito". Además, dale un ejemplo que ilustre tu explicación. Un(a) compañero(a) de clase escuchará tu explicación y te hará preguntas.

Perspectivas culturales

I. **La protección social en los países desarrollados.** En el artículo que acabas de leer, se dice que el mundo desarrollado es "un mundo cuyo sistema de protección social necesita una pirámide de población de base ancha". Es decir, necesita tener una población en la que haya suficientes personas en edad de trabajar.

1. Mira cuidadosamente las siguientes pirámides de población de España.

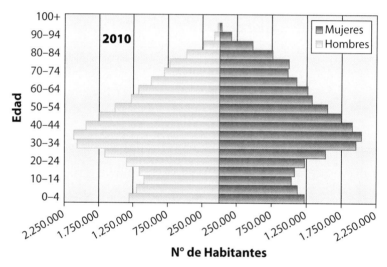

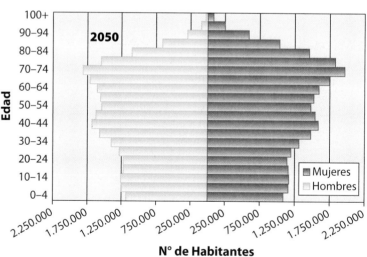

2. Escribe una conclusión que puedes sacar al comparar estos dos gráficos, acerca de:
- la distribución de hombres y mujeres
- la edad de la mayor parte de los habitantes

3. ¿Crees que la población que se predice para España en 2050 podrá sostener el sistema de protección social que ahora es parte de los países desarrollados? Usa la pirámide para explicar tu respuesta.

Contextos para la comunicación

For grammar support:
 Abriendo paso: Gramática

Ⓐ Texto auditivo: Una microempresa ejemplar

Vas a ver un video. Primero, tienes un minuto para leer la introducción y las preguntas. Luego vas a escuchar la grabación dos veces. Mientras escuchas, puedes tomar apuntes. Después de escuchar por primera vez, tienes un minuto para contestar las preguntas. Después de escuchar por segunda vez, vas a tener dos minutos para terminarlas.

Introducción ▶️

Este video presenta a unas artesanas de Quibdó, Colombia, que se ganan la vida en una empresa ejemplar. Aparece en Radio ONU. La grabación dura unos dos minutos.

1. ¿Qué característica común tienen los productos que se hacen en esta empresa?

2. ¿Cuales son dos características de la población de Quibdó que se mencionan?

3. ¿De qué cultura escogen sus diseños?

4. ¿Por qué se considera Damaguarte una empresa ejemplar?

5. ¿Con qué obligación familiar puede cumplir la empleada?

6. ¿Cuál es un apoyo que los asesores le dan a la empresa?

Ⓑ Presentación oral: Los grupos más grandes de hispanos en los Estados Unidos

Vas a trabajar con un grupo pequeño de tus compañeros para encontrar las razones históricas y geográficas por las cuales los mexicanos, los puertorriqueños y los cubanos son los grupos más numerosos de hispanos en los Estados Unidos. Tu profesor(a) va a asignarles una de las nacionalidades.

1. Cada grupo va a buscar información en Internet y preparar una presentación en la que hablen de la historia del grupo en los Estados Unidos. Incluye lo siguiente:

- las razones por las que vinieron/se encuentran en los Estados Unidos
- dónde se encuentran y desde cuándo se encuentran allí en números considerables
- las razones por las que se establecieron allí

2. Todos los miembros del grupo tienen que participar en la presentación oral. Antes de la presentación, cada persona preparará una ficha en la que incluya las palabras y expresiones necesarias para su parte de la presentación. Recuerda que no podrán leerla.

Ⓒ Investigación en Internet: Los hispanos en mi estado y en el país

¿Qué porcentaje de los alumnos y profesores de tu escuela son hispanos? Aproximadamente, ¿qué porcentaje de la población de tu estado crees que tiene origen hispano? Vas a buscar información en Internet para completar los siguientes pasos.

1. Pon estas regiones de los Estados Unidos en orden (1, 2, 3, 4) según su población hispana.

_____ el noreste   _____ el centro este
_____ el sur   _____ el oeste

2. Busca la información de tu estado.

- la población del estado en que vives
- la población hispana del estado en que vives
- el porcentaje que representan los hispanos de la población total de tu estado

3. Busca la información de todo el país.

- los cuatro estados en que hay más hispanos (en orden descendiente según la cantidad)
- los estados en que el porcentaje de hispanos es mayoritario
- los estados en los que más del 20 por ciento de la población es hispana

Usa esta información para discutir tus conclusiones con la clase. ¿Adivinó alguien el porcentaje de la población de tu estado que tiene origen hispano? ¿Les sorprendió alguna de la información?

D Composición: Las ciudades en los países desarrollados y en los menos desarrollados

Vas a escribir un ensayo de unas 200 palabras acerca de las diferencias demográficas de una ciudad en un país desarrollado y una ciudad en un país menos desarrollado.

1. Para prepararte, busca en Internet y toma apuntes que incluyan:

   - los países en que se encuentran las ciudades que escogiste
   - dos aspectos interesantes de la población de cada ciudad
   - el aspecto de cada ciudad (características físicas del centro y los alrededores)
   - dónde y cómo viven los ricos y los pobres en cada ciudad
   - las cosas que facilitan o dificultan la vida diaria (densidad de la población, salud, transporte, educación…) de ambas ciudades

2. También debes conseguir una foto, dibujo o gráfico representativo de cada ciudad.

3. Trata de incorporar por lo menos tres de las siguientes expresiones en tu presentación.

puesto que	since, inasmuch as, seeing that
sin embargo	nevertheless, however
además	furthermore
en cambio	on the other hand
con relación a	in relation to

4. Recuerda que tendrás que revisar varias veces no solo el contenido, sino también la organización y la gramática de tu trabajo.

E Investigación en Internet: La demografía de mi estado

Vas a trabajar con un grupo pequeño para escribir un breve informe comparando los siguientes datos demográficos de tres estados de los Estados Unidos:

- la edad mediana de los habitantes
- el tamaño promedio de los hogares
- el porcentaje de viviendas ocupadas por sus dueños comparado con el porcentaje de viviendas alquiladas

Primero, busca en Internet estos datos para tu estado y otros dos estados que te interesen. Luego, compara los datos de tu estado con los de los otros estados y escribe un breve informe que incluya las semejanzas y las diferencias que encuentres. ¿Te sorprendió alguno de los datos? ¿Cuál? ¿Por qué te sorprendió?

F Presentación oral: La importancia del censo

Para entender mejor el efecto que tiene el censo en la vida de la población en tu estado, busca información en Internet y toma apuntes acerca de los siguientes temas:

- la relación entre el censo y la distribución de los fondos federales a los estados
- la relación entre el censo y los que representan al estado en el Congreso
- la manera en que se benefician los ciudadanos de tu estado (ya sean de origen hispano o no) de los fondos federales que recibe el estado

Pon en práctica tus conocimientos de estudios sociales y contesta las siguientes preguntas. (Si no sabes la información, investiga hasta saberlo).

1. ¿Cuántos representantes de tu estado hay en la Cámara de Representantes en Washington?

2. ¿Cómo se llama la persona que representa a tu distrito en la Cámara de Representantes en Washington?

Prepárate para compartir lo que has aprendido con la clase.

Presentación oral: Los hispanos en los Estados Unidos

Vas a preparar una presentación acerca de los cambios culturales que han ocurrido en los EE.UU. como resultado de los cambios demográficos de la población hispana. Algunas áreas que puedes incorporar son: las escuelas, los deportes, el cine, la televisión, las familias, la comida, etc. Debes incluir por lo menos dos áreas. Primero reflexiona y toma algunos apuntes sobre lo que ya sabes y sobre algunos ejemplos de la vida real que apoyen los cambios que vas a mencionar. Luego, busca más información acerca de los temas que no te parezcan completos. Finalmente, organiza tus ideas y prepara tu presentación. En una ficha escribe las palabras y expresiones que vas a necesitar para tu presentación. No olvides que no podrás leerla.

Preguntas del capítulo

Ahora que has discutido la lectura y tienes mejor conocimiento del tema, tu profesor(a) va a reanudar la discusión de las preguntas del capítulo. Repasa brevemente los apuntes y ejercicios que ya completaste.

- ¿Cuáles son algunos de los hechos o las circunstancias que afectan la demografía de una sociedad?

- ¿Cómo ha cambiado a través de los años la población mundial y qué resultados ha tenido este cambio?

- ¿Qué pueden hacer los individuos y los gobiernos para asegurar una población educada, saludable y bien alimentada?

CAPÍTULO 36

El bienestar social

LECTURA: Cómo piensan, cómo sienten las personas centenarias de Okinawa

En portada

Preguntas del capítulo

Las siguientes preguntas te servirán de guía y te ayudarán a comprender el tema más a fondo. Tenlas presentes a lo largo del capítulo.

- ¿Cómo definen las sociedades y los individuos el bienestar social?

- ¿De qué manera afectan la economía, el medio ambiente, la religión, la demografía y otros aspectos colectivos el bienestar social de las comunidades?

- ¿Qué pueden hacer los individuos y los gobiernos para mejorar el bienestar social de sus comunidades y las de otros?

Describe detalladamente las imágenes. Incluye la información de las preguntas a continuación en tu descripción.

1. ¿Cuáles son los hábitos personales que promueven las imágenes?

2. En tu opinión, ¿cuál será el resultado de seguir estas recomendaciones? ¿Qué resultará de no seguirlas?

3. Describe la manera en que las fotos representan estas recomendaciones.

4. En tu opinión, ¿cómo se relacionan estas imágenes con el bienestar social de tu comunidad?

Cómo piensan, cómo sienten las personas centenarias de Okinawa

Antes de leer

> **Estrategia:** *El uso de preguntas para comprender mejor la información que contiene una selección*
>
> Una manera de comprender un tema es hacer preguntas que inciten a la comprensión. Al leer un texto, lee una o más oraciones y hazte preguntas sobre su contenido para verificar tu entendimiento.
>
> - **¡Ponla en práctica!** Lee la sección de la lectura titulada "Envejecer no es sinónimo de enfermar" (pág. 397–398). Escribe dos preguntas para cada párrafo que crees que ayudarán a la clase a comprender la selección. Vas a hacerle las preguntas a un(a) compañero(a). Él (Ella) contestará tus preguntas y tú contestarás las suyas. Juntos escojan las preguntas que Uds. creen más ayudan a comprender lo que dice la selección.

A. **Mi bienestar social.** En un grupo pequeño, vas a compartir tus ideas sobre los factores que afectan la calidad de tu vida diaria, es decir, tu bienestar social. Haz una lista de por lo menos tres factores positivos y tres negativos. Reflexiona sobre la importancia de cada factor y prepárate para defender su importancia. Después de compartir tus ideas con tus compañeros, juntos escojan el factor positivo y el negativo que la mayoría considera de mayor importancia y apoyen sus ideas con ejemplos concretos que muestren su importancia para el bienestar social. Finalmente, compartan sus ideas con la clase.

B. **El secreto de una vida más larga.** Un estudio danés hecho con gemelos estableció que cerca del 20% del promedio de vida de una persona está dictado por los genes. El estilo de vida explica gran parte de lo restante. ¿Qué tipo de vida tendrías que seguir para lograr una vida no solo más larga sino también más gratificante (*satisfying*) y saludable? Vas a trabajar con un grupo pequeño de tus compañeros y preparar una lista de al menos cuatro pautas (*guidelines*) de vida para lograr la longevidad y las razones por las que las consideran tan valiosas. Van a compartir sus ideas con la clase.

> **For grammar support:**
> *Abriendo paso: Gramática*

Introducción

Este artículo habla del estilo de vida de un grupo de personas centenarias. Apareció en Crece Joven, un foro abierto cuyo objetivo es investigar las causas del envejecimiento (*aging*) y "establecer pautas que nos permitan vivir una vida más larga, sana (*healthy*), y en definitiva, feliz".

Al leer

Mientras lees, ten en cuenta los siguientes puntos:

- lo que distingue a los residentes de Okinawa del resto del mundo
- las características de su estilo de vida
- el efecto de su manera de pensar en su salud
- la relación entre el estrés y la vida

Cómo piensan, cómo sienten las personas centenarias de Okinawa

por Marié Morales

Okinawa está compuesta por 161 islas que dan forma a un precioso archipiélago lleno de palmeras, y que se extiende unos 1.500 kms entre Japón y Taiwán. A Okinawa también se le conoce como las Galápagos del Este por su abundancia de flora y fauna, así como sus bosques alimentados por una lluvia limpia (un aire privilegiado con escasa° contaminación). 5

Además, en Okinawa habita el mayor porcentaje de población centenaria del mundo (con relación a su población total), no solo con un mayor índice de expectativa de vida°, sino con un excelente estado de salud (que hace que la población se mantenga joven durante más tiempo) y autonomía.

Las enfermedades del corazón son mínimas, las arterias se mantienen jóvenes, 10 limpias y elásticas durante más décadas que en la población occidental°; el cáncer de mama° es tan raro que prácticamente no se hace uso de las mamografías; la mayoría de los hombres mayores no han oído hablar en su vida del cáncer de próstata y la mayoría de las mujeres no entienden el concepto de la menopausia más que como el final de las posibilidades de 15 embarazo°: no experimentan sofocos° espontáneos, problemas de corazón, descalcificación de los huesos° ni mayor tendencia al cáncer.

Ciertos estudios concienzudos° durante 25 años investigando cómo vive, cómo se alimenta, cómo piensa la población, han concluido [en] que gran

scarce — línea 5

?

Western — línea 10
?

pregnancy / hot flashes
?

thorough

20 parte del "secreto" a veces está en su tradicional dieta baja en calorías, pocas

grasas animales, rica en verduras, frutas y legumbres, en especial la soja°. *soy*

Importante es también la variedad en la alimentación, y el ejercicio físico

constante que mantiene a las personas centenarias aún en activo, trabajando,

practicando taichí, artes marciales y danzas tradicionales. Hay que destacar° *emphasize*

25 también su autonomía y su independencia, que hace que las personas

centenarias vivan solas en su propia° casa, aunque con muchas relaciones *own*

sociales y apoyo° comunitario, como cualquier otra persona más joven. Pero *support*

no menos importante es su personalidad, su manera de ver la vida y afrontar

las dificultades, que hace que reduzcan el estrés a un mínimo, en comparación

30 con otras poblaciones del mundo.

Excelente salud psicoespiritual

Los estudios (dirigidos por el Dr. Makoto Suzuki) concluyen que la

población centenaria de Okinawa puntúa° bajo en "urgencia temporal"* *scores*

y en "tensión", y por el contrario tienen altos niveles de "confianza en las

propias posibilidades" y en "tenacidad". Los estudios revelaban actitudes

35 optimistas, adaptabilidad y una forma fácil y relajada° de afrontar la vida, *?*

buscando la simplicidad y evitando° perder el tiempo en complicaciones *avoiding*

inútiles. El concepto de moderación parecía ser una clave importante en sus

valores culturales. Fuerte integración social y una profunda espiritualidad,

especialmente entre las mujeres mayores, que son consideradas como sabias° y *wise*

40 más en contacto con las realidades más sutiles°. *subtle*

Los determinantes° de su estilo de vida se podrían resumir de la siguiente *main causes*

manera: actitudes positivas, fuertes relaciones sociales, fuertes creencias° *?*

espirituales, sensación de bienestar y satisfacción con la propia vida.

Envejecer no es sinónimo de enfermar

Las personas en Okinawa se ven a sí mismas como saludables, y no consideran

45 que hacerse° mayores signifique enfermar y depender de otras personas más *becoming*

jóvenes.

La salud y la longevidad son celebradas, y forman parte de sus canciones

tradicionales, sus himnos y hasta sus oraciones. Las personas mayores no solo

son respetadas sino también admiradas.

---

*la necesidad de apurarse porque el tiempo es corto

La religión y la espiritualidad son especialmente importantes en las mujeres, 50
que tienen un rol activo en este sentido y son consideradas las líderes
espirituales de la sociedad. Los estudios entre la población femenina centenaria
revelaban una relación estrecha° entre la firmeza° e intensidad de sus creencias
y su sentido° subjetivo de bienestar y satisfacción por la propia vida.

close / strength
?

Los estudios consideran que puede haber una estrecha relación entre las 55
actitudes espirituales y la salud que mantiene la población con el paso del
tiempo, su manera de envejecer, y que los valores éticos o espirituales ayudan a
las personas a mantenerse sanas y jóvenes.

Bajos niveles de estrés

means

El medio° por el que la mente conecta con el cuerpo para afrontar el estrés
es el sistema neuroendocrino. Los neuroquímicos típicamente producidos 60
como respuesta al estrés han sido relacionados con docenas de enfermedades
degenerativas. La sobrecarga° de estos neuroquímicos (como el cortisol, la
epinefrina y la norepinefrina) pueden llegar a afectar al sistema inmunológico,
produciendo un debilitamiento° de la resistencia a virus y bacterias, u
otras enfermedades degenerativas más serias como las enfermedades 65
cardiovasculares, hipertensión y cáncer. Son estas enfermedades que han
sido relacionadas e identificadas tradicionalmente con el proceso del
envejecimiento, pero parece ser que no tienen tanto que ver con el proceso del
envejecimiento en sí°, sino con el estrés y el miedo producido por la falta° de
autoconfianza°. 70

overload

weakening

in and of itself / lack
?

sources

El estrés proviene de diferentes fuentes°, incluyendo físicas, psicológicas,
sociales o del medio. Los ruidos, la sobrecarga de información que nos rodea,
los rápidos cambios tecnológicos, las crecientes demandas de nuestro tiempo,
son algunas de las fuentes de estrés que afrontamos cada día. Por no hablar de°
la contaminación, el trabajo en casa o fuera de ella, la educación de nuestras 75
criaturas, las horas en medio del tráfico, los exámenes, las prisas°. . . Pero
mucho más importante que las fuentes de estrés en sí mismas es nuestra
reacción a ellas —nuestra respuesta personal es lo que determina mayormente°
sus efectos sobre nuestra salud.

Not to mention

hurrying about

?

Y nuestras reacciones están influidas por nuestras creencias, valores, actitudes, 80
experiencias previas y personalidad. Nuestra forma característica y personal de
responder ante las fuentes externas de estrés puede ser mala para nuestra salud,
o por el contrario puede ser beneficiosa. Incluso las enfermedades producidas
por el estrés pueden ser aliviadas y curadas con actitudes positivas y ciertas
mejoras en nuestra forma de asumir° la realidad. 85

way of coming to terms with

Las investigaciones concluyen en que existe un tipo de personalidad resistente al estrés que permite que se afronte las situaciones conflictivas de una manera más inofensiva° para la salud. Este tipo de personalidad es fundamentalmente positiva, con un gran sentido del autocontrol, estabilidad emocional,

90 adaptabilidad y bajos niveles de emociones negativas (tales como la depresión, la ansiedad, la hostilidad, el sentido de marginación social, actividades impulsivas y vulnerabilidad). Esta forma de afrontar positivamente el estrés propio de la vida se considera de gran importancia para prolongar la salud y la juventud.

harmless

Después de leer

For grammar support:

Abriendo paso: Gramática

Comprensión

C. **Al punto.** Contesta las siguientes preguntas.

1. ¿Por qué comparan a Okinawa con las islas Galápagos?

2. ¿Qué caracteriza a la población de Okinawa?

3. En general, ¿qué se puede decir de la salud de los habitantes de Okinawa?

4. ¿Son independientes los habitantes de Okinawa? Explica.

5. Según el artículo, ¿cuáles son tres adjetivos que se pueden usar para describir a la población centenaria?

6. ¿Son los determinantes de su estilo de vida mayormente físicos o mentales? Da un ejemplo de un determinante.

7. ¿Qué actitud existe hacia los centenarios?

8. ¿Cuál parece ser el papel de las mujeres centenarias?

9. ¿Cuál parece ser la causa de las enfermedades relacionadas con la vejez?

10. Con respecto al estrés, ¿qué es lo que contribuye más a su efecto negativo en las personas?

11. ¿Son siempre negativas las fuentes externas de estrés? Usa lo que dice el artículo para explicar tu respuesta en tus propias palabras.

12. ¿Cuáles son algunos aspectos que ayudan a combatir el estrés?

Para ampliar el vocabulario

D. De la misma familia. Escribe una palabra de la misma familia, es decir, palabras que tengan la misma raíz que la palabra dada. Si es un sustantivo, escribe el artículo definido correspondiente.

la lluvia   [4]

la salud   [8]

las enfermedades   [10]

la personalidad   [28]

las dificultades   [29]

respetadas   [49]

envejecer   [57]

crecientes   [73]

E. En contexto. ¿Cómo le explicarías las siguientes palabras a una persona que no sabe lo que quieren decir? Usa tus propias palabras, sinónimos o una situación para tu explicación.

el apoyo   [27]

la simplicidad   [36]

las creencias   [42]

la longevidad   [47]

los himnos   [48]

el debilitamiento   [64]

F. Sinónimos. Busca el sinónimo de las palabras que aparecen en la columna A en la columna B. Hay más palabras de las que necesitas.

A

_____ **1.** la tendencia [17]

_____ **2.** han concluido (concluir) [19]

_____ **3.** destacar [24]

_____ **4.** afrontar [28]

_____ **5.** evitando (evitar) [36]

_____ **6.** la sobrecarga [62]

_____ **7.** aliviadas [84]

B

a. discretas

b. enfrentar

c. el exceso

d. la inclinación

e. cargar

f. eludir

g. deducir

h. acentuar

i. el cargamento

j. disminuidas

G. Antónimos. Busca el antónimo de las palabras que aparecen en la columna A en la columna B. Hay más palabras de las que necesitas.

A

_____ **1.** escasa [5]

_____ **2.** propia [26]

_____ **3.** la variedad [22]

_____ **4.** la confianza [33]

_____ **5.** relajada [35]

_____ **6.** admiradas [49]

_____ **7.** sanas [58]

B

a. dura

b. enfermas

c. la clave

d. despreciadas

e. ajena

f. positivas

g. abundante

h. la uniformidad

i. tensa

j. la inseguridad

Reflexión

H. Apúrate. En el artículo, se dice que la población centenaria de Okinawa puntúa bajo en "urgencia temporal", es decir, en la necesidad de apurarse porque el tiempo es corto. Piensa en la vida diaria de los alumnos de tu edad. ¿Crees que puntuarían bajo en "urgencia temporal"? En tu opinión, ¿qué importancia tiene no estar siempre apurado? ¿Qué podrías hacer tú para reducir la idea de que el tiempo no es suficiente? ¿Consideras que está bajo tu control? Haz una lista de detalles y ejemplos que te ayuden a compartir tus ideas con tus compañeros.

Perspectivas culturales

I. La religión de los hispanos. En el artículo, se dice que "la religión y la espiritualidad son especialmente importantes en las mujeres" de Okinawa. En general, ¿cuál ha sido el papel de la religión y la espiritualidad en la vida de los hispanos? ¿Qué papel tienen en la vida matrimonial y en la vida familiar? ¿Tienen más importancia para la mujer que para el hombre? ¿Qué importancia tienen para los niños? ¿Se consideran parte de la cultura hispana? Busca información en Internet y toma algunos apuntes que te permitan discutir el tema con tus compañeros.

Abriendo paso

Contextos para la comunicación

For grammar support:
Abriendo paso: Gramática

A Texto auditivo: El programa Ella

Vas a escuchar una grabación. Primero, tienes un minuto para leer la introducción y las preguntas. Luego vas a escuchar la grabación dos veces. Mientras escuchas, puedes tomar apuntes. Después de escuchar por primera vez, tienes un minuto para contestar las preguntas. Después de escuchar por segunda vez, vas a tener dos minutos para terminarlas.

Introducción

La siguiente selección trata de un programa llamado Ella, una iniciativa de la organización Intervida, que se llevará a cabo en países como Bangladesh, El Salvador o Burkina Faso. Aparece en *Mundo solidario* en Radio 5 de RTVE. La grabación dura unos cuatro minutos.

1. ¿Cuál es el propósito principal del programa Ella para las niñas en estos países?

2. Según la selección, ¿qué tipo de trabajo podrían conseguir estas chicas sin la ayuda de este programa? Menciona por lo menos tres.

3. ¿Qué efectos producirá una educación secundaria para las chicas?

4. ¿Cómo identifican a las niñas para el programa?

5. ¿A qué personas van a tratar de darles información sobre el programa?

6. ¿A través de qué medio van a comunicar la información sobre los avances del programa?

B Presentación oral: ¿Más o menos bienestar social?

¿Usas portales interactivos como Twitter y Facebook? Muchos críticos dicen que ese uso hace a la gente menos sociable y hasta egocéntrica. Sin embargo, los resultados de una encuesta reciente del Centro de Investigación Pew indican que los estadounidenses que usan portales interactivos "son percibidos como más confiables, con más amigos cercanos, tienen más apoyo de sus amistades y están más involucrados con la política nacional que el resto de los estadounidenses".

Reflexiona sobre cómo el uso de Twitter o Facebook ha contribuido o no al bienestar social que disfrutas y anota algunos ejemplos que ilustren tu punto de vista. Usa tu experiencia para defender tu opinión sobre el tema y apoyar la declaración que crees que es correcta. Luego, comparte tus ideas con tus compañeros.

C Comparación cultural: El bienestar social de los estadounidenses

En sus conclusiones, los miembros de la "Conferencia latinoamericana para la medición (*measurement*) del bienestar y la promoción del progreso de las sociedades" señalan que en América Latina, los factores importantes del bienestar incluyen: la salud, la educación, las condiciones de trabajo, la vivienda, la situación económica, las relaciones interpersonales, la disponibilidad de tiempo libre, el acceso a la protección social, la ciudadanía efectiva, la aplicación de la ley, la igualdad étnica y la igualdad de género (*gender*).

¿Piensas que esos factores se pueden aplicar a los EE.UU.? Escoge tres factores de esta lista que consideras de mayor importancia para los estadounidenses. Explica por qué te parecen importantes y cómo afectan el bienestar de las personas. Vas a compartir tus ideas con un grupo pequeño de tus compañeros.

D Composición: Las zonas azules

Las zonas azules son sitios donde la población no solo vive más, sino que cuenta con mejor calidad de vida. Además de Okinawa en Japón, dos de los lugares que se han denominado así son: la península de Nicoya en Costa Rica y Loma Linda en California.

Escribe un ensayo de unas 200 palabras titulado: "Tres zonas azules".

1. Busca información en Internet y toma unos apuntes acerca de las zonas azules de Nicoya y Loma Linda. Algunas áreas que debes incluir son: la alimentación, la actividad física, las redes sociales, la espiritualidad y la religión, etc. Incluye las diferencias y lo que tienen en común los habitantes de estas regiones.

2. Incorpora lo que aprendiste acerca de Okinawa en el artículo. Incluye también tu opinión acerca de si la zona donde vives tú podría considerarse una zona azul y explica por qué piensas de esta manera.

3. Trata de incorporar por lo menos tres de las siguientes expresiones en tu presentación.

por lo tanto	*therefore, consequently*
para resumir	*to summarize*
como resultado	*as a result*
para ilustrar	*to illustrate*
hay que tomar en cuenta que	*one must keep in mind that*

4. Recuerda que tendrás que revisar varias veces no solo el contenido, sino también la organización y la gramática de tu trabajo.

E Presentación escrita: Aspectos subjetivos del bienestar

Para estimar el grado de bienestar de una persona es necesario tomar en cuenta los valores personales, las expectativas y las raíces culturales. Usando ejemplos específicos, escribe una composición en la que detalles cómo cada uno de los aspectos mencionados puede contribuir al mejoramiento del bienestar de una persona. No te olvides de plantear tu tesis claramente, organizar tus ideas de una manera lógica y concluir con un buen resumen. Revisa lo que escribiste detalladamente para evitar errores.

F Investigación en Internet: El bienestar social y el ozono

Muchos piensan que en las próximas décadas el mundo sufrirá un aumento de las temperaturas que provocará un incremento en la cantidad de ozono troposférico que respiramos. Busca información en Internet acerca de algunas posibles consecuencias para la salud y el bienestar. Escoge una posible consecuencia e investígala. Prepárate para compartir con tus compañeros lo que aprendas acerca de esa consecuencia, lo que se espera si no se reducen las emisiones y algunos pasos que se están tomando para evitarlo.

G Gráfico: ¿Somos un planeta feliz?

El Índice del Planeta Feliz mide la percepción del bienestar, la esperanza de vida y el impacto ambiental de cada país. En el siguiente gráfico, aparecen los primeros 37 países del índice de 2012. Ningún país del mundo alcanza los números ideales de percepción de cada categoría.

1. Mira el gráfico y contesta las preguntas a continuación.

   - ¿En qué continente hay más países cuyas poblaciones tienen una esperanza de vida superior a los 70 años?

   - ¿Cuáles son los cuatro países cuya población dice disfrutar de un bienestar más alto?
   - ¿Qué país tiene el menor impacto ambiental?
   - ¿Cuántos países hispanos aparecen entre los primeros 37 países del índice? ¿Te sorprende el número? Explica por qué.

2. Estados Unidos no aparece en esta lista. Quedó en el número 105. ¿Por qué crees que será?

3. Después de mirar este gráfico, ¿crees que somos un planeta feliz? Vas a discutir tus ideas con tus compañeros.

Índice Planeta Feliz (HPI)

Ranking	País	Esperanza de vida	Bienestar (1–10)	Impacto ambiental (ha)	Índice HPI	Ranking	País	Esperanza de vida	Bienestar (1–10)	Impacto ambiental (ha)	Índice HPI
1	Costa Rica	79,3	7,3	2,5	64,0	20	Tailandia	74,1	6,2	2,4	53,5
2	Vietnam	75,2	5,8	1,4	60,4	21	Brasil	73,5	6,8	2,9	52,9
3	Colombia	73,7	6,4	1,8	59,8	22	México	77,0	6,8	3,3	52,9
4	Belice	71,1	6,5	2,1	59,3	23	Ecuador	75,6	5,8	2,4	52,5
5	El Salvador	72,2	6,7	2,0	58,9	24	Perú	74,0	5,6	2,0	52,4
6	Jamaica	73,1	6,2	1,7	58,5	25	Filipinas	68,7	4,9	1,0	52,4
7	Panamá	76,1	7,3	3,0	57,8	26	Argelia	73,1	5,2	1,6	52,2
8	Nicaragua	74,0	5,7	1,6	57,1	27	Jordania	73,4	5,7	2,1	51,7
9	Venezuela	74,4	7,5	3,0	56,9	28	Nueva Zelanda	80,7	7,2	4,3	51,6
10	Guatemala	71,2	6,3	1,8	56,9	29	Noruega	81,1	7,6	4,8	51,4
11	Bangladesh	68,9	5,0	0,7	56,3	30	Palestina	72,8	4,8	1,4	51,2
12	Cuba	79,1	5,4	1,9	56,2	31	Guyana	69,9	6,0	2,1	51,2
13	Honduras	73,1	5,9	1,7	56,0	32	India	65,4	5,0	0,9	50,9
14	Indonesia	69,4	5,5	1,1	55,5	33	República Dom.	73,4	4,7	1,4	50,7
15	Israel	81,6	7,4	4,0	55,2	34	Suiza	82,3	7,5	5,0	50,3
16	Pakistán	65,4	5,3	0,8	54,1	35	Sri Lanka	74,9	4,2	1,2	49,4
17	Argentina	75,9	6,4	2,7	54,1	36	Iraq	69,0	5,0	1,4	49,2
18	Albania	76,9	5,3	1,8	54,1	37	Laos	67,5	5,0	1,3	49,1
19	Chile	79,1	6,6	3,2	53,9						

Preguntas del capítulo

Ahora que has discutido la lectura y tienes mejor conocimiento del tema, tu profesor(a) va a reanudar la discusión de las preguntas del capítulo. Repasa los apuntes y ejercicios que ya completaste.

- ¿Cómo definen las sociedades y los individuos el bienestar social?

- ¿De qué manera afectan la economía, el medio ambiente, la religión, la demografía y otros aspectos colectivos el bienestar social de las comunidades?

- ¿Qué pueden hacer los individuos y los gobiernos para mejorar el bienestar social de sus comunidades y las de otros?

CAPÍTULO 37 La conciencia social*

LECTURA: **La gente prefiere ignorar los problemas sociales, revela una investigación**

En portada

Las siguientes preguntas te servirán de guía y te ayudarán a comprender el tema más a fondo. Tenlas presentes a lo largo del capítulo.

- ¿Cuáles son algunos de los problemas sociales que requieren atención en todo el mundo hoy día?

- ¿Qué se puede hacer para que los individuos y las sociedades tengan conciencia de los problemas existentes, sientan empatía y contribuyan a remediarlos?

- ¿Cuáles son algunos de los mecanismos que existen para remediar los problemas?

Describe detalladamente la foto. Incluye la información de las preguntas a continuación en tu descripción.

1. ¿Qué problema social muestra esta foto?

2. ¿Cómo te sientes al mirarla? Aunque no es fácil explicar los sentimientos, trata de explicar por qué te sientes así.

3. ¿Crees que mirar la foto incitará al que la mira a tomar medidas? Explica tu respuesta.

---

*El término *conciencia social* se refiere a la capacidad de los individuos, grupos u organizaciones sociales de percibir lo que pasa a su alrededor, de reflexionar sobre lo que requiere su atención y, en algunos casos, de actuar para transformarlo.

Lectura

La gente prefiere ignorar los problemas sociales, revela una investigación

Antes de leer

> **Estrategia:** *El uso de un resumen para establecer comprensión*
>
> Frecuentemente, poner lo que hemos leído en nuestras propias palabras nos ayuda a entender mejor un texto.
>
> - **¡Ponla en práctica!** Lee la introducción que aparece en la lectura en letra negrita (pág. 407).
>
> Haz una lista de las palabras que consideras clave para resumir el párrafo. Luego, escribe dos o tres oraciones breves y precisas que resuman lo esencial del párrafo. Comparte las oraciones con un(a) compañero(a) para determinar si están de acuerdo. Si es preciso, lean el párrafo de nuevo. Finalmente, escojan las oraciones que van a compartir con la clase.

A. **Los problemas sociales y la información.** Vas a trabajar con un grupo pequeño de tus compañeros para preparar una pequeña presentación titulada "Cómo y por qué nos informamos". Reflexiona sobre la importancia de mantenerse informado sobre los problemas sociales. ¿Cómo te informas tú? ¿Cuáles son algunos aspectos negativos de ignorar los problemas sociales? ¿Cómo se puede mantener un equilibrio entre mantenerse informado y vivir sin sentirse abrumado (*overwhelmed*) por la información? Discute tus ideas con tus compañeros y prepárense para compartir los puntos principales de su discusión con la clase.

B. **¿Qué podemos hacer nosotros?** Vas a analizar un problema que existe en tu comunidad con un grupo pequeño de tus compañeros. Escoge un problema social que consideras urgente e infórmate acerca de lo que se ha hecho para tratar de mejorar la situación. Comparte lo que aprendiste con el grupo. Escojan un problema que todos consideran urgente y hagan una lista de por lo menos tres cosas que ustedes podrían hacer para disminuir el problema. Compartan sus ideas con la clase.

> **For grammar support:**
> *Abriendo paso: Gramática*

Introducción

En el siguiente artículo, se resumen los resultados de cinco estudios acerca de la influencia que tiene la información o falta de información en la actitud de las personas. El artículo apareció en *Tendencias 21*, una revista electrónica.

Al leer

Mientras lees, ten en cuenta los siguientes puntos:

- la diferencia en la opinión sobre el gobierno entre las personas informadas y las poco informadas
- las sugerencias que se hacen en cuanto a la educación
- los problemas sociales que se mencionan

La gente prefiere ignorar los problemas sociales, revela una investigación

por Maricar García

Además, cuanto menos se sabe sobre temas problemáticos, más se confía en los gobiernos

Un total de cinco estudios realizados por la Asociación Americana de Psicología (APA) en Estados Unidos y Canadá sugieren que las personas
5 **menos informadas sobre temas sociales clave°, como el cambio climático o la**   *key*
crisis económica, se sienten felices con esta actitud. Además, los individuos
que ignoran estos asuntos también depositan más su confianza° en que los   *confidence*
gobiernos sabrán encontrar soluciones a estos problemas. Los resultados
obtenidos podrían ayudar a establecer estrategias para que la ciudadanía° se   *?*
10 **involucre° en cuestiones° sociales, señalan° los autores de la investigación.**   *get involved / matters / note*

Las personas que menos saben sobre temas difíciles e importantes como la economía, el consumo de energía o el medio ambiente son las que más evitan°   *avoid* estar bien informadas, sugiere un nuevo estudio publicado por la Asociación Americana de Psicología (APA). Y lo que es peor, cada vez más gente prefiere
15 seguir ignorando este tipo de temas, según un artículo publicado por la revista de la American Psychological Association.

"Diseñamos este estudio para intentar comprender el dicho° 'la ignorancia   *saying* es felicidad' con un enfoque social", ha señalado el autor de la investigación, Steven Shepherd, un estudiante graduado de la Universidad de Waterloo, en

obstacles

chain reaction

?

manage
didn't avoid

? / average

to test / ties

provided

helplessness

in spite of the fact
administer

As a last resort
blindly trusting

gave

Ontario (Canadá). "Los resultados obtenidos podrían ayudar a los educadores   20
a hacer frente a importantes barreras° a la hora de que la sociedad se involucre
y participe en cuestiones sociales", añade Shepherd.

A través de una serie de cinco estudios realizados entre 2010 y 2011 con
una muestra de 511 adultos de Estados Unidos y Canadá, los investigadores
hallaron "una reacción en cadena° que comenzaba en la ignorancia acerca de   25
un tema y terminaba en la dependencia y confianza plena en el gobierno para
tratar dicho° asunto".

Cuanto menos conocimiento, más confianza

En uno de los cinco estudios, los participantes que se sentían más afectados por
la recesión económica evitaban la información sobre la capacidad del gobierno
para manejar° la economía. Sin embargo, estos mismos participantes no   30
eludieron° la información cuando se trataba de noticias positivas.

En este caso, la muestra° incluyó a 197 estadounidenses con una edad media°
de 35 años (111 mujeres y 86 hombres), que habían recibido información
compleja sobre la economía y habían respondido a una pregunta acerca de
cómo les afectaba esta situación de manera directa.   35

En otro estudio, realizado para poner a prueba° los vínculos° entre
la dependencia, la confianza y la actitud de evitar la información, los
investigadores proporcionaron° una descripción que podía ser simple o
compleja sobre la economía a un grupo de 58 canadienses, con una edad media
de 42 años y compuesto por 20 hombres y 38 mujeres.   40

Los participantes que recibieron la descripción más profunda sobre el tema
indicaron altos niveles de sensación de desamparo° por la crisis económica,
una mayor dependencia y confianza en el gobierno a la hora de manejar la
economía, así como un deseo muy bajo de saber más sobre la materia.

"Y esto sucede a pesar de° que deberíamos tener menos confianza en alguien   45
para gestionar° con eficacia algo que es más complejo", ha explicado el
coautor de la investigación, Aaron C. Kay, doctorado de la Universidad de
Duke. "En cambio, las personas tienden a responder a este tipo de situaciones
'externalizando' el problema y dejándolo en manos del gobierno, lo que a su
vez hace que se deposite más confianza y se sea más dependiente. En última   50
instancia°, se evita aprender más sobre la situación, para así poder seguir
confiando ciegamente° en la labor del gobierno", comenta Kay.

En un tercer estudio, 163 estadounidenses con una edad media de 32 años
(70 hombres y 93 mujeres) aportaron° su opinión sobre la complejidad de la

55 gestión de los recursos naturales y luego se les comunicó que las reservas de
petróleo de Estados Unidos durarán° menos de cuarenta años. Posteriormente°, *will last / Subsequently*
se les pidió que respondieran a diferentes preguntas para evaluar su resistencia
a aprender más sobre el tema.

En este caso, los participantes que reconocieron no saber nada sobre este tema
60 no solo evitaron la información negativa al respecto, sino que incluso° llegaron *even*
a mostrarse más reacios° a conocerlo cuando el asunto estaba de actualidad°, *reluctant / current*
como en el caso de una inminente escasez° de petróleo en los Estados Unidos. *shortage*

Acercar los problemas al ámbito personal

Otros dos estudios demostraron que los participantes que recibieron
información detallada sobre las fuentes° de energía confiaron en el gobierno *sources*
65 más que aquellos que recibieron información de una forma superficial. Para
estos casos, los investigadores preguntaron a 93 personas (49 hombres y
44 mujeres) de Canadá, concretamente a estudiantes de grado° en dos grupos *students pursuing a college degree*
separados.

A partir de° estos resultados, los autores de la investigación señalan que "más *From*
70 allá de restar° importancia a los aspectos catastróficos, los educadores deberían *above and beyond minimizing*
aprender a explicar los temas sociales problemáticos de manera que los hagan
fácilmente digeribles° y comprensibles, con un claro énfasis en lo local y las *digestible*
causas que estos problemas pueden tener a nivel° individual". *level*

Por otro lado°, los investigadores recomiendan realizar° más investigaciones *On the other hand / conduct*
75 para determinar cómo reaccionaría la gente cuando se enfrenta a° otros *they confront*
asuntos importantes como la seguridad alimentaria, la seguridad nacional,
la salud, la desigualdad social, la pobreza o los conflictos morales y éticos,
y bajo qué condiciones las personas tienden a responder con más o menos
participación e interés. Los investigadores han hecho públicos los resultados de
80 esta investigación en la Asociación Americana de Psicología.

> **" . . . los educadores deberían aprender a explicar los temas sociales problemáticos de manera que los hagan fácilmente digeribles y comprensibles . . . "**

Después de leer

For grammar support:

 Abriendo paso: Gramática

Comprensión

C. Al punto. Contesta las siguientes preguntas.

1. Según el artículo, ¿qué opinión tienen del gobierno las personas poco informadas?

2. En tus propias palabras, describe la "reacción en cadena" que resultó de los estudios.

3. ¿Aumentó o disminuyó? Escoge la palabra que mejor representa la reacción de los participantes que recibieron una descripción detallada de la economía, respecto a:

   su felicidad   aumentó   disminuyó
   su dependencia del gobierno   aumentó   disminuyó
   su deseo de informarse   aumentó   disminuyó

4. Según los investigadores, cuando los profesores presentan un tema social ¿qué aspectos de los problemas deben enfatizar?

5. ¿Qué recomendación hacen los investigadores para futuros estudios?

Para ampliar el vocabulario

D. De la misma familia. Escribe una palabra de la misma familia, es decir, palabras que tengan la misma raíz que la palabra dada. Si es un sustantivo, escribe el artículo definido correspondiente.

la confianza   [7]

el dicho   [17]

los educadores   [20]

los investigadores   [24]

evaluar   [57]

comprensibles   [72]

alimentaria   [76]

la pobreza   [77]

E. En contexto. ¿Cómo le explicarías las siguientes palabras a una persona que no sabe lo que quieren decir? Usa tus propias palabras, sinónimos o una situación para tu explicación.

las soluciones   [8]

la ciudadanía   [9]

la revista   [15]

el dicho   [17]

afectados   [28]

profunda   [41]

comprensibles   [72]

F. **Sinónimos.** Busca el sinónimo de las palabras que aparecen en la columna A en la columna B. Hay más palabras de las que necesitas.

A

_____ **1.** la confianza [7]

_____ **2.** obtenidos [9]

_____ **3.** las cuestiones [10]

_____ **4.** señalan (señalar) [10]

_____ **5.** evitan (evitar) [12]

_____ **6.** la manera [35]

_____ **7.** evaluar [57]

B

a. los conocimientos   **h.** el aumento

b. el modo   **i.** las cuotas

c. conseguidos   **j.** los asuntos

d. valorar   **k.** destinados

e. indicar

f. la fe

g. eludir

G. **Antónimos.** Busca el antónimo de las palabras que aparecen en la columna A en la columna B. Hay más palabras de las que necesitas.

A

_____ **1.** la ignorancia [17]

_____ **2.** la capacidad [29]

_____ **3.** eludieron (eludir) [31]

_____ **4.** compleja [34]

_____ **5.** responder [48]

_____ **6.** durarán (durar) [56]

_____ **7.** detallada [64]

B

a. la muestra   **h.** el conocimiento

b. callarse   **i.** la ineptitud

c. simple   **j.** afrontar

d. la libertad

e. acabarse

f. superficial

g. completa

Reflexión

H. **¿Saber o no saber?** En el artículo que acabas de leer, se dice que la gente prefiere ignorar los problemas que hay a su alrededor. En general, ¿cuál crees que es la razón principal para esta actitud? ¿Lo has hecho alguna vez? ¿En qué situación? (Escoge una que puedas compartir cómodamente.) ¿Tuviste el resultado que esperabas? Prepárate para compartir tus ideas con tus compañeros y para explicar por qué piensas así.

Conexiones interdisciplinarias

I. **¿Es la ignorancia felicidad?** Imagina que todos los ciudadanos de un país democrático piensan que "la ignorancia es felicidad". ¿Qué define a un país democrático? ¿Cuáles serían algunas posibles consecuencias de tal actitud para la ciudadanía y para el país? Toma algunos apuntes que te ayuden a compartir tus ideas con un grupo pequeño de tus compañeros.

Abriendo paso

Contextos para la comunicación

For grammar support:
 ✎ Abriendo paso: Gramática

A Texto auditivo: Capitalismo 2.0

Vas a ver un video. Primero, tienes un minuto para leer la introducción y las preguntas. Luego vas a escuchar la grabación dos veces. Mientras escuchas, puedes tomar apuntes. Después de escuchar por primera vez, tienes un minuto para contestar las preguntas. Después de escuchar por segunda vez, vas a tener dos minutos para terminarlas.

Introducción

En este video la locutora entrevista a dos invitados, Patricia Sáez y Luis Pareras, quienes están convencidos del poder del ciudadano para cambiar la sociedad. Apareció en Radio y Televisión Española. La grabación dura unos seis minutos.

1. Según Luis Pareras, en vez de basarse en los beneficios, ¿en qué se basa el posible "nuevo capitalismo"?

2. Según Luis Pareras y Patricia Sáez, ¿cómo se diferencia un emprendedor social de un emprendedor tradicional?

3. ¿Qué proyecto tiene la empresa multinacional que describe Patricia Sáez?

4. Según Luis Pareras, ¿qué acción de parte de la administración pública ayudaría a los emprendedores sociales? ¿Está satisfecho con el aporte de la administración pública?

5. ¿Qué puede enseñar el juego de mesa que inventó Javier González?

6. ¿Cómo salvó un emprendedor social a decenas de miles de niños en África en un año? Menciona toda la información que puedas sobre el programa.

7. ¿En qué área del mundo ha habido emprendedores sociales por dos o tres décadas?

8. Luis Pareras piensa que no es mejor dar dinero directamente a los necesitados. ¿Cómo ilustra su opinión?

B Debate: ¿Vale la pena comprar ropa sostenible?

Cada vez hay más organizaciones enfocadas en crear conciencia ecológica y social, orientadas a un consumidor responsable que prefiera prendas sostenibles. Tu profesor(a) va a dividir la clase en dos grupos: uno tendrá que defender y el otro tendrá que oponerse a esta tendencia.

1. Si no tienes suficiente información, búscala en Internet o cualquier otro medio de comunicación y toma algunos apuntes. Usa las siguientes preguntas como guía:

   • ¿Qué opinas de la moda sostenible?
   • ¿Pagarías más por prendas amigables con el medio ambiente?
   • ¿Por qué compra la gente ropa sostenible? ¿Es porque está de moda o porque verdaderamente quieren cambiar la situación?
   • En cuanto a ropa, ¿qué otras cosas que muestren conciencia social se pueden hacer? ¿Qué haces tú?

2. Explica tus ideas y apóyalas con ejemplos.

C Presentación oral: "Sé (Be) el cambio que quieres ver en el mundo."

Así dijo Mahatma Gandhi, pensador y político indio (1869–1948). Muchos piensan que si no hay un cambio a nivel personal, la transformación de la sociedad seguirá siendo "superficial e inadecuada". En este capítulo, te has informado acerca de algunos retos mundiales que existen hoy día y lo que se está haciendo para mejorarlos. Revisa tus apuntes, reflexiona y escribe una lista de por lo menos cinco cambios personales que tendrán que ocurrir en la población para que se vean verdaderos cambios en la sociedad. ¿Cuáles de los cambios resultarán más difíciles para los estadounidenses? Comparte tus ideas con tus compañeros.

D Presentación oral: La "conciencia social"

Vas a trabajar con un grupo para diseñar un proyecto social para resolver una necesidad que el grupo percibe en su comunidad.

1. Identifiquen a un grupo que necesita ayuda, el problema social que quieren disminuir y las acciones concretas que tomarán para ayudar al grupo que han elegido.

2. Cada grupo le presentará su proyecto a la clase. Todos los miembros del grupo deben prepararse escribiendo en una ficha las palabras y expresiones que van a necesitar para su parte de la presentación.

3. Al final de la presentación, la clase tendrá la oportunidad de hacerles preguntas.

E Investigación en Internet: El Premio Nobel de la Paz

Unos cuantos hispanos han recibido el Premio Nobel de la Paz por sus contribuciones al bienestar social del mundo. Vas a trabajar con un grupo pequeño de tus compañeros.

1. Cada miembro del grupo va a escoger a un ganador diferente de la lista a continuación (en la que aparecen algunos de los ganadores).

   Carlos Saavedra Lamas
   Adolfo Pérez Esquivel
   Óscar Arias Sánchez
   Alfonso García Robles

2. Busca información sobre esta persona y prepara una presentación en la que incluyas todo lo que puedas sobre ella. Debes incluir el país de origen y el año y la razón por la cual recibió el premio.

3. Comparte lo que has aprendido con el grupo.

F Anuncio: ¿Votarías por esta persona?

El siguiente anuncio público apareció en la página web de una candidata a la alcaldía en un país hispano. Escribe una composición en la que expliques por qué votarías o no votarías por esta persona. Incluye las características que buscas en un alcalde y ejemplos del anuncio.

¿Piensas que todos los políticos son iguales?

El cambio está a nuestro alcance.
- Reforma laboral
- Programas que faciliten el reingreso al campo laboral
- Becas para que todo el que quiera reciba una buena educación
- Viviendas adecuadas para los discapacitados
- Asistencia médica para las personas de tercera edad
- Sistema de pensiones más justo

Confianza en mi candidatura.
Confianza en nuestro futuro.

¡No todos los políticos somos iguales!
Puedes confiar en...
¡María Elena Posada para alcalde!

G Presentación escrita: Reacción al foro

Juan R. escribió lo siguiente en un foro de Internet acerca del artículo que leíste en las páginas 407–409.

"Cuando enfrentamos problemas que no entendemos o que somos incapaces de resolver, estos problemas dejan de interesarnos y les damos la espalda. Algunos dirían que la evasión de los problemas es saludable porque nos ayuda a evitar la ansiedad de no poder actuar. Sin embargo hay que tener en cuenta que esta evasión podría dejarnos subordinados a otros e indefensos."

Escribe dos o tres puntos que te parezcan válidos (o no) sobre su comentario. Explica por qué piensas así. Comparte tu opinión con un grupo de tus compañeros.

H Composición: El tráfico vehicular y el bienestar social

Vas a escribir un ensayo de por lo menos 200 palabras, titulado "El tráfico vehicular: ¿un bien o un mal para el bienestar social?" En tu barrio, ¿hay mucho tráfico vehicular? ¿Hay mucha gente que usa una bicicleta en la vida diaria? ¿Qué efecto tiene esto en el bienestar de tu comunidad?

1. Busca información en Internet acerca de los siguientes temas e inclúyela en tu ensayo:

   - los efectos del tráfico de vehículos con motor en el bienestar social
   - el uso de las bicicletas y su efecto en el bienestar social
   - una iniciativa para reducir el tráfico vehicular en un país hispano
   - una iniciativa para reducir el tráfico en tu comunidad o en otra ciudad estadounidense

2. Trata de incorporar por lo menos tres de las siguientes expresiones en tu presentación.

a fin de que	*so that, in order that*
con tal de que	*provided that*
mientras	*while*
ni siquiera	*not even*
a mí me parece que	*it seems to me that*

3. Recuerda que tendrás que revisar varias veces no solo el contenido sino también la organización y la gramática de tu trabajo.

I Presentación oral: ¿Es importante crear conciencia social en los niños?

Un programa que además de divertir a los niños, busca enseñar valores sociales, es *Plaza Sésamo*. ¿Conoces el programa? ¿Crees que es una manera efectiva de crear conciencia social en los niños? A fines del 2011, *Plaza Sésamo* lanzó un nuevo personaje para mostrar el desafío mundial de la falta de alimentos. Se llama Lily y tiene siete años. ¿Qué sabes acerca de la falta de alimentos en los países subdesarrollados y en los Estados Unidos? Busca algunos datos en Internet y toma apuntes que te ayuden a compartir tus ideas acerca del tema. ¿Crees que crear conciencia social en los niños ayudará a aliviar el problema para la próxima generación? Explica tu respuesta. Vas a compartir tus ideas con tus compañeros.

Preguntas del capítulo

Ahora que has discutido la lectura y tienes mejor conocimiento del tema, tu profesor(a) va a reanudar la discusión de las preguntas del capítulo. Repasa brevemente los apuntes y ejercicios que ya completaste.

- ¿Cuáles son algunos de los problemas sociales que requieren atención en todo el mundo hoy día?

- ¿Qué se puede hacer para que los individuos y las sociedades tengan conciencia de los problemas existentes, sientan empatía y contribuyan a remediarlos?

- ¿Cuáles son algunos de los mecanismos que existen para remediar los problemas?

Integración

Más práctica: *Preparación para el examen*, pp. 437–440

Preguntas fundamentales para la discusión

Ahora que tienes un conocimiento más amplio del tema de esta unidad, podrás contestar con más información las siguientes preguntas y discutir tus ideas con el resto de la clase.

- ¿Cuáles son los desafíos sociales, políticos y del medio ambiente que enfrentan las sociedades del mundo?
- ¿Cuáles son los orígenes de esos desafíos?
- ¿Cuáles son algunas posibles soluciones a esos desafíos?

Presentación final

Vas a elaborar una presentación final en la que analizas el tema de la unidad más a fondo. Sigue los siguientes pasos. Te van a ayudar a examinar y organizar tus ideas.

1. Considera otras perspectivas

Además de los contextos que examinaste en esta unidad, ¿hay otros contextos que en tu opinión se podrían incluir bajo el tema de "Los desafíos mundiales"? ¿Qué otras preguntas fundamentales te hubiera gustado investigar bajo este tema? Prepara tus ideas para discutirlas con la clase. No tienes que discutir a fondo los contextos o preguntas que apuntaste, solo prepárate para explicar por qué te parece importante incluir estos contextos o preguntas.

2. Explora tu perspectiva

Piensa en los contextos y perspectivas que discutiste con la clase. Escoge un aspecto del tema relacionado con ellos que te interesa analizar más a fondo.

- ¿Cuál es el problema?
- ¿Por qué crees que merece atención?

3. Desarrolla la presentación

Usa el problema para establecer la idea central que vas a usar como hilo conductor de tu presentación final sobre el tema de la unidad. Para más apoyo, consulta la *Guía para presentaciones* que se encuentra en el curso digital.

Preparación para el examen

La sección *Preparación para el examen* está organizada según los temas de las seis unidades del libro y contiene ejercicios de práctica escritos según el formato del examen de AP®. Esta práctica para el examen es similar a las actividades que se encuentran en las siguientes secciones del examen de AP: Comunicación interpretativa: Texto auditivo, Escritura interpersonal: Respuesta a un mensaje electrónico, Conversación interpersonal y Presentación oral: Comparación cultural.

Tabla de contenidos

UNIDAD 1
TEMA CURRICULAR: LAS IDENTIDADES PERSONALES Y PÚBLICAS

A. Comunicación interpretativa: Texto auditivo 🔊))

Vas a escuchar una grabación. Primero, tienes 1 minuto para leer la introducción y las preguntas. Luego vas a escuchar la grabación 2 veces. Mientras escuchas, puedes tomar apuntes. Después de escuchar por primera vez, tienes 1 minuto para empezar a contestar las preguntas. Después de escuchar por segunda vez, vas a tener 2 minutos para terminarlas. Para cada pregunta, elige la mejor respuesta según la grabación.

Introducción

La siguiente grabación trata del efecto de la autoestima en mantenerse joven. Apareció en Radio 5, España. Dura unos 3 minutos.

1. Según el catedrático, ¿qué papel juega la autoestima en la vida de las personas?
    (A) Ayuda a prevenir enfermedades neurológicas.
    (B) Ayuda a aceptar mejor el proceso de envejecimiento.
    (C) Causa que los ancianos se aíslen de sus familiares.
    (D) Causa que los mayores de edad no puedan vivir solos.

2. ¿Qué puede suceder si se tiene una baja autoestima?
    (A) Puede generar enfermedades físicas.
    (B) Puede acelerar el envejecimiento.
    (C) Puede crear un alejamiento de los parientes.
    (D) Puede aumentar la negatividad de los estereotipos.

3. Según la selección, ¿por qué ha sido la crisis económica un factor negativo para la salud mental?
    (A) Porque los mayores no encuentran servicios médicos disponibles
    (B) Porque los mayores temen no tener suficiente dinero en el futuro
    (C) Porque los mayores empiezan a llevarse mal con sus familiares
    (D) Porque los mayores se preocupan por sus familiares

4. ¿De qué se deben convencer las personas con baja autoestima?
    (A) De que la familia siempre les prestará apoyo
    (B) De que los problemas tardan tiempo en solucionarse
    (C) De que sus preocupaciones existen solo en su mente
    (D) De que no deben tomarse en serio sus conflictos familiares

5. ¿Qué se recomienda para elevar la autoestima?
    (A) Evitar mirarse en los espejos constantemente
    (B) Pedir consejos cuando haya que tomar una decisión seria
    (C) No involucrar a otras personas en las decisiones complicadas
    (D) No prestar mucha atención a lo que otros piensan de nosotros

6. ¿Qué deben evitar las personas con baja autoestima?

    (A) Que otros interfieran en sus decisiones

    (B) Que otros se aprovechen de ellos

    (C) Que otros se sientan culpables por su situación

    (D) Que otros juzguen negativamente su apariencia física

7. ¿Qué hace sentir mejor a las personas con baja autoestima?

    (A) La forma en que manejan sus relaciones personales

    (B) La actitud que poseen hacia el dinero y el trabajo

    (C) La manera en que cuidan de su aspecto físico

    (D) La presencia de actividades físicas en su vida diaria

B. Escritura interpersonal: Respuesta a un mensaje electrónico

Vas a escribir una respuesta a un mensaje electrónico. Vas a tener 15 minutos para leer el mensaje y escribir tu respuesta. Tu respuesta debe incluir un saludo y una despedida, y debe responder a todas las preguntas y peticiones del mensaje. En tu respuesta, debes pedir más información sobre algo mencionado en el mensaje. También debes responder de manera formal.

Introducción

Este mensaje es de la directora del programa de intercambio "Compartiendo culturas". Has recibido el mensaje porque has escrito pidiendo información y mostrando interés en participar en el intercambio el año que viene.

De: Alicia Martínez Bustamante

Asunto: Programa de intercambio "Compartiendo culturas"

Estimado(a) señor / señorita:

Muchas gracias por su carta pidiendo información sobre nuestro programa de intercambio. Ud. ha hecho bien en empezar con anticipación. El proceso es competitivo y generalmente comienza al menos un año antes del intercambio. Eso quiere decir que tiene que empezar en seguida. Ud. indica que le gustaría pasar un mes en el país anfitrión. Los programas de esa duración exigen que haya una visita recíproca de los hijos de dos familias. Los participantes tienen que servir como embajadores culturales al país anfitrión, así que la madurez es esencial.

Antes que nada debe informarnos sobre sus preferencias en cuanto al país y la razón por la cual le interesa. Indique también si ha tenido experiencias que puedan ayudarle a adaptarse a una nueva cultura. No se olvide de incluir cualquier incidente en el que haya demostrado sus dotes de liderazgo y cualquier pregunta que tenga sobre la visita.

Adjunto una hoja informativa y un formulario que Ud. deberá rellenar más adelante durante el proceso. En la hoja, hay una lista de pautas de comportamiento.

Haga el favor de mandarnos esta información en cuanto pueda. Hay muchos candidatos y tratamos de escoger a los participantes a medida que recibimos la información.

Atentamente,
Alicia Martínez Bustamante
Directora de Programas de Intercambio

C. Conversación interpersonal

Vas a participar en una conversación. Primero, vas a tener 1 minuto para leer la introducción y el esquema de la conversación. Después, comenzará la conversación, siguiendo el esquema. Cada vez que te corresponda participar en la conversación, vas a tener 20 segundos para grabar tu respuesta.

Debes participar de la manera más completa y apropiada posible.

Tienes 1 minuto para leer la introducción.

Introducción

Esta es una conversación con Mateo, un amigo de la escuela. Vas a participar en esta conversación porque él quiere que lo aconsejes en cuanto a encontrar un trabajo a tiempo parcial.

Mateo:	• Te saluda y te pide tu opinión.
Tú:	• Salúdalo y responde a las preguntas.
Mateo:	• Continúa la conversación y te hace una pregunta.
Tú:	• Responde a la pregunta con detalles.
Mateo:	• Continúa la conversación y te hace otra pregunta.
Tú:	• Contesta negativamente y propón alguna opción.
Mateo:	• Continúa la conversación.
Tú:	• Reacciona y dale un poco de ánimo.
Mateo:	• Continúa la conversación.
Tú:	• Responde y despídete.

D. Presentación oral: Comparación cultural

Vas a dar una presentación oral a tu clase sobre un tema cultural. Vas a tener 4 minutos para leer el tema de la presentación y prepararla. Después vas a tener 2 minutos para grabar tu presentación.

En tu presentación, compara tu propia comunidad con una región del mundo hispanohablante que te sea familiar. Debes demostrar tu comprensión de aspectos culturales del mundo hispanohablante y organizar tu presentación de manera clara.

Tema de la presentación:

¿Cómo han afectado los personajes históricos a la identidad nacional de tu país?

Compara tus observaciones acerca de las comunidades en las que has vivido con tus observaciones de una región del mundo hispanohablante que te sea familiar. En tu presentación, puedes referirte a lo que has estudiado, vivido, observado, etc.

UNIDAD 2
TEMA CURRICULAR: LA VIDA CONTEMPORÁNEA

A. Comunicación interpretativa: Texto auditivo 🔊))

Vas a escuchar una grabación. Primero, tienes 1 minuto para leer la introducción y las preguntas. Luego vas a escuchar la grabación 2 veces. Mientras escuchas, puedes tomar apuntes. Después de escuchar por primera vez, tienes 1 minuto para empezar a contestar las preguntas. Después de escuchar por segunda vez, vas a tener 2 minutos para terminarlas. Para cada pregunta, elige la mejor respuesta según la grabación.

Introducción

La siguiente grabación trata de la celebración de la fiesta de San Juan y las tradiciones en Cataluña y en la isla de Menorca. La grabación proviene de Radio y Televisión Española. La grabación dura unos 2 minutos.

1. En Cataluña, ¿para que se reúnen los vecinos?
   (A) Para dar la bienvenida al verano
   (B) Para celebrar la noche más larga
   (C) Para dar las gracias a los dioses
   (D) Para celebrar los acontecimientos del año

2. ¿Cómo ha afectado la crisis a los catalanes?
   (A) Ha disminuido la compra de alimentos.
   (B) Ha afectado la venta de petardos solamente.
   (C) Ha aumentado el porcentaje de ventas de petardos igual que en el pasado.
   (D) Se han visto cambios solo en la cantidad de gente que asiste a las fiestas.

3. ¿Qué sucederá a las doce de la noche?
   (A) Se llevarán a cabo elaboradas ceremonias.
   (B) Se intercambiarán regalos con los vecinos.
   (C) Se encenderá la hoguera.
   (D) Se llevará el fuego a una montaña.

4. En Menorca, ¿cuándo empezó la costumbre de jinetes recorriendo las calles?
   (A) En la época medieval
   (B) En los últimos años
   (C) En el tiempo de la ocupación inglesa
   (D) En la época barroca

5. ¿Qué recuerdan los trajes que llevan los jinetes?
   (A) La ocupación inglesa
   (B) La época medieval
   (C) La victoria de los ejércitos medievales
   (D) La fundación de la ciudad

6. Según la leyenda, ¿qué le sucede a una persona que se ve reflejada en el espejo que llevan los caballos?

(A) Va a contraer matrimonio.

(B) Ganará mucho dinero.

(C) Va a tener mala suerte.

(D) Regresará el próximo año.

B. Escritura interpersonal: Respuesta a un mensaje electrónico

Vas a escribir una respuesta a un mensaje electrónico. Vas a tener 15 minutos para leer el mensaje y escribir tu respuesta. Tu respuesta debe incluir un saludo y una despedida, y debe responder a todas las preguntas y peticiones del mensaje. En tu respuesta, debes pedir más información sobre algo mencionado en el mensaje. También debes responder de manera formal.

Introducción

Este mensaje de una compañía de viajes es una respuesta a tu interés por viajar a Cartagena, Colombia, con varios de tus amigos durante las vacaciones.

| De: | Rocío Centeno |
| Asunto: | Programa para las vacaciones |

Estimado(a) viajero(a):

Le agradecemos su interés por visitar nuestro balneario en Cartagena. Como ya sabe, tratamos de diseñar un programa específico de actividades que depende de los gustos de nuestros clientes. Para darle una idea del programa que le podemos ofrecer, quisiéramos que nos informara sobre su edad, la edad de sus compañeros y el tipo de actividades y deportes que les interesan. Si les interesa participar en alguna actividad cultural (por ejemplo, visitar un museo o algún lugar histórico), también podríamos organizar las visitas.

Por favor, envíenos la información lo antes posible. Diseñaremos un plan para usted y sus compañeros y se lo enviaremos. Una vez que ustedes hayan revisado el plan, podremos ajustarlo si es necesario.

No deje de enviarnos cualquier pregunta que tenga. Es nuestra misión complacer a nuestros clientes ya que esperamos que después de su primera visita vuelvan a visitarnos a menudo.

Atentamente,
Rocío Centeno
Agente de viajes
Club Salamandra

C. Conversación interpersonal

Vas a participar en una conversación. Primero, vas a tener 1 minuto para leer la introducción y el esquema de la conversación. Después, comenzará la conversación, siguiendo el esquema. Cada vez que te corresponda participar en la conversación, vas a tener 20 segundos para grabar tu respuesta.

Debes participar de la manera más completa y apropiada posible.

Tienes 1 minuto para leer la introducción.

Introducción

Esta es una conversación telefónica con Pepa, una amiga de la escuela. Vas a participar en esta conversación porque ella quiere compartir contigo una buena noticia que ha recibido.

Pepa:	• Contesta el teléfono.
Tú:	• Salúdala y explica por qué la llamas.
Pepa:	• Te saluda y te da la noticia.
Tú:	• Pídele más información.
Pepa:	• Responde a la pregunta.
Tú:	• Reacciona y hazle una pregunta.
Pepa:	• Continúa la conversación.
Tú:	• Apoya su declaración.
Pepa:	• Te propone algo.
Tú:	• Reacciona y propón una cita.
Pepa:	• Termina la conversación y se despide.

D. Presentación oral: Comparación cultural

Vas a dar una presentación oral a tu clase sobre un tema cultural. Vas a tener 4 minutos para leer el tema de la presentación y prepararla. Después vas a tener 2 minutos para grabar tu presentación.

En tu presentación, compara tu propia comunidad con una región del mundo hispanohablante que te sea familiar. Debes demostrar tu comprensión de aspectos culturales del mundo hispanohablante y organizar tu presentación de una manera clara.

Tema de la presentación:

¿Cómo han afectado los cambios culturales de la vida contemporánea las perspectivas y prácticas de las personas de tu comunidad?

Compara tus observaciones acerca de las comunidades en las que has vivido con tus observaciones de una región del mundo hispanohablante que te sea familiar. En tu presentación, puedes referirte a lo que has estudiado, vivido, observado, etc.

UNIDAD 3
TEMA CURRICULAR: LAS FAMILIAS Y LAS COMUNIDADES

A. Comunicación interpretativa: Texto auditivo 🔊))

Vas a escuchar una grabación. Primero, tienes 1 minuto para leer la introducción y las preguntas. Luego vas a escuchar la grabación 2 veces. Mientras escuchas, puedes tomar apuntes. Después de escuchar por primera vez, tienes 1 minuto para empezar a contestar las preguntas. Después de escuchar por segunda vez, vas a tener 2 minutos para terminarlas. Para cada pregunta, elige la mejor respuesta según la grabación.

Introducción

La siguiente selección trata de los desafíos para las ciudades de América Latina. El reportaje está presentado por Rocío Franco para las Naciones Unidas. La grabación dura unos 3 minutos.

1. ¿Cuál es el tema principal de la selección?
   - (A) El crecimiento de la población en las áreas urbanas
   - (B) La falta de servicios sanitarios en las urbes latinoamericanas
   - (C) La necesidad de cambiar las políticas en las próximas décadas
   - (D) El aumento de ciudades con menos de diez millones de habitantes

2. ¿Qué recomienda la ONU en su informe sobre la urbanización?
   - (A) El aumento en la construcción de viviendas en las grandes ciudades
   - (B) Las políticas que animen a más personas a vivir en las áreas rurales
   - (C) El deseo político para cumplir con las necesidades de la población
   - (D) Las leyes que apoyen a ciudades pequeñas con suficientes servicios

3. Según la directora de la División de Población Hania Zlotnik, ¿por qué no parece haber mucha preocupación por ciertas ciudades latinoamericanas?
   - (A) Porque están protegidas por los organismos de la ONU
   - (B) Porque son muy pocas las que tienen grandes poblaciones
   - (C) Porque las grandes ciudades tienen suficientes servicios para sus habitantes
   - (D) Porque la ubicación de estas ciudades les permite satisfacer sus necesidades

4. ¿De qué se tienen que preocupar los gobernantes de los países latinoamericanos?
   - (A) De la limitación de las tierras cultivables
   - (B) De la falta de trabajos en las áreas rurales
   - (C) De los servicios necesarios para las poblaciones con menos recursos
   - (D) De los recursos financieros para proveer viviendas con alquileres bajos

5. ¿Cuál parece ser la tendencia en Cuba y otras islas del Caribe?
   (A) El aumento de ciudades con menos residentes urbanos
   (B) El estímulo para el financiamiento de viviendas de costo razonable
   (C) La mejora de políticas que benefician a sus habitantes
   (D) La creación de instituciones que asistan a las necesidades de los pobres

6. ¿Qué peculiaridad existe en América Latina que no se encuentra en otros lugares?
   (A) El aumento de la población mayor de sesenta años
   (B) El alto número de habitantes en zonas inhabitables
   (C) La gran cantidad de personas mayores en las zonas urbanas
   (D) La presencia de políticas que protegen a los mayores de edad

B. Escritura interpersonal: Respuesta a un mensaje electrónico

Vas a escribir una respuesta a un mensaje electrónico. Vas a tener 15 minutos para leer el mensaje y escribir tu respuesta. Tu respuesta debe incluir un saludo y una despedida, y debe responder a todas las preguntas y peticiones del mensaje. En tu respuesta, debes pedir más información sobre algo mencionado en el mensaje. También debes responder de manera formal.

Introducción

Imagina que recibes el siguiente mensaje del director de tecnología informática de tu escuela. Le habías escrito porque quieres empezar un blog donde los estudiantes puedan discutir algunas de sus preocupaciones.

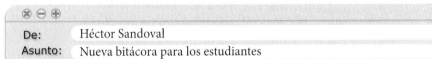

De: Héctor Sandoval

Asunto: Nueva bitácora para los estudiantes

Estimado(a) estudiante:

Hemos recibido su propuesta para empezar un blog en nuestro portal de actividades escolares. Lo he discutido con los otros miembros del departamento y nos parece una idea excelente. Antes de comenzar a diseñar el portal en Internet, necesitamos más información sobre el proyecto. Quisiéramos saber el propósito del blog, quiénes pueden participar y si habrá estudiantes que contribuyan regularmente a la discusión.

También me gustaría que me dijera dos o tres de los temas que piensa usar como punto de partida para comenzar la discusión con los usuarios.

Es importante que usted sepa que necesitamos un(a) estudiante que sirva de vigilante para estar seguro de que el contenido es apropiado para las actividades de nuestra escuela. ¿Tiene alguna sugerencia?

Una vez que recibamos esta información, nos podemos reunir para dar el siguiente paso de diseñar el portal. Hemos decidido que aunque el acceso será a través del portal de la escuela, el portal de los estudiantes debe tener su propia "identidad".

No se olvide de enviarme cualquier pregunta o ideas que tenga sobre el proyecto.

En espera de su respuesta, lo saluda,

Héctor Sandoval
Director
Departamento de Tecnología Informática

C. Conversación interpersonal

Vas a participar en una conversación. Primero, vas a tener 1 minuto para leer la introducción y el esquema de la conversación. Después, comenzará la conversación, siguiendo el esquema. Cada vez que te corresponda participar en la conversación, vas a tener 20 segundos para grabar tu respuesta.

Debes participar de la manera más completa y apropiada posible.

Tienes 1 minuto para leer la introducción.

Introducción

La siguiente es una conversación con Cristina, una amiga de muchos años. Vas a participar en esta conversación porque ella quiere involucrarse (*get involved*) en una red social y necesita ayuda.

Cristina:	• Te saluda y te hace una pregunta.
Tú:	• Salúdala y haz una sugerencia.
Cristina:	• Continúa la conversación y te hace una pregunta.
Tú:	• Responde a la pregunta y explica por qué.
Cristina:	• Continúa la conversación.
Tú:	• Responde a la pregunta con detalles.
Cristina:	• Continúa la conversación.
Tú:	• Responde con detalles.
Cristina:	• Continúa la conversación y te hace una pregunta.
Tú:	• Responde a la pregunta y despídete.
Cristina:	• Se despide.

D. Presentación oral: Comparación cultural

Vas a dar una presentación oral a tu clase sobre un tema cultural. Vas a tener 4 minutos para leer el tema de la presentación y prepararla. Después vas a tener 2 minutos para grabar tu presentación.

En tu presentación, compara tu propia comunidad con una región del mundo hispanohablante que te sea familiar. Debes demostrar tu comprensión de aspectos culturales del mundo hispanohablante y organizar tu presentación de manera clara.

Tema de la presentación:

¿Cómo influyen los valores sociales y las tradiciones culturales en la vida diaria de las personas de tu comunidad?

Compara tus observaciones acerca de las comunidades en las que has vivido con tus observaciones de una región del mundo hispanohablante que te sea familiar. En tu presentación, puedes referirte a lo que has estudiado, vivido, observado, etc.

UNIDAD 4
TEMA CURRICULAR: LA BELLEZA Y LA ESTÉTICA

A. Comunicación interpretativa: Texto auditivo 🔊))

Vas a escuchar una grabación. Primero, tienes 1 minuto para leer la introducción y las preguntas. Luego vas a escuchar la grabación 2 veces. Mientras escuchas, puedes tomar apuntes. Después de escuchar por primera vez, tienes 1 minuto para empezar a contestar las preguntas. Después de escuchar por segunda vez, vas a tener 2 minutos para terminarlas. Para cada pregunta, elige la mejor respuesta según la grabación.

Introducción

Esta grabación, titulada "Botero en Bilbao", apareció en un programa de Radio y Televisión Española. Discute una futura exposición que ocupará el Museo de Bellas Artes de Bilbao con motivo de la celebración de los 80 años del artista. La grabación dura unos 2 minutos.

1. ¿A qué se refiere la locutora cuando dice que la Gran Vía bilbaína tiene "un nuevo habitante"?
    - (A) A un artista
    - (B) A un museo
    - (C) A una pintura
    - (D) A una escultura

2. ¿Qué obras están incluidas en la exposición?
    - (A) Obras de los últimos años
    - (B) Obras que recorren toda su obra artística
    - (C) Obras que completó en Italia
    - (D) Obras inspiradas en su hija

3. Según Javier Viar, ¿por qué sugirió Botero que la exposición se concentrara en cuadros en lugar de otras obras?
    - (A) Para que la exposición fuera más poderosa
    - (B) Para que se pudiera apreciar la belleza de sus modelos
    - (C) Para que el público pudiera ver obras nunca expuestas
    - (D) Para que el mensaje de su obra fuera más claro

4. ¿De dónde provienen las obras de la exposición?
    - (A) De varias galerías en Bilbao
    - (B) De la colección de su hija
    - (C) De un museo en México
    - (D) De la propiedad del artista

5. ¿Cómo actuó Botero para la preparación de la exposición?

   (A) Muy complaciente

   (B) Un poco enojado

   (C) Muy resuelto

   (D) Algo exigente

6. ¿Qué podemos deducir sobre el comentario que hace Javier Viar sobre Botero?

   (A) Que su personalidad se refleja en su arte

   (B) Que sus ideas son muy innovadoras

   (C) Que su comportamiento no es típico de un artista

   (D) Que es un hombre muy vehemente

7. En comparación con la exposición de México, ¿cómo es la de Bilbao?

   (A) Muy similar

   (B) Mucho más completa

   (C) Muy controversial

   (D) Mucho más innovadora

8. ¿Cómo está reaccionando el público en cuanto a la futura exposición?

   (A) Con una gran anticipación

   (B) Con un poco de preocupación por la cantidad de obras

   (C) Con esperanzas de conocer al artista

   (D) Con inquietud por los temas que incluye la retrospectiva

B. Escritura interpersonal: Respuesta a un mensaje electrónico

Vas a escribir una respuesta a un mensaje electrónico. Vas a tener 15 minutos para leer el mensaje y escribir tu respuesta. Tu respuesta debe incluir un saludo y una despedida, y debe responder a todas las preguntas y peticiones del mensaje. En tu respuesta, debes pedir más información sobre algo mencionado en el mensaje. También debes responder de manera formal.

Introducción

Este mensaje es de la señora Elena Soto, directora de programas de prácticas de la empresa Arquitectos Nadía. Has recibido el mensaje porque has escrito pidiendo información acerca del programa de prácticas en arquitectura de la empresa.

De:	Elena Soto
Asunto:	Programa de prácticas

Estimado(a) solicitante:

Muchas gracias por su comunicación. Tenemos entendido que Ud. piensa estudiar arquitectura y quiere realizar algunas prácticas en nuestra oficina para aprender algo de la profesión. A nuestra compañía le encanta ayudar a jóvenes que, como Ud., piensan hacerse arquitectos. Cada arquitecto trabaja individualmente con un practicante. Como se imaginará, solo podemos acomodar a un grupo pequeño de practicantes y es importante saber si sus intereses coinciden con los de uno de nuestros arquitectos. Indique por qué le gustaría participar en el programa.

En primer lugar, díganos por qué le gustaría participar en el programa y qué despertó en Ud. el interés en la arquitectura. ¿Ha estudiado algo relacionado con la arquitectura?

En segundo lugar, ¿cuántas horas semanales está Ud. dispuesto a trabajar? ¿Tiene Ud. un horario flexible? ¿Podría trabajar los fines de semana? ¿Espera algún tipo de remuneración?

Finalmente incluya cualquier dato que Ud. cree que lo hace el mejor candidato para el puesto.

En nuestro portal puede encontrar información sobre ciertas gestiones o formalidades que cada solicitante tendrá que cumplir para ser aceptado. No deje de hacer cualquier pregunta si necesita alguna aclaración.

Le saluda cordialmente,
Elena Soto
Directora de Programas de Prácticas
Arquitectos Nadía

C. Conversación interpersonal

Vas a participar en una conversación. Primero, vas a tener 1 minuto para leer la introducción y el esquema de la conversación. Después, comenzará la conversación, siguiendo el esquema. Cada vez que te corresponda participar en la conversación, vas a tener 20 segundos para grabar tu respuesta.

Debes participar de la manera más completa y apropiada posible.

Tienes 1 minuto para leer la introducción.

Introducción

Esta es una conversación con tu amigo Marcos, el nuevo presidente del Club de Cine. Vas a participar en la conversación porque tú eres el (la) vicepresidente(a) y él necesita tu ayuda.

Marcos:	Te explica la situación y te hace una pregunta.
Tú:	Responde con detalles.
Marcos:	Continúa la conversación.
Tú:	Responde positivamente y da más información.
Marcos:	Reacciona y te hace una pregunta.
Tú:	Responde positivamente y explica por qué es una ventaja.
Marcos:	Continúa la conversación.
Tú:	Responde con detalles.
Marcos:	Muestra su agradecimiento y te hace una pregunta.
Tú:	Responde y haz una sugerencia.
Marcos:	Termina la conversación y se despide.

D. Presentación oral: Comparación cultural

Vas a dar una presentación oral a tu clase sobre un tema cultural. Vas a tener 4 minutos para leer el tema de la presentación y prepararla. Después vas a tener 2 minutos para grabar tu presentación.

En tu presentación, compara tu propia comunidad con una región del mundo hispanohablante que te sea familiar. Debes demostrar tu comprensión de aspectos culturales del mundo hispanohablante y organizar tu presentación de una manera clara.

Tema de la presentación:

¿Cómo han afectado las artes a la vida de las personas de tu comunidad?

Compara tus observaciones acerca de las comunidades en las que has vivido con tus observaciones de una región del mundo hispanohablante que te sea familiar. En tu presentación, puedes referirte a lo que has estudiado, vivido, observado, etc.

UNIDAD 5
TEMA CURRICULAR: LA CIENCIA Y LA TECNOLOGÍA

A. Comunicación interpretativa: Texto auditivo 🔊⟩⟩

Vas a escuchar una grabación. Primero, tienes 1 minuto para leer la introducción y las preguntas. Luego vas a escuchar la grabación 2 veces. Mientras escuchas, puedes tomar apuntes. Después de escuchar por primera vez, tienes 1 minuto para empezar a contestar las preguntas. Después de escuchar por segunda vez, vas a tener 2 minutos para terminarlas. Para cada pregunta, elige la mejor respuesta según la grabación.

Introducción

Esta grabación trata de un estudio sobre los españoles y su actitud hacia la ciencia. Consuelo Pereira, técnica del Servicio de Estudios Sociales y Opinión Pública de la Fundación BBVA, discute la información obtenida con Juan Ramón Lucas. Fue transmitida por Radio Nacional de España en el programa *En días como hoy*. La grabación dura aproximadamente 4 minutos.

1. ¿Cuál es la actitud de los españoles hacia la ciencia?

    (A) Ponen en duda sus conclusiones.

    (B) Les preocupan los avances científicos.

    (C) Esperan que esta respete las creencias religiosas.

    (D) Es uno de los países que se fía más de ella.

2. ¿Cómo es el conocimiento de los españoles hacia la ciencia?

    (A) No tienen mucho conocimiento.

    (B) No tienen interés por el conocimiento.

    (C) Parece ser mejor que el de otros países europeos.

    (D) Es igual que el de Italia y el de los Estados Unidos.

3. ¿Qué expectativas tienen en España e Italia?

    (A) Muy bajas con respecto a los avances científicos

    (B) Muy bajas como consecuencia de las ideas religiosas

    (C) Muy positivas con respecto a la salud y al medio ambiente

    (D) Muy positivas si apoyan las leyes religiosas

4. Con respecto a la ética, ¿cuál es la diferencia entre España (y los Países Bajos) y el resto de los países europeos?

    (A) España piensa que la ética no debe limitar los avances.

    (B) España valora la religión como reguladora de los avances.

    (C) España muestra una posición indiferente.

    (D) España cree que la ética es la fuerza impulsora de los avances.

5. ¿Qué parece preocuparles a los españoles con respecto a la ciencia?

(A) La alteración del tratamiento de la naturaleza

(B) La clonación de animales

(C) La falta de suficiente inversión

(D) El resultado de los avances a largo plazo

6. En conclusión, ¿qué se puede decir sobre la actitud de los españoles hacia la ciencia y la tecnología?

(A) La actitud cambia según la educación de la persona.

(B) La actitud está todavía evolucionando.

(C) En general, su actitud es difícil de identificar.

(D) En general, su actitud es muy positiva.

B. Escritura interpersonal: Respuesta a un mensaje electrónico

Vas a escribir una respuesta a un mensaje electrónico. Vas a tener 15 minutos para leer el mensaje y escribir tu respuesta. Tu respuesta debe incluir un saludo y una despedida, y debe responder a todas las preguntas y peticiones del mensaje. En tu respuesta, debes pedir más información sobre algo mencionado en el mensaje. También debes responder de manera formal.

Introducción

El siguiente mensaje fue enviado por el director de informática a pacientes de un hospital en Bolivia. Como eres paciente de uno de los doctores del hospital, te están invitando a que participes en un nuevo programa.

De: Ignacio Robledo

Asunto: Participación en un nuevo programa de información médica

---

Estimado(a) paciente:

Es nuestro objetivo ayudar a nuestros pacientes a mantenerse saludables y responder a sus necesidades médicas. Con este propósito, empezaremos un programa de comunicación entre Ud., el paciente, y su doctor. A través del programa, Ud. podrá mantenerse en comunicación con nuestro equipo médico veinticuatro horas al día por medio de su teléfono celular.
Por favor, tome unos minutos para responder a nuestras preguntas. Una vez que hayamos recibido su respuesta, le enviaremos más información sobre cómo puede participar en el programa.

—Indique por qué le gustaría participar en el programa.

—Comuníquenos cualquier preocupación que tenga acerca de su posible participación en el programa.

—Incluya cualquier pregunta a la que quisiera que respondiéramos en el material de información que le enviaremos.

Le pedimos que responda a nuestro correo electrónico lo antes posible ya que queremos poner el programa en marcha a finales del mes corriente.

Atentamente,
Ignacio Robledo
Director
Programas de Informática

C. Conversación interpersonal

Vas a participar en una conversación. Primero, vas a tener 1 minuto para leer la introducción y el esquema de la conversación. Después, comenzará la conversación, siguiendo el esquema. Cada vez que te corresponda participar en la conversación, vas a tener 20 segundos para grabar tu respuesta.

Debes participar de la manera más completa y apropiada posible.

Tienes 1 minuto para leer la introducción.

Introducción

Esta es una conversación con César, un compañero de clase. Vas a participar en esta conversación porque él ha recibido malas noticias acerca de la salud de su padre.

César:	• Te saluda y te explica la situación.
Tú:	• Reacciona y responde a la pregunta.
César:	• Continúa la conversación.
Tú:	• Reacciona y dale un consejo.
César:	• Continúa la conversación.
Tú:	• Reacciona positivamente y dale consejos.
César:	• Continúa la conversación.
Tú:	• Reacciona con alarma.
César:	• Continúa la conversación.
Tú:	• Responde a la pregunta y explica por qué.
César:	• Muestra su agradecimiento.
Tú:	• Responde y despídete.
César:	• Se despide.

D. Presentación oral: Comparación cultural

Vas a dar una presentación oral a tu clase sobre un tema cultural. Vas a tener 4 minutos para leer el tema de la presentación y prepararla. Después vas a tener 2 minutos para grabar tu presentación.

En tu presentación, compara tu propia comunidad con una región del mundo hispanohablante que te sea familiar. Debes demostrar tu comprensión de aspectos culturales del mundo hispanohablante y organizar tu presentación de manera clara.

Tema de la presentación:

¿Qué impacto ha tenido el acceso a la tecnología en la vida de las personas en tu comunidad?

Compara tus observaciones acerca de las comunidades en las que has vivido con tus observaciones de una región del mundo hispanohablante que te sea familiar. En tu presentación, puedes referirte a lo que has estudiado, vivido, observado, etc.

UNIDAD 6
TEMA CURRICULAR: LOS DESAFÍOS MUNDIALES

A. Comunicación interpretativa: Texto auditivo 🔊))

Vas a escuchar una grabación. Primero, tienes 1 minuto para leer la introducción y las preguntas. Luego vas a escuchar la grabación 2 veces. Mientras escuchas, puedes tomar apuntes. Después de escuchar por primera vez, tienes 1 minuto para empezar a contestar las preguntas. Después de escuchar por segunda vez, vas a tener 3 minutos para terminarlas. Para cada pregunta, elige la mejor respuesta según la grabación.

Introducción

La siguiente grabación trata de las posibles causas de la obesidad. Es un *podcast* de la Universidad Nacional Autónoma de México. La grabación dura unos 5 minutos.

1. Además del efecto de la genética, ¿qué otro aspecto influye en la obesidad de las personas?
   (A) El ambiente a su alrededor
   (B) La falta de buena información
   (C) El tiempo que una persona es obesa
   (D) El efecto de algunas enfermedades

2. ¿A qué contribuyen las redes sociales?
   (A) A vivir o no vivir una vida saludable
   (B) A identificarse con personas que no son obesas
   (C) A disminuir el peso mínimo de una persona
   (D) A mantener una dieta balanceada

3. ¿Cuál es uno de los problemas que existen con los estudios de las redes sociales y su influencia en el peso de una persona?
   (A) No permiten que personas demasiado obesas participen.
   (B) No pueden conseguir suficientes personas para los estudios.
   (C) No usan datos de un periodo de tiempo suficientemente largo.
   (D) No han conseguido que las personas sean francas sobre su dieta.

4. ¿Por qué pueden ser poco creíbles los estudios de las redes sociales?
   (A) Porque incluyen la genética solo periféricamente
   (B) Porque muchos familiares viven lejos de los sujetos
   (C) Porque es difícil obtener datos que no sean falsos
   (D) Porque los círculos sociales se transforman constantemente

5. Según el estudio de Framingham, ¿que factores aumentan la posibilidad de obesidad en una persona?
   (A) Sus familiares y amigos
   (B) Sus enfermedades previas
   (C) Los lugares donde reside durante los estudios
   (D) Las veces que ha tratado de bajar de peso

6. Según el estudio de Framingham, ¿cuál es la mayor influencia en la obesidad de una persona?

    (A) Los amigos íntimos

    (B) Las decisiones en sus relaciones

    (C) La cantidad de comida

    (D) La distancia de sus amigos

7. ¿Qué idea excluyeron los investigadores como causa de la obesidad en las personas?

    (A) Residir en el mismo lugar por mucho tiempo

    (B) Vivir cerca de sus familiares y amigos

    (C) Padecer de depresión crónica

    (D) Estar vinculadas a otras personas obesas

8. ¿Qué contribuye a que a una persona no le parezca mal aumentar de peso?

    (A) No tener éxito con las dietas

    (B) No tener el apoyo de sus familiares

    (C) Ver que sus amigos también aumentan de peso

    (D) Convencerse de que la obesidad es crónica

9. Según la selección, ¿cómo se podría caracterizar el tener amigos?

    (A) Una distracción

    (B) Alentador

    (C) Saludable

    (D) Una preocupación

10. ¿A qué conclusión podríamos llegar según la información de la selección?

    (A) Que la obesidad depende de otras enfermedades

    (B) Que la genética no se debe tomar en consideración

    (C) Que la obesidad se puede controlar con medicamentos

    (D) Que la obesidad definitivamente no es contagiosa

B. Escritura interpersonal: Respuesta a un mensaje electrónico

Vas a escribir una respuesta a un mensaje electrónico. Vas a tener 15 minutos para leer el mensaje y escribir tu respuesta. Tu respuesta debe incluir un saludo y una despedida, y debe responder a todas las preguntas y peticiones del mensaje. En tu respuesta, debes pedir más información sobre algo mencionado en el mensaje. También debes responder de manera formal.

Introducción

Este mensaje electrónico es del señor Pedro Martínez, administrador del campamento de verano "Al aire libre" en Aguadilla, Puerto Rico. Has recibido el mensaje porque te gustaría trabajar allí el verano próximo.

De:	Pedro Martínez
Asunto:	Oportunidad de empleo

Estimado(a) señor/señorita:

Acabamos de recibir su solicitud en la que indica que le gustaría trabajar de consejero(a) en nuestro campamento este verano. Tenemos unos cuantos candidatos excelentes. Antes de escoger entre los candidatos, les pedimos a todos que nos manden más información. Hemos recibido un gran número de solicitudes y el proceso de selección va a ser muy competitivo. Debe mandarnos una carta en la que incluya:

– su experiencia laboral

– las cualidades que lo hacen un buen candidato(a)

– cualquier otra cosa que lo (la) distinga de los otros candidatos

No deje de enviarnos las preguntas que tenga sobre el campamento, el proceso o cualquier otro asunto. Esperamos su respuesta cuanto antes.

Le saluda cordialmente,
Pedro Martínez, Administrador

C. Conversación interpersonal

Vas a participar en una conversación. Primero, vas a tener 1 minuto para leer la introducción y el esquema de la conversación. Después, comenzará la conversación, siguiendo el esquema. Cada vez que te corresponda participar en la conversación, vas a tener 20 segundos para grabar tu respuesta.

Debes participar de la manera más completa y apropiada posible.

Tienes 1 minuto para leer la introducción.

Introducción:

Esta conversación es con Antonio, un amigo que se ha mudado a otro estado. Vas a participar en la conversación porque él quiere hablarte de sus experiencias.

Antonio:	• Te saluda y te comunica cómo se siente.
Tú:	• Salúdalo y reacciona al comentario.
Antonio:	• Continúa la conversación.
Tú:	• Reacciona y pide más detalles sobre la familia.
Antonio:	• Continúa la conversación.
Tú:	• Reacciona positivamente y sugiere un encuentro.
Antonio:	• Reacciona y te hace una pregunta.
Tú:	• Reacciona y menciona un problema.
Antonio:	• Continúa la conversación y te ofrece una alternativa.
Tú:	• Reacciona positivamente y despídete.
Antonio:	• Se despide.

D. Presentación oral: Comparación cultural

Vas a dar una presentación oral a tu clase sobre un tema cultural. Vas a tener 4 minutos para leer el tema de la presentación y prepararla. Después vas a tener 2 minutos para grabar tu presentación.

En tu presentación, compara tu propia comunidad con una región del mundo hispanohablante que te sea familiar. Debes demostrar tu comprensión de aspectos culturales del mundo hispanohablante y organizar tu presentación de manera clara.

Tema de la presentación:

¿Qué efecto han tenido los problemas ambientales en la vida de las personas de tu comunidad?

Compara tus observaciones acerca de las comunidades en las que has vivido con tus observaciones de una región del mundo hispanohablante que te sea familiar. En tu presentación, puedes referirte a lo que has estudiado, vivido, observado, etc.

Bibliografía de literatura adicional

Unidad 1: Las identidades personales y públicas

"La siesta del martes" – Gabriel García Márquez
"Dos palabras" – Isabel Allende
"El hombre que aprendió a ladrar" – Mario Benedetti
"Una reputación" – Juan José Arreola
"La historia que pudo ser" – Eduardo Galeano
"El monopolio de la moda" – Luis Britto García
"Nuestra América" – José Martí
"El prócer" – Cristina Peri Rossi
"Prendimiento de Antoñito el Camborio en el camino de Sevilla" – Federico García Lorca
"Miré los muros de la patria mía" – Francisco de Quevedo
"Españolito que vienes al mundo" – Antonio Machado
"A Julia de Burgos" – Julia de Burgos
"Hombres necios que acusáis" – Sor Juana Inés de la Cruz
"Balada de los dos abuelos" – Nicolás Guillén
"Mi caballo mago" – Sabine Ulibarrí
"Peso ancestral" – Alfonsina Storni

Unidad 2: La vida contemporánea

"Lo que sucedió a un mancebo que se casó con una muchacha muy rebelde" – Don Juan Manuel
"El décimo" – Emilia Pardo Bazán
"Cajas de cartón" – Francisco Jiménez
"Dos palabras" – Isabel Allende
"El monopolio de la moda" – Luis Britto García
"Mujer negra" – Nancy Morejón
"He andado muchos caminos" – Antonio Machado

Unidad 3: Las familias y las comunidades

"La siesta del martes" – Gabriel García Márquez
"No oyes ladrar los perros" – Juan Rulfo
"Cajas de cartón" – Francisco Jiménez
"Jaque mate en dos jugadas" – Isaac Aisemberg
"La hormiga" – Marco Denevi
"Aniversario" – Luis Romero
"El hijo" – Horacio Quiroga
"A Julia de Burgos" – Julia de Burgos
La casa de Bernarda Alba – Federico García Lorca

Unidad 4: La belleza y la estética

"Continuidad de los parques" – Julio Cortázar
"El monopolio de la moda" – Luis Britto García
"La orilla" – Eduardo Galeano
"Los cuentos vagabundos" – Ana María Matute
"El ahogado más hermoso del mundo" – Gabriel García Márquez
"A Julia de Burgos" – Julia de Burgos
"Rima IV" – Gustavo Adolfo Béquer
"Borges y yo" – Jorge Luis Borges

Unidad 5: La ciencia y la tecnología

"Rosa" – Ángel Balzarino
"Baby H.P." – Juan José Arreola
"El eclipse" – Augusto Monterroso
"La hormiga" – Marco Denevi

Unidad 6: Los desafíos mundiales

"La siesta del martes" – Gabriel García Márquez
"Cajas de cartón" – Francisco Jiménez
"El décimo" – Emilia Pardo Bazán
Historia del hombre que se convirtió en perro – Osvaldo Dragún
"Como la vida misma" – Rosa Montero
"La Naturaleza. La tierra madre del hombre. El sol, el copal, el fuego, el agua" – Rigoberta Menchú
"La casa nueva" – Silvia Molina
"La historia que pudo ser" – Eduardo Galeano
"Mujer negra" – Nancy Morejón
"He andado muchos caminos" – Antonio Machado
"¿Puedes?" – Nicolás Guillén

Apéndices

Appendix A

Some Words and Expressions Used to Connect Ideas

The following words or expressions will allow you to connect your thoughts and show the relationship between different parts of a sentence. The lists are by no means exhaustive, but they will help you to connect ideas, to summarize, to emphasize, etc. Learning them will enrich your vocabulary and help you to speak and write in more connected discourse. For a more complete list of conjunctions, go to Appendix B of the *Gramática* book. A more complete list of prepositions appears in Appendix C of the *Gramática* book.

1. To begin to introduce an idea, you may use the following:

a partir de	*as of/from . . . this moment, that date, etc.*
al + *infinitive*	*upon . . .*
al principio	*at the beginning*
como punto de partida	*as a point of departure*
en primer lugar	*in the first place*
para empezar	*to begin*

2. To add another idea, or if you are telling a story and want to add the next step or express ideas that were taking place before, after, or at the same time, you may use the following:

a la vez	*at the same time*
además	*besides, furthermore*
ahora mismo	*right now*
al mismo tiempo	*at the same time*
antes de + *infinitive*	*before . . .*
con respecto a	*with respect to, regarding*

de antemano	*beforehand, in advance*
de aquí/hoy en adelante	*from now/today on*
dentro de poco	*shortly, in a short while*
hace poco	*a short while ago*
después de + *infinitive*	*after . . .*
durante	*during*
en cuanto	*as soon as*
en la actualidad	*presently*
entonces	*then*
hasta la fecha	*until now*
hoy (en) día	*nowadays*
luego	*then, later*
mientras	*while*
mientras tanto	*meanwhile*
para continuar	*to continue*
primero	*first*
también	*also*
tampoco	*neither, not . . . either*
tan pronto como	*as soon as*
y	*and*

3. To express a contrasting point of view or to restrict another one previously expressed, you may use the following:

a pesar de (que)	*in spite of (the fact that)*
aunque	*although*
como	*as, in as much as*
de lo contrario	*otherwise*
de ninguna manera	*by no means*
en cambio	*on the other hand*
pero	*but*
por el contrario, al contrario	*on the contrary, on the other hand*
sin embargo	*however, nevertheless*
sino	*but*

4. To present different aspects of a topic or to make transitions, you may use the following:

así que	so, therefore
con relación a	in relation to
con respecto a	with respect to
conviene indicar/señalar	it is suitable to indicate/point out
de ese modo	in that way, so
de modo/manera que	so (that)
en cuanto a	regarding
hablando de	speaking of, in reference to
no… sino (que)	not . . . but rather
por lo común	as a rule, usually
por lo general	generally
por otro lado	on the other hand
por un lado	on the one hand
también viene al caso	it is also relevant

5. To emphasize, you may use the following:

a mi parecer	in my opinion
además	furthermore, in addition
de hecho	in fact, as a matter of fact
en otras palabras	in other words
en realidad	actually, in fact
es decir	that is to say, in other words
hay que tener en cuenta que	one must realize (take into account) that
lo importante es que	what is important is that
lo que importa es que	what matters is that
o sea	that is to say, in other words
sin duda	without a doubt
sobre todo	above all

6. To give examples, you may use the following:

para ilustrar	to illustrate
por ejemplo	for example

7. To draw a conclusion or show cause and effect, you may use the following:

a causa de	on account of, because of
a fin de cuentas	in the end, after all
al fin	finally, at last, in the end
al fin y al cabo	in the end, after all (is said and done)
al parecer	apparently, seemingly
así que	so, therefore
como consecuencia	as a consequence
como resultado	as a result
de todos modos	at any rate, anyhow
debido a	due to, because of
en conclusión	in conclusion
en definitiva	in conclusion, definitively, finally
en fin	finally, in short
en resumen	in summary
en resumidas cuentas	in short
en todo caso	in any case
finalmente	finally
para concluir	to conclude
para resumir	to summarize
para terminar	to end
por	because of
por consiguiente	therefore
por ese motivo	for that reason
por fin	finally, at last
por lo mismo	for the same reason
por lo tanto	therefore, consequently
porque	because
puesto que	since, inasmuch as, seeing that
ya que	since, seeing that

Appendix B

Some Expressions Used for Oral Communication

The following phrases will help you to communicate more effectively and authentically in Spanish. The phrases are listed under headings that clarify situations in which they may be useful. Study a few of them at a time and try to incorporate them into your classroom communications. They will also be useful as you practice for the simulated dialogues of the AP* exam.

To express agreement:

Eso es.	*That's it.*
Es verdad.	*It is true. / It is so.*
No cabe duda.	*There's no room for doubt.*
Claro que sí.	*Of course.*
(Estoy) de acuerdo.	*I agree.*
En efecto.	*Yes, indeed.*
Creo que sí.	*I think so.*
Por supuesto	*Of course. / Naturally.*
Ya lo creo.	*I should say so. Of course.*

To express acquiescence:

No hay más remedio.	*There is no other solution.*
Está bien.	*O.K. / It's all right.*
Vale.	*Sure. / Fine. / O.K.*
Más vale así.	*It's better that way.*

To express disagreement:

De ninguna manera.	*No way.*
Claro que no.	*Of course not.*
No estoy de acuerdo.	*I do not agree.*
¡Qué va!	*No way!*
¡Ni lo sueñes!	*Don't even think about it.*
No puede ser.	*It is impossible. / It can't be done.*

Creo que no.	*I don't think so.*
De ningún modo.	*No way. Absolutely not.*
De ninguna manera.	*No way. Absolutely not.*

To express disbelief:

Parece mentira.	*It's hard to believe.*
Lo dudo.	*I doubt it.*
¿En serio?	*Seriously?*

To express surprise:

¡Figúrate!	*Imagine!*
¡No me digas!	*You don't say!*
¡Qué sorpresa!	*What a surprise!*
¡Qué extraño/raro!	*How strange/odd!*

To express apathy:

No (me) importa.	*It doesn't matter (to me).*
(Me) da lo mismo.	*It makes no difference (to me). / It's all the same (to me).*
(Me) da igual.	*It makes no difference (to me). / It's all the same (to me).*
Como quieras.	*Whatever you say.*

To express regret:

Lo siento.	*I'm sorry.*
¡Qué pena!	*What a pity!*
¡Qué lástima!	*What a pity!*

To express dissatisfaction (frustration):

Eso no vale.	*That's not fair.*
No puedo más.	*I can't stand it anymore.*
¡Basta!	*Enough!*

To express an opinion:

(Me) parece que…	*It seems (to me) that . . .*
Que yo sepa…	*As far as I know . . .*

Creo/Pienso que…	*I think that . . .*
A mi parecer…	*In my opinion . . .*

To express probability:

Debe de ser…	*It is probably . . .*
Es probable que…	*It's likely that . . .*

To explain or clarify what you have said:

Es decir…	*That is to say . . .*
O sea…	*That is to say . . .*
En otras palabras…	*In other words . . .*
A mí me parece que…	*It seems to me that . . .*
Es que…	*The fact is (that) . . .*

To ask for an opinion or a suggestion:

¿Te importa?	*Do you mind?*
¿Qué te parece?	*How do you like it? / What about it? / What do you think of . . . ?*
¿Te parece bien?	*Do you like the suggestion?*
¿Qué crees/piensas tú?	*What do you think?*
¿Qué harías tú?	*What would you do?*

To suggest an alternative:

¿No crees que… ?	*Don't you think that . . . ?*
Sería mejor…	*It would be better to . . .*
Propongo que…	*I propose that . . .*
Sugiero que…	*I suggest that . . .*

To ask for permission:

¿Se puede… ?	*May I . . . ?*
¿Se puede?	*May I come in?*
¿Me permites/dejas… ?	*May I . . . ?*
¿Te molesta que… ?	*Do you mind if . . .*

Appendix C

Some Expressions Used to Begin and End a Written Message

As you practice for the informal writing of the AP* exam, it will be helpful to become familiar with the following ways to begin and end a written message. Although the lists are far from exhaustive, incorporating these expressions into your informal notes will make your writing more authentic.

To begin an informal message, you may use:

Querido(a)…	*Dear . . .*
Queridísimo(a)…	*Dearest . . .*
Mi querido(a)…	*My dear . . .*

Some formal ways to begin a message are:

Estimado(a) amigo(a):	*Dear (Esteemed) friend:*
Muy estimado(a) Sr./Sra. (last name):	*Dear (Esteemed) Sir/Madam (last name):*

To end an informal message, you may use:

Besos y abrazos,	*Hugs and kisses,*
Un abrazo de tu amigo(a),	*A hug from your friend,*
Cariñosos saludos de,	*Fondly / Fond greetings from,*
Afectuosamente,	*Affectionately,*
Mis recuerdos a tu familia,	*My regards to your family,*

Other ways to end a message are:

Atentamente,	*Yours truly, Yours fondly,*
Le saluda cariñosamente,	*Warm greetings / Fond regards from,*
Mis recuerdos a su familia,	*My regards to your family,*

Appendix D

Idiomatic Expressions

Using *dar(se)*

dar a + *article* + *noun*	to face, to look out on
dar a conocer	to make known
dar con	to run into
dar cuerda	to wind
dar gritos	to shout, to scream
dar la hora	to strike (the hour)
dar las gracias	to thank
dar recuerdos a	to give regards to
dar un abrazo	to hug
dar un beso	to kiss
dar un paseo	to take a walk
dar un paseo / una vuelta en coche	to go for a ride
dar una vuelta	to take a walk
darse prisa	to hurry
darse cuenta de (que)	to realize (that)
darse la mano	to shake hands
darse prisa	to hurry

Using *echar*

echar la culpa	to blame
echar (una carta, una tarjeta, etc.)	to mail (a letter, a card, etc.)
echar de menos a alguien	to miss someone
echar(se) a perder	to spoil, to ruin, to lose its good taste
echarse a reír	to burst out laughing

Using *estar*

estar a punto de	to be about to
estar al día	to be up to date (current)
estar bien enterado(a)	to be well-informed
estar de acuerdo	to agree
estar de buen/mal humor	to be in a good/bad mood
estar de moda	to be in style (fashionable)
estar de pie	to be standing
estar de vuelta	to be back
estar enamorado(a) de	to be in love with
estar harto(a) de	to be fed up with
estar muerto(a) de hambre, cansancio, sueño	to be starving, dead tired, very sleepy
estar para + *infinitive*	to be about to, to be at the point of
estar por	to be in favor of
estar seguro(a)	to be sure
no estar para bromas	to not be in the mood for jokes

Using *hacerse*

(no) hacer caso a	(not) to pay attention, (not) to listen to, (to ignore)
hacerle daño a alguien	to hurt someone
hacer escala	to make a stop (i.e., plane)
hacer el papel de	to play the part/role of
hacer(le) falta	to lack, to be in need of, to be lacking
hacer hincapié	to emphasize
hacer la cama	to make the bed
hacer la maleta	to pack one's suitcase
hacer pedazos	to smash, to tear into pieces
hacer(le) saber	to inform, to let someone know (something)
hacer un viaje	to take a trip
hacer una visita	to pay a visit
hacer una pregunta	to ask a question
hacerse cargo	to take charge of
hacerse daño	to get hurt, to hurt (oneself)
hacerse tarde	to get late

Using *hacer* to talk about weather

¿Qué tiempo hace?	What is the weather like?
Hace buen tiempo.	The weather is good.

Hace (mucho) calor.	*It is (very) hot/warm.*	tener (mucha) hambre	*to be (very) hungry*
Hace (mucho) fresco.	*It is (very) cool.*	tener en cuenta	*to take into account*
Hace (mucho) frío.	*It is (very) cold.*	tener la culpa (de)	*to be to blame (for), to be one's fault*
Hace mal tiempo.	*The weather is bad.*	tener la palabra	*to have the floor*
Hace (mucho) sol.	*It is (very) sunny.*	tener (mucha) lástima de	*to feel (very) sorry for*
Hace (mucho) viento.	*It is (very) windy.*	tener lugar	*to take place*

Using *ir*

ir al centro	*to go downtown*	tener (mucho) miedo (de)	*to be (very much) afraid (of)*
ir de compras	*to go shopping*	tener presente	*to keep in mind, to take into account*
ir de tiendas	*to go shopping*	tener (mucha) prisa	*to be in a (big) hurry*

Using *llegar*

llegar a ser	*to become (goal achieved over time)*	tener que + *infinitive*	*to have to*
		tener que ver con	*to have to do with*
llegar a tiempo	*to be/arrive on time*	(no) tener razón	*to be right (wrong)*
llegar tarde	*to be/arrive late*	tener (mucha) sed	*to be (very) thirsty*
llegar temprano	*to be/arrive early*	tener (mucho) sueño	*to be (very) sleepy*
		tener (mucha) suerte	*to be (very) lucky*

Using *ponerse*

ponerse de acuerdo	*to agree, to come to an agreement*	tener (mucha) vergüenza (de)	*to be (very much) ashamed (of)*
ponerse de pie	*to stand*	tener... años	*to be . . . years old*
ponerse de rodillas	*to kneel (down)*		

Using other verbs

Using *tener*

		andar mal (de salud, de dinero, etc.)	*to be (sick, broke, etc.)*
tener buena/mala cara	*to look good/bad*	aprender de memoria	*to memorize, to learn by heart*
tener (mucha) calma	*to be (very) calm*		
tener (mucho) calor	*to be/feel (very) hot*	caerle bien/mal a alguien	*to make a good/bad impression (on someone)*
tener (muchos) celos (de)	*to be (very) jealous (of)*		
tener (mucho) cuidado	*to be (very) careful*	caerse muerto	*to drop dead*
tener deseos de	*to feel like, to have an urge to*	cambiar de idea	*to change one's mind*
tener dolor de, (garganta cabeza, etc.)	*to have a (sore throat, headache, etc.)*	contar con	*to rely on*
		costarle trabajo	*to be difficult for someone, to take a lot of hard work*
tener (mucha) envidia (de)	*to be (very) envious (of)*		
tener (mucho) éxito	*to be (very) successful*	creer que sí (no)	*(not) to think so*
		cumplir... años	*to turn . . . years old*
tener (mucho) frío	*to be/feel (very) cold*	deberse a	*to be due to*
tener ganas de	*to feel like, to have an urge to*	decir (muchos) disparates	*to talk (a lot of) nonsense*
		decir que sí/no	*to say yes/no*
tener mucho gusto en	*to be pleased to*	dejar caer	*to drop*

dormir a pierna suelta	*to sleep like a log / soundly*		

dormir a pierna suelta	*to sleep like a log / soundly*
ganarse la vida	*to earn one's living*
llamar a la puerta	*to knock on the door*
llevar a cabo	*to carry out, to accomplish, to finish*
llevarse bien/mal con	*to get / not get along with*
mantener el interés	*to hold one's interest*
morirse de risa	*to die laughing*
no servir para nada	*to be good for nothing*
pagar al contado (en efectivo)	*to pay cash*
pasar lista	*to call the roll*
pasarlo bien/mal	*to have a good/bad time*
pedir prestado(a)	*to borrow*
perder el tiempo	*to waste one's time*
ponerse de acuerdo	*to agree*
ponerse de pie	*to stand (up)*
portarse bien/mal	*to behave/ misbehave*
prestar atención	*to pay attention*
quedar(le) bien/mal	*to look good/bad (on somebody)*
querer decir	*to mean*
saber a	*to taste like*
sacar una foto(grafía)	*to take a picture*
sacar una nota	*to get a grade (on a paper or assignment)*
sentar bien	*to agree with one, to suit one*
ser aficionado(a) a	*to be a fan of, to be fond of*
ser hora de	*to be time to*
tocarle a uno	*to be one's turn*
tomar el sol	*to sunbathe*
tomarle el pelo a alguien	*to pull someone's leg*
valer la pena	*to be worthwhile, to be worth the trouble*
volverse loco(a)	*to go crazy*

Other idiomatic expressions

a bordo	*on board*
a ciegas	*blindly*
a diario	*daily*
a fin de cuentas	*in the end, after all (is said and done), in the final analysis*
a fondo	*thoroughly, in detail*
a la + *nationality (f.)*	*in (nationality) style*
a la carrera	*quickly, on the run*
a la fuerza	*by force*
a la larga	*in the long run*
a la vez	*at the same time*
a lo largo	*throughout, along*
a lo lejos	*in the distance, far off, at a distance*
a más tardar	*at the latest*
a menudo	*often, frequently*
a pie	*on foot, walking*
a propósito	*by the way*
a solas	*alone*
a tiempo	*on time*
a última hora	*at the last minute*
a veces	*sometimes, at times*
a ver	*let's see*
a su vez	*in turn*
a tropezones	*by fits and starts*
ahora mismo	*right now, right away, at once*
al aire libre	*outdoors*
al amanecer	*at dawn, at daybreak*
al anochecer	*at dusk, at nightfall*
al contado	*cash, for cash*
al contrario	*on the contrary*
al fin	*finally, at last*
al fin y al cabo	*in the end, after all (is said and done)*
al menos	*at least*
al mismo tiempo	*at the same time*
al parecer	*apparently, seemingly*
al pie de la letra	*literally*
al por mayor	*wholesale*

al por menor	*retail*	de pronto	*suddenly, all of a sudden*
al principio	*at first, at the beginning*	de repente	*suddenly, all of a sudden*
al revés	*upside down, inside out, backwards*	de todos modos	*at any rate, anyway, anyhow*
así, así	*so-so*	de una vez	*at once, at one time*
cada vez	*each time*	de última moda	*in the latest style*
cada vez más	*more and more*	de veras	*really, truly, honestly*
cada vez menos	*less and less*	de vez en cuando	*from time to time, once in a while*
como siempre	*as usual*		
con/sin cuidado	*carefully/carelessly*	dentro de poco	*in a short while, in a little while*
con frecuencia	*frequently*		
con mucho gusto	*gladly*	derecho	*straight ahead*
con (su) permiso	*excuse me, with your permission*	desde luego	*of course*
		día de fiesta	*holiday*
cuanto antes	*as soon as possible*	en balde	*in vain*
de antemano	*beforehand*	en broma	*in fun, jokingly*
de aquí en adelante	*from now on*	en casa	*at home*
de buena/mala gana	*willingly/ unwillingly*	en alguna parte	*somewhere*
		en cambio	*on the other hand*
de costumbre	*usually*	en cuanto	*as soon as*
de día	*by day*	en efecto	*as a matter of fact, indeed*
de ese modo / de esa manera	*in that way, thereby*		
		en el acto	*immediately*
de este modo / de esta manera	*in this way*	en el fondo	*at heart, deep down*
		en fin	*finally, in short, lastly*
de excursión	*on a picnic*		
de frente	*facing forward, from the front*	en la actualidad	*presently*
		en primer lugar	*in the first place*
de golpe	*all at once, suddenly*	en punto	*on the dot, sharp (telling time)*
de hecho	*in fact, as a matter of fact, actually*	en realidad	*actually, in fact*
		en resumidas cuentas	*in short*
de hoy en adelante	*from now on, henceforth*	en seguida	*immediately, at once*
		en serio	*seriously*
de memoria	*by heart*	en todas partes	*everywhere*
de nada	*you are welcome*	en todo caso	*in any case*
de noche	*by night*	en voz alta/baja	*aloud / in a low voice*
de nuevo	*again*		
de otra manera / modo	*in another way, otherwise*	entre paréntesis	*in parentheses, by the way*
de par en par	*wide open*		
de postre	*for dessert*	hace poco	*a (short) while ago*
de prisa	*quickly*		

hasta la fecha	*up until now*	por favor	*please*
hoy (en) día	*nowadays*	por fin	*finally, at last*
hoy mismo	*this very day*	por la mañana	*in the morning*
lo mismo	*the same thing*	por la noche	*in the evening*
lo de menos	*the least important thing*	por la tarde	*in the afternoon*
		por lo común	*as a rule, usually*
lo de siempre	*just as usual, the same old story*	por lo general	*generally, usually*
		por lo menos	*at least*
lo más pronto posible	*as soon as possible*	por lo mismo	*for that very reason*
lo que importa	*what matters*	por lo pronto	*for the time being, in the meantime*
mejor dicho	*in other words, rather*		
		por lo tanto	*so, therefore, consequently*
mejor que nunca	*better than ever*		
menos mal (que)	*so much the better, it's a good thing (that . . .)*	por lo visto	*apparently*
		por más que	*no matter how much*
mientras tanto	*meanwhile, in the meantime*	por otra parte	*on the other hand*
		por otro lado	*on the other hand*
ni siquiera	*not even*	por poco	*almost, nearly*
no obstante	*nevertheless, however*	por teléfono	*by phone*
		por todas partes	*everywhere*
otra vez	*again, once more*	por un lado	*on one hand*
para siempre	*forever*	quince días	*two weeks*
peor que nunca	*worse than ever*	rara vez	*rarely*
pocas veces	*rarely*	sano y salvo	*safe and sound*
poco a poco	*little by little, gradually*	sin duda	*without a doubt*
		sin embargo	*however, nevertheless*
por ahora	*for now, for the present*		
		sin querer	*unintentionally, without meaning to*
por allí	*that way, around there, through there*		
		sobre todo	*above all, especially*
por aquí	*this way, around here, through here*	tal vez	*perhaps*
		tal como	*such as*
por casualidad	*by chance, by any chance*	tanto mejor	*so much the better*
		tarde o temprano	*sooner or later*
por cierto	*by the way, incidentally*	todavía no	*not yet*
		todo el mundo	*everyone, everybody*
por consiguiente	*therefore, consequently*	una vez que	*as soon as*
		un poco de	*a little (bit of)*
por desgracia	*unfortunately*	uno por / a uno	*one by one*
por ejemplo	*for example*	vivo o muerto	*dead or alive*
por el/lo contrario	*on the contrary*	ya	*already*
por escrito	*in writing*	ya no	*no longer*
por ese motivo	*for that reason*		
por eso	*therefore, that's why, because of that*		

Appendix E

Problem Words

Deceptive words: Spanish–English

actual	*current, of the present time (day)*
actualmente	*at present, at the present time*
anciano(a)	*old man (woman)*
antiguo(a)	*ancient, former, old*
arena	*sand*
asistir a	*to attend, to be present at*
atender (ie)	*to take care of, to attend to, to pay attention to*
auditorio	*audience*
bien educado(a)	*well-mannered*
campo	*field, countryside*
collar (el)	*necklace*
colorado(a)	*red*
conferencia	*lecture*
confidencia	*secret, trust*
constipado(a)	*congested from a common cold*
copa	*(wine) glass*
dato	*fact*
decepcionado(a)	*disappointed*
diario	*newspaper*
disgusto	*unpleasantness*
editor(a)	*publisher*
embarazada	*pregnant*
en realidad	*actually*
éxito	*success*
fábrica	*factory*
funcionar	*to work (device, apparatus, machine)*
grande	*large*
idioma (el)	*language*
ignorar	*to not know*
introducir	*to insert, to usher in*
largo(a)	*long*
lectura	*reading*
letra	*letter (alphabet)*
librería	*bookstore*
mantel (el)	*tablecloth*
mayor	*older*
pan (el)	*bread*
parientes (los)	*relatives*
presentar	*to introduce (a person)*
realizar	*to fulfill, to carry out, to achieve*
realmente	*actually*
recordar (ue)	*to remember*
restar	*to subtract, to deduct*
sano(a)	*healthy*
sensible	*sensitive*
sopa	*soup*
soportar	*to tolerate, to bear, to endure*
suceso	*event, happening*
tabla	*board, plank, table of contents*
tinta	*ink*
vaso	*glass (for drinking)*

Deceptive words: English–Spanish

actually	*en realidad, realmente*
assist	*ayudar*
attend, take care of	*atender (ie)*
attend (to), be present at	*asistir*
audience (formal interview with somebody important)	*audiencia*
auditorium	*salón de actos (el)*
camp	*campamento*
carry out, fulfill	*realizar*
collar	*cuello*
confidence	*confianza*
cup	*taza*
date (calendar)	*fecha*
disgust	*asco*
editor	*redactor/redactora*

embarrassed	*avergonzado(a)*	become (goal achieved over time)	*llegar a ser*
event, happening	*suceso*	become (sudden, involuntary change)	*volverse (ue) + adjective*
exit	*salida*		
fabric	*tela*	know (facts)	*saber*
factory	*fábrica*	know how + infinitive	*saber + infinitive*
hearing, trial	*audiencia*	know (be acquainted with a person, place, thing)	*conocer*
idiom	*modismo*		
ignore	*no hacer caso*		
introduce a person (to)	*presentar*	leave (behind)	*dejar*
large	*grande*	leave (go away)	*irse*
lecture	*conferencia*	leave (go out)	*salir*
letter, missive	*carta*	move (put in motion)	*mover (ue)*
library	*biblioteca*	move (to put oneself in motion)	*moverse (ue)*
mayor	*alcalde (el)*		
older	*mayor*	move (change location of something)	*mudar*
parents	*padres (los)*		
present (day)	*actual*	move (change place of residence, work, etc.)	*mudarse*
publisher	*editor/editora*		
realize, become aware of	*darse cuenta de*		
record	*grabar*	spend (money)	*gastar*
relative	*pariente (el)*	spend (time)	*pasar*
sane	*cuerdo(a)*	play (sport/game)	*jugar (ue)*
sensitive	*sensible*	play (a role, part)	*hacer (un papel)*
soap	*jabón (el)*	play (a musical instrument / music)	*tocar*
soup	*sopa*		
success	*éxito*	return (come back)	*volver (ue)*
vase	*florero, jarrón (el)*	return (give back something)	*devolver (ue)*
well-mannered	*bien educado(a)*		
		take (carry from place to place)	*llevar*

Some important Spanish verbs that have more than one translation

ask (a question)	*preguntar, hacer una pregunta*	take (catch, grasp, seize, take in)	*tomar*
ask for (request)	*pedir (i)*	think of/about (used to ask for an opinion)	*pensar (ie) de*
ask for (inquire about)	*preguntar por*		
be	*ser, estar*	think of/about (used to express what is on someone's mind)	*pensar (ie) en*
become (change through conscious effort)	*hacerse*		
become (change in physical or emotional state)	*ponerse + adjective*		

Glosario Español-Inglés

A

a escondidas *adv. loc.* behind one's back (1)

abandonar *v.* to give up (18); to abandon (30)

abeja *f.* bee (30)

abierto *adj.* open (15) (25)

absorber (ie) *v.* to absorb (17)

absurdo *adj.* absurd (18)

aburrimiento *m.* boredom (1)

acabar (con) *v.* to end with (31)

acceder *v.* to achieve (7)

accesible *adj.* accesible (19) (28)

acceso *m.* access (26); *m.* attack; — **de asma** asthma attack (30)

accesorio *m.* accessory (23)

aceptación *f.* approval (8)

aceptar *v.* to accept, to approve (8)

acercamiento *m.* approach (20), (26)

acercarse *v.* to come close to (2)

acertado *adj.* accurate (30)

acomodado *adj.* wealthy (8)

acompañar *v.* to accompany (12)

acontecimiento *m.* event (3)

acordarse (ue) *v.* to recall (1)

acorde *adj.* suitable (13)

acordeón *m.* accordion (12)

actitud *f.* conduct, behavior (4)

activamente *adv.* actively (13)

actual *adj.* present (12) (35); present-day (33)

acudir *v.* to go (21); to attend (34)

adaptar *v.* to adapt (8)

adaptarse *v.* to adjust (5)

adecuado *adj.* appropriate (15)

adelanto *m.* advance (28) (29)

adicción *f.* adiction (27)

adivinar *v.* to guess (4)

admirado *adj.* admired (36)

adorno *m.* decoration (1)

adquirir (ie) *v.* to purchasc (14)

adquisición *f.* purchase (17)

adquisitivo *adj.* acquisitive (35)

adversidad *f.* adversity (24)

advertir (ie) (i) *v.* to warn (28)

afectado *adj.* affected (37)

afición *f.* interest (22)

aficionado *m.* fan (8)

afirmar *v.* to state (7) (26) (34)

afrontar *v.* to confront, to face (36)

agencia *f.* agency (22)

aglomerarse *v.* to cluster (8)

agradable *adj.* pleasant (11)

agradar *v.* be to the liking of (9)

agradecido *adj.* grateful (2); thankful (6)

agrario *adj.* agrarian, agricultural (35)

agregar (gu) *v.* to add (23) (26) (29)

agresivo *adj.* aggresive (16)

agrupar *v.* to group together (11)

ahorrar *v.* to save (10)

aislado *adj.* isolated (19) (27)

aislamiento *m.* isolation (5) (19)

ajeno *adj.* of others (4); unusual (19)

ajustar *v.* *(col.)* to manage (1)

alarmante *adj.* alarming (17)

albergar (gu) *v.* to harbor (17)

alegremente *adv.* cheerfully (11)

alegría *f.* joy, happiness (12)

alejado *adj.* distant (28)

alentar (ie) *v.* to encourage (24)

alfabetización *f.* literacy (22)

alienación *f.* alienation (15)

alimentación *f.* food (5) (36)

alimentar *v.* to nurture (14); to support (24); to feed (35)

alimentario *adj.* food (37)

alimento *m.* food (16) (33)

alistarse *v.* to get ready (1)

aliviar *v.* to relieve, to alleviate (29) (36)

alquiler *m.* rent; **de** — for rent (10); rental (14)

altavoz *m.* megaphone (28)

altura *f.* height (30)

alumnado *m.* student body (7)

alza *m.* rise; **en** — on the rise (22)

amado *adj.* loved (16)

amargo *adj.* bitter (5)

ambición *f.* aspiration (7)

ambiental *adj.* environmental (17) (20) (33)

amenaza *f.* threat (17) (33)

amigable *adj.* friendly (18)

amistad *f.* friendship (11) (15)

amistades *f. pl.* friendship, friends (34)

ampliación *f.* expansion (15)

ampliar (í) *v.* to increase (15); to expand (22)

amplio *adj.* ample (4)

analfabeto *n.* illiterate person (4)

ancho *adj.* wide (1)

anciano *adj.* very old, older (35)

animado *adj.* animated (14)

animador *m.* supporter, mentor (24)

animar *v.* to encourage (10)

animarse *v.* to cheer up (32)

anochecer *m.* sunset (2)

antagónico *adj.* opposing, antagonistic (19)

antepasado *m.* ancestor (24)

antigüedad *f.* antiquity (20)

apagarse (gu) *v.* to turn off (32)

aparato *m.* equipment (28)

aparición *f.* appearance (19)

apariencia *f.* appearance (23)

apartado *adj.* remote, isolated (21)

aparte *adv.* besides — **de** apart from (17)

apenar *v.* to sadden (24)

apenas *adv.* barely (1)

aportar *v.* to provide (34)

apoyar *v.* to support (3) (28)

apoyarse *v.* to support (16)

apoyo *m.* support (6) (29) (36)

aprendizaje *m.* learning (7) (22); training (29)

débil *adj.* weak (32)

debilitamiento *f.* weakening (36)

década *f.* decade (33)

decidido *adj.* determined (11)

decremento *m.* decline (33)

defender (ie) *v.* to defend (17)

defensor *m.* defender, advocate (22)

definición *f.* definition (21) (22)

degradación *f.* deterioration (33)

delante *loc. prep.* in front
— **de** in front of (11)

demandar *v.* to demand (28)

demasiado *adj.* too (10); too much (25)

demografía *f.* demographics (35)

derecho *m.* right (2) (23) (33)

derechos humanos *m. pl.* human rights (4)

desafiar *v.* to defy (2)

desafío *m.* challenge (1) (32) (35)

desanimar *v.* to discourage (6)

desarrollado *adj.* developed (35)

desarrollar *v.* to develop (29)

desarrollo *m.* development (4)

desastre *m.* disaster (30)

desastroso *adj.* catastrophic (30)

descalzo *adj.* barefoot (1) (3)

desconectado *adj.* disconnected (27)

desconocido *adj.* unknown (2)

descontrolado *adj.* uncontrolled (30)

desechable *adj.* disposable (10)

desempleo *m.* unemployment (6) (32)

desencantado *adj.* disillusioned (3)

desesperado *adj.* desperate (32)

desesperanza *f.* hopelessness (13)

desesperar *v.* to exasperate (9)

desgastar *v.* to wear down (10)

deshumanizar (c) *v.* to dehumanize (29)

desigualdad *f.* inequality (4)

despedida *f.* good-bye, farewell (11) (31)

desperdiciar (ie) *v.* to waste (29)

despertar (ie) *v.* to awaken (26)

desprender (ie) *v.* to loosen (21)

destacado *adj.* prominent (12) (33)

destacar (qu) *v.* to emphasize (36)

destacar (qu) *v.* to stand out (22)

destrucción *f.* destruction (33)

destruir (y) *v.* to destroy (9) (29)

desvalorizado *adj.* diminished, poor self-image (16)

detallado *adj.* detailed (37)

detalle *m.* detail (4) (19) (21)

detener (ie) *v.* to stop (33)

deterioro *m.* deterioration (33)

detrás *adv.* behind (26)

devolución *f.* return (17)

devolver (ue) *v.* to return, to give back (9); to reimburse (6)

dibujante *m.* cartoonist (14)

dibujar *v.* to draw (11)

dibujo *m.* drawing (1)

dicho *m.* saying (37); *adj.* said (34) (37)

dichoso *adj.* happy (2)

diente *m.* tooth (1)

dificultad *f.* difficulty (6)(36)

dilema *m.* dilemma (7)

dirigente *m.* leader (32)

dirigir (j) *v.* to address, to direct (10)

diseñador *m.* designer (23)

diseño *m.* design (13) (20) (23)

disfraz *m.* costume (14)

disfrutar *v.* to enjoy (17)
— **de** (33)

disminuir (y) *v.* to diminish (8)

disponible *adj.* available (29)

dispuesto *adj.* willing (13)

disputa *f.* dispute, debate (8)

distinguir (g) *v.* to distinguish (29)

distinto *adj.* different (5) (27)

distribución *f.* distribution (35)

diversidad *f.* diversity (24)

diversión *f.* entertainment, recreation (8)

diverso *adj.* different (13) (15) (33); various (34)

divertirse (ie, i) *v.* to have fun (8)

doloroso *adj.* painful (31)

domicilio *m.* home (28)

dominar *v.* to control (7) (28)

donante *m.* donor (17)

dotar *v.* to provide (20)

drástico *adj.* drastic (16)

dueño *m.* owner (31)

dulce *adj.* sweet (9)

durar *v.* to last (3) (37)

duro *adj.* hard (7)

E

echar a *v.* to begin to (9)

ecológico *adj.* ecological (18)

económico *adj.* financial (18); economic (32) (33)

edificación *f.* building, construction (18) (20)

edificar *v.* to build (20)

edificio *m.* building (20)

editorial *f.* publishing house (27)

educado *adj.* educated (35)

educador *m.* educator (37)

educativo *adj.* informative (15)

efectivo *adj.* effective (16)

efecto *m.* effect (27) (29) (34)

elegir (i) (j) *v.* to choose (5) (7) (17) (23)

elemento *m.* element (21)

elevar *v.* to lift (16)

eludir *v.* to avoid (37)

embellecer (zc) *v.* to embellish (24)

embotellado *adj.* bottled (33)

emigrante *m.* emigrant (1)

emoción *f.* emotion (34)

emocionado *adj.* moved (11)

emocional *adj.* emotional (6)

emocionalmente *adv.* emotionally (5)

emocionarse *v.* to be moved (24)

emotivo *adj.* moving (17)

empatía *f.* empathy (37)

emplearse *v.* to be used (29)

empleo *m.* job (18)

empobrecer (zc) *v.* to impoverish (4) (24)

empobrecido *v.* impoverished (13)

emprender *v.* to undertake (3); to begin (11)

empresa *f.* company (7)

empresario *m.* entrepreneur (5)

enajenación *f.* alienation (1)

encabezar (c) *v.* to head (16)

encargado *adj.* in charge (26)

encender (ie) *v.* to light (11) (32)

encenderse (ie) *v.* to light up (21)

encima *adv.* on top (2)

encontrar (ue) *v.* to find (7)

encontrarse (ue) *v.* located at (5)

encuentro *m.* encounter (2); meeting (7) (12)

encuesta *f.* survey (19) (28)

encuestar *v.* to take a poll (7)

enfatizar (c) *v.* to emphasize (27)

enfrentar *v.* to face (1) (4) (15); to confront (33)

enfrentarse *v.* to confront, to face (10)

enfrente *adv.* opposite (9)

enmendar (ie) *v.* to amend (24)

enojado *adj.* angry (32)

enorme *adj.* huge (14)

enriquecer (zc) *v.* to enrich (12) (17); to embellish (20)

ensayar *v.* to rehearse (19)

enseñanza *f.* teaching (25)

enseñar *v.* to teach (4)

entero *adj.* whole (2)

entierro *m.* funeral (1)

entorno *m.* surroundings (19) (20) (33); environment (22)

entregar *v.* to give (13)

entrenamiento *m.* training (16)

entretenimiento *m.* entertainment (8)

entrevista *f.* interview (7)

envejecer (zc) *v.* to age (24) (29) (36)

envidia *f.* envy (31)

envidioso *adj.* envious (21)

equitativo *adj.* equitable, fair (17)

escalada *f.* climb (35)

escapada *f.* escapade, adventure (11)

escapar *v.* to escape (9)

escaparate *m.* shop window (32)

escasez *f.* shortage (35) (37)

escaso *adj.* little, few (1); scarce (10) (24) (36)

escénico *adj.* performing (25)

esclavo *m.* slave (12)

escolar *adj.* school (11)

escolaridad *f.* schooling, education (7)

escondido *adj.* hidden (1)

escondite *m.* hiding place (30)

escritor *m.* writer (24)

escritura *f.* writing (24)

esencia *f.* essence (25)

esencial *adj.* essential (4)

esforzarse (ue) (c) *v.* to make an effort (26)

esfuerzo *m.* effort (10) (35)

espectáculo *m.* performance (25)

espiritualidad *f.* spirituality (36)

establecer (zc) *v.* to establish (4) (6) (23)

estacionamiento *m.* parking
  zona de — *f.* parking zone (10)

estado *m.* condition (33)

estallar *v.* to break out (3)

estancamiento *m.* stagnation (18)

estereotipo *m.* stereotype (7) (24)

estética *f.* aesthetics (23)

estilo de vida *m.* lifestyle (10)

estilo *m.* style (23)

estrategia *f.* strategy (33)

estrenar *v.* to premiere (9)

estreno *m.* premiere (25)

estrés *m.* stress (8)

estructura *f.* structure (16) (20)

estudios *m.* studies (26)

ética *f.* ethics (31)

ético *adj.* ethical (28)

étnico *adj.* ethnic (3)

eufemismo *m.* euphemism (3)

eutanasia *f.* euthanasia (31)

evaluar *v.* to evaluate (37)

evento *m.* event (30)

evidente *adj.* evident, clear (18)

evitar *v.* to avoid (35) (36) (37)

exaltación *f.* exaltation (12)

excepción *f.* exception (31)

excluir (y) *v.* to exclude, to leave out (15)

excluyente *adj.* excluding (19)

exigencia *f.* demand (23)

exigente *adj.* demanding (13)

exigir (j) *v.* to demand (5) (33)

existencia *f.* presence (3)

existente *adj.* existing (15)

existir *v.* to be (13)

éxito *m.* success (5) (21) (22)

éxodo *m.* exodus (18)

expandir *v.* to expand (13) (17)

expectativa *f.* expectation (15)

experiencia *f.* experience (9)

experto *m.* expert (26)

extender (ie) *v.* to last (12); to spread out (15)

extendido *adj.* extended (16)

extrañar *v.* to miss (someone) (5)

extranjero *m.* foreigner (32)

extremo *adj.* extreme (13)

F

fábula *f.* fable (24)

fabuloso *adj.* fabulous (21)

facilidad *f.* easiness (20) (27)

facilitar *v.* to facilitate, to make easy (10)

fallecer (zc) *v.* to die (30)

fallecimiento *m.* death (16)

falta *f.* lack (15) (16); mistake (2)
  hacer — to lack, to be in need (3)

fantasear *v.* to fantasize (24)

fantasía *f.* fantasy (23)

fascinación *f.* fascination (23)

mensualmente *adv.* monthly (15)

meta *f.* goal (26)

meteorológico *adj.* meteorological (30)

meterse *v.* to get involved (3)

microempresa *f.* microbusiness (35)

miedo *m.* fear (22) (32)

  dar — to be frightening (25)

  pasar — to be afraid (9)

migración *f.* migration (18)

millar *m.* thousand (5)

ministro *m.* pastor (31)

mirar de reojo *loc. verb.* to look suspiciously at (8)

miserable *m. f.* wretch (31)

misión *f.* mission (34)

moda *f.* fashion (23)

monótono *adj.* monotonous (1)

monumento *m.* monument (20)

moraleja *f.* moral (21)

morir (ue) *v.* to die (2)

mortal *m.* mortal (31)

motivación *f.* motivation (13)

motivo *m.* reason (22)

movilizar (c) *v.* to mobilize (29)

movimiento *m.* activity (32)

muerte *f.* death (14)

muestra *f.* sample (37)

mundial *adj.* worldwide (13)

N

nacimiento *m.* birth (23)

nacional *adj.* national (3)

natural *adj.* natural (30)

navegar (gu) *v.* to browse (28)

necesidad *f.* necessity (4) (25); needs (6) (13)

negar (ie) (gu) *v.* to deny (15)

negociar *v.* to negotiate (6) (17)

niebla *f.* fog (11)

niñez *f.* childhood (1)

nota de prensa *f.* press release (7)

novedad *f.* news (3)

novedoso *adj.* new, novel (9) (27)

novela *f.* novel (24)

O

obligación *f.* responsibility (2)

obligado *adj.* forced to (6)

obligar (gu) *v.* to force (33)

obligatorio *adj.* mandatory (4)

obra *f.* construction, work (20) (22)

  — de teatro play (24)

obtener (u) (g) (ie) *v.* to obtain (37)

oceanográfico *adj.* oceanographic (30)

ocio *m.* leisure (9)

ocultar *v.* to hide (2) (21)

oculto *adj.* hidden (3)

ocupación *f.* occupation (15)

oferta *f.* offer, sale (14)

oído *m.* ear (33)

ola *f.* wave (30) (35)

olla *f.* pot (1)

oloroso *adj.* fragant (2)

oprimido *adj.* oppressed (2)

oración *f.* prayer (34)

ordenador *m.* computer (32)

orientar *v.* to guide (28)

origen *m.* origin (12)

  de — native (13)

originarse *v.* to originate (8)

oscuridad *f.* darkness (24)

oscuro *adj.* dark (19)

otorgar *v.* to give (22)

overol *m.* overall (1)

ozono *m.* ozone (36)

P

paciente *m. f.* patient (28)

pagano *adj.* pagan (14)

página web *f.* web page (28)

país *m.* country (2)

pancarta *f.* sign (32)

pantalla *f.* screen (19)

papel *m.* role (4) (22)

parado *adj.* unemployed (6)

parar *v.* to stop (25)

parecido *adj.* similar (8)

parranda *f.* party (14)

particular *adj.* special (23)

pasajero *adj.* passing, fleeting (24)

pasatiempo *m.* hobby (6); pastime (27)

paseo *m.* walk (11)

patria *f.* motherland (5)

patrimonio *m.* heritage

  — de la humanidad world heritage (20)

pecho (dar el) *v.* to breastfeed (1)

pedido *m.* request (14)

pelear *v.* to fight (2)

pelearse *v.* to quarrel (16)

peligro *m.* danger (2) (16)

pensamiento *m.* thinking (22); thought (34)

percepción *f.* perception, concept (21)

percibir *v.* to see (21)

perder (ie) *v.* to lose (6)

perderse (ie) *v.* to lose (19); to miss (26)

pérdida *f.* loss (30)

perdonar *v.* to forgive (2)

perfil *m.* profile (19)

periodismo *m.* journalism (27)

permanecer (zc) *v.* to remain (21) (27)

permitir (ie) *v.* to allow (29)

perpetuo *adj.* perpetual, life;

  prisión perpetua life sentence (31)

perseguir (i) (g) *v.* to pursue, to follow (8) (25)

personaje *m.* figure (2); character (14) (24)

personal *adj.* personal (4)

personalidad *f.* personality (36)

pertenencia *f.* membership in a group (23)

peso *m.* weight (7)

piel *f.* skin (23)

pintura *f.* painting (22)

piso *m.* apartament (32)

placentero *adj.* pleasant (20)

planeta *m.* planet (10) (18)

plástica *f.* plastic arts (20)

plataforma *f.* platform (10)

pleno *adj.* full (6) (4)

pluma *f.* feather (23)

población *f.* population (13) (26) (35)

poblado *m.* town, village (18)

pobreza *f.* poverty (16) (37)

poderoso *adj.* powerful (27) (35)

política *f.* policy (16)

poner de manifiesto *loc. verb.* to make evident (7)

por igual *loc. adv.* equally (7)

portal *m.* website (28)

porvenir *m.* future (15)

posteridad *f.* posterity (20)

posterior *adj.* after (14)

potente *adj.* powerful (22)

práctica *f.* practice (14)

preconcebido *adj.* preconceived (22)

predecir (i) (j) *v.* to predict (31)

preferido *adj.* favorite (9)

prenda *f.* garment (23)

preocupación *f.* concern (17) (33)

preocupado *adj.* concerned (3)

preocupante *adj.* worrisome (18)

preparativos *m. pl.* preparations (32)

presencia *f.* appearance (20)

presentir (ie) *v.* to have a premonition (30)

presión *f.* pressure (9)

preso *adj.* imprisoned (2)

prestar *v.* to render (13)

pretérito *adj.* past (30)

prevalecer (zc) *v.* to prevail (16)

prevención *f.* prevention (15)

prevenir (ie) *v.* to prevent (30)

prever (i) *v.* to anticipate (7) (9)

primordial *adj.* fundamental (4)

principal *adj.* main (5) (24) (33)

principio *m.* principle (33)

prioridad *f.* priority (19)

priorizar *v.* to give priority (22)

prisa *f.* hurry

tener — to be in a hurry (11)

privacidad *f.* privacy (28)

privada *adj.* private (5)

privilegiado *adj.* privileged (4)

privilegio *m.* privilege (5)

procurar *v.* to try (26)

producir (zc) (j) *v.* to produce (18)

profecía *f.* prophecy (30)

profesional *adj.* professional (7)

profesorado *m.* faculty, teaching staff (4)

profundo *adj.* deep (8) (37)

progenitor *m.* parent (6)

prolongar (gu) *v.* to prolong (24)

prometedor *adj.* promising (10)

promoción *f.* promotion (15)

promover (ue) *v.* to promote (15) (23) (33)

pronóstico *m.* forecast (30)

propagación *f.* propagation (14)

propiedad *f.* property (17)(32)

propio *adj.* own (5) (8) (36)

proporción *f.* proportion (21)

proporcionar *v.* to provide (7)

propósito *m.* purpose (23)

propuesta *f.* proposition (20)

protagonista *m. f.* protagonist (25)

protección *f.* protección

  zonas de — protected areas (33)

proteger (j) *v.* to protect (17) (34)

provecho *m.* benefit (29)

proveedor *m.* provider (16)

proveer (y) *v.* to supply (14)

provocador *m.* instigator (25)

provocar (qu) *v.* to cause (16)

prudente *adj.* cautious (30)

psicología *f.* psychology (11)

púa *f.* spine (21)

público *adj.* public (29)

puente *m.* bridge (9) (20)

puesto *m.* position, job (7); place (9)

punto de vista *m.* point of view (4)

punzante *adj.* sharp (1)

pupitre *m.* (student) desk (11)

Q

quebrado *adj.* broken (1)

quedar *v.* to be (32)

quedarse *v.* to stay (3); to remain (26)

quemar *v.* to burn (2)

quitarse *v.* to remove (2)

R

rabino *m.* rabbi (31)

racista *adj.* racist (32)

radial *adj.* radio (15)

raro *adj.* unusual (22)

rascacielos *m.* skyscraper (20)

razón *f.* reason (25)

reacción *f.* reaction (21) (37)

realidad *f.* reality (34)

realizar *v.* to take (7); to carry out (12) (13); to do (30)

rebajas *f. pl.* sales (23)

rebelarse *v.* to revolt (2)

recaudar *v.* to raise (17)

recelo *m.* distrust (35)

reciclar *v.* to recycle (33)

recientemente *adv.* recently (26)

recio *adj.* strong (1)

recomendación *f.* recommendation, suggestion (36)

reconocer (ie) *v.* to admit (14)

reconocido *adj.* recognized (20)

reconocimiento *m.* renown, popularity (8)

recordar (ue) *v.* to remember (3) (14) (26)

recorrido *m.* journey (17)

recurso *m.* means, allowance (5); resource (13) (15) (33) (34) (35)

red *f.* network (26) (27)

  — social social network (19)

reducir (j) (zc) *v.* to reduce (10) (18) (22)

reemplazar (c) *v.* to replace (19)

reforzar (ue) (c) *v.* to reinforce (15) (27)

refugiarse *v.* to take shelter (6)

Créditos

Authentic Print Texts

Diario El Peruano Pages 286–289: "*Aulas con alma digital*" by Karina R. Garay from www.elperuano.com. Used by permission.

Docavo, Almudena Pages 60–62: "*Jóvenes parados «hijos pródigos» de vuelta a casa*" by Almudena Docavo from *La Razón* (10/24/10). Used by permission of the author.

Ediciones Corregidor S.A.I.C.I. y E.   Page 326: "*Apocalipsis*" from Falsificaciones by Marco Denevi. Copyright © Denevi, Marco, Falsificaciones, Buenos Aires, Corregidor, 2007 and **Pages 232–233:** "*La inmolación por la belleza*" by Marco Denevi from Microcuento de El emperador de la China y otros cuentos. Used by permission.

Editoral Listin Diario Pages 175–178: "*Nueva estructura familiar crea dificultades: La familia dominicana ha cambiado considerablemente su estructura en los últimos años*" by Sarah Morales Ortiz, from Listindiario.com (11/2/08). Used by permission.

Educa y Disfruta Pages 240–242: "*La hora de la creatividad*" by Ana Delgado, from EducayDisfruta.com. Used by permission.

Estilos y Casas Pages 222–224: "*Arq. Santiago Calatrava: Genio de una nueva arquitectura*" by Lucrecia Alfaro, from *Estilos y Casas*. Used by permission.

Familia y Mujer.com Page 184: "*Familias monoparentales encabezadas por mujer según Estado Civil*" (chart) from FamiliayMujer.com. Used by permission.

Fernando Carlos Ibáñez Pages 37–40: "*La Educación General Básica*" by Dr. Fernando Carlos Ibáñez, from www.fernandocarlos.com.ar/egb/lengua.htm. Used by permission of the author.

Fundación Intermón Oxfam   Page 194: "*Educar para una ciudadanía global*" from Infermón Oxfam. Used by permission.

Fundación Vida Sostenible   Page 111: "*Desgasta tú mismo tus vaqueros*" from www.vidasostenible.org. Used by permission of Fundación Vida Sostenible. http://vidasostenible.org.

Hearst Magazines España Pages 274–276: "*Jordi Mollá*" from AR La Revista de Ana Rosa Quintana. Reprinted by permission of Hearst Magazines, S.L.

Instituto Emmanuel Mounier Pages 353–354: "*No queremos inmigrantes*" by Esteban Tabares. Used by permission of Instituto Emmanuel Mounier.

Instituto Nacional de Bellas Artes (INBA)   Page 279: "*El cuadro mejor vendido*" (excerpt) by Gerardo Murillo (Dr. Atl). Used by permission of INBA.

Martí, José Pages 15–18: "Tres héroes" de José Martí. Public domain.

Miniwatts Marketing Group   **Page 45:** "*Las diez lenguas más utilizadas en Internet*" (chart) from www.filosofia.org/lec/intes01.htm. Copyright © 2000–2012, Miniwatts Marketing Group. All rights reserved. Used by permission.

Monografías   **Page 67:** "*Agotamiento emocional según grupos etarios*" (chart) by Alexa Lorena Salvatierra Lozada and Guiliana del Rosario Mondragón Juárez, from www.monografias.com. Used by permission of the author.

Morales, Marié   **Pages 396–399:** "*Cómo piensan, cómo sienten las personas centenarias de Okinawa*" by Marié Morales, from crecejoven.com. Used by permission of the author.

El Mundo   **Pages 320–322:** "*No innovar aceleraría la extinción de la raza humana*" by María Sainz (3/14/11), **Pages 310–313:** "*# médicostuiteros*" by Cristina de Martos (4/18/11), and **Pages 26–28:** "*Historias de España: Pere Pi Cabanes*" by Raquel Quílez from *elmundo.es*. Used by permission of Unidad Editorial Internet, S.L.

The New Economics Foundation   **Page 404:** " *Índice Planeta Feliz (HPI)*" (chart) from www.hoy.com.ec (06/16/12). Used by permission of The New Economics Foundation (NEF).

Nobel Foundation   **Pages 262–265:** "Elogio de la lectura y la ficción" (lecture) presented by Mario Vargas Llosa (12/7/10). Copyright © The Nobel Foundation 2010. Used by permission.

Oficina de prensa del Censo   **Page 295:** "*Censo Nacional de Población, Hogares y Viviendas 2010*" from www.censo2010.indec.gov.ar/. Used by permission of the Instituto Nacional de Estadística y Censos.

Página 12   **Pages 211–214:** "*Ser popular en internet es un valor muy importante*" from Página12.com (3/26/12). Used by permission.

El País   **Pages 94–97:** "*Lugares que me inspiran*" (4/23/11) and **Pages 385–387:** "*Somos 7 millones; ¿Tenemos planeta para tanta gente?*" by Gonzalo Fanjul, from www.elpais.com. Used by permission of El País Internacional S.A.

Programa de las Naciones Unidas para el Medio Ambiente (PNUMA)   **Pages 363–367:** "*Abre tus ojos al medio ambiente*" compiled by Kaveh Zahedi from Programa de las Naciones Unidas para el Medio Ambiente/Oxford University Press. Used by permission.

La RAM   **Pages 330–333:** "*¿Pueden realmente los animales presentir la ocurrencia de ciertos fenómenos naturales?*" by Wilson A. Vallejo R., from www.tiempo.com. Used by permission of La Ram.

Tendencias 21   **Pages 298–300:** "*La interacción en línea tiene efectos positivos en la vida real*" by Catalina Franco (05/06/10), **Pages 73–76:** "*Las mujeres jóvenes eligen estudios y*

Onda Cero Radio **Page 357:** "*Podcast LEYENDAS ECONÓMICAS CON FERNANDO TRÍAS DE BES: EL DESEMPLEO DEL ANTIGUO EGIPTO*" from the show La Brújula with Carlos Alsina, from www.ivoxx.com. Used by permission of Onda Cero Radio.

Plataforma Arquitectura **Page 227:** Entrevista: Cristián Undurraga/Eje Bulnes. © Plataforma Arquitectura

Pedraza Acuña, Jorge **Page 146:** Así trabajan los voluntarios de "Un techo para mi país." © Jorge Pedraza Acuña

Radio Arucas **Page 122:** "*Podcast LAS RELACIONES INTERPERSONALES. LA AMISTAD*" from Mente y psicología – Aired 01/19/11, http://www.ivoox.com. Used by permission of Radio Arucas.

Radio Euskadi **Page 100:** "*Podcast CABO VERDE. AMAZONIA. CENTROAMÉRICA. MEDITERRÁNEO*" by Lavando Anclas, from www.eitb.com. Used by permission of RADIO EUSKADI.

Radio Exterior de España **Page 111:** La plataforma de moda ética BeCo, "*Podcast VIDA VERDE – MOZAMBIQUE SUR: RECUPERAR CON VINTAGE*" from Ciencia y naturaleza – Aired 1/28/12.

Radioteca **Page 425:** "Podcast *DESAFÍOS PARA LAS CIUDADES DEL FUTURO EN AMÉRICA LATINA*" – Aired 2/1/08, **Page 170:** "*Podcast UNA HERMOSA AMISTAD*" – Aired 12/1/07 and **Page 159:** "*Podcast PARRANDA DE SAN PEDRO*" – Aired 06/12/12, from radioteca.net. Used by permission.

RTVE **Page 43:** "*Podcast JÓVENES QUE SE VAN*" from Con la educación – Aired: 11/03/11, **Page 55:** "*Podcast IVETTE BARRETO, EMPRESARIA*" from Entrevista en R5 – Aired 7/5/12, **Page 89:** "*Podcast EL DÍA DE LA DIVERSIÓN EN EL TRABAJO*" from Suplemento temático – Aired 04/01/11, **Page 134:** "*BOLIVIA CELEBRA EL AÑO NUEVO*" (audio) from RTVE.es – Aired 6/22/09, **Page 195:** "*Podcast SIN FRONTERAS–POR UNA CIUDADANÍA GLOBAL JUVENIL– DÍA MUNDIAL REFUGIADO*" from Sin fronteras – Aired 6/17/12, **Page 279:** Españoles en el mundo–Puerto Rico from A la carta from Radio Televisión Española. **Page 293:** "*Podcast BRECHA DIGITAL*" from 5.0 – Aired 10/06/09, **Page 304:** "*Podcast PERIODISMO CIUDADANO*" from 5.0 – Aired 12/14/11, **Page 316:** "*Podcast médico.com*" from "A su salud" – Aired 11/28/11, **Page 325:** "*Podcast LA TELEMEDICINA*" from "A su salud" – Aired 07/30/12, **Page 345:** "Podcast *DÍA TOMA DE CONCIENCIA Y MALTRATO A LA VEJEZ*" from "A su salud" – Aired 06/15/11, """ – **Page 402:** © RTVE. Used by permission of Corporación Radio y Televisión, S.A. (RTVE), **Page 412:** "CAPITALISMO 2.0" © RTVE. Used by permission of Corporación Radio y Televisión, S.A. (RTVE), **Page 417:** "Podcast *AUTOESTIMA*" from Cuaderno mayor – Aired 03/11/12, **Page 421:** "*EN CATALUÑA, ADEMÁS DE LAS HOGUERAS, LA FIESTA DE SAN JUAN TIENE OTRAS TRADICIONES*" (audio) from RTVE.es – Aired 6/23/09, **Page 429:** "*Podcast BOTERO EN BILBAO*" from Propuesta cultural – Aired 09/25/12, **Page 433:** "*LOS ESPAÑOLES PONEN LA CIENCIA POR ENCIMA DE LA ÉTICA*" (24/07/12).

Revista Consumidor en Línea   Page 256: "Moda vintage". © Revista Consumidor en Línea/ Profeco

El Tiempo/Aló Mujeres   Page 236: "Por qué el éxito laboral de una mujer sí se define por la belleza". © Aló Mujeres/El Tiempo

United Nations Radio   Page 182: "*MUJERES EN EL MUNDO 10–2012*" from Radio ONU. Used by permission of the United Nations, **Page 205:** "*CIUDADES AMIGABLES PARA PERSONAS MAYORES*", **Page 370:** "*DÍA MUNDIAL DEL MEDIO AMBIENTE*", **Page 391:** Una microempresa ejemplar. © United Nations Radio ONU, 23 Nov 2011

Universidad Nacional Autónoma de México (UNAM)   Pages 437: "*Podcast LA OBESIDAD ES CONTAGIOSA*" from www.unam.mx. Used by permission of UNAM.

Note: Every effort has been made to locate the copyright owner of material reproduced in this component. Omissions brought to our attention will be corrected in subsequent editions.

Photographs

Photo locators denoted as follows: Top (T), Center (C), Bottom (B), Left (L), Right (R), Background (Bkgd)
Cover: Jupeart/Shutterstock
Unit 1: 001 Jason DeCrow/AP Photo; **Chapter 1: 002** T, Megapress/Alamy, B, Jeff Greenberg/ Agefotostock; **003** James O'Keefe; **004** Marjorie Kamys Cotera/Daemmrich Photos/The Image Works; **007** Robert W. Ginn/PhotoEdit; **Chapter 2: 013** Jeff Widener/AP Photo; **014** Adam Eastland Art + Architecture/Alamy; **Chapter 3: 024** T, FPG/Hulton Archive/Getty Images, B, Mary Evans Picture Library/The Image Works; **032** Oasis/Photos 12/Alamy; **033** *Guernica*, 1937. Picasso, Pablo (1881–1973). © 2013 Estate of Pablo Picasso/Artists Rights Society (ARS), NY. Museo Nacional Centro de Arte Reina Sofía, Madrid, Spain. Art Resource, NY; **Chapter 4: 034** Bill Aron/PhotoEdit; **Chapter 5: 046** faro/Andreu Faro Lalanne; **048** Terry Vine/Blend Images/Alamy; **052** Image Source/Agefotostock; **055** T, Masterfile, TR, Stockbroker/MBI/Alamy, TC, Floresco Productions/Cultura Creative/Alamy, BC, MatthiolaC/Alamy, BR, Ronald Naar/ANP Photo/ Agefotostock, B, Dennis MacDonald/Alamy; **Chapter 6: 058 Lion:** Eric Issellee/Shutterstock; **Kitten & mirror:** Ewa Studio/Shutterstock; **060** © Tomas Stargardter/LatinFocus; **Unit 2: 069** Karl Weatherly/Agefotostock; **Chapter 7: 070** faro/Andreu Faro Lalanne; **073** LatinStock Collection/ Alamy; **Chapter 8: 082** T, Rodríguez/Caro/Alamy, B, epa european pressphoto agency b.v./Alamy; **084** Travelstock44/LOOK Die Bildagentur der Fotografen GmbH/Alamy; **Chapter 9: 091** T, Image Source/Alamy, B, Chad Case/Alamy; **097** Grigory Kubatyan/Shutterstock; **Chapter 10: 103** T, Julie Dermansky/Corbis, B, Hilary Helton/Photolibrary/Getty Images; **111,** Malyshev Maksim/